時空圖

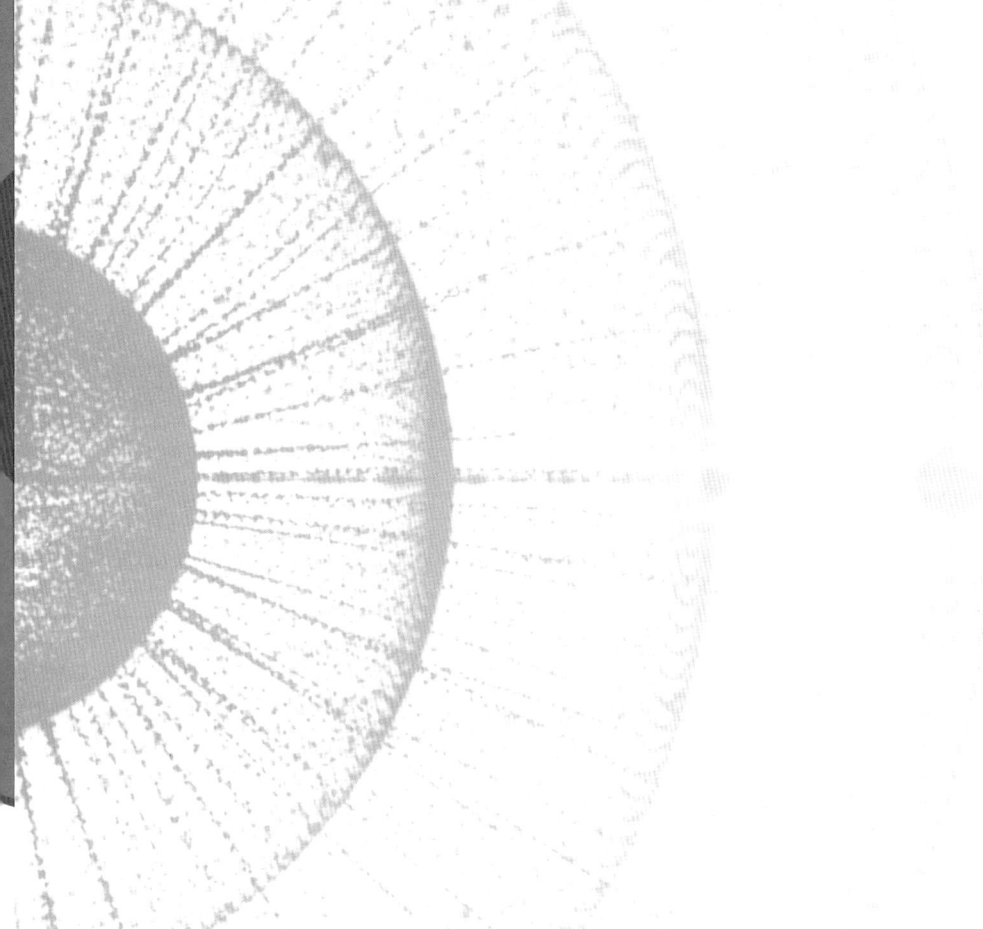

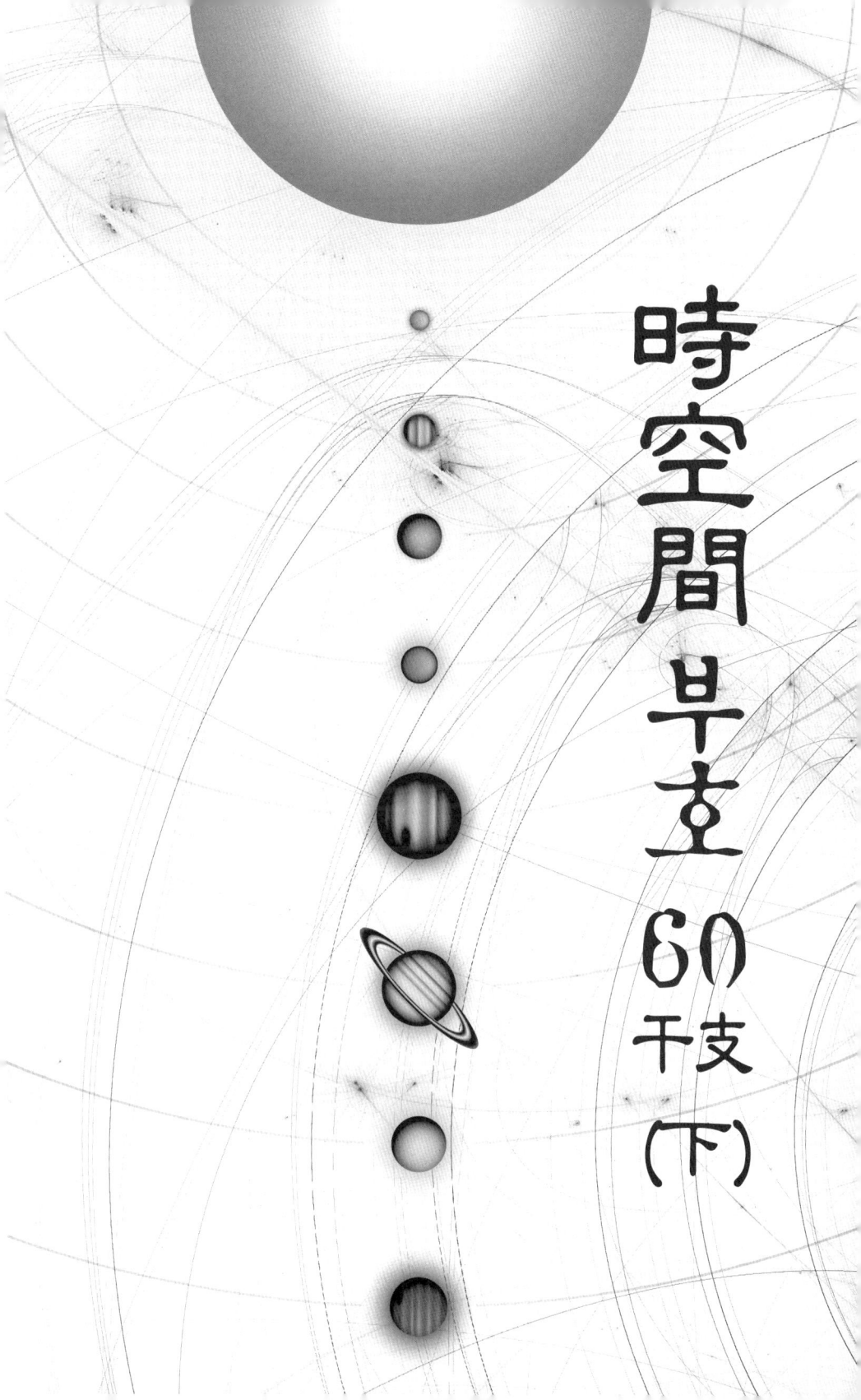

머리말

　인간의 우주에 대한 관념은 진실과는 거리가 먼 생각에서 부터 시작되었다. 땅을 벗어나지 못하기에 하늘의 모든 것은 상상으로 이루어진 세계였다. 고대 유적에 그려진 지구의 모습은 구형이 아니라 평평한 대지였고, 지구가 우주의 중심에 있다는 천동설은 아리스토텔레스의 주장을 시작으로 프톨레마이오스를 거쳐 약 1400여 년 동안 지속되었다.

　16세기에 이르러서야 코페르니쿠스(Copernicus)가 보통 "공전"이라 불리는 "천체의 회전에 대해서" 라는 책에서 지구가 태양 주위를 돈다는 지동설을 주장하였고, 갈릴레오 갈릴레이, 케플러, 뉴턴 등의 학자들이 천체 관측 자료를 바탕으로 지동설의 증거를 찾아내고 옳다는 것을 증명했다. 이렇게 근 1500년 동안 허구가 진실이던 시기를 지나고서야 비로소 진실이 빛을 발하기 시작했다.

　코페르니쿠스는 당시에 지배적이던 우주론을 비판하는데 소극적이었기에 진실을 공개하는데 주저했고 이런 이유로 1540년이 되어서야 지동설에 대해 책으로 출판했는데 뇌졸중과 마비증세로 병석에 있던 그는 1543년 5월 24일에 책의 견본을 받아보고 다음날 세상을 떠났다고 한다. 그는 윤회의 여정에 그 책을 들고 갔던 것일까?

　또, 지동설을 주장했다는 이유로 70세의 나이에 종교재판에 처해지고 자신의 주장을 철회해야만 했던 갈릴레오 갈릴레이(Galileo Galilei, 1564년~1642년)는 1633년 6월 21일 마지막으로 재판장을 나오면서 어떤 생각을 했을까? 그가 죽고 100년도 더 지나서야 그의 고통을 대변하듯 "그래도 지구는 돈다."는 말로 그의 심정을 대신했다.

　진실을 증명하는데 근 1500년이라는 時間이 지나야 했다. 지동설과 천동설의 논쟁에서 보듯 인간의 관념을 바꾸는 것은 매우 어렵지만 그렇다고 진실을 향한 노력을 멈출 수는 없다. 명리학 역시 格局, 旺衰, 用神, 生剋에 국한된 낡은 관념을 버려야할 시기에 이르렀다.

인간의 삶은 태어나 사망할 때까지 한시도 時間과 空間을 벗어나지 못한다. 이런 지극히 현실적인 사항도 生剋을 위주로 하는 기존의 명리 학에는 없다. 명리 이론이 정상적인 학문, 철학의 향기가 있는 학문으로 거듭나기 위해서는 반드시 시공간 개념을 불어넣어야만 한다.

작년 여름에 출판한 時空間부호 甲乙丙丁에서 十宮圖와 四季圖로 우주자연, 사계의 운행규칙을 제시했고 명리에 응용하는 방법을 설명했다. 時空間부호 - 60干支(上)(下)에서는 時空圖를 통하여 몇 가지 관점에서 그 의미를 살피고 명리에 응용하는 방법을 제시하고자 한다.

첫째, 지구 內部와 外部 구조를 甲乙丙丁으로 살피면 각각의 구조에 숨겨진 독특한 의미를 도출해 낼 수 있고 陰陽五行을 벗어나지 못하는 명리 학의 범주를 우주전역까지 펼쳐낼 수 있으며 이런 시도를 통할 때에서야 비로소 명리학과 종교, 철학이 조화를 이루게 된다.

둘째, 四季圖로 살펴보는 天干 合의 의미와 時空圖로 살펴보는 天干 合의 의미는 사뭇 다르다. 四季圖는 봄여름가을겨울의 운행원리로 천간 합의 의미를 살핀 것이고 時空圖는 지구내부와 외부 그리고 우주 전역에 펼쳐진 10간 에너지로 천간 합의 의미를 살핀 것이다.

셋째, 60干支의 뜻을 三合운동을 위주로 살펴보고자 한다.

삼합 운동은 지구공간을 흐르는 시간에 대한 물질계의 반응을 이론으로 정립한 것이기에 삼합 운동을 이해하는 것은 시공간 변화를 이해함은 물론 명리의 골격을 이해하는 지름길이다.

60干支의 뜻을 삼합 운동으로 살피는 것은 수많은 간지의 뜻 중에서 일부를 살펴보는 것에 불과하다. 간지의 뜻을 살피는 방법은 매우 많은데 예로 천간과 지장간 조합으로, 12신살, 12운성으로도 살펴볼 수 있으며, 명리 학이 아닌 순수한 자연의 이치로도 60간지의 의미를 살필 수 있다.

이렇게 광범위한 60간지의 뜻을 한꺼번에 논하기는 어려우니 가장 핵심인 삼합 운동을 기준으로 먼저 살펴보고자 한다. 다만 무엇보다 중요한 점은 時空間부호 - 60干支 (上)(下)는 기존의 명리 학에 시간과 공간 개념을 불어넣기 위한 노력이라는 점이다.

명리 학의 발전을 빌며 時空間 부호 甲乙丙丁 프롤로그에 실었던 뉴턴의 말을 다시 인용하여본다.

　　"자연의 모든 것을 설명하기란 어느 한 사람 또는 어느 한 시대가 맡기에는 너무나 어려운 과제다. 모든 것을 설명하려고 하기보다는 조금씩 확실하게 처리하고 나머지는 뒤에 올 사람들에게 맡기는 편이 훨씬 낫다."

　　마지막으로 지난한 출판과정에 도움을 주신 모든 분들께 지면을 통하여 감사인사 올린다.

　　　　　　　　　2018년 04월 14일 生氣 흐드러진 봄날에…

　　　　　　　　　　　　　　　　　　　　　　　紫雲

목차는 시공간부호 60간지(上)에서 이어집니다.

제2부 지구 내, 외부 구조로 살펴보는 60甲子

제 1 장 지구의 외부구조 – 陽의 世界

제1절 乙木 – 甲 생기를 이어받은 생명체, 번식, 좌우확산, 전파, 인맥 4
  31. 乙亥干支 ··· 7
  32. 乙卯干支 ··· 15
  33. 乙未干支 ··· 21
  34. 乙巳干支 ··· 31
  35. 乙酉干支 ··· 38
  36. 乙丑干支 ··· 45

제2절 庚金 – 열매, 물질, 재물욕망, 딱딱해지다. 外形의 틀   53
  37. 庚寅干支 ··· 57
  38. 庚午干支 ··· 66
  39. 庚戌干支 ··· 72
  40. 庚申干支 ··· 79
  41. 庚子干支 ··· 88
  42. 庚辰干支 ··· 94
  ▶ 하늘에서 내리는 부자사주 구조 (3) – 수확하는 조합 ············ 105

제3절 戊土 – 영역결정. 안정적 활동 공간. 양기발산.   116
  43. 戊寅干支 ··· 119
  44. 戊午干支 ··· 132
  45. 戊戌干支 ··· 139
  46. 戊申干支 ··· 145
  47. 戊子干支 ··· 160
  48. 戊辰干支 ··· 167
  ▶ 하늘에서 내리는 부자사주 구조 (4) – 넓은 땅을 개간하는 부자 ····· 177

i

제4절 癸水 - 대기, 흑색, 뇌수, 생명체의 근원에너지   179

    49. 癸亥干支 ·· 186

    50. 癸卯干支 ·· 192

    51. 癸未干支 ·· 203

    52. 癸巳干支 ·· 210

    53. 癸酉干支 ·· 217

    54. 癸丑干支 ·· 223

    ▶ 하늘에서 내리는 부자사주 구조(5)
       - 金을 자극하여 水氣에 풀어 재물을 부풀리는 조합·············· 231

제5절 丙火 - 빛. 공간, 부피확장. 公的 행위   238

    55. 丙寅干支 ·· 245

    56. 丙午干支 ·· 251

    57. 丙戌干支 ·· 260

    58. 丙申干支 ·· 267

    59. 丙子干支 ·· 278

    60. 丙辰干支 ·· 286

    ▶ 하늘에서 내리는 부자사주 구조(6) - 열매를 키우는 조합 ············ 298

    ▶ 하늘에서 내리는 부자사주 구조(7) - 조상의 음덕으로 만든 재물 ···· 304

    ▶ 하늘에서 내리는 부자사주 구조 (8) - 바른 시공간 흐름은 큰 재물을 만든다.
       ·· 307

제 2 장 태양계 너머 그 무엇

제1절 老子의 道德經   315

제2절 칼 세이건 - 코스모스   319

제3절 달마   322

제4절 자발적 진화 - 브루스 립튼, 스티브 베어맨 공저   325

제5절 우주 전역에 펼쳐진 에너지   330

제2부
지구 內·外部 구조로 살펴보는 六十甲子

제1장 지구의 외부구조 - 陽의 世界

　甲乙丙丁 1권에서 우주의 생성과정과 지구의 생성과정 그리고 생명체의 진화과정을 살펴보고, 時空圖를 통하여 지구 내부와 외부로 나누어 지구내부를 三合과 干支 조합으로 살펴보았다. 지금부터는 지구 외부 구조를 三合干支로 살펴보자. 지구 외부구조는 戊土 위에서 이루어지는 화려한 물질의 세계를 상징한다.
　지구에서 살아가는 생명체들은 태양에너지의 영향으로 육체와 물질을 확장하려는 욕망이 강해지며 화려한 色界로 발현된다. 己土는 甲 뿌리를 품어 밖으로 내놓고 다시 辛 열매를 저장하며 순환한다. 이런 己土의 역할 덕분에 甲이 乙로 물형을 바꾸어 戊土 위에서 좌우로 펼치고, 여름에는 庚 열매를 맺고 부피와 무게를 증가시켜 가치를 높인다. 다만 戊乙庚은 질량을 가진 물질로 물형을 스스로 바꾸지 못한다. 반드시 시간이 동할 때 반응하여 물형에 변화를 줄 수 있다. 戊乙庚에 변화를 주는 것은 壬水와 癸水, 丙火 그리고 丁火다.
　癸水는 대기로 생명체가 존재하기 위한 필수조건이다. 대기권이 없다면 태양빛으로도 생기를 만들지 못한다. 丙火는 빛에너지를 분산하여 지구에 존재하는 만물의 부피를 키우는 역할을 하기에 丙火가 없다면 생물은 성장하지 못한다. 인간이 살찌고 키가 크는 일련의 과정은 丙火로 이루어진다. 丁火는 丙火의 분산에너지를 축적하여 열기로 활용한다. 지구가 태양빛을 받아 복사열을 내놓아 온도를 조절하는 이치다. 태양만 존재했다면 지구 위의 모든 생물은 타죽었겠지만 교묘하게 태양이 지면 달이 뜨고 달은 빛을 열로 바꾸어 물형을 단단하게 만드는 역할을 한다. 壬水 바닷물도 태양빛을 저장하여 온기를 제공한다. 이 모든 水火작용은 木으로 생명체를 내놓고 金으로 수확하는 순환을 반복하기 위한 신의 뜻이자 자연의 의지다. 이 모든 우주의 변화는 壬水에너지를 근간으로 이루어진다. 道이자 神이며 조물주다. 지구 위에서 생기를 퍼트리고 종족번식 의무를 가진 乙木을 살펴보자.

제1절 乙木 - 甲 생기를 이어받은 생명체, 번식, 좌우확산, 전파, 인맥

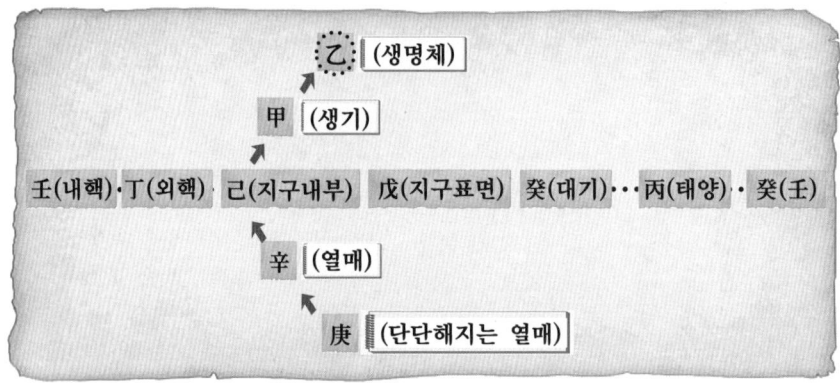

 '木'이라는 글자를 살펴보면 버팀 뿌리 두 개와 중앙의 직선뿌리가 수기를 펌프질하여 밖으로 끌어올리는 모양으로, 중앙뿌리는 壬水를 대신하여 땅을 뚫고 땅 밖으로 오르는 일련의 과정을 의미한다. 따라서 외형은 木이지만 상하운동을 가능하게 한 것은 己土의 터전과 丁火의 적절한 열기가 배합된 壬水다. 자연은 甲을 乙化 시키고자 많은 에너지들이 협력한다. 하나라도 부족하면 乙은 땅 밖으로 드러나지 못한다.

 丁火가 없다면 동토의 땅이 되고, 壬水가 없다면 하강에너지가 없으며, 己土가 없다면 甲은 뿌리 내리지 못한다. 여기에 子月의 癸水가 빅뱅처럼 폭발하는 에너지로 끝없이 하강하려는 壬水를 상승작용으로 돌려 봄을 향한다. 또 辛은 庚에서 생겨나 壬水에 풀리고 癸水에 의해 원래형태를 버리고 甲으로 바뀐 후 乙로 그 실체가 땅 밖으로 드러난다. 이렇게 乙 하나가 땅을 뚫고 오르기까지 보이지 않는 땅 속에서 수많은 에너지가 상호 협력하는 것이다.

봄에 세상 밖으로 드러난 것이 乙卯로 乙과 卯의 차이점은 乙은 생명체를 만드는 에너지요, 卯는 땅에서 발현된 생명체다. 卯木은 양갈래다. 음질이기에 반드시 짝수를 이룬다. 반면 양기는 단수이기에 외롭다. 홀로 동하여 짝을 이루어 음질을 만들며 陽陰을 반복한다.

시공간 조합을 살펴보면 乙이 생명체를 상징함이 명확해진다. 고대에 여성의 생리를 "天癸"라 일컬었다. 戊土 육체 속으로 하늘에서 내린 생명의 기운이 들어온 것이다. 또 남자의 정액을 子水라 부른다. 子水는 丑土에서 배양되어 寅月에 생기를 내놓는다. 이 일련의 과정이 子丑寅月에 이루어지고 卯月에 땅 밖으로 드러난다. 이렇게 癸水와 子水가 원하는 것은 乙卯를 세상 밖으로 내놓는 것이며 생명체를 퍼트리는 것이 우주의 섭리다.

시공간 조합으로는 癸乙과 子卯로 생명체를 만들고 키우겠다는 의미이며, 癸乙은 氣로 에너지를 방사하고, 子卯는 실질적인 육체로 생명체를 만들어낸다는 차이가 있을 뿐이다. 이런 이유로 子卯 조합이 사주에 있으면 性慾이 강하고 색을 탐하여 외도, 이혼, 강간 등의 문제를 만들어 내지만 이 또한 생기를 퍼트리려는 癸水 에너지의 작용력이다.

乾命　　　　　陰/平 : 1970年 7月 11日 6時

時	日	月	年
丁	甲	甲	庚
卯	子	申	戌

79	69	59	49	39	29	19	9
壬	辛	庚	己	戊	丁	丙	乙
辰	卯	寅	丑	子	亥	戌	酉

이미 살펴보았던 사주다. 丁亥대운 庚辰년 친구가 자신의 부인과 사통하고 도망가니 찾아낸 후 친구를 살해하고 무기형으로 감옥에 갔다. 일지와 시지가 子卯 刑으로 색욕 조합이다.

인간의 호흡은 乙이 신선한 산소를 공급하기에 가능하며, 매일 인간이 제공받는 음식을 만들어내는 인자가 바로 乙이며, 음식을 취함으로써 생명을 유지한다. 乙은 여린 싹이요, 庚은 성장하는 육체이자 열매이며, 辛은 수확물이라는 차이점만 있다. 乙의 생명체에서 생기를 제거하면 辛으로 바뀐다.

그러므로 乙은 반드시 보호하고 성장해야할 대상이다. 癸乙은 키우는 것에 전념하니 교육, 공직물상이고, 乙丙은 꽃피워 열매 맺는 일에 집중하니 물질을 추구한다. 만약 乙丙 조합에 庚이 없다면 물질을 추구해도 결과를 얻기 어렵고 단지 언변과 기술을 활용할 뿐이기에 乙丙이 최종적으로 원하는 것은 庚 물질이다.

乙은 글자 모양대로 甲의 생기를 이어받아 생명체를 퍼트려 종족을 번식하고 확산하는 역할을 한다. 의미를 확장하면 癸水의 뜻을 전파하는 행위인 소리, 언어를 좌우로 전파하거나 소식을 전달하며, 인체 내에서는 산소를 공급하고 피를 운송한다. 이 모든 물상은 동일한 것으로 단지 물형이 달라 보일 뿐이다.

▸ 乙木干支 조합

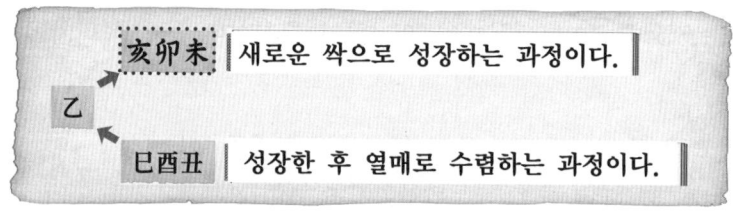

乙은 亥卯未, 巳酉丑 삼합과 간지 조합을 이룬다. 亥卯未와 간지를 이루면 생기를 퍼트리려는 것이고, 巳酉丑과 간지를 이루면 수확하는 것이다. 乙의 시간은 봄으로, 봄에 어울리는 행위를 하기에 亥卯未와 짝을 이루어 생명체를 확산한다. 다만 乙亥, 乙卯, 乙未간지는 亥卯未 공간이 상이하기에 그 뜻을 나누어서 살펴야 한다.

31. 乙亥干支

　乙이 亥水의 공간을 만나면 자신의 에너지를 전혀 활용하지 못한다. 亥水는 육음으로 빛이 없는 공간이며, 酉金을 새로운 뿌리 甲으로 바꿀 준비를 하기위해 안정을 요하며, 그 행위는 어둠 속에서 은밀하게 이루어진다. 이런 이유로 밖에서 활동하기 좋아하는 乙이 亥水를 만나면 그 공간을 싫어하고 기피하게 된다. 乙은 癸水로 좌우확산하고 丙火로 꽃피워야 하기에 亥水의 어둠 속으로 들어가는 것을 좋아할 수 없으며, 亥水를 두려워하는 마음이 생기고 멀리하게 된다. 그러므로 乙亥일주는 배우자와 가까이 하기를 꺼리게 되고 밖에서 방황한다. 日支 37세 시기에 이르면 乙은 정신적으로 방황하거나 해외로 떠나거나 이혼, 별거하거나 외도한다. 예를 들어보자.

乾命　　　　　陰/平 : 1958年 3月 10日 6時

時	日	月	年
己	乙	丙	戊
卯	亥	辰	戌

82	72	62	52	42	32	22	12	2
乙	甲	癸	壬	辛	庚	己	戊	丁
丑	子	亥	戌	酉	申	未	午	巳

　己未운 말 오락실과 일식집 운영으로 돈을 벌어 戊辰년에 룸살롱을 오픈했다. 庚午년에 룸살롱을 하나 더 오픈했으나 辛未년에 구속되었다. 庚申운 戊寅년 부도로 처자식과 별거하고, 辛酉운 乙酉년 당시에는 생활이 힘들어 식구들과는 가끔 연락만 취한다. 戊寅년은 41세로 일지 亥水의 시기이니 乙의 활동이 亥水에서 급속히 둔화되는데 丙子, 丁丑년을 지나며 乙의 활동이 극도로 위축되기에 문제가 심각해지며 戊寅년에 부도가 현실화된 것이다.

坤命　　　　　陰/平 : 1935年 3月 6日 7時

時	日	月	年
丁	甲	庚	乙
卯	寅	辰	亥

70	60	50	40	30	20	10
亥	丙	乙	甲	癸	壬	辛
丁	戌	酉	申	未	午	巳

午대운 27세 辛丑년에 이혼하였는데, 이혼한 남편이 丙午년에 분신자살을 하였다. 甲申운 庚申년에는 재혼한 남편도 폐병으로 사망하였으며 본인은 중풍으로 안면근육이 마비되었다. 乙亥년에는 교통사고로 팔이 부러져 뼈를 결합하느라 쇠를 박았다.

이 구조에서 월간 庚 남편은 辰月에 수많은 木의 뼈대 역할을 해주느라 기진맥진하며, 乙庚 합하여 몸과 마음은 乙을 향하니 이혼이나 외도하는 구조다. 乙亥는 壬乙, 亥卯 조합으로 乙卯는 壬亥에서 활동이 저하되고, 피의 흐름이 막히게 되면 안면마비, 심장마비, 뇌출혈, 중풍과 같은 물상으로 드러난다. 丙午년은 庚金이 강한 丙午에 타죽는 이치와 같으니 이혼한 남편이 분신자살을 했다. 庚申년에는 월간 庚 남편이 乙庚 합으로 木의 기세에 눌려 폐병으로 사망했다. 乙亥년 교통사고는 乙운으로 卯酉 沖으로 몸이 상하며, 辰酉, 酉丑, 酉丑辰은 모두 교통사고 물상이다. 乙亥년 亥水가 辰土에 들어가고 辰酉 합하면 辰土 속의 乙이 심하게 상하니 교통사고로 육체가 상했다.

坤命 陰/平 : 1976年 11月 29日 22時

時	日	月	年	64	54	44	34	24	14	4
丁	乙	辛	丙	午	乙	丙	丁	戊	己	庚
亥	亥	丑	辰	甲	未	申	酉	戌	亥	子

36세 상황으로 영어학원 강사로 일하며 명리에 관심이 있어 공부도 조금했다. 미혼으로 모친이 결혼문제로 조급해한다. 년, 월에서 丙辛 합하니 총명하고, 乙이 亥子丑 겨울에 태어나 물질과의 인연은 박하며, 丙辛 합으로 종교, 명리, 철학, 교육과 인연이 깊다. 결혼하지 않는 이유는 丑月에 태어나 丙火를 간절히 원하는 구조에 일지가 亥水이니 남편자리가 채워지면 丙火를 더욱 어둡게 하기에 결혼에 흥미를 갖지 않는다. 결혼하더라도 남편과의 사이가 좋기 어려우며 자식이 생기면 남편은 멀리하고 자식만 중시하게 된다.

乾命　　　　　陰/平 : 1941年 12月 6日 12時

時	日	月	年
壬	乙	辛	辛
午	亥	丑	巳

65	55	45	35	25	15	5
甲	乙	丙	丁	戊	己	庚
午	未	申	酉	戌	亥	子

66세 상황으로 젊은 시절부터 25년여를 목수로 직장생활을 하였다. 중년까지는 학교 실험실에 들어가는 책상이나 실험대를 주로 만들었다. 60세 즈음 직업을 바꾸어 경비로 근무한다. 이 사주도 亥子丑월에 태어나니 乙의 활동이 매우 제한된다. 乙은 활발하게 펼치는 것을 원하지만 환경이 따라주지 않으니 사회활동 범위는 극도로 좁아질 수밖에 없다. 丁酉운은 丁火의 고치는 에너지로 많은 金을 제어하는 모습이다. 金은 강하고 木은 乙뿐이니 木의 물형이 작아 작은 책상이나 실험대를 만들었다.

坤命　　　　　陰/平 : 1970年 11月 23日 14時

時	日	月	年
癸	乙	戊	庚
未	亥	子	戌

65	55	45	35	25	15	5
辛	壬	癸	甲	乙	丙	丁
巳	午	未	申	酉	戌	亥

1999년 己卯년 당시 미술학원에서 사무직으로 일했다. 1996년 10월에 결혼했는데 결혼 후 친정과 시댁에 좋지 않은 일들이 연속으로 발생하여 경제적으로 어려워졌고 빚을 많이 졌다.

이 사주 역시 乙의 활동을 제약하는 글자들이 많다. 특히 일지 亥水 남편이 채워지면 활동은 더욱 위축된다. 또 결혼 후의 흐름이 子丑寅년으로 한랭한 시공간을 지났으며 월간 戊土 부친의 터전을 벗어나면 乙은 마치 안정적인 삶의 터전이 없어진 것과 같다. 戊土 부친 입장에서 戊土를 꾸며주고 장식해주던 乙木 딸이 결혼하였으니 땅은 쓰임을 잃고 황량해진다. 乙이 빠진 庚戌, 戊子의 땅은 戊土의 어둠 속에 잠기어 생기가 없는 쓸쓸한 땅으로 바뀌었다. 팔자에서 일어나는 모든 물상은 팔자구조가 만든다.

乾命　　　　　陰/平 : 1938年 10月 18日 22時

時	日	月	年
丁	乙	甲	戊
亥	亥	子	寅

69	59	49	39	29	19	9
辛	庚	己	戊	丁	丙	乙
未	午	巳	辰	卯	寅	丑

　38세까지는 생활이 매우 궁핍하고 거처조차 더부살이를 해야 할 정도로 불안정했다. 39세 무렵 투자가의 도움을 받아 맨손으로 식품배합 기술을 활용하여 식품공장을 운영하게 되었다. 성과급제로 일하여 약 4년이 지난 후에 일정의 자본금을 마련하였다. 공장이 대기업에 하청공장으로 팔리고 3년의 공백 기간을 거쳐 철강업에 뛰어든 후 성장을 거듭하여 56세 무렵 공장을 설립하였다. 2002년경 아들에게 경영을 맡겼으며 인덕도 많은 편이다.

　이 사주에서 보여주는 특징을 몇 가지 살펴보자. 乙이 子月에 태어나니 기운을 활용할 수 없다. 월주의 甲子는 과거의 모든 것을 버리고 새롭게 시작한다는 뜻이며, 乙의 생존터전 戊土는 甲子와 寅이 차지하였다. 이런 이유로 38세까지는 매우 궁핍했다. 甲은 乙을 만들어 내니 甲은 乙을 도와 戊土에 살도록 한다. 乙이 안정을 취하는 땅 戊土를 甲이 차지했으니 甲의 도움으로 戊土의 일부를 빌려 사용하는 것이 더부살이의 물상이다. 운이 乙丑, 丙寅, 丁卯로 甲이 먼저 뿌리내리니 乙은 꿈을 펼칠 방법이 없다. 39세 무렵 투자가의 도움으로 식품배합 기술을 활용하여 식품공장을 운영하게 되었다. 39세 무렵은 戊辰운으로 甲의 성장이 끝나고 乙의 새싹이 강하게 드러나니 지하의 水氣는 점점 마르고 甲은 乙과의 경쟁에서 밀리기 시작한다. 辰土의 땅은 乙이 생명체를 퍼트릴 수 있는 최고의 땅이다. 적절하게 水氣가 줄어 꽃피울 수 있는 땅을 얻으니 넓은 땅에 乙의 꿈을 이룰 수 있는 배경이 생긴다. 甲은 직접 나서지 못하니 乙을 찾아와 자신이 가진 戊寅의 땅위에 甲의 꿈을 대신 이루어달라고 부탁한다. 이런 구조가 위탁, 대리, 변호 물상이다. 甲은 직접 戊辰의 땅을 가꾸면 마른 戊土

를 뚫고 파헤쳐 쓸모없게 만들어버린다. 이런 시공간 변화의 이치를 이해하면 나아갈 때와 물러설 때를 아는 지혜가 생긴다. 甲은 년, 월에서 乙에게 매우 불리한 작용을 했지만 시공간이 바뀌어 戊辰의 시기가 도래하면 乙이 의지하고 도움 받는 윗사람으로 변한다. 동일한 글자가 時空間 변화로 전혀 다른 상황으로 바뀌었다. 운이 辰巳午로 흐를 때 甲은 水氣가 부족하여 마르니 乙을 찾아와 자신의 꿈을 이루어줄 것을 부탁하니 이것이 인덕이 많은 이유다.

왜 공장을 운영하는가? 乙은 亥亥子의 어두운 곳을 싫어한다. 확산할 방법이 없기 때문이다. 자신의 꿈을 펼칠 곳은 오로지 戊土의 땅으로 寅이 차지하고 있으니 반드시 그 땅을 빌려서 사용해야 하기에 일정한 영역을 가진 땅을 활용하는 직업을 가질 수밖에 없고 그것이 공장을 운영하는 이유다. 만약 땅이 없다면 乙은 부평초처럼 떠돌아다닌다. 왜 팔자에도 없는 철강업에 뛰어들었을까? 乙이 丙火를 보면 庚을 키우길 원하고 물질을 추구한다. 운이 辰巳午로 흐르면 火氣를 이용하여 금속을 다스리고 싶어지니 巳午에서 철강 쪽으로 업종을 변경한 것이다. 이렇게 사주팔자에 있는 글자들은 시공간 변화에 따라 흉하다가 길하고, 길하다가도 흉하다. 또 경쟁자가 조력자로 바뀌기도 하고 조력자가 원수처럼 내 것을 빼앗기도 한다.

坤命　　　　　　陰/平 : 1968年 11月 12日 6時

時	日	月	年	87	77	67	57	47	37	27	17	7
己	乙	甲	戊	乙	丙	丁	戊	己	庚	辛	壬	癸
卯	亥	子	申	卯	辰	巳	午	未	申	酉	戌	亥

庚申운 辛卯년 44세 상황으로 남편이 뇌졸중으로 쓰러져 언어장애가 생겼다. 또 애인은 교통사고로 불구가 되었다. 상당한 미인으로 자녀는 없으며 힘들게 살아간다.

이 구조도 甲子월이니 과거를 버리고 새로운 출발을 요구한다. 戊申은 申金이 그 땅을 차지했으니 乙이 戊에 안주하려 해도 申 때문에 활동이 답답해진다. 일지 亥水 남편자리는 빛을 어둡게 하니 좋은 공간이 아니다. 庚申운은 甲이 상하니 乙에게는 의지처가 상하는 운이다.

申金이 강한 水氣에 풀리면 딱딱하던 속성을 유지하지 못하니 남편의 정체성에 문제가 생긴다. 궁위로 일지 亥水에 金氣가 풀리면 亥水에서 성장하던 甲이 상하니 생기에 문제가 생기고, 남편은 뇌졸중으로 쓰러지고 애인은 교통사고로 불구가 되었다. 이 모든 일은 乙亥일주의 시기에 발생하였다. 이런 흉한 에너지를 해결하려면 공간을 바꿔 해외로 가야한다. 년에 남편성 申이 있으니 첫 남편과는 이혼하거나 사별한다.

坤命   陰/平 : 1977年 4月 1日 13時

時	日	月	年	66	56	46	36	26	16	6
壬	乙	乙	丁	壬	辛	庚	己	戊	丁	丙
午	亥	巳	巳	子	亥	戌	酉	申	未	午

33세 己丑년 상황으로 미술 강사로 학원에서 장기간 강의하였지만 경제상황이 넉넉하지 않다. 학원운영에 뜻이 있지만 자금이 없어 엄두도 못 내고 연애는 기대도 하지 않는다.

乙이 丁巳巳午로 火氣가 가득하고 壬, 亥水와 배합되니 배워서 기술로 사용한다. 또 년, 시에서 丁壬 합하니 전문직이다. 巳火와 午火는 金을 만들지만 庚辛이 없으니 火氣만 강할 뿐 틀을 갖추지 못해 조직을 갖춘 직장에 들어가지 못하고 학원에서 강사로 일한다. 火氣는 강하지만 金이 없으니 물질을 만들 수 없고, 기술이나 언변으로만 쓰고 열매를 얻지 못하니 경제적으로 넉넉할 수 없다. 시간의 쓰임이 적절하지 않으니 적절한 시공간을 만날 때를 기다린다. 金운으로 흐르면 강한 火氣들은 亥水와 배합하여 열매를 수확할 것이다.

坤命　　　　陰/平 : 1943年 6月 15日 7時

時	日	月	年
己	乙	己	癸
卯	亥	未	未

47	37	27	17	7
甲	癸	壬	辛	庚
子	亥	戌	酉	申

　辛酉운 결혼 후 술주정과 폭력을 일삼는 남편의 구타로 인해 한쪽 귀가 잘 들리지 않는다. 남편이 술을 마시는 날이면 마음이 불안하고 가슴이 두근거리는 증세가 생겼으며, 甲子운 55세 丁丑년에 갑자기 심장마비로 사망하였다.

　사주팔자에 남편을 상징하는 글자가 없으며, 일지 亥水는 乙의 활동을 위축시킨다. 己未월 마른 땅들은 水氣를 간절히 바라고 일지 亥水가 유일하게 해갈해주는 역할을 한다. 亥水 남편은 마른 땅에 水氣를 공급하느라 에너지가 고갈되어 무력해져 질병에 시달리거나 사망할 수 있으며, 이혼이나 외도의 물상으로 드러난다. 술주정과 구타는 물을 공급하느라 힘들어 죽을 지경인 남편이 이 여인에게 분풀이하는 것이다. 丁丑년 乙卯가 극도로 위축되어 丁火를 향하는 피의 흐름이 막히니 갑자기 심장마비로 사망했다. 팔자에 없는 남편을 얻은 대신 폭력으로 인해 명을 단축했다.

坤命　　　　陰/平 : 1944年 9月 22日 12時

時	日	月	年
壬	乙	甲	甲
午	亥	戌	申

60	50	40	30	20	10
戊	己	庚	辛	壬	癸
辰	巳	午	未	申	酉

　학창시절 미술을 전공했으나 재능을 발휘하지는 못했다. 辛未운 남편과 별거하였으며 이후 종교에 입문하였다. 이 사주도 乙亥일주의 시기에 남편과 별거하였고, 戌亥 천문의 기운으로 종교에 귀의하였다. 이 구조는 상기와 달리 운에서 未土가 午未 합으로 일지 亥水를 극하니 남편과의 관계가 불편해져 별거했으며, 亥水와 壬水로 삶이 어두워지니 종교에 입문했다. 이렇게 亥는 乙의 활동을 극히 제약하는 인자다.

乾命 　　　陰/平 : 1961年 4月 28日 6時

時	日	月	年
己	乙	甲	辛
卯	亥	午	丑

62	52	42	32	22	12	2
丁	戊	己	庚	辛	壬	癸
亥	子	丑	寅	卯	辰	巳

수백억 자산가다. 월주 甲午는 시절을 잃어 쓰임을 상실하니 반드시 乙이 가지고 있는 亥水에 의지하여 꿈을 이루고자 한다. 그럴 수밖에 없는 이유는 甲은 亥水로부터 水氣를 얻고 丑土와 己土에 뿌리를 내려야 안정될 수 있기 때문이다. 따라서 甲은 乙이 가진 亥水가 필요하니 乙에게 스스로 찾아와 자신의 문제점을 해결해달라고 부탁하면서 도움을 주기에 인덕이 많고 이 팔자의 성공요인이 된다. 甲의 에너지에 의지한 乙은 강한 추진력과 활동성으로 재물을 추구한다. 이 구조는 상기 사주들과 달리 午月에 필요한 열매 辛金이 천간에 드러나 있으니 기술이나 언변만을 활용하는 것이 아니라 조직, 단체를 활용할 수 있고, 午火의 결과물을 년에서 얻었으니 국가의 정책을 이용하거나 국가기업과 거래할 수 있는 에너지를 가졌다. 비교사주를 보자.

乾命 　　　陰/平 : 1981年 5月 25日 8時

時	日	月	年
庚	乙	甲	辛
辰	亥	午	酉

86	76	66	56	46	36	26	16	6
乙	丙	丁	戊	己	庚	辛	壬	癸
酉	戌	亥	子	丑	寅	卯	辰	巳

丙申年 상황으로 이 구조도 甲이 乙에게 강한 애정을 보인다. 많은 선배들이 찾아와 자신을 도와 사업해줄 것을 부탁한다. 어려서 고생하고 불법적인 사업으로 수십억을 벌었으나 거의 모두 남에게 주고 현재는 철강관련 사업을 하는데 부부사이는 불안한 상태다. 중요한 점은 乙이 甲의 도움을 받아 강력한 추진력으로 국내는 물론 해외까지 진출하여 사업을 벌이고 있다는 점이다.

32. 乙卯干支

乙亥와 달리 활동이 강한 乙 두개가 경쟁하면서 좌우로 펼치는 모습이다. 반드시 안정적으로 활동하고 꿈을 이룰 戊土 터전이 필요하며, 癸水와 丙火가 적절하게 배합되면 활동력이 증가된다. 만약 木火는 너무 많고 水氣가 부족하면 펼치는 속성은 강하기에 열정적으로 에너지를 쏟지만 쉽게 지치고 약해진 추진력은 싫증을 쉽게 느껴 하던 일을 중단하는 단점을 가졌다. 戊土가 없다면 활동터전이 없으니 삶이 불안정하거나 방황하여 직업이 자주 바뀌거나 생활공간이 자주 바뀐다. 사주 예문을 살펴보자.

坤命			
時	日	月	年
庚	乙	壬	己
辰	卯	申	酉

陰/平 : 1969年 6月 26日 9時

80	70	60	50	40	30	20	10
庚	己	戊	丁	丙	乙	甲	癸
辰	卯	寅	丑	子	亥	戌	酉

세 번 결혼했다. 첫 남자는 군인으로 잦은 외도와 시대과의 갈등으로 헤어졌다. 두 번째 남자는 연하로 무능력하여 이혼하였다. 丙申년에 돈 많은 건축회사 사장과 세 번째 결혼을 했다. 丙申년 午月에는 주식투자로 1억 이상을 벌었다.

이 구조는 연월일 어디에도 안정을 취할 수 있는 戊土가 없고 申月에 乙庚 합으로 열매는 열렸으나 키워줄 丙火가 없다. 월간 壬水는 열매 키우는 것을 방해한다. 대운도 어두운 밤길을 걸으니 두 번 이혼했고, 태양빛이 비추는 丙子운 丙申년 乙庚 합한 열매의 부피를 확장하니 부자 남편을 얻고 주식투자로 재물도 늘어났다. 乙丙庚 조합으로 여름에 열매가 한창 익어가는 시공간을 얻었기 때문이다.

첫 남편을 년주 己酉로 주위의 궁위를 함께 살펴보자. 己酉는 邊境의 군인이며, 己酉와 壬申 조합이니 己酉 일지가 혼잡하며 己壬으로 방탕의 상이니 외도가 심했고, 乙卯일주와 충 하니 이혼했다. 두 번째 남자는 壬申으로 이 역시 火氣의 통제를 받지 않으니 방탕한 자로 卯申 합으로 묶이니 무능했다. 세 번째 남편은 庚辰으로 乙庚 합하고 대, 세운에서 丙火에 의해 열매가 튼실한 남편을 만났다. 이렇게 남편의 길흉도 모두 시공간의 변화에 따라 달라지는 것이니 호시절에 좋은 남편과 인연이 된다.

坤命　　　　陰/平 : 1995年 2月 25日 16時

時	日	月	年	83	73	63	53	43	33	23	13	3
甲	乙	己	乙	戊	丁	丙	乙	甲	癸	壬	辛	庚
申	卯	卯	亥	子	亥	戌	酉	申	未	午	巳	辰

2015년 乙未년 상황으로 11월 휴학한 상태다. 심리적으로 불안정한 가정에서 태어났다. 안정을 위해 교사를 원했지만 임용고시가 너무 힘들어 다른 길을 생각중이다. 내성적이라 학생들 앞에서 교사를 할 수 있을지도 고민이다.

이 사주는 자신을 드러낼 丙火가 없고, 甲과 己土는 땅 속에 존재하는 에너지와 같아서 내성적이다. 월간 己土는 乙이 활용하기에 좁은 땅이며, 그곳을 활용하는 木이 너무 많아 경쟁 속에서 살아야한다.

坤命　　　　陰/平 : 1971年 1月 4日 4時

時	日	月	年	87	77	67	57	47	37	27	17	7
戊	乙	己	庚	庚	辛	壬	癸	甲	乙	丙	丁	戊
寅	卯	丑	戌	辰	巳	午	未	申	酉	戌	亥	子

초년에는 가난했고 남편은 무능하며 丙戌운도 여전히 힘들었다. 丁丑년 교통사고로 머리를 꿰매고, 戌대운 乙酉년에는 강도에게 돈을

빼앗겼다. 이 구조는 己丑월로 乙의 활동이 극히 제한된다. 丑戌 刑으로 동토의 땅을 개간하고 시간 戊土의 시기에 이르러야 寅木이 소유한 戊土의 땅을 사용하니 삶이 좀 안정될 것이다. 년에 있는 庚과 乙庚 합 하더라도 丑月에 열매를 맺을 수는 없다. 일지 卯 남편 역시 卯丑으로 활동이 극도로 위축되니 무능할 수밖에 없다.

乾命				陰/平 : 1958年 4月 20日 18時				
時	日	月	年	50	40	30	20	10
乙	乙	戊	戊	癸	壬	辛	庚	己
酉	卯	午	戌	亥	戌	酉	申	未

미국의 유명가수 프린스의 사주로 丙申년 4월 21일 사망했다. 乙이 많은 木과 함께 여러 개의 戊土 위에서 노래 부르는 모습이다. 년주와 월주에 乙이 좋아하는 무대가 있으니 어려서부터 세계적인 명성을 얻었다. 약물복용 과다로 사인을 발표했는데 사주구조로 사인을 추론해보자. 丙申년 火氣가 申酉 金을 자극하고 날카로워진 金은 乙卯를 자르고, 丙申의 丙火 심장으로 가는 피의 흐름이 막히면서 심장마비, 중풍, 뇌출혈이 발생한다. 운이 壬戌, 癸亥로 흐르니 삶이 점점 어둠 속으로 들어간다. 사주팔자 원국만을 살펴보아도 시지 酉金의 시기에 이르면 乙卯 생기가 잘릴 수밖에 없으니 단명할 팔자다.

乾命				陰/平 : 1933年 12月 30日 4時							
時	日	月	年	87	77	67	57	47	37	27	17	7
戊	乙	丙	甲	乙	甲	癸	壬	辛	庚	己	戊	丁
寅	卯	寅	戌	亥	戌	酉	申	未	午	巳	辰	卯

형제가 많은 빈곤한 가정 출신으로 기술을 익히고 지식을 습득하지만 이룬 것이 없었다. 중년이후 해외에서 10년간 돈을 모아서 조그마한 가게를 시작하여 백화점의 사장이 되었다.

이 구조도 乙卯는 甲寅이 차지한 戊土의 땅을 사용할 수 없으니 해외로 떠나 時柱에 있는 戊土의 땅을 백화점으로 장식하였다. 乙이 丙火만 있다면 기술이나 언변 재능을 가진 정도에 불과하지만 戊土 터전이 있으니 金을 보면 乙丙庚 조합으로 열매를 키운다. 운에서 金을 보충해주니 튼실한 열매를 거두었다.

坤命   陰/平 : 1956年 5月 9日 10時

時	日	月	年	94	84	74	64	54	44	34	24	14	4
辛	乙	甲	丙	甲	乙	丙	丁	戊	己	庚	辛	壬	癸
巳	卯	午	申	申	酉	戌	亥	子	丑	寅	卯	辰	巳

丙戌년 12월 상황으로 己酉년생 주인이 운영하는 호프집 주방에서 5년간 일했다. 불황으로 호프집이 폐업하면서 일 년 정도 밀린 임금을 받지 못하고 있다. 언행도 느긋하고 차분한 편이며 부부애는 별로 없지만 맞추며 산다.

운에서 己丑의 시공간을 만난 乙卯는 활동이 극도로 위축되니 호프집 주방에서 일했다. 乙은 좌우로 펼치기에 좁은 공간을 좋아하지 않지만 운의 흐름이 그런 환경에서 살도록 만든 것이다. 시간에 있는 辛은 46~53세 시기로 외톨이처럼 인맥을 자르기에 활발한 활동은 기대하기 힘들다. 乙酉, 丙戌년 乙의 활동이 더욱 위축되니 월급도 제대로 받지 못했다. 인연법으로 살피면 己酉년생 사장이니 乙의 활동이 자유롭지 못하다.

乾命   陰/平 : 1954年 9月 30日 15時

時	日	月	年	64	54	44	34	24	14	4
癸	乙	甲	甲	辛	庚	己	戊	丁	丙	乙
未	卯	戌	午	巳	辰	卯	寅	丑	子	亥

戊子년 상황으로 대기업 계열사에서 20년 간 근무하다 퇴직하고 丁亥년부터 모텔을 운영 중이다. 戊子년에도 다른 모텔을 구매하려고

했다. 부인은 내조만 해 왔으며 부부 사이는 매우 좋다. 이 사주는 甲戌의 땅에 의지하여 20년을 살았다. 甲은 지도자를 뜻하기에 직장의 규모로 따지면 대기업이고 두 개이니 계열사다. 卯戌 합으로 자신의 재능을 甲의 회사를 위해 사용한다.

癸未 시주의 시기에 己卯운과 연결되는데, 己卯는 건축, 건설, 임대업이며, 癸未는 이곳저곳을 돌아다니며 건축, 부동산에 종사하는 물상이다. 즉, 일시적으로 머무는 사람들을 접대하는 물상을 모텔운영으로 사용하였다. 甲己 합 또한 건설, 교육물상이다. 시공간 변화에 따라 직업물상도 변화한다.

坤命　　　陰/平 : 1965年 10月 5日 16時

時	日	月	年	83	73	63	53	43	33	23	13	3
甲	乙	丙	乙	乙	甲	癸	壬	辛	庚	己	戊	丁
申	卯	戌	巳	未	午	巳	辰	卯	寅	丑	子	亥

乙卯일주가 동일하게 戌月을 만난 구조를 살펴보자. 이 여인은 4급 구청 공무원이고 남편도 공무원이다. 丁亥년 기관지와 자궁종양으로 수술을 받았다.

乙卯를 卯戌 합하여 자신의 에너지를 월주 국가나 사회를 위해 사용하였다. 丁亥년은 팔자에 없는 水氣가 들어와 卯木이 응결되며 丁火는 戌土 화로 속의 불꽃이 밖으로 튀어나온 것과 같아서 대부분 육체를 상하는 일이 발생한다. 또 하나 참조할 것은 丁亥년은 일지에 이르는 시기로 卯木이 卯申 합으로 상하고 卯巳戌 조합으로 마른다. 또 卯戌 합과 巳戌로 조합을 이룬 상태에서 亥水가 巳火를 沖 하니 卯木도 충격을 받는다. 이 구조는 乙卯의 신체부위인 기관지와 자궁이 모두 상했다. 亥, 巳戌 조합의 또 다른 특징은 巳火 차량이 戌土 차고에 들어가 정지해 있는데 亥水가 와서 巳火에 충격을 가하는 것으로 정지해있는 차를 뒤에서 충돌하는 교통사고 물상이다. 비교사주를 살펴보자.

坤命			
時	日	月	年
乙	己	丙	庚
亥	巳	戌	戌

陰/平 : 1970年 9月 17日 22時

83	73	63	53	43	33	23	13	3
丁	戊	己	庚	辛	壬	癸	甲	乙
丑	寅	卯	辰	巳	午	未	申	酉

亥巳戌 조합으로 교통사고가 잦은 사주로 丁酉년에도 신호를 받고 정차중인 상태에서 뒤에서 들이박는 사고가 여러 번 발생했다.

坤命			
時	日	月	年
庚	乙	丙	乙
辰	卯	戌	巳

陰/平 : 1965年 10月 5日 8時

83	73	63	53	43	33	23	13	3
乙	甲	癸	壬	辛	庚	己	戊	丁
未	午	巳	辰	卯	寅	丑	子	亥

일본식 가라오케를 운영했으나 丙戌년과 丁亥년에 매출이 부진하여 폐업하고 새로운 곳으로 이전했다. 정식으로 결혼하지 않고 3번의 동거와 이별을 반복했다.

상기 공무원 사주와 시주만 차이 나는데 전혀 다른 삶을 사는 이유를 살펴보자. 월간 丙火가 庚을 키우지만 戌月은 수확이 끝난 시공간이니 乙庚 합의 가치가 약하다. 하지만 사주팔자에 있으니 공직보다는 재물을 부풀리는 것에 삶의 가치를 둔다. 이 구조에서 庚이 乙과 합하는 것은 강한 자존심과 남자에 대한 고민을 의미한다. 시주 庚辰 남자는 월지 戌土와 沖하니 안정을 취해야할 난로에서 불꽃이 튄다. 남자 때문에 몸이 상하거나 재물손실이 생기며, 戌土가 동하면 욱하는 성격으로 구설시비가 발생하며, 남자문제가 생기는 것을 의미한다. 초년에 水氣로 운이 흐르면 辰土에 담기고 戌土와 충 하여 월지가 상하니 화로불이 꺼졌다. 戌 화로를 지키고자 丙戌을 가라오케 물상으로 활용했다. 이 구조도 卯巳戌로 살기를 가진 조합이다. 수술하거나 운이 나쁘면 교통사고가 발생하거나 주위 육친이 상한다.

乾命

時	日	月	年
丙	乙	戊	甲
子	卯	辰	寅

殿帥(전수) 벼슬을 지낸 馮某氏의 팔자다. 戊辰으로 乙卯의 꿈을 실현할 넓은 땅이 있고, 년에 甲寅은 水氣가 없어 戊辰의 땅을 다스리기 힘드니 乙卯에게 다스려줄 것을 부탁하는 국가와 같다. 乙丙은 있는데 팔자에 金이 전혀 없으니 교육, 공직과 인연이 있고 물질을 추구하지 못한다. 이런 이유로 공직에서 일했다.

33. 乙未干支

亥卯未 삼합운동을 끝낸 未土를 만난 乙은 더 이상 좌우확산하지 못해 답답하다. 乙은 未土의 땅이 좁고 답답하게 느껴지기에 그곳을 벗어나려는 심리가 발동한다. 사주에 戊土가 있다면 乙은 未土를 버리고 戊土를 향한다. 戊와 未를 동시에 사용한다면 활동공간이 두 개며, 남녀관계에서는 외도물상이다. 乙未의 또 다른 특징은 乙己나 己卯, 卯未와 같아서 건설업, 임대업의 물상으로 여러 곳을 돌아다니며 많은 땅을 밟아야 한다. 또 未土에는 丁火가 있기에 손기술이 좋아 목수, 조각, 예술가, 소설가, 물리치료 등 손을 사용하여 未土에서 힘들어하는 乙木에게 生氣를 불어넣는다. 乙未는 乙의 기운이 묶이기에 자금회전이 어려워 부동산 담보대출을 받거나 부동산을 팔아서 자금 흐름을 해결한다. 만약 자금이 좋은 구조라면 현금을 땅이나 집에 투자한다. 육체적으로는 활동이 제약당하니 몸에 장애가 생길 수 있다. 예를 들어보자.

坤命　　　　　　　　陰/平 : 1970年 8月 12日 8時

時	日	月	年	81	71	61	51	41	31	21	11	1
庚	乙	乙	庚	丙	丁	戊	己	庚	辛	壬	癸	甲
辰	未	酉	戌	子	丑	寅	卯	辰	巳	午	未	申

辛巳대운 甲申년 2004년 8월 강원도 원주에 개발가능한 산을 기획부동산에 속아 구입했는데 丙申년까지 팔리지 않아 답답하다. 35세경으로 일주 未의 시기에 쓸모없는 땅을 구매하여 乙 현찰이 묶였다.

坤命　　　　　　　　陰/平 : 1969年 6月 6日 6時

時	日	月	年	77	67	57	47	37	27	17	7
己	乙	辛	己	己	戊	丁	丙	乙	甲	癸	壬
卯	未	未	酉	卯	寅	丑	子	亥	戌	酉	申

2015년 乙未년 12월 상황으로 살기가 너무 힘들다. 남편과 사이가 좋지 않아 이혼해버리고 현재 사귀는 남자와 재혼할까 고민 중이다. 이 구조도 乙이 두 개의 未土에 묶여 답답한 상황으로 乙未년에 이르면 일주와 동일한 간지를 만나니 더욱 답답하다. 水氣가 없는 상황에서 辛酉 남편의 쓰임이 좋을 수 없다. 또 운에서 亥卯未 삼합으로 일지와 합하면 대부분 이혼이나 사별을 암시하기에 이혼을 통하여 그 기운을 해소하고 싶은 것이다.

坤命　　　　　　　　陰/平 : 1931年 12月 28日 10時

時	日	月	年	51	41	31	21	11	1
辛	乙	辛	辛	丁	丙	乙	甲	癸	壬
巳	未	丑	未	未	午	巳	辰	卯	寅

丁未운 60세 辛未년 간암으로 사망했다. 이 구조도 乙未로 활동이 답답하고 많은 金에 의해 상한다. 丁未운 丁火가 金들을 자극하면 날카로워진 辛金은 乙을 자른다. 木은 간을 상징하고 未土에 간이 묶여 딱딱해져 간암으로 사망했다.

乾命				陰/平 : 1962年 9月 26日 14時								
時	日	月	年	84	74	64	54	44	34	24	14	4
癸	乙	庚	壬	己	戊	丁	丙	乙	甲	癸	壬	辛
未	未	戌	寅	未	午	巳	辰	卯	寅	丑	子	亥

　壬子운 사범대학에 입학하고 대학원을 졸업, 박사학위를 받았다. 甲寅운에는 공직에서 순탄하게 발전했으며 고위직에 올랐다.

　이 구조는 乙未일주인데 戌月의 시공간을 만났으며 약한 壬水와 癸水가 있어 戌土 화로를 자극한다. 화로에 약하게 물을 뿌리면 화로의 불이 더욱 거세지는 것과 같은 이치다. 또 戌未 형으로 화로 불에 더욱 자극을 준다. 이렇게 동일한 乙未일주라도 월지의 시공간 상황에 따라 전혀 다른 팔자를 만든다. 壬子는 깊은 사상을 상징하는데 학업으로 사용하면 깊은 내면을 살필 수 있지만 물질을 추구하면 얻기 어렵다. 다만 월일시가 戌未未로 복음이니 결혼불미는 피할 수 없다.

乾命				陰/平 : 1997年 3月 17日 17時								
時	日	月	年	86	76	66	56	46	36	26	16	6
甲	乙	甲	丁	乙	丙	丁	戊	己	庚	辛	壬	癸
申	未	辰	丑	未	申	酉	戌	亥	子	丑	寅	卯

　乙未년 10월 상황이다. 장학금을 받고 고등학교를 수석입학 했지만 乙未년 성적이 하락하여 시험을 볼 때마다 성적걱정에 가슴이 두근거린다. 이런 상황에 처하면 부모는 생활공간을 바꾸어주는 것이 좋다. 甲辰의 땅은 乙이 차지했으니 경쟁자들보다 뛰어난 것은 분명하다. 하지만 甲午, 乙未년에 이르면 乙의 활동도 혈액의 흐름이 막히는 것과 같아서 머리회전이 둔해진다.

乾命　　　陰/平 : 1945年 2月 14日 14時

時	日	月	年
癸	乙	己	乙
未	未	卯	酉

77	67	57	47	37	27	17	7
辛	壬	癸	甲	乙	丙	丁	戊
未	申	酉	戌	亥	子	丑	寅

　중국 사주 예문으로 17세 辛丑년과 23세 丁未년에 절도로 감옥에 가고 31세 丙子운 乙卯년에 출옥했다.

　이 사주는 乙己乙 구조다. 己土 하나를 두고 여러 개의 乙이 싸우니 경쟁적으로 물질을 탐하며 도둑질로 감옥에 간다. 그런 행위를 저지를 때 乙을 통제하는 庚辛을 만나면 국가에서 강제로 이 사람의 행위를 통제하니 감옥에 간다.

　辛丑년은 辛이 乙의 행위를 심판하는 것이고, 丁未년은 丁火가 酉金을 자극하여 卯木을 통제한다. 모두 乙의 잘못된 행위를 辛酉로 통제했다. 다른 의미는 乙의 활동이 丁火에 의해 제약되고 未土에 묶여 답답해진다. 감옥에 가지 않으면 몸이 상한다.

乾命　　　陰/平 : 1958年 12月 5日 4時

時	日	月	年
戊	乙	乙	戊
寅	未	丑	戌

67	57	47	37	27	17	7
壬	辛	庚	己	戊	丁	丙
申	未	午	巳	辰	卯	寅

　丁亥년 49세 상황으로 경찰공무원이다. 이 사주는 丑月에 乙未일주로 乙은 성장도 수렴도 하지 못하는 공간이다. 따라서 성장이나 수확이 완료된 것들을 丑土 감옥에 沖, 刑으로 열고 가두는 일을 업으로 삼았다. 乙未의 활동을 답답하게 하는 속성에 丑土의 가두는 의미가 추가되었다. 공무원이 된 이유는 천간에 戊土의 활동 터전이 乙戊 조합으로 확실하기 때문이다. 乙은 戊土가 있으면 안정을 취하고 없다면 물질 여부에 관계없이 정착하지 못하고 떠돌며 살아간다.

乾命　　　　　陰/平 : 1955年 1月 11日 10:30

時	日	月	年
辛	乙	丁	甲
巳	未	丑	午

61	51	41	31	21	11	1
甲	癸	壬	辛	庚	己	戊
申	未	午	巳	辰	卯	寅

戊子년 2008년 상황으로 20대 후반 은행에 입사하여 현재 지점장으로 일하고 있다. 丁亥년 말 건강검진에서 대장암이 발견되어 壬子월에 수술했다. 집안 환경이 넉넉하지 않아서 결혼 후에도 동생들의 학비를 대느라 고생했다.

년과 월의 甲, 丁丑 조합은 교육, 공직 물상인데 午丑으로 조합이 좋지 않다. 丑月에 巳丑辛으로 金을 丑土에 저장하고 未土로 沖 하여 넣고 꺼내기를 반복하니 은행에서 근무한다. 乙未와 丑土의 묶이는 속성 때문에 동생들을 보살피느라 마음대로 살지 못하고 학비까지 지원해주면서 고생하였다. 월지 丑土는 형제 궁으로 丑土의 특징은 피붙이들에 대한 집착으로 동토의 땅을 보살핀 것이다. 일주와 상관없이 년, 월지에 丑土가 있는 사주들은 대부분 효자, 효녀가 되는데 丑土의 업보를 벗어나지 못하고 책임지기 때문이다.

乾命　　　　　陰/平 : 1961年 1月 17日 4:30

時	日	月	年
戊	乙	庚	辛
寅	未	寅	丑

69	59	49	39	29	19	9
癸	甲	乙	丙	丁	戊	己
未	申	酉	戌	亥	子	丑

戊子년 상황으로 행정공무원이다. 乙酉년 초 타지방 전근으로 일년 동안 출퇴근하다 힘들어 2년간 주말부부로 지냈다. 직장 내 여직원과의 외도를 부인이 휴대폰을 통해 알게 되어 심한 충돌이 있었다. 부인은 주부로만 지내며 가끔 부업으로 돈을 번다.

乙은 좌우로 펼치는 에너지인데 庚과 합하면 의젓해지고 辛에 상하면 자신의 기운을 적절하게 사용하지 못한다. 寅月에 태어났고 초년에 水氣로 운이 흘러 학업에 충실하였으며, 乙庚 합하며 戊土의 안정적인 터전이 있기에 공무원이다. 乙酉년은 일주 乙未와 시간 乙戊 사이에 변화가 온다. 乙이 일지 未土에 묶여 있다가 45세 즈음에는 乙戊로 未를 벗어나 戊를 향하여 간다. 이런 이유로 전근으로 공간에 변화를 주었으며, 未를 버리고 戊를 택하니 외도하였다.

坤命

陰/平 : 1980年 2月 7日 2時

時	日	月	年
丁	乙	己	庚
丑	未	卯	申

76	66	56	46	36	26	16	6
辛	壬	癸	甲	乙	丙	丁	戊
未	申	酉	戌	亥	子	丑	寅

대학병원 물리치료사로 근무 중이다. 卯申으로 卯木의 활동이 묶여 답답해지고 卯未 합으로 모두 未土에 모인다. 未土에서는 乙의 활동이 답답하기에 육체장애 물상이다. 문제를 해결하고자 乙의 생기와 활력을 시간의 丁火에게 전달하여 치료하는데 丁火 아래에 丑土가 있으니 병든 자들에게 생기를 전파하는 물리치료사다. 년과 乙庚 합하기에 국가에 소속되어 활동한다. 비교사주를 살펴보자.

乾命

陰/平 : 1967年 5月 13日 2時

時	日	月	年
丁	乙	丙	丁
丑	卯	午	未

84	74	64	54	44	34	24	4
丁	戊	己	庚	辛	壬	癸	甲
酉	戌	亥	子	丑	寅	卯	辰

이 사주도 乙卯의 생기를 丁火에 전달하고 丑土에 지치고 병든 자를 치료하니 물리치료사다. 다만 이 구조는 년간에 국가나 조직을 상징하는 庚이 없으니 개인적으로 물리치료소를 운영한다.

坤命　　　　陰/平 : 1987年 12月 23日 2時

時	日	月	年
丁	乙	甲	戊
丑	未	寅	辰

62	52	42	32	22	12	2
丁	戊	己	庚	辛	壬	癸
未	申	酉	戌	亥	子	丑

庚寅년 23세 상황으로 경찰행정학과 4학년으로 경찰공무원 시험을 준비 중이다. 모친은 교사이며 부친과 오빠는 법을 공부했다. 甲寅이 戊辰의 땅을 다스리니 법, 공직물상이다. 만약 水氣가 없으면 甲寅이 戊土 조상의 음덕과 터전을 상하게 하니 초년에 근거지를 버리고 힘들게 살아간다. 다행히 초년부터 운이 水氣로 흘러 辰土에 水氣가 채워지고 甲寅은 깊게 뿌리내리니 학문과 인연이 깊은 집안이며, 甲寅의 물상을 법공부와 교사로 활용했다. 甲戊 조합은 반드시 水氣 有無를 살펴서 길흉을 판단한다. 만약 水氣가 없으면 甲은 戊土의 터전을 파괴하고, 水氣가 있으면 甲은 안정적으로 뿌리를 내리고 丙火가 배합되면 박사급 학력이다. 이 구조도 丑未 충과 丑辰 파로 범죄자들을 잡아들이고 乙이 丁火로 교화한 후 석방하는 경찰행정학을 공부한다. 이런 조합은 구조에 따라 경찰, 교도관, 물리치료사, 은행원 물상이다.

坤命　　　　陰/平 : 1985年 3月 7日 5時

時	日	月	年
戊	乙	庚	乙
寅	未	辰	丑

83	73	63	53	43	33	23	13	3
己	戊	丁	丙	乙	甲	癸	壬	辛
丑	子	亥	戌	酉	申	未	午	巳

戊子년 2008년 4월 사법고시 1차에 합격하였다. 부친은 외국에서 힘들게 사업하며 모친은 식당을 운영한다. 우울한 성향이고 두 남자와 동시에 연애하고 있다.

乙庚 합으로 乙의 펼치는 기세가 제한되었지만 辰월의 시공간과 戊土의 안정적인 활동공간이 좋은 구조다. 상기 사주처럼 丑辰 파가 있어 범죄자들을 잡아들이는 검찰, 경찰 직업에 어울리지만 구조가 음

습하면 도박, 투기, 마약 등으로 흉하게 발현된다. 이 사주는 천간구조는 좋으니 법조계와 인연이 있지만 보이지 않는 내면은 음욕이 강한 丑辰 破 작용과 팔자에 많은 木이 약한 庚 하나를 경쟁적으로 다투기 때문에 남자인연이 복잡하다. 의미를 확장하면 남에게 빼앗기지 않기 위해 경쟁적으로 남자를 탐하며 많은 남자와 인연을 맺는다. 이 구조는 천간과 지지배합이 전혀 다르다. 겉으로는 법조계지만 내면의 성정은 음습하다. 팔자구조대로 살아간다.

乾命　　　　　陰/平 : 1979年 5月 3日 6時

時	日	月	年
己	乙	己	己
卯	未	巳	未

87	77	67	57	47	37	27	17	7
庚	辛	壬	癸	甲	乙	丙	丁	戊
申	酉	戌	亥	子	丑	寅	卯	辰

27세 상황으로 집안이 어려워 학업을 중단하고 초년부터 열심히 살았다. 丁卯운에 카메라 촬영을 시작하여 감독이자 직원 8명을 거느린 기획사 사장이 되었다. 나이는 어리지만 눈치가 빠르고 부지런하며 마당발로 연예인, PD들과 넓은 인맥을 형성하여 맨주먹으로 시작하여 사업체를 운영한다.

년월에 水氣가 전혀 없으니 공부와 인연이 없고, 乙의 활동을 제약하는 金도 없으니 엄청난 에너지로 활동하며 많은 인맥을 형성한다. 巳火 물상은 홈쇼핑, 백화점, 광고, 홍보, 카메라 물상으로 화려함을 추구한다. 丁卯운 巳火의 광고, 홍보 그리고 丁火의 열기구 물상을 카메라 촬영 직업으로 활용했다. 사회에서는 멈출 줄 모르는 추진력을 가졌음에도 연상의 부인을 얻어 일지 未土에 활동이 묶이니 공처가다.

坤命				陰/平 : 1977年 6月 22日 16時							
時	日	月	年	81	71	61	51	41	31	21	11	1
甲	乙	丁	丁	丙	乙	甲	癸	壬	辛	庚	己	戊
申	未	未	巳	辰	卯	寅	丑	子	亥	戌	酉	申

戊子년 상황으로 법학과 박사과정을 밟고 있는 여성이다. 丁己 조합과 丁未간지는 집중력이 매우 뛰어나 학력이 높다. 甲申은 법조계, 검경 물상이다. 이런 간지들의 뜻이 조합되어 법학과 박사과정에 있다. 다만 시주가 甲申으로 겁재 甲이 가진 申金 남자와 합하니 중년 이후에 외도할 가능성이 높다.

坤命				陰/平 : 1967年 8月 25日 0時						
時	日	月	年	64	54	44	34	24	14	4
丙	乙	己	丁	丙	乙	甲	癸	壬	辛	庚
子	未	酉	未	辰	卯	寅	丑	子	亥	戌

38세 상황으로 접신한지 1년차로 작두를 타는 무당이다. 성격은 깡패처럼 화끈하다. 돈은 많이 벌었지만 기복이 심해 모이지 않는다. 월지 酉金이 마른 땅과 丁火에 둘러싸여 반발할 시기만을 기다린다. 癸丑운은 간지 자체로도 윤회과정에 문제가 있는 조합이다. 酉金이 火氣에 쪼그라들어 반발력을 감추고 있다가 시지에 있는 子水가 癸水로 천간에 드러나면 癸水를 본 순간 酉金은 총알처럼 튀어나간다. 酉子 破는 한순간 재물을 엄청나게 부풀리거나 이 구조처럼 水氣가 未土에 심하게 상하고 있으면 乙 生氣가 酉金에 의해 상하면서 몸이 다치거나 乙 뇌신경에 이상이 온다. 이런 이유로 접신한 것이다.

乾命　　　　陰/平 : 1958年 8月 3日 8時

時	日	月	年		78	68	58	48	38	28	18	8
庚	乙	辛	戊		己	戊	丁	丙	乙	甲	癸	壬
辰	未	酉	戌		巳	辰	卯	寅	丑	子	亥	戌

乙丑운 甲申년에 이혼했다. 乙未일주 시기에 乙의 삶이 답답해진다. 좌우의 많은 金이 일간을 통제하니 더욱 답답하다. 乙은 년에 있는 戊土의 자유로운 땅을 원하고 未중 己土 부인은 운에서 온 甲과 甲己 합하여 사라진다. 乙戊와 甲己가 더욱 적합한 짝을 얻고자 교환하려고 이혼한 것이다.

乾命　　　　陰/平 : 1951年 9月 22日 18:30

時	日	月	年		64	54	44	34	24	14	4
乙	乙	戊	辛		辛	壬	癸	甲	乙	丙	丁
酉	未	戌	卯		卯	辰	巳	午	未	申	酉

57세 상황으로 수십 년간 건축학과 교수로 재직했으며 丁亥년에 크게 발전하였다. 부부 사이는 좋으며 돈 욕심도 없고 경제적으로 어려움도 없는 평탄한 삶이다.

乙戊 조합인데 戊土가 년에 있으면 국가공무원이지만 월간에 있으니 대학교수다. 戌월에 일지 未土가 戌未 刑하여 화로가 더욱 뜨거워지며, 刑의 물상인 가공, 의료 물상을 부수고 짓는 건축으로 사용하였다. 대운도 火氣로 흐르니 戊土 火爐에 火氣가 넉넉하다. 따라서 사회에서 안정적으로 발전하였다. 壬辰운의 壬水가 약하게 戊土 화로에 물을 뿌리니 火氣가 더욱 강해지고 사회에서 크게 발전하는 중이다. 다만 辰土에 이르러 水氣가 강해지는 세운에 辰戌 충으로 화로를 건들면 건강이 나빠지거나 사회활동에 문제가 생긴다.

▸ 乙木干支 조합

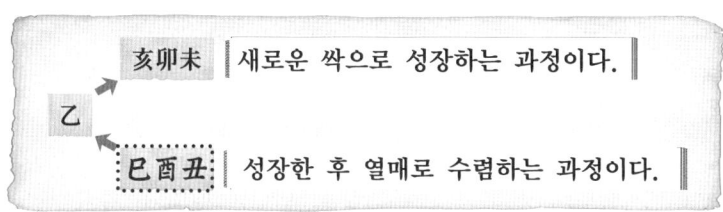

　　乙이 巳酉丑 삼합과 조합을 이루는 간지를 살펴보자. 乙이 亥卯未와 조합을 이루어 생기를 확장하는 에너지로 사용하였다면, 巳酉丑과 조합을 이루면 수확하여 결실 맺는 에너지로 사용한다. 확산하는 에너지가 巳酉丑과 간지를 이루면 에너지 속성을 유지하지 못하고 변형된다. 亥卯未는 성장을 주관하니 교육, 공직물상으로 사용함이 적절하고 만약 통제력이 없거나 좌우로 펼치는 기세만 강하면 많은 사람들과 인맥을 형성하고 활용하여 물질을 추구한다. 巳酉丑 삼합은 금융, 권력, 치료, 사채, 검경물상으로 乙巳, 乙酉, 乙丑은 펼치는 기세를 수확하여 물질을 추구한다.

34. 乙巳干支

　　열매 맺기 전으로 꽃이 활짝 피었다. 乙丙 조합은 열매를 맺으려는 의도를 감추고 있다. 겉으로 활짝 핀 꽃이지만 최종 목적은 庚金 열매를 원하기 때문이다. 乙 생기를 丙火로 사방팔방에 퍼트리기에 교육과 기술에 적합하며, 色慾으로 사용하면 이성과의 인연이 복잡해진다. 공공의 목적으로 생기를 확장해야 하기에 乙巳간지의 에너지를 개인적으로 사용하기 어려워 결혼하지 못하고 독신으로 살아가는 사람들도 많다. 예문을 살펴보자.

坤命　　　　　　陰/平 : 1963年 9月 13日 18時

時	日	月	年
乙	乙	壬	癸
酉	巳	戌	卯

53	43	33	23	13	3
戊	丁	丙	乙	甲	癸
辰	卯	寅	丑	子	亥

일찍 결혼했으며 부부사이에 갈등이 많다. 2015년 乙未년 상황으로 고기 집을 운영하는 남편을 돕고 있다. 10년 동안 보험 영업을 하면서 도왔지만 매출이 저조하여 가게를 내놓았는데 언제쯤 나갈지 궁금하다.

乙未년 乙의 활동이 답답해지니 돈의 흐름이 막히며 활동도 답답해진다. 이런 문제를 해결하고자 식당을 내놓는 것이고, 未土가 월지 戌土를 刑하니 직업변화를 원한다. 乙巳 일주의 시기에 좌우로 펼치는 기세를 인맥형성에 활용하여 보험영업을 하였다. 학력이 높으면 교육, 공직이요 그렇지 않으면 보험이나 다단계처럼 인맥을 활용한다. 여기에 卯巳戌 조합과 巳酉 합으로 년지 卯木 生氣가 상하는 기운을 보험업에 종사하여 개운했다. 일지 巳火 남편은 이 여인의 월지 戌土에 火氣를 공급하니 남편의 역할이 중요한 팔자로 이혼은 쉽지 않다.

戊辰운에는 공간을 넓게 쓰는 직업이 어울린다. 년간 癸水와 戊癸 합으로 乙乙 두 사람이 힘을 합하여 戊土 터전을 장식한다. 乙巳일주는 인맥을 활용하고, 乙酉시주는 酉金 조직을 巳酉 合으로 협력하여 활용한다. 년과 합하니 공공기관과 협력하거나 국가가 개입된 업무를 동업으로 할 것이다.

坤命　　　　　　陰/平 : 1975年 3月 18日 12時

時	日	月	年
壬	乙	庚	乙
午	巳	辰	卯

62	52	42	32	22	12	2
丁	丙	乙	甲	癸	壬	辛
亥	戌	酉	申	未	午	巳

41세 상황으로 독특한 삶을 사는 사람이다. 친구는 거의 없으며 친

정식구들과 주로 지낸다. 수재로 영문학을 전공하였으며 결혼 후 영어학원을 운영, 잘되던 영어학원을 접고 2010년 庚寅년 로스쿨에 합격, 변호사로 직업을 전환했다. 원래 꿈은 드라마 작가였다고 한다. 많은 나이임에도 졸업 때까지 장학금으로 학교를 다녔고, 癸巳년 변호사 시험에 합격하자 부유한 시아버지가 제공한 사무실에서 변호사 업무를 시작했다. 감칠맛 나는 말솜씨로 라디오에 출연하여 법률상담도 하며 발전하고 있다. 남편은 강사로 미남이며 성격도 유쾌하다. 바빠서 주말부부를 하지만 부인을 위해 외조도 잘한다. 乙巳일주의 시기에 공익을 위한 삶으로 바꾸었다. 마침 운에서 甲申으로 법조계 물상을 원하니 변호사로 직업을 바꾼 것이다. 월간 庚과 합하니 乙의 펼치는 속성이 적절하게 조절되었다. 乙巳간지는 乙丙 조합으로 자신의 기술이나 언변 정도를 사용할 수 있지만 월간에 庚이 있고 운이 甲申으로 열매를 수확하니 일지 巳火의 가치가 높아져 남편 복이 있다. 모든 글자는 쓰임이 없다면 무용지물이다.

乾命				陰/平 : 1966年 1月 25日 20時								
時	日	月	年	86	76	66	56	46	36	26	16	6
丙	乙	庚	丙	己	戊	丁	丙	乙	甲	癸	壬	辛
戌	巳	寅	午	亥	戌	酉	申	未	午	巳	辰	卯

乙未년 11월 상황으로 재혼했지만 여전히 힘든 결혼생활로 이혼하고 혼자 딸을 키울까 생각중이다. 乙未년 乙이 답답함을 느끼고 좌우로 펼치는 기운에 제약이 따르니 기존의 인연도 정리하기를 요구하는 운이다. 이 사주의 문제는 월간에 庚이 있어도 寅月이니 열매가 아니며 많은 火氣에 의해 심하게 상했다. 달리 표현하면 사회, 직업 궁에 문제가 있으니 사회에서 발전하기가 어렵다. 또 寅月에는 뿌리가 성장하는데 운에서 水氣의 흐름도 끊어져 성장하지 못하고 寅巳 형으로 뿌리가 상한다. 일지 巳火 때문에 의지할 터전이 상하니 부인복이 박하다. 이곳저곳에 흩어진 산만한 火氣 때문에 생각이 많고 행동이 산

만하기에 수시로 일을 벌이지만 庚의 부피가 작으니 실속이 없다.

乾命　　　　　陰/平 : 1980年 10月 21日 18時

時	日	月	年	82	72	62	52	42	32	22	12	2
乙	乙	丁	庚	丙	乙	甲	癸	壬	辛	庚	己	戊
酉	巳	亥	申	申	未	午	巳	辰	卯	寅	丑	子

乙未년 상황으로 직업도 좋고 외모도 괜찮지만 여자와 깊은 연애가 되지 않는다. 싫증을 빨리 느끼기 때문이다. 언제쯤 결혼할 수 있을지 궁금하다.

이 구조에서 乙이 안정을 취할 터전 戊土는 巳火에 있고 년과 월에는 터전이 없다. 37세에 가까워지는 시기이니 戊土 터전을 간절히 원한다. 巳火로 자신의 능력을 국가자리에 있는 庚申을 키우는데 사용하니 국가공무원에 어울린다. 辛卯운의 辛은 인연을 자르니 인연이 오래갈 수 없다. 卯운에 이르면 펼치는 기운이 확장되고 그 결과가 일지 巳火에 이르니 좋은 인연이 생기는 운이다.

乾命　　　　　陰/平 : 1948年 12月 17日 16時

時	日	月	年	57	47	37	27	17	7
甲	乙	乙	戊	辛	庚	己	戊	丁	丙
申	巳	丑	子	未	午	巳	辰	卯	寅

53세 辛巳년에 위암 말기 판정을 받고 연말에 사망하였다. 상기 사주와 비교하여 살펴보자. 庚午운에는 乙 활력이 상한다. 辛巳년은 乙庚 합으로 묶인 乙이 辛에 재차 상하는데, 지지에서 巳酉丑 삼합으로 팔자에서 가장 필요한 丙火가 빛을 잃어 빛과 생기가 사라지니 사망한 것이다. 이 사주도 庚午운에 월지와 午丑 조합으로 뜻밖의 사건, 사고를 암시하니 건강에 문제를 못 느끼고 건강검진을 받았는데 생각지도 못한 위암말기 판정을 받고 갑자기 사망하였다.

坤命				陰/平 : 1960年 7月 24日 20時					
時	日	月	年	52	42	32	22	12	2
丙	乙	乙	庚	己	庚	辛	壬	癸	甲
戌	巳	酉	子	卯	辰	巳	午	未	申

庚辰운 甲申년 45세 상황으로 미혼이다. 유치원 운영으로 재산을 늘리고 국가정보를 이용한 부동산 투자로 30대 말에 3천억 자산가다. 권력 지향적인 여명으로 국회의원을 애인으로 두었다.

이 구조도 30~45세 사이가 乙巳로 확산하는 에너지를 인맥에 이용한다. 이때 金이 없다면 개인적으로 기술이나 언변을 사용할 뿐 국가 혹은 조직과는 인연이 없기에 큰 결실을 이룰 수 없다. 이 구조는 乙庚 合으로 酉月 가을에 열린 열매를 巳火와 丙火로 키운다. 또한 열매를 부풀리는 공간이 국가자리에 있으니 국가정책을 이용하여 재물을 모았다. 乙巳의 교육 물상을 유치원 운영으로 활용하고 丙, 巳 火 재주로 국가를 이용하여 庚 열매를 수확하니 큰돈을 벌었다. 또 巳酉 合으로 월간 乙이 가진 酉金 남자도 끌어와 애인관계를 유지하니 권력을 활용하는 재주도 뛰어나다.

乾命				陰/平 : 1971年 11月 29日 12時						
時	日	月	年	73	63	53	43	33	23	13	3
壬	乙	辛	辛	癸	甲	乙	丙	丁	戊	己	庚
午	巳	丑	亥	巳	午	未	申	酉	戌	亥	子

43세 甲午년에 아내가 自害했다. 乙이 丑月에 壬亥와 날카롭고 차가운 辛이 강하니 살성을 가졌다. 따라서 일지 巳火의 역할이 매우 중요하지만 巳丑 합으로 어두워지고, 巳亥 沖으로 상한다. 일간 乙에게는 꼭 필요하지만 巳火 부인 입장에서는 어둠을 밝히느라 벅차다. 丁酉운은 乙 生氣가 상하는 운이다. 酉金은 일지 巳火와 巳酉丑 삼합을 이룬 후 년지 亥水와 沖한다. 따라서 巳火는 비관적인 심리상태를

갖게 되고 자해라는 물상을 만들어냈다. 일지를 포함한 삼합 충 조합은 주로 배우자와 이혼, 사별하는 운으로 甲午년에는 午丑이 만나니 예상하지 못한 사건, 사고가 갑자기 발생하는 조합이다.

坤命

時	日	月	年
戊	乙	甲	甲
寅	巳	戌	辰

陰/平 : 1964年 9月 18日 4時

75	65	55	45	35	25	15	5
丙	丁	戊	己	庚	辛	壬	癸
寅	卯	辰	巳	午	未	申	酉

결혼 전 슬픈 사랑의 기억을 간직한 여명이다. 2001년 辛巳년 38세에 이혼했고 자식은 없다. 교사로 재직 중이던 庚寅년 금전문제에 연루되어 불명예 퇴직했다. 庚寅년 말부터 辛卯년 중반까지 수많은 송사에 시달렸으며 丁酉월 자영업을 시작하였다.

월주 甲戌은 교육업과 인연이 깊다. 乙은 戌월 甲을 의지한다. 乙巳 또한 乙 생기를 巳火로 퍼트리니 교사로 근무하지만 사주에 金이 없으니 지위와 물질은 크게 좋은 편은 아니다. 팔자에 없거나 지장간에 약하게 숨겨진 기운이 천간에 드러나면 대부분 흉하다. 庚寅년 乙甲 관계에 문제가 생기고 편관의 소송 물상에 시달렸다. 庚寅년에 금전에 연루되었다고 하지만 己丑년에 년지 辰土와 일지 巳火가 巳丑辰 조합을 이루어 불법, 음성적으로 큰돈을 벌려는 욕망이 강해졌다. 또 己丑년 寅丑으로 연결되고 寅巳 刑하니 시지의 寅으로부터 비밀리에 음성적으로 받은 돈이 寅巳 刑으로 문제가 발생했고 이 행위가 庚寅년에 들통 난 것이다. 丑土는 엄마의 뱃속과 같고 寅은 뱃속에서 나온 아이와 같으니 丑土에 숨겨져 잘 보이지 않던 문제가 寅에서 세상 밖으로 드러난 것이다. 팔자에 없는 庚辛이 천간에 드러날 때마다 문제가 발생하기에 辛巳년에는 이혼했고, 辛卯년에는 송사에 시달렸다. 이렇게 편관은 직업변동, 스트레스, 관재구설, 질병에 시달리거나 이성문제로 구설시비를 일으킨다.

坤命　　　　　陰/平 : 1954年 1月 15日 4時

時	日	月	年	84	74	64	54	44	34	24	14	4
戊	乙	丙	甲	丁	戊	己	庚	辛	壬	癸	甲	乙
寅	巳	寅	午	巳	午	未	申	酉	戌	亥	子	丑

　　머리가 비상한 여명으로 申酉戌운에 식당을 했으며, 辛酉운에 남편이 병사했다. 사별한 후 己卯생 남자와 재혼했다. 재혼한 남편은 땅부자로 농사를 짓는다.

　　이 사주도 팔자에 없는 金이 드러나는 시기에 남편이 사망했다. 寅巳寅으로 복음이며 火氣가 강하니 金은 견디기 힘들다. 다만 운이 강한 金氣로 흐르고 팔자에서 쓰임이 전혀 없던 火氣들이 시간에 있는 戊土에서 열매를 익히고 키우니 식당을 오래하였다. 寅木 생기를 巳火로 刑하여 가공하니 육류를 취급하는 식당물상이다. 만약 寅巳 刑에 천간에 水氣가 배합되면 활어 회 물상이다. 년과 월에 金이 없으니 지위나 재물, 명예는 없고, 水氣도 말랐으니 부모덕도 박하고 공부도 오래하지 못하지만 머리는 총명하다. 강한 金운을 만나자 팔자에 쓸모없이 흩어져 있던 火氣들이 갑자기 쓰임을 얻어 돈도 벌고, 시간 戊土의 시기에는 안정적 삶의 터전을 얻으니 돈 많은 남자와 재혼하여 살아간다. 이렇게 戊土는 사주팔자에서 삶의 안정을 결정하는 주요한 인자다.

乾命　　　　　陰/平 : 1968年 10月 12日 16時

時	日	月	年	72	62	52	42	32	22	12	2
甲	乙	癸	戊	辛	庚	己	戊	丁	丙	乙	甲
申	巳	亥	申	未	午	巳	辰	卯	寅	丑	子

　　48세 戊辰운 乙未년 주식 투자로 15억을 벌었다. 乙巳가 년지 申金과 시주 甲申을 만나 巳火로 열매를 익히기에 물질에 대한 욕망이 강하다. 乙甲으로 경쟁과 투기를 즐기는 사람이며, 申金에 좌한 甲이 감

당하기 어려운 申金을 巳火로 활용하고 합하여 乙庚 합으로 취한다. 戊辰운은 乙癸戊 조합으로 乙이 가장 좋아하는 시공간을 만나 癸水의 도움으로 戊土 위에서 꿈을 이루는 운이다. 戊土의 궁위가 년간에 있으니 국가관련 정책이나 사업으로 발전하고 재물도 크게 취한다. 乙은 甲이 무력해질 때 甲의 기운을 자신의 것으로 활용한다. 부도가 난 경쟁업체를 저가에 인수한 후 큰 수익을 올리는 상황에 비유할 수 있다.

이렇게 동일한 오행이 사주 내에 함께 있을 때, 乙이 무력해지면 乙이 가진 것을 甲에게 빼앗기고, 甲이 무력해지면 甲이 가진 것을 乙이 모두 빼앗아 오기에 수익의 관점에서는 갑자기 재물을 폭발적으로 모으거나 한순간에 망해버린다. 또 투기, 도박으로 한순간에 횡재하거나 한순간에 몰락한다.

35. 乙酉干支

巳酉丑 삼합의 가장 강력한 수렴기운을 가진 공간에 乙이 좌하였으니 좌우확산 에너지가 제거 당한다. 자연의 의지는 수확의 계절에 이르러 乙을 수확하는 것으로 乙의 기운이 무력할수록 수확하기 쉬워진다. 묘지를 벌초할 때 수풀이 우거지면 벌초 시간이 길고 육체적으로 피곤하지만, 반대의 경우는 쉽고 빠르게 벌초를 끝낼 수 있다. 따라서 乙을 수확할 때 乙이 약할수록 큰 재물을 쉽고 빠르게 득한다. 通根의 개념으로는 이런 자연의 이치를 이해하지 못한다.

乙酉일주 여자는 결혼하면 남편과의 관계가 편하지 못하다. 乙은 좌우로 펼치고자 하는데 酉金은 乙의 활동을 억제하고 통제하기 때문이다. 좋은 남자와 결혼해도 함께 있으면 불편하고 가까이 하기 싫다는 느낌을 받는다. 37~45세에 이르면 酉金의 영향을 받아 남편과의 거리가 생기고 외도하거나 이혼하는데 남자를 바꿀수록 더욱 좋지 않은 인연을 만나는 특징이 있다. 乙酉일주 남자도 불편하기는 마찬가지이지만 여자에 비해 심하지는 않다. 군대와 같은 강개의 상을 가진 조직에서 근무하거나 乙이 상하는 것을 치료하는 의료, 의약, 한의 물상으로 쓰거나 살성을 가미한 도살이나 고기를 파는 식당과 같은 물상으로 사용하면 살성의 액운을 피할 수 있으며 구조가 좋으면 사업의 물상이다. 예를 들어보자.

乾命　　　　陰/平 : 1982年 5月 11日 10時

時	日	月	年
辛	乙	丙	壬
巳	酉	午	戌

82	72	62	52	42	32	22	12	2
乙	甲	癸	壬	辛	庚	己	戊	丁
卯	寅	丑	子	亥	戌	酉	申	未

乙未년 하반기 상황으로 壬辰년에 형제와 함께 사업을 했으나 상황이 좋지 않아 그만두었다. 甲午년 여름에 단위농협 계약직으로 입사, 乙未년 말 재계약 결과를 기다리고 있다. 사업을 해야 할지 직장생활을 지속해야 할지 판단이 서지 않는다.

丙午는 金을 만나면 물질을 키우지만 水氣가 없거나 金이 약한 상태에서 火氣에 자극을 받아 뜨거워지면 날카로워진 辛은 乙을 찌른다. 이런 구조적 모순 때문에 사업과 직장 사이에서 갈등한다. 丙午로 총명하고 남의 통제를 받기 싫어하지만 일정한 재물이 모이면 辛金은 乙에게 재물을 내놓으라고 강요하기에 재물을 오래 유지하기 힘들다. 이런 사주구조는 감당하기 어려운 재물을 취하면 관재와 구설 등으로 돈을 잃거나 육체가 상한다. 따라서 직장생활을 하면서 재물에 대한 욕심을 줄이는 것이 현명하다. 그러나 丙午의 총명함은 직장생활에 만족하지 못하니 삶이 혼란스럽다.

乾命　　　　　陰/平 : 1957年 8月 17日 18時

時	日	月	年
乙	乙	己	丁
酉	酉	酉	酉

51	41	31	21	11	1
癸	甲	乙	丙	丁	戊
卯	辰	巳	午	未	申

　火운에 부귀가 따랐으나 癸卯운 辛卯년에 간암으로 사망했다. 生剋으로 丁火로 제살하니 火運에 좋고 제살하는 丁火를 癸水가 沖하는 시기에 문제가 생긴다고 판단한다. 에너지의 속성으로 구조를 살펴보자.

　火운에 많은 酉金은 자극을 받아 뜨거워져도 水氣가 없으니 반발력이 없지만 癸卯운에 水氣를 보는 순간 탄력을 받아 총알처럼 튀어나간다. 팔자에 없는 에너지가 올 경우 대부분 흉한 운이다.

　癸水가 丁火를 극하여 흉하다고 판단해도 어떻게 흉할 것인가를 모르면 통변의 가치가 없다. 에너지의 파동으로 살피면 酉金에게 반발력이 생기게 한 癸水 때문에 木이 金氣에 잘리며 乙에 상응하는 간암으로 사망한 것이다.

　이때 주의할 것은 사주에 이미 水氣를 가지고 있다면 제살하는 丁火를 방해하는 것이 아니라 金氣의 날카로움을 해소하기에 좋은 사주가 된다. 상기 사주는 水氣가 없다가 운에서 만나 金들이 날카로움을 해소하고자 水氣를 향하는 과정에 乙卯 생기를 잘라버리니 사망했다. 비교 사주를 살펴보자.

乾命　　　　　陰/平 : 1968年 4月 18日 9時

時	日	月	年
庚	乙	丁	戊
辰	酉	巳	申

77	67	57	47	37	27	17	7
乙	甲	癸	壬	辛	庚	己	戊
丑	子	亥	戌	酉	申	未	午

　食神制殺이라는 뜻은 팔자에 七殺이 중하여 일간을 극하니 반드시 식상으로 다스리는 것이 좋다는 十神 生剋의 이치다. 하지만 이 사주로 과연 식신제살의 관점이 타당한지 살펴보자.

초년의 戊午운은 乙이 뛰어놀 수 있는 戊土 운이기에 경제적으로 가장 윤택했다. 甲戌년 乙이 甲을 타고 오르니 회사 임원인 윗사람의 추천으로 금융회사에 입사했다. 2004년부터 2006년까지 간과 눈이 좋지 않다. 水氣가 없는 상태에서 木金이 싸우니 몸이 아플 수밖에 없다.

庚申년과 辛酉년에는 집단 따돌림을 당했고, 辛未년에는 군대에서 가장 힘들었으며, 庚辰년 상반기에는 경쟁자의 출현으로 힘들게 보냈다. 2005년 乙酉년 직장에서 상사와 계속 충돌하다 10월에 해고를 당했다.

이렇게 식신제살은 火氣 丁巳가 있으니 金이 올 경우 七殺을 방어하여 이름을 날린다고 주장하지만 실제로는 매우 힘든 상황이 된다. 金이 올 경우 丁巳는 金을 자극하고 金에 의해 木이 심하게 상하는 악순환이 발생하기 때문이다. 팔자에 水氣가 있다면 금전의 유입이나 명예 상승 등 좋은 일이 발생한다. 하지만 이 사주는 水氣가 전혀 없는데 金이 오니 오히려 木이 상하는 문제가 발생했다.

2002년 壬午년 상반기 금전적으로 좋았고, 2003년 유산으로 1억을 받았다. 丁巳가 식신으로 제살하니 水氣가 오면 용신 火氣를 상하게 하니 좋지 않다고 판단하지만 오히려 재물이 늘어났다. 그 이유는 水氣가 오면 뜨거운 金氣는 자연스럽게 水氣에 풀려 재물을 폭증하게 만들기 때문이다.

미혼이며 학원 강사로 큰돈은 못 벌지만 잘 맞는 직업이다. 금융업에 3년간 종사했지만 적성에 맞지 않았다. 乙이 金들에 묶이니 답답함을 느낀다. 식신제살로 군대에서 사용할 수 있지만 조직에 묶이는 것을 싫어하니 자유로운 학원에서 강사로 일하고 있다. 다른 사주와 비교해보자.

乾命			
時	日	月	年
丁	乙	辛	癸
亥	酉	酉	未

陰/平 : 1883年 9月 8日 22時

71	61	51	41	31	21	11	1
癸	甲	乙	丙	丁	戊	己	庚
丑	寅	卯	辰	巳	午	未	申

중국 山西의 군벌로 36년이나 권한을 가졌던 염석산의 명조다. 스스로 '세 개의 계란 위에서 춤춘다.'고 말하였는데 장개석, 공산당, 일본인을 지칭한다. 1960년 타이베이에서 병사했다. 이 구조와 상기 구조를 비교하면 쉽게 답을 얻는다.

癸, 亥의 水氣는 제살하는 丁火를 상하게 하는 것이 아니라 많은 金의 殺氣를 풀어주어 乙이 상하는 것을 방지한다. 이런 이유로 36년 동안 권한을 가졌다. 만약 水氣가 없다면 火氣에 자극받은 金들은 운에서 水氣를 보는 순간 乙을 살상한다. 용신, 기신이라는 극단적 잣대를 버리고 사주구조가 어떻게 조화를 이루는가를 살피는 것이 현명하다.

乾命			
時	日	月	年
庚	乙	戊	癸
辰	酉	午	卯

陰/閏 : 1963年 4月 20日 8時

91	81	71	61	51	41	31	21	11	1
戊	己	庚	辛	壬	癸	甲	乙	丙	丁
申	酉	戌	亥	子	丑	寅	卯	辰	巳

丙戌年 당시 재산이 대략 1천억 정도인 땅 부자 사주다. 이 구조는 乙이 가장 좋아하는 乙癸戊 조합이다. 꿈을 펼칠 戊土의 땅이 튼실하다. 卯午酉辰으로 시공간 흐름이 바르며, 卯木을 午火 열매로 키워 酉金으로 완성하고 辰土에서 엄청난 부피로 부풀린다. 작은 콩이 엄청난 양의 콩나물로 부풀려졌다. 이런 구조는 재물이 폭풍처럼 순식간에 유입되기에 천억의 재산을 모았다. 이 사주도 癸水가 年에 있어 金氣의 날카로움을 해소한다. 비교 사주를 보자.

乾命				陰/平 : 1945年 10月 17日 8時						
時	日	月	年	64	54	44	34	24	14	4
戊	甲	丁	乙	庚	辛	壬	癸	甲	乙	丙
辰	午	亥	酉	辰	巳	午	未	申	酉	戌

　소설가 최인호의 사주로 변호사 집안에서 넷째로 태어났다. 1967년 조선일보 신춘문예에 단편 〈견습환자〉가 당선되며 본격적인 작품 활동을 시작하였다. 2008년 5월 침샘에서 암이 발견되어 5년여의 투병 끝에 2013년 9월 25일 사망했다.

　년지 酉金에 담긴 전생의 기억을 亥水에 풀어내니 총명하고 물질의 대발도 가능하다. 甲丁亥로 전문지식, 기술을 상징하는 丁壬 합과 乙 손을 사용하여 戊土 종이 위에 내면의 깊은 곳에 숨겨진 에너지를 표현했다.

乾命				陰/平 : 1972年 9月 15日 10時						
時	日	月	年	85	75	65	55	45	35	25	15	5
辛	乙	庚	壬	己	戊	丁	丙	乙	甲	癸	壬	辛
巳	酉	戌	子	未	午	巳	辰	卯	寅	丑	子	亥

　丁亥년 상황으로 의대를 졸업하고 내과의사로 근무 중이다. 이 구조는 乙酉일이 戌月을 만나니 강한 숙살의 기운을 해결하고자 의사를 선택했다. 水氣의 흐름은 戌土 화로에 좋지 않지만 어둠 속에서 학업에 열중하고 火運에 크게 활용한다. 이 구조도 강한 金氣를 壬子로 풀어내기에 金의 날카로움이 해소되었다. 만약 壬子가 없다면 乙이 잘려 단명하기 쉽다. 이처럼 乙일간이 金氣가 강할 경우 水火로 적절하게 배합해야만 좋은 구조가 된다. 金氣가 강하니 火氣로 제살해야 하며 水氣는 제살하는 용신을 극하는 흉신이라는 관점은 실제 삶과 동떨어진 판단을 초래할 뿐이다.

坤命　　　　　陰/平 : 1937年 3月 18日 22時

時	日	月	年
丁	乙	甲	丁
亥	酉	辰	丑

53	43	33	23	13	3
庚	己	戊	丁	丙	乙
戌	酉	申	未	午	巳

　　己酉운 辛酉년 찻집을 운영하면서 외정이 생겼다. 이 구조는 일지가 乙木을 자르는 酉金으로 乙이 싫어하는 시공간이다. 金이 강해지는 운에는 남편이 싫어지니 멀리할 수밖에 없고, 火氣로 金을 자극하여 물질을 얻고자 찻집을 운영했다. 강한 酉金이 丁火에 자극을 받아 水氣에 풀리면 인간은 색욕이 강해지고 외도하기 쉽다. 그 이유는 金은 水氣를 통해 윤회하는데 인간의 삶에서는 자신도 모르게 임신을 원하기 때문이다.

乾命　　　　　陰/平 : 1973年 5月 18日 19時

時	日	月	年
乙	乙	戊	癸
酉	酉	午	丑

94	84	74	64	54	44	34	24	14	4
戊	己	庚	辛	壬	癸	甲	乙	丙	丁
申	酉	戌	亥	子	丑	寅	卯	辰	巳

　　어려서부터 공부를 잘했다. 서울대학교 경영학과를 졸업하였으며 戊子년 당시 억대 연봉을 받았다. 丁亥년에 결혼했다. 형제가 모두 공부를 잘했으며 유능하고 인간성이 좋다. 집안은 부유하고 일가친척 중에 사회적으로 성공한 분이 많다. 이 사주도 乙戊癸 조합에 火氣로 金을 제살하는데 癸水가 있다. 천간과 지지의 배합이 좋은 구조다.

乾命　　　　　陰/平 : 1957年 6月 15日 22時

時	日	月	年
丁	乙	丁	丁
亥	酉	未	酉

62	52	42	32	22	12	2
庚	辛	壬	癸	甲	乙	丙
子	丑	寅	卯	辰	巳	午

　　명문대학교 공대 교수로 해외와 인연이 많다. 이 구조는 월주가 丁

未로 공부에 대한 집중력이 높으니 학업성적이 뛰어나고 학업과 깊은 인연이 있다. 火로 金을 다루니 공대를 선택하였으며 날카로운 金氣를 亥水가 해결하니 해외와 인연이 많다. 火가 金을 制殺할때 水氣로 상하게 하면 나쁘다는 식의 관점에는 문제가 있다. 水氣는 날카로운 金을 풀어 총명하고 몸이 상하는 것을 방지하기 때문이다. 따라서 辛酉를 火氣와 水氣로 동시에 다룰 경우 더욱 좋은 구조가 된다.

36. 乙丑干支

巳酉丑 삼합운동을 마감한 곳이다. 수렴의 기세를 마감하고 성장의 기세로 전환하는 곳에 乙이 드러나니 애매한 시공간이다. 수확의 대상도, 새로운 생명체로 나온 상태도 아니며 땅 속에서 뿌리가 나오기를 기다리는 상황이기 때문이다. 따라서 巳酉丑 숙살의 속성을 가졌으면서도 새로운 출발을 준비하는 애매한 공간이다. 乙丑간지는 새로운 출발을 위해 과거의 인연, 환경, 물질을 모두 버리고 새롭게 출발하라는 의미다. 甲子 다음 간지가 乙丑으로 새로 출발하는 甲子의 기운이 현실화 된 곳이기 때문이다. 사주팔자에 甲子와 乙丑이 모두 있다면 소유했던 모든 것들을 버리고 맨손으로 출발해야 하기에 조상, 부모의 음덕을 기대하기 어렵다.

乙丑간지를 지지로 살피면 卯丑으로 卯木이 丑土의 냉하고 습한 땅을 만나 움츠리고 응결되어 활동이 부자연스럽다. 의미를 확장하면 손발이 마비되거나 피의 흐름이 막혀 중풍, 심장마비, 뇌출혈, 정신이상 등의 물상이다. 乙丑과 유사한 조합으로 乙亥, 亥卯 역시 응결의 문제를 가졌지만 乙丑 보다 심하지는 않다.

乙丑 옆에 癸水가 있으면 乙癸 조합으로 확산과 폭발력, 팽창력을 가진 에너지의 만남이니 음습함을 떨쳐낼 수 있다. 乙丑의 자유롭지 못한 상황에서 벗어나 활발한 에너지로 전환하기에 좋은 상황으로 발전한다. 또 乙丑은 巳酉丑 삼합의 마감점이니 丑土는 물질을 정리하

고 수렴하는 공간으로 은행, 회계, 세무 등 물질을 다루는 직업에 적합하다. 乙丑의 가장 중요한 의미는 답답한 공간을 가능한 빨리 벗어나라는 뜻이다. 예를 들어보자.

坤命　　　　　陰/平 : 1966年 2月 16日 20時

時	日	月	年
丙	乙	辛	丙
戌	丑	卯	午

81	71	61	51	41	31	21	11	1
壬	癸	甲	乙	丙	丁	戊	己	寅
午	未	申	酉	戌	亥	子	丑	庚

丙戌년 己亥월 상황으로 년과 월의 丙辛 합은 총명하지만 부모와의 인연이 길지 못하니 초년에 부친이 사망하였다. 화장품, 의류, 보험의 직업을 거쳤으며, 丙戌년에는 교통사고가 발생했다. 乙丑일주이지만 丙火가 양쪽에서 빛을 밝히고 丑土의 음습함을 戌土로 刑하니 乙의 활동에 큰문제가 없고, 乙丙의 물상대로 화려한 색을 입히는 화장품, 의류, 보험회사에서 일했다. 卯午 破 역시 연예인, 화장품, 미용의 물상이니 적절한 직업이다. 丙戌년은 시주 丙戌과 乙丑이 丑戌 형 하지만 丙火의 쓰임이 좋으니 크게 흉하지는 않았다.

坤命　　　　　陰/平 : 1952年 9月 28日 18時

時	日	月	年
乙	乙	辛	壬
酉	丑	亥	辰

82	72	62	52	42	32	22	12	2
壬	癸	甲	乙	丙	丁	戊	己	戌
寅	卯	辰	巳	午	未	申	酉	庚

乙巳운 戊子년 상황으로 주식과 경륜에 빠져 재산을 날렸다. 丑土의 특징에서 설명한 것처럼 사주구조가 음습한 에너지로 가득하다. 乙의 활동은 극도로 위축되고 음습한 에너지 때문에 사고방식이 바르지 못하다. 다행히 운의 흐름이 밝은 세상을 향하지만 팔자에 정해진 酉丑辰 조합의 특징으로 큰돈을 벌겠다는 생각을 버리지 못하니 주식과 경륜으로 재산을 탕진했다. 酉丑辰 조합은 도박, 투기, 마약, 사기, 임플란트, 사망, 감옥의 물상이다.

乾命　　　　　陰/平 : 1980年 5月 9日 18時

時	日	月	年	55	45	35	25	15	5
乙	乙	壬	庚	戊	丁	丙	乙	甲	癸
酉	丑	午	申	子	亥	戌	酉	申	未

　　2002년 壬午년 상황으로, 己卯년부터 정신장애가 생겨 정신병원에 입원하였다. 己卯년 당시 치아를 치료하던 중 신경이 날카로워지는 이상한 증세를 보였다. 평시에 공부도 잘하고 착한 아들로 치료를 받은 후에는 정신은 맑은데 몸이 마음대로 되지 않는다.

　　이 사주는 甲申대운 金氣가 강해지면서 활동이 답답해지는 상황에서, 己卯년 卯丑과 卯酉 沖으로 활동이 극도로 위축되니, 피의 흐름에 문제가 생기면서 정신에 이상이 왔고, 생기가 상하니 육체 역시 마음대로 움직이지 못한다.

乾命　　　　　陰/平 : 1969年 3月 4日 6時

時	日	月	年	45	35	25	15	5
己	乙	戊	己	癸	甲	乙	丙	丁
卯	丑	辰	酉	亥	子	丑	寅	卯

　　己丑년 상황으로 광고업에 종사하지만 돈도 없고 결혼도 못했다. 여자와의 인연은 많으나 결혼이 안 된다. 한때는 불교에 귀의할 생각도 했었다.

　　이 사주도 卯丑으로 활동이 부자유스럽다. 다행히 乙/戊로 乙이 사회궁위에서 안정을 취하고 뛰어다니는 무대는 있으니 여자와의 인연은 많지만 결혼하면 일지에 丑土가 卯丑으로 육체, 정신을 상하게 하니 결혼하지 못한다. 酉丑辰으로 卯木이 상하는 것이 두려우니 불교에 귀의할 생각도 했다. 년월의 辰酉 조합은 水氣가 마른 상태에서 辰土 속의 乙이 상하니 정신에 이상이 오거나 육체가 상하기 쉽고 종교, 명리, 철학과 인연이 깊은 조합이다.

乾命　　　　　　陰/平 : 1974年 3月 2日 18時

時	日	月	年
乙	乙	丁	甲
酉	丑	卯	寅

34	24	14	4
辛	庚	己	戊
未	午	巳	辰

　　36세 辛未운 己丑년 암에 걸려 사망했다. 이 구조는 乙 확산에너지를 제한하는 글자들의 조합과 일지에 丑土까지 있으니 활동이 부자연스럽다. 辛未운 날카로운 金에 乙이 잘리니 생기를 잃었으며, 己丑년 卯丑으로 乙卯의 활기가 극도로 위축되니 암으로 사망했다.

乾命　　　　　　陰/平 : 1987年 11月 22日 4時

時	日	月	年
戊	乙	癸	丁
寅	丑	丑	卯

81	71	61	51	41	31	21	11	1
甲	乙	丙	丁	戊	己	庚	辛	壬
辰	巳	午	未	申	酉	戌	亥	子

　　23세 상황으로 서울 명문대에 재학 중이다. 부친은 공직자로 불미스러운 일로 직위가 강등되었다. 이 구조는 乙癸戊로 乙이 가장 좋아하는 조합들로 구성되어 있으니 좋은 대학에 입학하였다. 다만 丑土의 속성은 음습한 도둑, 감옥의 물상이니 卯木을 키우는 癸水 부친은 丑土 때문에 문제가 생겨 강등 당했다. 일지가 丑丑으로 복음이니 결혼 후에 이혼 가능성이 높다.

坤命　　　　　　陰/平 : 1972年 12月 25日 18時

時	日	月	年
乙	乙	癸	壬
酉	丑	丑	子

68	58	48	38	28	18	8
丙	丁	戊	己	庚	辛	壬
午	未	申	酉	戌	亥	子

　　무역회사에서 근무 중이며 사장과 맞지 않아 퇴직을 원하지만 경제적인 문제로 보류중이다. 1997년 4월에 결혼하였으며, 보육교사 자격증 소지자로 어린이집 운영을 원한다. 상기 사주와 비교하면 이 사주

는 戊土가 없고 전체적으로 더욱 습하다. 戊土의 유무에 따라 乙이 보이는 삶의 안정감에 큰 차이가 있다.

乾命

時	日	月	年
丁	乙	乙	癸
丑	丑	卯	丑

陰/平 : 1973年 2月 26日 2時

68	58	48	38	28	18	8
戊	己	庚	辛	壬	癸	甲
申	酉	戌	亥	子	丑	寅

戊子년 상황으로 미술을 했지만 수필작가로 데뷔하려 한다. 열애 중이며, 팔 관절에 이상이 있고 호흡기도 약하지만 질병수준은 아니다. 신장도 약하며 丙戌년에는 요로결석, 신장결석으로 두 차례 수술을 받았다.

이 사주는 년간 癸水가 폭발력을 가졌기에 나름 음습함을 제거할 수 있다. 다만 丑土가 세 개나 있으며 운도 水氣로만 흐르니 乙의 활동이 극도로 제약된다. 이런 문제 때문에 육체를 적절하게 사용하지 못하고, 癸乙 조합으로 폭발하는 상상력을 사용하여 수필작가를 지망했지만 데뷔도 하지 못했다. 년, 월에서 乙癸 조합으로 乙 손을 사용하는 미술을 했지만 그림을 그리는 터전 丑土는 내부의 땅이니 실력이 뛰어날 수 없다. 만약 결혼하여 일지 丑土 부인이 자리를 차지하면 활동이 더욱 위축된다. 戊子년 乙癸戊로 조합을 이루니 산과 들로 뛰어다닐 무대가 생기고 마음이 봄처럼 변하니 연애하는 것이다. 월일이 卯丑으로 몸이 움츠려드니 건강하지 못하며, 丑土 속에 응결된 子水는 신장물상으로 丙戌년 丑戌 형으로 신장과 요로가 상하여 수술했다.

乾命

時	日	月	年
辛	乙	乙	己
巳	丑	亥	丑

陰/平 : 1949年 10月 12日 10時

58	48	38	28	18	8
己	庚	辛	壬	癸	甲
巳	午	未	申	酉	戌

자동차 관련 직종에 종사하며 수리와 판금, 도색 등을 했는데 사업

하는 과정에 몇 번의 죽을 고비를 넘겼다. 2000년 庚辰년 판금기술을 도입하여 확장하느라 질병에 걸리고, 12월 내시경 검사에서 식도암 판정을 받고 12월 23일 사망했다. 이 사주도 乙丑으로 활동이 위축되는데 운에서 庚辛을 만나니 생기를 잃고 사망했다. 辰戌丑未와 연결되면 土가 굳는 암을 뜻한다. 이렇게 乙辛 충의 구조는 약사, 의사, 의료업을 직업으로 택해야 개운할 수 있다. 남을 치료하면 육체가 상하지 않으나 그런 직업이 아니면 자신의 육체가 상한다.

坤命 陰/閏 : 1982年 4月 20日 4時

時	日	月	年
戊	乙	丙	壬
寅	丑	午	戌

62	52	42	32	22	12	2
己	庚	辛	壬	癸	甲	乙
亥	子	丑	寅	卯	辰	巳

명랑한 성격에 친화력이 좋고 잘 웃는다. 학력은 낮고 마트에서 판매원을 하고 있다. 남편은 직장이 없어 자신이 부양하며, 戊子년까지 자식이 없다. 이 구조는 乙丑일주로 일지 남편 궁이 乙의 활동을 매우 답답하게 한다. 또 많은 木火의 기운이 金을 만나지 못하니 乙丙 조합을 기술, 언변, 명랑한 성격으로 사용한다. 이렇게 火氣는 강하지만 金이 없어 열매를 키우지 못하면 火氣의 쓰임이 없기에 발전하기 어렵다. 하기에서는 甲子, 乙丑간지가 사주 내에 모두 있는 사주예문을 살펴보자.

乾命 陰/平 : 1947年 12月 30日 2時

時	日	月	年
乙	甲	甲	戊
丑	子	寅	子

69	59	49	39	29	19	9
辛	庚	己	戊	丁	丙	乙
酉	申	未	午	巳	辰	卯

乙卯운 癸卯년에 부모를 모두 잃고 평생 힘들게 살았다.

坤命

時	日	月	年
乙	甲	乙	丁
丑	子	巳	丑

陰/平 : 1937年 4月 28日 2時

61	51	41	31	21	11	1
壬	辛	庚	己	戊	丁	丙
子	亥	戌	酉	申	未	午

가난한 집안 출신으로 고독하며 평생 힘들게 살았고 형제자매와도 인연을 끊고 살았다. 壬子운 癸未년 7월에 병사했다.

乾命

時	日	月	年
乙	甲	丙	己
丑	子	寅	亥

陰/平 : 1959年 1月 4日 2時

32	22	12	2
壬	癸	甲	乙
戌	亥	子	丑

어려서 가난했으며 부모 모두 일찍 사망했다. 壬戌운 壬申년에 익사했다.

坤命

時	日	月	年
癸	甲	乙	癸
酉	子	丑	卯

陰/平 : 1963年 12月 2日 18時

67	57	47	37	27	17	7
壬	辛	庚	己	戊	丁	丙
申	未	午	巳	辰	卯	寅

사기를 자주 당하며 형제 덕도 없다. 丁卯운 己巳년과 庚午년에 정신병이 생겼으며 평생 고독하고 가난하다.

하기에서는 乙丑과 卯丑 작용으로 귀신을 보거나 정신이상이 생기는 사주구조를 살펴보자.

乾命

時	日	月	年
乙	己	甲	癸
丑	卯	寅	丑

陰/平 : 1973年 1月 10日 2時

23	13	3
辛	壬	癸
亥	子	丑

15세 丁卯년에 귀신이 보이기 시작하여 16세 戊辰년부터 2년 동안 헛것이 보이고 정신이상 증세가 심하였다. 이 사주는 乙丑과 卯丑이 중복되어 乙이 상하니 귀신을 본다.

坤命

時	日	月	年
乙	甲	丁	甲
丑	寅	卯	辰

陰/平 : 1964년 1월 23일 2時

41	31	21	11	1
壬	癸	甲	乙	丙
戌	亥	子	丑	寅

29세 壬申년에 귀신이 보이고 귀신과 대화하며 사람들의 길흉을 알려준다고 하는 등 정신착란 증세를 보였다. 이 사주도 乙丑과 卯丑이 모두 있다.

乾命

時	日	月	年
辛	辛	壬	辛
卯	巳	辰	卯

陰/平 : 1951년 3월 6일 6時

62	52	42	32	22	12	2
乙	丙	丁	戊	己	庚	辛
酉	戌	亥	子	丑	寅	卯

조부의 유산이 많았다. 6세 丙申년에 점치는 방법을 터득하고, 29세 己未년부터 금속공장에 근무하며 퇴근 후 병자들을 무료로 치료해 주고 운명을 감명하였다. 己丑은 卯丑으로 연결되어 귀신과의 조우가 집중적으로 이루어지니 이 모든 것은 귀신의 장난에 놀아난 것이다.

제2절 庚金 - 열매, 물질, 재물욕망, 딱딱해지다.
         外形의 틀

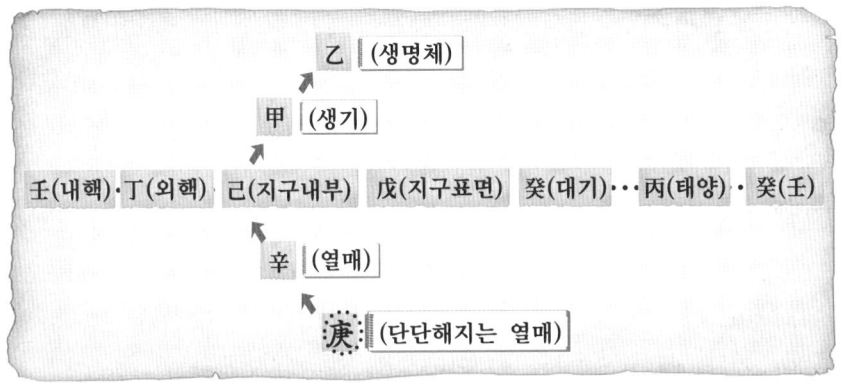

 지금부터는 乙이 시간의 흐름에 따라 물형변화로 이루어진 열매 庚에 대해 살펴보자. 우리는 시공간에 반응하여 살아가는 지구 위의 생명체로 時間의 흐름은 지구가 멸망할 때까지는 절대로 끊어지지 않는다. 空間에서 변화하는 사물은 시간의 흐름 때문에 物形에 변화가 오기에 겉으로 볼 때는 서로 다르다고 판단하지만 物形의 본질은 동일한 것이다. 싹이 피면 봄이 왔다 느끼고, 열매가 떨어지면 가을이라 느끼는데, 이것은 시공간을 분리하여 관찰한 것이다. 새싹을 봄의 시공간으로, 열매를 가을의 시공간으로 따로 살핀 것에 불과하다.
 시간이란 現在가 끊임없이 이어지는 것으로 봄의 새싹과 가을의 열매는 동일한 것이다. 그렇다면 왜 다르다고 느껴질까? 그것은 물질의 형태가 달라졌다고 판단하는 인간의 인식 때문이다. 물형이 없는 곳에서는 그것을 확인할 방법이 없기 때문에 上下, 左右, 高低의 방향과 방위의 인식작용이 불가능하다. 이런 이유로 物形을 갖춘 공간을

삼차원이라 부르고 시간은 일차원이라 판단한다. 시간과 공간, 시공간은 선현들은 물론 현대물리학계의 화두요, 매우 복잡한 언어들로 표현되지만, 간단하게 살피면 시공간은 物形의 存在有無로 차이를 보인다. 시간을 끊어서 사용하는 것을 좋아하는 인식체계 때문에 공간을 구별하고 물형에 명칭을 정하여 인식한다. 시간의 흐름을 연속으로 이해하고 물형변화를 살피면 새싹이 꽃이요 꽃이 열매며, 열매가 종자요 종자가 윤회하는 因果다. 겨울을 지나 땅 밖으로 드러나면 새싹으로 보이지만 동일한 것이다. 이런 물형변화를 甲乙丙丁으로 표현하면 甲이 乙이요, 乙이 庚이며, 庚이 辛이고, 辛이 甲이다. 이런 시간의 순환을 이해하면 명리 술을 명리 학의 관점으로 바꿀 수 있다.

따라서 庚은 巳午월을 지나는 동안 乙이 물형을 바꾼 것에 불과하다. 어떻게 바뀌었을까? 乙의 확산하는 물형이 巳月에 꽃으로 활짝 피고, 午月에 단단해지기 시작하여 열매로 바뀌었다. 巳火는 만물을 활짝 펼치는 에너지이고(巳중 丙), 午火는 만물을 단단하게 할 수 있는 에너지다(午중 丁). 이런 이유로 庚은 巳火에서 長生하여 巳酉丑 삼합운동을 하는 것이다.

庚은 딱딱해져 가는 과정인데 巳火에서는 최대로 펼쳐진 꽃과 같기에 전혀 딱딱하지 않다. 卯午 破는 卯의 확산하는 성질이 午火 때문에 공간이 좁혀지고 물형이 딱딱해져 원래 가졌던 기운을 활용하지 못하고 부자연스럽게 변한 상황을 설명한 것이다. 시간과 에너지의 특징을 이해하면 명리에서 사용하는 이론들과 명칭을 외울 필요 없이 이해가능하다.

이렇게 庚은 巳月에 꽃이요, 午月에 열매 맺고 酉月에 딱딱하게 굳어 땅에 떨어지는데 그 물형을 辛이라 부르며, 庚은 辛이 되기 전까지의 시간 흐름을 지칭하며, 부드러운 物形이 딱딱해져가는 과정이다. 이런 이유로 庚은 丙火와 더불어 여름을 상징하는 시간부호이며 화려한 物質, 色界다.

"딱딱해지다"의 숨은 뜻을 살펴보자. 庚은 반드시 丙火에 의해서만 딱딱해질 수 있다. 庚이 딱딱해져 일정의 외형과 틀을 만들 수 있는 것은 모두 丙火 때문이다. 이런 이유로 丙火는 庚의 부모와 같아서 부모의 바른 지도가 있으면 바르게 성장하고, 부모가 없다면 함부로 행동하는 망나니가 되기 쉽다.

이런 의미는 팔자에서 그대로 발현된다. 丙火를 만난 庚은 틀, 조직, 단체, 공직, 교육, 바름, 물질에 대한 흥미, 사업 등의 물상을 만들지만 丙火가 없고 壬水와 배합되면 사적이고 방탕하며 장사, 사업, 사기, 멋대로 하려는 성정과 물형을 만든다. 丙火는 庚에게 십신으로 偏官이라 부르지만 실제로는 부모와 다를 바 없다. 십신의 뜻에만 집중하면 에너지의 가치를 바르게 판단하지 못한다.

다만 丙火가 너무 강하여 사랑이 지나치면 庚이 상하는데 火氣에 자극을 받아 다혈질의 성정인 조폭, 깡패, 감옥, 종교 등의 물상이며, 열매를 부풀리니 과시하거나 과장, 허풍스러운 성격이 생긴다. 만약 적절한 水氣를 보충하면 재물을 폭발적으로 모으거나 공직에서 크게 승진하며 종교적으로 큰 깨우침을 얻으니, 그것은 모두 丙火 부모 때문에 훌륭한 자식으로 자랄 수 있는 것이다. 만약 팔자에 丙火가 없다면 어떤 조건을 보충하더라도 좋은 사주구조가 나오기 어렵다. 키울 수 없는 망나니거나 落果가 되어 사회에서 적절한 역할을 하지 못한다.

주의할 점은 丙火와 丁火는 전혀 다르기에 동일한 火氣로 판단하면 안 된다. 丙火는 빛으로 환하게 드러난 세상이니 공익개념이요, 부피를 확장하고 무게를 증가시키며 물질의 발전을 유도한다. 반면 丁火는 熱이요 밤에 빛나는 불빛, 달빛과 같으며 외부와 접촉하기 어려운 좁은 공간이요, 부피와 무게를 줄여 딱딱하고 굳게 만든다. 가치로는 丁火의 쓰임이 좋지만 물질의 외형과 부피로는 丙火의 쓰임이 훨씬 더 좋기에 물질사회에서는 丙庚 조합이 더욱 좋으며 財福에 큰 차이를 보인다. 丙火에 의해 부풀려진 庚은 壬水를 만나면 틀을 유지하지 못하고 딱딱한 속성이 풀어진다. 申亥 조합을 穿이라 부르는데, 申의 딱딱한 속성이 틀을 유지하지 못하고 亥水에 풀려 부드러워진다. 이 상황이 실제 팔자나 현실에서 어떻게 발현되는가를 이해하면 申亥 조합의 의미를 파악할 수 있다.

성정이 방탕해지고 도박, 투기, 무리한 투자, 마음대로 행동하기, 뼈가 약해지고 이가 빠지거나 육체의 뼈대가 상하고, 庚으로 만든 경찰, 검찰과 같은 사회의 기강이나 틀을 깨기에 불법, 비리를 저지른다.

申亥를 干支로 바꾸면 壬申이다. 여명의 사주라면 결혼 후 申金 남편이 壬水 부인 때문에 방종하기 쉬우며, 남편은 많은 것을 시도하지만 수습할 능력이 떨어지고 바람을 피우거나 멋대로 행동할 수 있다. 만약 丙火로 보충하면 남편은 갑자기 의젓해진다. 이렇게 모든 命理 이론들은 자연의 이치 그대로 발현된다. 庚이 三合과 조합을 이루는 干支를 살펴보자.

▸ 庚金干支 조합

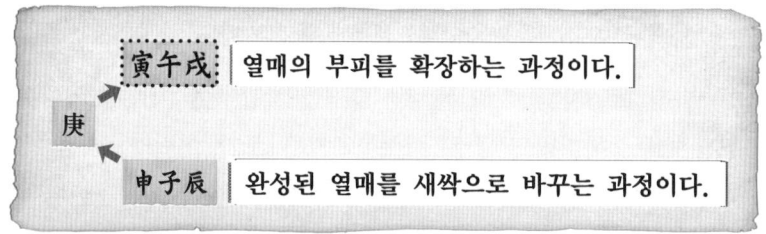

庚은 寅午戌, 申子辰 삼합과 간지 조합을 이루는데 그 속성은 서로 상이하다. 寅午戌과 간지 조합을 이루면 庚의 부피를 丙火로 확장하며, 申子辰과 간지 조합을 이루면 壬水로 딱딱한 속성을 풀어 木으로 변화시킨다. 寅午戌과 조합을 이루면 교육, 공직의 물상이요, 申子辰과 조합을 이루면 개인장사나 사업의 속성이다. 다만 간지 물상은 삼합의 특성으로만 발현되는 것이 아니라 팔자구조와 운의 흐름에 복합적으로 반응하기에 종합적으로 분석해야 한다.

37. 庚寅干支

　庚은 巳酉丑 삼합운동을 하는데 寅午戌 삼합의 출발점 寅木을 만나 간지 조합을 이루면, 丑土에서 마감한 巳酉丑 삼합의 과거를 포기하고 寅午戌 火氣로 庚金 열매의 크기를 확장하기 위해 새로운 출발점에 선 것이다. 庚이 寅의 공간을 만난 것은 庚의 딱딱함을 寅의 부드럽고 새로운 것으로 바꾸겠다는 의미다. 따라서 庚寅은 오래된 것이나 과거 혹은 지금까지 이루었던 물형을 바꾸겠다는 의지다. 예로 오래된 차량(庚)을 새로운 차량(寅)으로 바꾸거나 오래된 직업을 새로운 직업으로 바꾸는 것이다. 그 이유는 과거의 경제 상황이나 재물의 크기에 만족하지 못하기 때문이다.

　둘째는 庚(기존의 재물)을 寅에 투자하는 것으로, 庚 수렴에너지만 있다가 寅 성장의 속성으로 전환한다. 이렇게 庚寅은 전혀 다른 시공간이 만나 간지를 이루었기에 과거에 모르던 환경, 사람들과 새롭게 인연을 만들어간다. 따라서 과거의 공간을 벗어나 먼 곳에 정착하여 새 출발하면서 인맥을 형성하고 직원을 뽑고 사람들과 교류한다. 이런 의미로 寅午戌 삼합이 원하는 공직, 교육의 출발점이면서도 아직 火氣가 약해 물질을 확장하기는 어려운 상황이다. 예문을 살펴보자.

坤命				陰/平 : 1979年 2月 26日 10時						
時	日	月	年	74	64	54	44	34	24	14	4
辛	庚	丁	己	乙	甲	癸	壬	辛	庚	己	戊
巳	寅	卯	未	亥	戌	酉	申	未	午	巳	辰

　乙未년 甲辰일 상담한 여명으로 남편은 내성적이고 모친은 허리통증으로 병원에 자주 다녔다. 형부가 암으로 사망했다. 乙未년 직장에 다녔는데 상사와의 마찰로 일을 그만두고 언제 직장을 구할 수 있는지 궁금해 한다. 통계전문으로 병원 등에서 자료를 수집하고 통계 내는 일을 한다.

일지 남편 寅은 水氣가 없으니 성장에너지가 약하고 많은 火氣에 의해 감추고 있는 水氣를 분산하기 싫어 움직임이 둔하다. 乙未년 모친 卯木이 乙未로 피의 흐름이 잡혀 활동이 답답한데 未土이니 허리가 아프다.

형부의 문제는 두 가지로 살필 수 있다. 첫째는 시주가 辛巳간지로 부부가 함께하기 힘들며 만나고 떨어지기를 반복하는데 寅巳 刑까지 가미되었다. 둘째로 월지 자매 卯木의 남편은 십신으로 庚과 辛으로 水氣가 전혀 없고 火氣만 강한데 운도 火氣로 흘러 金氣가 녹는 상황이다.

乙未년 직장을 갖고 싶지만 未土에 활동이 답답하다. 寅卯辰은 성장과정의 생명체로 물형이 수시로 바뀌니 지속적으로 관찰하고 성장하는 움직임을 丁火로 통제하며 교정, 수정한 후 己未에 기록하고 저장한다. 이것이 통계물상이요 丁火는 丁壬 합으로 전문직이다. 일주가 庚寅이니 37세 즘에 이르면 기존의 틀 庚을 버리고 寅으로 새로운 변화를 요구한다.

乾命　　　　　陰/平 : 1962年 11月 22日 0時

時	日	月	年	66	56	46	36	26	16	6
丙	庚	壬	壬	己	戊	丁	丙	乙	甲	癸
子	寅	子	寅	未	午	巳	辰	卯	寅	丑

丁巳운에 갑자기 수백억대의 부자가 된 명조로 굴곡이 심한 팔자다. 이 사주는 庚의 특징을 명확하게 보여준다. 년월에는 庚의 방종을 부추기는 글자들만 가득하다. 丙火 지도자가 없는 庚은 통제력을 상실하고 마음대로 하려는 성향이 강하다. 庚壬 조합은 예술, 기술직이다. 다행히 시간에 丙火 바른 지도자를 가졌다. 이렇게 丙庚壬, 丙庚子 조합은 교육, 검경, 예술, 성악의 물상이지만 년월의 배합이 나쁘면 어린 나이에 사회에 진출하여 기술로 살아갈 수밖에 없다. 丙火의 시기 46~53세 사이에 바른 지도자를 만나니 폭발적으로 재물이 증가했다.

乾命				陰/平 : 1939年 11月 9日 10時
時	日	月	年	44 34 24 14 4
辛	庚	丙	己	辛 壬 癸 甲 乙
巳	寅	子	卯	未 申 酉 戌 亥

癸酉, 壬申운 20년 동안 부동산투기와 호텔업으로 큰돈을 벌었다. 장래가 촉망되는 가난한 젊은이들을 지원한 후 공직에 오른 그들로부터 고급정보를 입수하여 부동산에 투자했다. 辛未운 49세 丁卯년에 사업체를 둘러싼 칼부림으로 사망했다. 사업체는 부인과 유가족이 승계하여 운영하고 있다.

이 구조도 丙庚子 조합으로 丙火가 월간에 있으니 젊은 나이에 큰 재물을 모았다. 49세는 팔자의 시간에 있는 辛의 시기로 庚寅과 辛巳가 반응하는 시공간을 만나니 세력이 모이고 寅巳 刑이 동한다. 상기 여인의 사주에서 언니의 남편이 암으로 사망했듯 이렇게 비겁이 모여 寅巳 형을 이루면 殺氣를 갖는다. 월지 子水로 시간에 있는 辛의 날카로움을 해결하는데, 辛未운 未土가 子水의 흐름을 막으면 辛은 火氣에 의해 더욱 날카로워지면서 寅卯 木을 찌르니 큰 재물을 모으고도 칼부림으로 사망했다. 감당하지 못할 재물을 모으면 목숨이 위태롭다는 노자의 주장은 정확하다.

乾命				陰/平 : 1983年 11月 25日 12時
時	日	月	年	86 76 66 56 46 36 26 16 6
壬	庚	甲	癸	乙 丙 丁 戊 己 庚 辛 壬 癸
午	寅	子	亥	卯 辰 巳 午 未 申 酉 戌 亥

己丑년 상황으로 굴착기기사로 중소기업에서 근무한다. 丁亥년 해외로 갈 기회가 생겼으나 포기하고 己丑년에도 기회가 생겼는데 결정을 못하는 청년이다. 이 구조는 년과 월에 바른 지도자 丙火가 없으니 초년의 삶이 불안정하다.

甲子의 뜻은 과거를 버리고 떠나라는 뜻이기에 해외로 갈 기회가 주어졌지만 활용을 못하고 있다. 해외에서 새로 출발해야 원래 타고난 기운을 벗어날 수 있음을 모른다. 많은 水氣는 안정되지 못하고 떠도는 물과 같으니 운전의 물상이요, 庚이 가미되니 굴착기기사다. 年月 조합은 개인장사, 사업의 물상인데 일시에 寅午로 직장, 조직이니 중소기업에서 근무한다. 만약 년월에 寅午 조합이라면 대기업이라 판단한다.

坤命 陰/平 : 1982年 11月 19日 15時

時	日	月	年
癸	庚	壬	壬
未	寅	子	戌

69	59	49	39	29	19	9
乙	丙	丁	戊	己	庚	辛
巳	午	未	申	酉	戌	亥

丁亥년 상황으로 환경관련부서 공무원으로 내성적이며 품위가 있다. 천간 구조는 많은 水氣로 혼란스럽고 산만하다. 비록 천간에 드러나지는 않았지만 戌寅未 속 丙丁 지도자가 있기에 길은 잃지 않는다. 다만 戌중 丁火, 寅중 丙火, 未중 丁火로 丙丁의 속성이 계속 바뀌니 직업의 속성이 바뀌고 남자가 바뀔 수 있다. 庚壬 조합은 기술이나 예술 물상이요, 丁火가 가미되어 기술직 공무원에 어울린다. 사주 전체가 흑색으로 겉으로는 활동이 둔하기에 내성적으로 보인다.

乾命 陰/平 : 1975年 11月 8日 22時

時	日	月	年
丁	庚	戊	乙
亥	寅	子	卯

81	71	61	51	41	31	21	11	1
己	庚	辛	壬	癸	甲	乙	丙	丁
卯	辰	巳	午	未	申	酉	戌	亥

乙酉대운 상황으로 엘리트 코스를 밟은 사람이다. 28세경 해외에서 유명한 공대 컴퓨터 자동제어 박사학위를 받고 롤스로이스 항공제조 회사에서 연구원으로 근무한다. 이 구조는 년월이 戊乙 조합이니 공직을 의미한다. 丁庚子, 丁亥庚 조합으로 丙火처럼 확장하는 기세는 없지만 내부에서 丁亥의 전문기술과 지식을 직업으로 활용한다.

乾命				陰/平 : 1944年 12月 8日 20時								
時	日	月	年	84	74	64	54	44	34	24	14	4
丙	庚	丁	甲	丙	乙	甲	癸	壬	辛	庚	己	戊
戌	寅	丑	申	戌	酉	申	未	午	巳	辰	卯	寅

교직에서 근무하다 壬午운 己巳년에 경찰로 전향하여 수사과장이 되었다. 이 사람의 직업변화는 극적으로 보이지만 에너지의 변화를 이해하면 어렵지 않다. 월주 丁丑은 내부의 어두운 공간에 켜진 등촉과 같으니 형설지공처럼 등불을 밝히는 교사로 근무했고, 시주 丙戌의 시기 46세 즈음에 이르면 빛을 환하게 밝히고, 戊土로 丑의 감옥을 刑하여 범죄자를 잡아 감옥에 가두고 교화한 후 사회로 돌려보내는 경찰이 되었다.

乾命				陰/平 : 1987年 12月 18日 10時						
時	日	月	年	70	60	50	40	30	20	10
辛	庚	甲	戊	辛	庚	己	戊	丁	丙	乙
巳	寅	寅	辰	酉	申	未	午	巳	辰	卯

21세 戊子년 상황으로 중화요리사가 천직이라 생각하며 수년 내에 중화요리식당을 개업하는 것이 꿈이다. 이 구조는 水氣가 부족한 木들이 메마른 戊辰의 터전을 뚫는다. 태어난 근거지를 파괴하는 행위로 부친은 고향을 떠나 타향에서 정착했거나 조상의 가업을 유지하지 못해 경제적으로 몰락했음을 암시한다. 水氣가 없으니 학업을 오래 할 수 없고 일찍 사회생활을 하는데 운에서 火氣가 점점 강해지니 木은 마르고 金은 뜨거워져 생기가 상하기에 이런 殺性을 요리라는 직업으로 해결하였다. 일시의 寅巳 刑은 살아있는 것을 죽여 가공하는 요리물상이다.

乾命　　　陰/平 : 1970年 6月 6日 12時

時	日	月	年
壬	庚	癸	庚
午	寅	未	戌

70	60	50	40	30	20	10
庚	己	戊	丁	丙	乙	甲
寅	丑	子	亥	戌	酉	申

　부모덕은 없지만 뛰어난 두뇌의 소유자로 국립대학교에서 기계공학을 전공하였다. 주말부부로 직장생활을 하며 처가는 부유한 집안이다. 이 구조는 천간에 丙火 지도자는 없으나 지지에 寅午戌 삼합으로 많은 火氣로 庚金을 달구어 저장된 정보를 壬癸로 풀어내니 총명하다. 戌未 刑은 가공, 의료 혹은 이 구조처럼 짓고 부수기를 반복하는 기계공학 물상이다.

坤命　　　陰/平 : 1938年 9月 3日 1時

時	日	月	年
丙	庚	壬	戊
子	寅	戌	寅

55	45	35	25	15	5
丙	丁	戊	己	庚	辛
辰	巳	午	未	申	酉

　庚申운 23세 庚子년에 결혼, 세 명의 자녀를 둔 주부다. 戊午운 37세 甲寅년과 38세 乙卯년 부부싸움을 심하게 한 후, 40세 丁巳년부터 42세 己未년까지 낮에는 정상인데 밤이 깊어지면 혼자서 밖으로 나가 자살하겠다고 소리를 지르며 소란을 피웠다.

　戊午운은 寅午戌 삼합으로 火氣가 증폭되는데 제어해줄 水氣는 마르고, 庚은 프라이팬 위에서 튀겨지는 콩처럼 뜨거워져 몸을 비틀 수밖에 없다. 이런 상황에 처하면 인간은 조폭처럼 殺氣를 갖거나, 스님처럼 도를 닦거나, 스스로 육체를 자해하거나, 급하고 욱하는 성정으로 싸움을 일삼는 물상으로 발현된다.

　丁巳, 戊午, 己未년 이 여인의 심리적 압박과 스트레스는 감당하기 힘든 수준이다. 낮에는 지도자 丙火의 압박에 눌려 반항을 못하다가 밤이 되면 陰의인 水氣의 기운을 빌려 자신의 억압된 심정을 발산하고자 밖에 나가 자살하겠다고 소리 지르고 소란을 피우는 것이다. 寅午戌 삼합을 이루어 火氣가 壬水와 子水를 말리면 水氣의 흐름이 막히면서 삶의 방향을 상실한다. 밤에는 약간의 水氣가 생기면서 寅午戌 삼합과 子午 沖 하니 火氣는 더욱 치밀어 오르고 그것을 소리로 토해내는 것이다. 마른 상태에서는 열이 오르지 않지만 약간의 水氣만 공급해도 갑자기 열이 오르는 사우나와 같다.

사람들이 보기엔 비정상적이라 느끼지만 명리를 공부해보면 이 여인의 고통을 느낄 수 있다. 이런 운에 이르면 일시적으로라도 종교에 귀의하거나 남편과의 별거를 통하여 이런 기운을 해소시켜 주어야 한다.

坤命　　　　陰/閏 : 1968年 7月 25日 6時

時	日	月	年	93	83	73	63	53	43	33	23	13	3
己	庚	辛	戊	辛	壬	癸	甲	乙	丙	丁	戊	己	庚
卯	寅	酉	申	亥	子	丑	寅	卯	辰	巳	午	未	申

20대 초반 결혼했다가 丙子년에 이혼했다. 乙酉년부터 학사 장교와 사귀고 있다. 이 구조는 철저하게 木과 金이 싸운다. 水氣로 辛酉의 기운을 차분하게 풀어주어야 하는데 운도 火氣로 흘러 일지 寅木 남편은 金氣의 살성을 견디기 힘들다. 丙火가 천간에 없다가 운에서 드러나면 지도자를 바꾸겠다는 의미다. 일지의 공간에 있던 丙火가 드러나고 丙辛 합으로 사라지는 丙子년에 이혼했다.

乾命　　　　陰/平 : 1926年 9月 22日 1時

時	日	月	年	83	73	63	53	43	33	23	13	3
丙	庚	戊	丙	丁	丙	乙	甲	癸	壬	辛	庚	己
子	寅	戌	寅	未	午	巳	辰	卯	寅	丑	子	亥

辛丑운 상경하여 대학졸업 후 乙亥년 70세까지 공직생활을 거쳐 공사 사장까지 역임하였다. 이 구조는 丙火 지도자가 年에 있으니 국가에서 나를 지도하니 국가공직에 어울린다. 또 자신의 가치를 드러

낼 안정적인 터전 戊土가 월에 있으니 삶이 안정적이다. 시지 子水가 戊月의 時空에 적절하게 火氣를 조절하고, 강한 火氣들은 戊土 화로가 꺼지지 않도록 해준다. 이런 이유로 오랫동안 공직자로 지냈다.

乾命　　　　　陰/平 : 1918年 5月 4日 20時

時	日	月	年	88	78	68	58	48	38	28	18	8
丙	庚	戊	戊	丁	丙	乙	甲	癸	壬	辛	庚	己
戌	寅	午	午	卯	寅	丑	子	亥	戌	酉	申	未

金운에 주물공장을 운영하여 크게 성공하였다. 甲子운 식도암과 폐암, 대장암에 걸려 치료 후 출가하여 스님이 되었다. 이 구조는 庚戌 조합으로 일정하고 안정적인 터전을 활용하니 공장 부지를 뜻한다. 다만 丙火 지도자의 기세가 너무도 강렬하다. 강하기만 하고 쓸모가 없던 火氣가 庚申, 辛酉운에 강한 金을 제련하니 주물공장으로 적절한 직업물상을 택하여 성공했다. 甲子운에 이르러 처음으로 날카로운 金氣에 木이 노출되면서 상할 수밖에 없고, 子午 충으로 강한 寅午戌 삼합을 자극하니 火氣가 날뛰면서 庚金을 자극하면 결과적으로 庚金은 甲을 심하게 상하게 한다. 이런 이유로 식도암, 폐암, 대장암에 걸린 것이다. 말년에 많은 火氣의 무게를 이기지 못하고 종교에 귀의하여 스님이 되었다. 이렇게 자신의 운명을 과감하게 받아들여 물질을 버리고 정신을 추구하는 삶을 사는 자 과연 몇 명이나 있을까?

乾命　　　　　陰/平 : 1951年 1月 5日 1時

時	日	月	年	81	71	61	51	41	31	21	11	1
戊	辛	庚	辛	辛	壬	癸	甲	乙	丙	丁	戊	己
子	巳	寅	卯	巳	午	未	申	酉	戌	亥	子	丑

과거 軍官이었으나 亥운에 유괴범이 되었고, 1988년 戊辰년 겨울 검거되어 13년형을 선고 받고 복역하였다. 庚寅, 辛巳 조합으로 37세에서 45세 사이에 寅巳 刑으로 火氣가 증폭되면 천간의 金들이 자극

받고 결과적으로 寅卯가 상할 수밖에 없다. 寅卯는 활력인데 金氣에 통제를 받으니 사주구조에 따라 활동하지 못하거나 혹은 육체가 상하여 움직이지 못하거나 질병에 시달린다. 이 사주는 감옥에 수감되었는데 그 이유는 사주팔자 구조에는 子水 외에는 水氣가 없어 절제력이 강한데, 丁亥운에 丁火가 辛을 자극하면 亥水를 본 辛金은 총알처럼 튀어나간다. 이런 의미는 마치 칼로 寅卯 사람을 찌르는 殺氣와 같은 에너지다. 시지에 子水가 있어 강한 살성을 풀어내주었기에 최악의 상황은 면했다. 원국에 子水도 없었다면 辛金은 절제력을 갖지만 나쁜 점은 亥水를 만나면 갑자기 통제력을 상실한다. 마치 첫 사랑에 빠져 정신을 못 차리는 경우와 같다.

坤命				陰/平 : 1955年 12月 12日 10時								
時	日	月	年	84	74	64	54	44	34	24	14	4
辛	庚	己	乙	戊	丁	丙	乙	甲	癸	壬	辛	庚
巳	寅	丑	未	戌	酉	申	未	午	巳	辰	卯	寅

30세 壬辰운 乙丑년 남편이 자동차 사고로 중상을 입고 癸巳운 戊寅년에 사망하였다. 이 구조도 庚寅, 辛巳 조합이니 살성을 가졌음이 분명하다. 30세 乙丑년 金들에 의해 乙 生氣가 상하면 火氣로 가는 길이 막히면서 남편이 교통사고를 당했고 寅巳 刑이 동하는 시기에 사망했다. 壬辰운과 己丑월주가 丑辰 조합을 이루는 시기에 교통사고를 당했는데 유사한 구조인 酉丑辰, 巳丑辰 조합도 교통사고, 감옥, 임플란트의 물상이다. 이 구조에서 한 가지 더 기억해야할 특징은 金氣가 水氣가 전혀 없다가 水氣를 만나면 반발력을 가지며 특히 여명의 경우는 丙丁 남편성이 상하면서 남편에 문제가 생긴다는 점이다.

庚寅간지의 의미를 정리하면 해외로 가거나 인생에 큰 변화가 있거나 전혀 다른 직업으로 전환한다.

38. 庚午干支

寅午戌 삼합의 시공간 흐름과 火氣의 팽창이 극에 이르러 丙火가 丁火로 전환하는 시점이다. 午火에는 丙丁이 모두 있으며, 丙火로 키웠으니 丁火로 단단하게 하겠다는 자연의 의지로, 여름에 처음으로 과일이 열리는 시기다. 따라서 庚은 丙丁의 요구에 따라 火氣에 의해 제련되니 막 생겨난 열매입장에서는 견디기 힘든 공간을 만난 것이다. 여성의 경우 庚午일주는 기물을 만들어가기에 외모가 아름답다.

천간에 丙火가 드러나고 水氣가 적절하면 교육, 검경 계통으로 나가지만 水氣가 적절하게 배합되지 않아 적응하지 못하면 조폭처럼 성정이 난폭해진다. 구조가 좋으면 주로 한의사, 연예인, 공직물상이며 火氣가 강하면 종교, 철학에 집중한다. 火氣가 강한데 水氣가 적절하다면 폭발적으로 재물을 모은다. 예문을 살펴보자.

乾命				陰/平 : 1969年 5月 4日 21時						
時	日	月	年	64	54	44	34	24	14	4
甲	甲	庚	己	癸	甲	乙	丙	丁	戊	己
戌	子	午	酉	亥	子	丑	寅	卯	辰	巳

가난한 집안 출신으로 힘들게 살았다. 성격은 강하지만 의롭지 못하며, 용감하지만 지략이 부족하다. 戊辰운 庚午년 불법적인 물건을 다루다 감옥에 갔고, 丁卯운 癸酉년에는 술을 마시고 난동부리다 사람이 다쳐 또 감옥에 갔다.

庚午甲 조합으로 甲이 庚午를 보면 욱하는 성정이 강하다. 午火의 열기를 품은 庚은 쉽게 달아오르고, 甲을 고치겠다는 생각으로 잘못된 점을 지적하고 따져서 바로 잡으려 한다. 만약 성정이 바르지 못하면 시비, 싸움과 같은 물상으로 지지에 子午 충까지 있으니 약한 子水가 강한 午火를 자극하면 성정이 더욱 난폭해진다. 또 午火로 庚

물질을 탐하면 결과적으로 庚이 甲을 沖하니 庚의 통제를 받아 몸이 상하거나 공권력에 붙잡혀 감옥에 간다. 이 사주에서 庚午는 조폭물 상이다. 戊辰운에 辰土와 酉金이 만나 취하지 못할 재물을 탐하다 감옥에 갔다.

乾命　　　　　陰/平 : 1948年 7月 3日 12時

時	日	月	年
庚	甲	己	戊
午	子	未	子

61	51	41	31	21	11	1
丙	乙	甲	癸	壬	辛	庚
寅	丑	子	亥	戌	酉	申

어려서 폐렴에 걸렸으나 치료하지 못했다. 庚申운 甲午년 5월에 모친을 잃었다. 癸亥운 甲子년과 乙丑년에도 몹시 힘들었으며 甲子운 역시 고통스러울 정도로 가난하였다.

이 구조는 甲子, 庚午 조합으로 天干과 地支가 沖 하니 흉하다. 甲이 己未월에 태어나 甲己 합으로 땅 속으로 들어가는 시공간이기에 甲의 쓰임이 적절하지 않다. 지지의 구조도 나쁘지만 甲子 자체의 뜻도 모든 것을 버리고 새롭게 시작하는 의미이니 삶이 힘들 수밖에 없다. 또 다른 구조의 문제는 午未 합 사이에 子水가 끼어 찌그러진다. 마른 땅에 생명수도 고갈되니 음덕이 전혀 없는 구조다.

乾命　　　　　陰/平 : 1949年 5月 14日 16時

時	日	月	年
丙	辛	庚	己
申	未	午	丑

61	51	41	31	21	11	1
癸	甲	乙	丙	丁	戊	己
亥	子	丑	寅	卯	辰	巳

乙丑운에 이혼하고 부모님도 돌아가셨다. 실업자 신세로 장사할 돈도 없고 가난했다. 이 구조는 庚辛이 午未와 丙火의 火氣에 의해 뜨거워진다. 金은 때를 기다려 木을 보면 잘라버리고, 水를 보면 총알처럼 튀어나가기에 강한 탄성은 殺氣를 갖는다. 乙丑운 드러나지 말아야할 乙이 천간에 드러나 상한다. 일지 未土에 숨어있던 乙이 천간

으로 드러나 乙庚 합으로 사라지니 이혼한 것이다. 乙이 잘리고 생기가 상하니 부모가 사망했고, 재물도 사라지며 가난해질 수밖에 없다. 이렇게 木金 조합은 팔자에 지대한 영향을 미친다.

乾命 　　　　　　 陰/平 : 1928年 6月 13日 22時

時	日	月	年
丁	庚	己	戊
亥	午	未	辰

63	53	43	33	23	13	3
丙	乙	甲	癸	壬	辛	庚
寅	丑	子	亥	戌	酉	申

상기 사주는 庚辛이 함께 있으나 이 사주는 庚 뿐이다. 재물이나 직위를 다투는 문제가 발생하지 않는다. 또 상기 사주는 午월로 열매가 막 맺어진 상황이니 수확할 방법이 없지만 이 사주는 未월이니 성장 완료된 未土속 乙과 乙庚 합하여 수확하니 순탄하게 물질을 득한다. 홍콩의 갑부 사주로 午未의 집중력과 丁亥의 전문성 그리고 乙庚 합으로 물질을 추구하는 욕망 또한 강하다. 운의 흐름도 배합이 좋고 甲乙이 운에서 오더라도 상하지 않는다. 비교 사주를 살펴보자.

乾命 　　　　　　 陰/平 : 1942年 8月 4日 6時

時	日	月	年
己	庚	己	壬
卯	午	酉	午

68	58	48	38	28	18	8
丙	乙	甲	癸	壬	辛	庚
辰	卯	寅	丑	子	亥	戌

甲寅, 乙卯운에 조선업으로 1조 이상을 벌었다. 상기 구조와 비교하여 살펴보자. 이 구조 역시 火氣로 金을 자극하니 물질을 추구하는 욕망이 매우 강하다. 자극받은 酉金은 년간 壬水에서 부풀려 폭발적으로 재물을 축적한다. 火氣에 메말라있던 콩은 水氣를 만나는 순간 폭발적으로 발아하여 부피를 확장한다. 콩 하나로 수백, 수천 개의 콩나물을 만들어내는 이치다.

년간 壬水는 국가, 해외를 뜻하고 물처럼 흐르는 속성으로, 壬水를 유용하게 쓰는 사람들은 무역이나 해외 물상으로 사용한다. 이 구조에서는 火로 金을 제련하고 水氣에 배를 띄운다. 甲寅, 乙卯의 시기에 이르면 酉월에 庚이 수확할 수 있는 木氣를 보충해주니 조선업으로 큰 재물을 축적했다. 庚金은 乙庚 합으로 열매를 맺어야 하는데 년월에 木의 기운이 없다가 운에서 木氣를 보충하니 木을 火氣에 부풀린 후 金으로 수확한 후 다시 水氣로 확장하여 큰 재물을 모았다. 십신으로 편재의 의미로 金은 木이 있어야 재물의 근거지를 얻는다. 다만 위의 사주처럼 庚辛이 천간에 모두 있는 구조에서 木氣를 보면 다툼이 발생할 수밖에 없다.

乾命　　　　　陰/平 : 1954年 10月 15日 4時

時	日	月	年
戊	庚	乙	甲
寅	午	亥	午

69	59	49	39	29	19	9
壬	辛	庚	己	戊	丁	丙
午	巳	辰	卯	寅	丑	子

가난한 팔자로 戊寅, 己卯운 20년 동안 장사를 했으나 재물을 모으지 못했고 실패의 연속이었다. 말년에는 중년보다는 좋았지만 역시 가난했다. 庚午는 열매를 맺는데 亥月이니 맺을 열매가 없고, 乙亥 월주는 乙이 응결되어 활동이 둔하다. 또 午火를 쓰려면 金이 있어야 하는데 운의 흐름은 水木火로 흐르니 午火로 庚을 키울 방법도 없다. 년월에 甲乙로 木이 혼잡하니 직업을 자주 바꾼다. 46세 이후에는 庚戌 조합으로 과거보다는 안정적인 터전이 마련된다.

坤命　　　　　陰/平 : 1964年 5月 4日 14時

時	日	月	年
己	癸	庚	甲
未	巳	午	辰

62	52	42	32	22	12	2
癸	甲	乙	丙	丁	戊	己
亥	子	丑	寅	卯	辰	巳

가난한 팔자다. 巳午未로 뜨거워진 庚은 甲을 자르거나 癸를 향한다. 월간 부친 궁위에서 癸水를 찾아온다는 의미는 부친이 능력이 부족하여 자식에게 손을 벌린다는 뜻이다. 부모덕이 없고 자수성가함은

물론이고, 자신이 돈을 벌어 부모를 살펴야 하기에 가난할 수밖에 없다. 癸水 역시 巳午未로 증발되는 상황에서 자신을 희생하여 습도를 조절해야 하기에 몸이 상하고 희생만 당한다. 이때 癸水가 살 길은 庚을 찾아야 하지만 달구어진 庚도 허덕이는 상황이니 동병상련의 상황으로 애정은 있을지라도 상호 도움을 받을 수 있는 구조는 아니다.

乾命 　　　陰/平 : 1982年 10月 28日 2時

時	日	月	年		68	58	48	38	28	18	8
丁	庚	壬	壬		己	戊	丁	丙	乙	甲	癸
丑	午	子	戌		未	午	巳	辰	卯	寅	丑

부친은 교수이며 병원 이사장을 지냈다. 중국유학을 마친 후 다시 영국에서 유학했다. 남동생은 의사로 미국에서 살고 있다. 2010년에 결혼하였다.

이 사주를 통하여 壬子의 속성을 살펴보자. 壬水는 흐르는 속성이며 庚이 壬水를 보면 방종의 상이다. 두 조합을 합하면 30대 이전에는 통제를 받지 않고 마음대로 살겠다는 의미다. 구조에 따라 여러 물상으로 드러나는데, 이 구조는 년지 戌과 丁午로 통제력을 갖추었다. 丁壬 합은 전문지식을 뜻하며 壬子간지는 내면의 정신에너지다. 방종의 상을 해외를 떠돌며 유학하는 물상으로 사용하였다. 이미 올렸던 사주 두 개와 비교해보자.

坤命 　　　陰/平 : 1982年 11月 19日 14時

時	日	月	年		69	59	49	39	29	19	9
癸	庚	壬	壬		乙	丙	丁	戊	己	庚	辛
未	寅	子	戌		巳	午	未	申	酉	戌	亥

丁亥년 상황으로 환경관련 직종 공무원으로 근무 중이며 내성적인 성격에 품위가 있는 여명이다. 이 여성도 동일한 구조로 년지에 戌土가 있으니 방탕하지 않고 寅午戌로 공직에서 근무한다.

乾命				陰/平 : 1983年 11月 25日 12時							
時	日	月	年	86	76	66	56	46	36	26	16	6
壬午	庚寅	甲子	癸亥	乙卯	丙辰	丁巳	戊午	己未	庚申	辛酉	壬戌	癸亥

己丑년 상황으로 중소기업에서 근무하는 포크레인 기사다. 이 구조는 庚이 年月에 많은 水氣를 두었고 戌土가 없으니 정착하지 못하고 물처럼 흘러가는 속성을 포크레인 기사로 사용하였다.

乾命				陰/平 : 1963年 12月 8日 4時						
時	日	月	年	65	55	45	35	25	15	5
戊寅	庚午	乙丑	癸卯	戊午	己未	庚申	辛酉	壬戌	癸亥	甲子

辛酉운 甲申년 41세에 사기죄로 구속되었다. 乙庚 합으로 재물을 추구하며 丑土는 감옥의 상이다. 卯丑과 乙丑으로 卯木이 응결되어 재물이 묶이고 답답하다. 만약 재물을 탕진하지 않으면 몸이 다친다. 년월 천간은 癸乙로 조합이 나쁘지 않은데, 년지와 월지의 卯丑은 卯木이 상하기에 구조가 좋지 않으니 조상, 부모덕을 바라기 힘들다. 천간에 유일하게 庚이 하나 있는데 운에서 辛酉가 올 경우, 庚은 乙을 혼자서 합하기에 경쟁 상대가 없다가 갑자기 辛酉가 오면 경쟁상대가 생기고 乙을 辛酉에게 빼앗길 수 있다는 강박관념을 갖는다. 이런 생각에 치우치면 경쟁적으로 乙을 탐하는 심리가 자신도 모르게 생겨난다. 이런 이유로 무리하게 재물을 추구하다 사기죄로 감옥에 간 것이다. 酉丑 조합은 교통사고 또는 물질을 탐하다 감옥에 가는 물상이다.

39. 庚戌干支

寅午戌 삼합운동을 마감하는 시점에 이르렀다. 더 이상 성장과 확장을 할 수 없는 시공간을 만났으니 지금까지 사용했던 丙火 에너지를 戌土에 저장하고 戌土에 辛을 감춘 시공간이다. 이런 상황에서 庚戌간지가 의미하는 바를 살펴보자. 戌土는 사계절 중에서 가장 중요한 열매와 곡식을 담는 창고로 곡식창고가 도둑맞거나 상하면 겨울에 씨종자로 사용하지 못하고 다음해에 모종도 불가능하다.

이렇게 중요한 곡식창고를 庚 경찰관이 지키고 방어한다. 따라서 庚戌은 굉장히 호전적이며 물질을 지키려 하기에 상대가 적이라고 판단되면 으르렁거리며 물어뜯는 성향을 보이지만, 바른 지도자(丙,丁)를 만나면 명령에 복종하는 경찰관으로 바뀐다. 지도자 없이 壬水와 조합을 이루면 통제를 벗어나 방탕하고 멋대로 하는 성향을 보이고, 사주구조가 적절하면 예술과 기술에 재능을 보인다.

庚은 여름에 丙으로 부피를 키우고 열매를 맺어 酉月에 낙하하여 辛으로 바뀐다. 따라서 庚은 酉月에 쓰임을 잃으며 戌月 시공간에서는 辛에게 기득권을 넘겨주어야 하는데 자신이 辛을 만들었다는 보상심리 때문에 辛金과 재물을 다툰다. 특히 戌土는 "영역을 결정하다."의 속성 때문에 전쟁도 불사하겠다는 의지가 강하다.

壬子일 庚戌시와 壬午일 庚戌시의 자식상황은 庚이 동일하게 壬水를 보아 방종의 상이라 해도 壬午일의 경우 午戌로 火氣의 통제를 받아 庚이 의젓해지니 학업도 우수하고 공직, 교육, 검경의 물상으로 드러난다. 하지만 庚戌, 壬子 조합은 火氣가 약하기에 주로 예술직종이나 기술관련 자유업을 택한다. 이렇게 庚壬 조합은 丙火의 통제를 벗어나려는 속성이 강하다. 사주 예문을 보자.

坤命　　　　　陰/平 : 1958年 12月 20日 12時

時	日	月	年
壬	庚	乙	戊
午	戌	丑	戌

67	57	47	37	27	17	7
戊	己	庚	辛	壬	癸	甲
午	未	申	酉	戌	亥	子

　가난한 집안출신으로 모친은 난산으로 고생했으며 모친의 병으로 1964~1965년 빚이 늘어났다. 경제적 이유로 학업에 애로가 많았다. 20대 초에는 애정문제로 강에 뛰어들어 자살을 시도했다.

　일주가 庚戌인데 년월에 적절한 火氣의 통제가 없다. 년월의 乙戊 조합은 교육이나 공직 물상이지만 丑戌 刑과 복음으로 삶의 터전이 불안정해져 천간의 좋은 구조를 적절하게 활용하지 못했다. 癸亥운 丙火 지도자의 통제를 더욱 벗어나니 방탕의 상으로 주로 주위에서 반대하는 이성을 좋아하여 부모 속을 썩이거나 결혼 전에 임신하기도 한다. 년월과 癸亥운이 乙癸戊 조합을 이루니 사주가 좋으면 공직에 오르지만 이 사주는 여자요 년월에 바른 지도자가 없는 운이니 연애를 하지만 그 행위가 바르지 않다. 丑戌 刑으로 모친 궁 丑土가 심하게 상하니 모친이 난산으로 고생했다. 만약 사주구조가 좋으면 丑戌 刑을 주로 의료, 산부인과 의사물상으로 활용한다. 이 구조는 庚戌을 지도할만한 바른 지도자는 없지만 말년에 庚戌과 壬午 조합으로 좋으니 길을 잃지는 않는다.

乾命　　　　　陰/平 : 1970年 9月 15日 2時

時	日	月	年
辛	丁	丙	庚
丑	卯	戌	戌

68	58	48	38	28	18	8
癸	壬	辛	庚	己	戊	丁
巳	辰	卯	寅	丑	子	亥

　己丑운에 대기업 사장으로 취임했다. 戌月의 시공간에서 쓰임을 잃은 丙火가 丁火 아랫사람에게 丁火가 가진 卯木을 이용하여 卯戌 합으로 戌土의 땅에 火氣를 공급해주기를 바란다. 이런 구조는 丙火 윗

사람의 도움을 크게 받는다는 뜻이니 사회에서 윗사람의 음덕이 좋고, 년주 庚戌은 丙火 지도자를 만나니 행위가 바르다. 월주 丙火의 속성은 대부분 조직, 공직, 단체의 상이다. 다만 시주에 辛丑으로 재물을 탐하는 속성이 강하니 교육, 공직보다는 대기업 사장으로 일한다.

乾命 / 陰/平 : 1955年 2月 23日 20時

時	日	月	年	64	54	44	34	24	14	4
庚	丁	己	乙	壬	癸	甲	乙	丙	丁	戊
戌	丑	卯	未	申	酉	戌	亥	子	丑	寅

중국 명리서적 夏仲基 사례집의 두부장수 사주예문이다. 년월에 水氣가 없으니 학력이 낮고 글자도 모르지만 일찍 사회에 진출하여 사업으로 큰 부자가 되었다. 丁, 庚戌 조합은 庚戌이 바른 지도자를 만나 대부분 좋은 조합이다. 丁卯, 庚戌은 교육이나 공직으로, 丁未, 庚戌은 의료나 검경으로, 丁丑, 庚戌은 사업물상이다.

乾命 / 陰/平 : 1942年 9月 1日 12時

時	日	月	年	70	60	50	40	30	20	10
甲	丙	庚	壬	丁	丙	乙	甲	癸	壬	辛
午	申	戌	午	巳	辰	卯	寅	丑	子	亥

법원 청장을 지낸 사람이다. 이 구조는 년월이 庚壬 조합이지만 午戌로 행실이 바르고, 丙火가 庚을 적절하게 다스리고 통제한다. 丙申은 사업이나 권력물상이며 월주에서 庚戌로 지키니 법원 청장을 지냈다. 火氣가 강하면 庚이 상할 수 있는데 壬水가 약하게 火氣와 조화를 이루니 丙庚壬 조합으로 검찰, 법조계 물상이다.

乾命				陰/平 : 1967年 9月 24日 8時						
時	日	月	年	66	56	46	36	26	16	6
戊辰	甲子	庚戌	丁未	癸卯	甲辰	乙巳	丙午	丁未	戊申	己酉

戊申운 甲子년 대학에 입학, 戊辰년부터 사법부에서 근무를 시작, 丙午운 甲申년에 법원장으로 승진하였다. 이 구조도 丁未, 庚戌로 의료, 검경의 물상이며, 庚戌이 바른 지도자를 만났다. 일지 子水가 습기를 戊 화로에 적절하게 공급하면 火氣는 더욱 증폭되어 높은 자리에 오른다. 사우나에서 약간의 水氣를 뜨겁고 건조한 돌에 뿌리면 열기가 더욱 증폭되는 이치다. 다만 너무 강하게 水氣를 가하면 열이 오르는데 오랜 시간이 걸리거나 꺼지고 만다.

乾命				陰/平 : 1887年 9月 15日 12時							
時	日	月	年	89	79	69	59	49	39	29	19	9
庚午	己巳	庚戌	丁亥	辛丑	壬寅	癸卯	甲辰	乙巳	丙午	丁未	戊申	己酉

상기 설명들을 이해하면 蔣介石 사주가 왜 군벌이요 총통이었는지 이해하기 쉽다. 庚戌을 丁火로 통제하고 火氣들이 戌에 담기니 火爐불이 강하며 亥水가 적절하게 습기를 공급하니 국방부라는 뜻이다.

坤命				陰/平 : 1952年 11月 14日 12時						
時	日	月	年	68	58	48	38	28	18	8
壬午	庚戌	壬子	壬辰	乙巳	丙午	丁未	戊申	己酉	庚戌	辛亥

丁未운 당시 1,900억대 부동산 거부다. 土운에 지속적으로 부동산과 요식업, 숙박업에 투자하여 火운에 큰돈을 벌었다. 이 구조는 년월에 火氣의 통제력이 없으니 직장과 인연이 없고 申子辰으로 사업이

나 장사의 구조다. 일시에 午戌로 庚이 적절하게 통제받고 壬子의 총명함으로 풀어낸다. 많은 水氣의 흐르는 속성을 土로 막고 火로 丙庚壬 조합을 이루니 의젓한 지도자를 만났으며, 火運에는 庚金 열매가 더욱 커진다.

乾命 　　　　　陰/平 : 1968年 12月 18日 1時

時	日	月	年
丙	庚	乙	戊
子	戌	丑	申

81	71	61	51	41	31	21	11	1
甲	癸	壬	辛	庚	己	戊	丁	丙
戌	酉	申	未	午	巳	辰	卯	寅

명문대 출신 검사다. 이 사주는 년월 乙戊 조합을 공직으로 쓰고 丙庚子 조합으로 검찰, 경찰 물상이니 검사가 되었다. 庚戌이 바른 지도자를 만나니 발전한다. 이 구조를 판단함에 丙子로 丙火가 丑月에 子水에 좌하여 무력하다는 旺衰로 판단하면 안 된다. 시공간은 丑月이니 丙火가 강할 수도 없고 강해서도 안 된다. 겨울은 庚열매로 키우는 것이 아니라 먼 곳에서 빛을 비추어 庚의 가치를 활용하는 시공간이기 때문이다. 이렇게 월지 시공간의 상황을 이해하는 것은 사주구조를 분석하는 중요한 요소다.

乾命 　　　　　陰/平 : 1970年 12月 29日 12時

時	日	月	年
壬	庚	己	庚
午	戌	丑	戌

63	53	43	33	23	13	3
丙	乙	甲	癸	壬	辛	庚
申	未	午	巳	辰	卯	寅

丙戌년 상황으로 여러 직업을 전전하다 화물운전을 잠시 했다. 6개월 정도 일거리가 없어 실업자로 지낸다. 미혼이지만 丙戌년 癸丑년생 유부녀와 밀애 중이다. 이 구조는 년월에 지도자도 없고 丑戌 刑과 복음으로 터전이 불안정하니 부모덕도 없고 삶이 안정되지 않는다.

坤命　　　　陰/平 : 1978年 1月 11日 14時

時	日	月	年
癸	庚	甲	戊
未	戌	寅	午

85	75	65	55	45	35	25	15	5
乙	丙	丁	戊	己	庚	辛	壬	癸
巳	午	未	申	酉	戌	亥	子	丑

　　의류디자이너로 신경쇠약과 조급증이 있다. 寅午戌 삼합 구조이며, 월주 甲寅은 마른 戊午의 터전을 깨니 조상의 음덕이 없다. 寅月에 부족한 水氣를 보충하고자 癸水로 직업을 삼고, 자신의 재주를 甲寅의 의류물상과 조합하여 의류디자이너다. 강한 火氣들이 庚을 들볶고, 甲寅의 생기 또한 마르니 심신불안은 피하기 어렵다. 庚이 뜨거워지면 월간 甲이 상하는데 甲은 육체에서 머리부위다. 심하게 상하면 정신에 이상이 생긴다. 다행히 운에서 水氣를 보충하여 강한 火氣를 상쇄했지만 水火가 싸우는 문제는 해결하지 못한다.

坤命　　　　陰/平 : 1940年 4月 1日 4時

時	日	月	年
戊	庚	辛	庚
寅	戌	巳	辰

61	51	41	31	21	11	1
甲	乙	丙	丁	戊	己	庚
戌	亥	子	丑	寅	卯	辰

　　경우는 밝지만 노름을 좋아하여 丑운 己未년에 이혼했으며, 동일한 이유로 세 번이나 이혼했다. 노름하는 수준이 남달라 화투의 신이라 불린다. 이 구조의 특징은 庚辛庚으로 경쟁심리가 매우 강하다. 巳月에 태어나 밝고 환하며 많은 사람들과 인연을 맺는다. 辰戌戊로 土가 많으니 영역을 정하려는 속성으로 뺏고 뺏기는 게임을 즐기는데, 천간의 庚辛庚 경쟁심리가 가미되어 도박, 투기를 좋아한다.

　　丁丑운은 간지의 뜻처럼 어두운 곳에서 등촉을 밝히고, 辰丑 파의 음습한 물상으로 도둑, 강도처럼 남의 돈을 탐하거나 도박이나 마약을 탐닉한다. 庚戌이 바른 지도자를 잃고 방탕해진다. 사주구조가 크게 흉하지 않으니 노름에 빠지는데, 월주 辛巳로 辛이 가진 巳火를 빼앗아 일지에 담는 재주가 있으니 남의 남편을 유혹하여 안방으로 끌고 오거나, 남이 가진 돈을 끌어와 내 주머니에 담는다. 다만 辰戌 충으로 수시로 저장한 돈들이 나가니 삶의 기복이 심하고 이런 이유로 세 번이나 이혼했다.

乾命				陰/平 : 1959年 10月 24日 17時					
時	日	月	年	65	55	45	35	25	15	5
甲	庚	乙	己	戊	己	庚	辛	壬	癸	甲
申	戌	亥	亥	辰	巳	午	未	申	酉	戌

2008년 戊子년 상황으로 여성편력이 심하며 이혼녀와 결혼했다. 고집이 세고 괴팍한 성격으로 丙戌년 별거하고 丁亥년 부인이 이혼소송을 걸었으나 재결합을 원한다. 농사를 지으며 부모의 재산으로 경제적 어려움은 없다.

이 사주는 년월에 지도자가 없다. 비록 물질은 있으나 남의 통제를 받지 않으려는 속성으로 방탕의 상이니 여성편력이 심하다. 庚戌을 통제하지 못하니 고집스럽고 성격이 괴팍하다. 庚戌은 창고를 지키는 개와 같은 속성으로 주인에게는 순종하지만 도둑을 보면 마구 짖거나 물어버린다. 이런 특징으로 성격이 괴팍하다.

▸ 庚金干支 조합

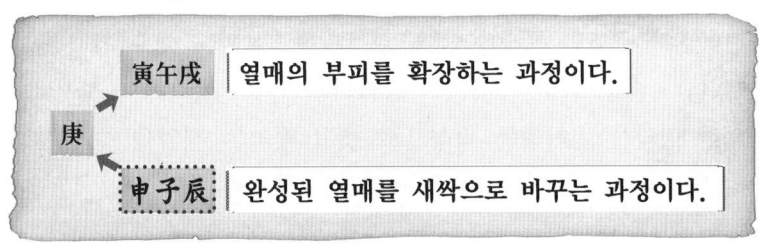

庚이 申子辰 삼합과 干支조합을 이루는 구조를 살펴보자. 丙火는 庚의 틀을 만들고 壬水는 丙火가 만들어 놓은 庚의 틀을 水氣에 풀어 버린다. 壬水는 木을 새싹으로 내놓아야 하는데 庚의 단단한 속성이

남아있으면 싹을 내놓지 못한다. 이런 흐름 때문에 申子辰 삼합은 틀을 거부하고 자유롭게 流動하는 것을 기뻐하며 직장, 조직의 틀에 얽매고 종속당하는 것을 싫어한다. 이때 丙火가 있으면 水火가 조합을 이루어 丙火로 키우고 壬水에 庚의 가치를 풀어내는 丙庚壬 조합으로 바뀌면서 주로 공직, 검경, 교육, 예술 등의 물상으로 크게 바뀐다.

40. 庚申干支

申子辰 삼합의 출발점으로, 金을 水氣에 풀어 후대에 전달한다. 다만 庚申은 무거운 금속덩어리와 같으며, 丙火 지도자의 有無에 따라 전혀 다른 물상을 드러낸다. 庚申 자체는 딱딱한 틀로 군대와 같으나 申金을 지지에 두었으니 음력 7월로 아직 열매가 완벽하게 딱딱하지는 않기에 여전히 강력한 태양빛을 원하는 시공간이요, 공기 중에 있는 습기를 하강하게 하고 열매에 직접 빛을 강하게 방사하여 庚申의 겉을 딱딱하게 만들어 좋은 열매를 수확하려는 것이 자연의 이치다. 庚申간지는 조직에 들어가기 싫어하는 속성을 가지고 있으면서도 지도자 丙火가 있으면 조직에 충성하는 이중적인 특징을 갖는다. 따라서 庚申은 火氣와 水氣의 동태를 살펴서 구조를 이해해야 한다.

坤命　　　　　　　　陰/平 : 1958年 7月 24日 16時

時	日	月	年	70	60	50	40	30	20	10
戊	丁	庚	戊	癸	甲	乙	丙	丁	戊	己
申	亥	申	戌	丑	寅	卯	辰	巳	午	未

庚申의 튼튼한 열매는 열렸으나 키워줄 火氣가 없고, 일간 丁火가 열매를 키워야 하는 책임감을 가졌기에 부모의 도움을 받지 못하고 자신의 능력으로 집안을 도와야 하는 자수성가형 구조다. 일간은 년월의 구조에 어떤 역할을 맡느냐에 따라 삶이 달라지며 일간 자체가 특별한 능력을 가져 사주체를 마음대로 조종하거나 운용하는 것이 아니다. 일간은 팔자 내에서 하나의 시간 속성에 불과하다. 이 사주에

서 丙火와 丁火의 차이점을 느껴야 하는데 丙火는 확장하는 것이고, 丁火는 수렴하는 것이니 에너지가 정반대다. 庚申월에 丁火로 열매를 확장하지 못하고 줄이는 것은 자연의 이치에 맞지 않는다. 이런 이유로 오지랖만 넓고 실속이 없으니 가난하다.

乾命 　　　　　　　　陰/平 : 1963年 4月 24日 12時

時	日	月	年
壬	庚	丁	癸
午	申	巳	卯

63	53	43	33	23	13	3
庚	辛	壬	癸	甲	乙	丙
戌	亥	子	丑	寅	卯	辰

戊子년 상황으로 고려대학교 경제학과를 졸업하고 산업은행에서 근무한다. 癸丑운 3년 정도 해외지사에서 근무했다. 영어와 독일어를 능숙하게 구사하며 성실하고 부지런하다. 부인은 전업주부이며 처갓집은 부동산으로 부유층이다. 이 구조는 튼실한 열매를 월주 丁巳와 시지 午火가 잘 익힌 후 壬水와 癸水에 풀어낸다. 火氣가 충분하기에 열매가 클수록 좋은데 일주가 庚申으로 일지에서 큰 열매를 맺도록 해주니 부인 덕이 좋다. 만약 火氣는 강한데 庚午와 같은 열매였다면 庚은 火氣에 말라 쪼그라들어 상했을 것이다.

坤命 　　　　　　　　陰/平 : 1960年 1月 6日 18時

時	日	月	年
乙	庚	丁	己
酉	申	丑	亥

51	41	31	21	11	1
癸	壬	辛	庚	己	戊
未	午	巳	辰	卯	寅

47세 丙戌년 상황으로 남편이 지병으로 고생하다 자살로 삶을 마감했다. 친정 자매와 함께 장사를 하려고 한다.

庚申酉로 열매는 매우 크지만 丑土와 亥水에 어두워지고 탁해져 열매로서의 가치가 박하다. 월간 丁火가 庚을 딱딱하게 해도 강도가 약하니 역할이 제한적이다. 일지 申은 더욱 무겁고 큰 고철로 무게를 더하는 흉한 역할을 한다. 상기 사주와 비교하면 쉽게 이유를 이해할 수 있다. 이렇게 丙과 丁의 에너지 속성은 큰 차이를 보인다. 또 丑月의 시공간이니 열매를 키우는 계절도 아니고 단지 庚金의 능력을 활용하는데 쓰일 뿐 庚申의 가치가 없다.

坤命				陰/平 : 1981年 1月 7日 2時						
時	日	月	年	68	58	48	38	28	18	8
丁	庚	庚	辛	丁	丙	乙	甲	癸	壬	辛
丑	申	寅	酉	酉	申	未	午	巳	辰	卯

2008년 戊子년 상황으로 다섯 살 쯤 부모가 이혼하였다. 모친이 재가하고 같이 생활했지만 丁亥년 모친이 사망했다. 간호사로 잠깐 일하다가 23세 봄에 결혼하여 丁亥년에 아들을 낳고 가정주부로 평범하게 산다.

이 구조는 연월일의 수많은 金이 복음과 혼잡으로 부친과 인연도 없고 모친의 덕도 없다. 동일한 것이 여러 개의 경우는 서로 밀어내니 함께하지 못한다는 뜻이다(宮位論 참조). 지도자가 약해지고 庚壬으로 연애하는 壬辰운에 결혼했다. 많은 金에 둘러싸인 월지 寅木 모친은 생기가 상하니 장수할 수 없는 구조다. 딸의 사주팔자 구조로 모친의 수명이 정해진다.

坤命				陰/平 : 1982年 1月 13日 22:30							
時	日	月	年	81	71	61	51	41	31	21	11	1
丁	庚	壬	壬	癸	甲	乙	丙	丁	戊	己	庚	辛
亥	申	寅	戌	巳	午	未	申	酉	戌	亥	子	丑

25세 丙戌년 상황으로 다섯 살 쯤 부모의 이혼으로 할머니, 고모와 함께 살았다. 21살에 간호조무사 자격증을 취득했으나 휴대폰 생산회사에 4년째 다니고 있다. 이 구조도 년월에 지도자가 없다. 庚壬 조합의 여명은 대부분 일찍 연애하며, 庚壬丁, 庚壬丙으로 조합을 이루면 壬水의 발산하는 기운이 丙丁 남자와 접촉하여 남자와 일찍 인연

이 생긴다. 이 구조도 庚申의 열매는 크지만 키워줄 火氣가 부족하니 힘들게 살아간다.

坤命

陰/平 : 1986年 2月 8日 18時

時	日	月	年	94	84	74	64	54	44	34	24	14	4
乙	庚	辛	丙	辛	壬	癸	甲	乙	丙	丁	戊	己	庚
酉	申	卯	寅	巳	午	未	申	酉	戌	亥	子	丑	寅

자기주장이 강한 사람으로 컴퓨터 부품을 생산하는 회사에서 사원으로 근무한다. 壬申년 戊申월 부친이 익사하고 모친은 개가했다. 이 구조는 년에 丙火 지도자가 있으나 丙辛 합으로 묶이니 적절한 역할을 하지 못한다. 년월 丙辛 합은 대부분 부모와 인연이 길지 못하다. 丙辛 합을 깨는 壬申년 부친이 사망했고, 월지 卯木이 寅과 시간의 乙로 혼잡하고 섞이니 모친은 多婚의 상이다. 火氣는 약하고 金氣는 무거우며 乙庚 합으로 庚申의 컴퓨터물상과 乙의 정보 활용, 손재주를 컴퓨터 부품을 만드는 직업으로 사용했다. 이렇게 년주와 월주의 구조에 따라 내가 태어나는 순간 나의 의지와는 상관없이 부모의 복덕과 인생의 길흉이 대부분 결정되어진다. 이 구조는 운도 어두운 밤길로만 흐른다.

乾命

陰/平 : 1973年 2月 21日 8時

時	日	月	年	96	86	76	66	56	46	36	26	16	6
庚	庚	乙	癸	乙	丙	丁	戊	己	庚	辛	壬	癸	甲
辰	申	卯	丑	巳	午	未	申	酉	戌	亥	子	丑	寅

34세 상황으로 반도체 생산회사에서 일하며 잘 따져 묻는 성격이다. 강한 金 무더기가 丑辰으로 녹슬며 운의 흐름도 지도자가 나타나지 않으니 방종의 상으로 잘 따지고 자신의 의지를 관철하려는 성향이 강하다. 乙庚 합으로 컴퓨터와 통신의 물상을 반도체를 생산하는 직업으로 쓴다. 庚申간지는 丙火 지도자의 有無에 따라 전혀 다른 삶의 양상을 보인다.

乾命				陰/平 : 1966年 2月 11日 18時								
時	日	月	年	81	71	61	51	41	31	21	11	1
乙	庚	庚	丙	己	戊	丁	丙	乙	甲	癸	壬	辛
酉	申	寅	午	亥	戌	酉	申	未	午	巳	辰	卯

43세 상황으로 택시기사를 하다가 2002년 무당이 되었으나 더 힘들어졌다. 癸未년에 부인이 가출하여 홀로 자식을 키우며 빚만 늘어 자살충동도 느끼며 우울증이 심하다.

이 사주를 통하여 팔자의 구조가 얼마나 중요한지 살펴보자. 많은 金을 다스릴 丙午년의 지도자가 있지만 문제는 시공간이 寅月이니 水氣로 먼저 뿌리를 깊이 내리고 乙로 키워야 하는데 水氣가 전혀 없고 강한 金들은 자라는 싹을 자른다. 이때 년주 丙午는 水氣가 필요한데 없는 상황에서 오히려 水氣를 말리는 흉한 작용을 하고 金을 자극하여 木을 치는 흐름을 보이니 육체를 자학하거나 이 사람처럼 생기를 잃어 자살충동과 우울증이 생긴다.

水氣를 보충해야 할 구조에서 일지 申金 부인의 역할은 水氣를 보충하기는커녕 성장해야할 寅木을 상하게 하니 부인의 덕도 없다. 신내림을 받은 이유는 壬午년의 문제가 아니고 辛巳년에 寅巳 형으로 水氣가 더욱 말라 寅이 심하게 상하고 甲午운 火氣에 말라가는 甲을 강한 庚申辛 金들이 찍어대니 뇌에 이상이 오고 壬午년에 무당이 된 것이다.

乾命				陰/平 : 1980年 3月 3日 6時								
時	日	月	年	96	86	76	66	56	46	36	26	16	6
己	庚	庚	庚	庚	己	戊	丁	丙	乙	甲	癸	壬	辛
卯	申	辰	申	寅	丑	子	亥	戌	酉	申	未	午	巳

전문대를 졸업했으며 辛卯년 당시 미혼이었다. 직업은 간호사로 16세 이후 여건이 조금 호전되었다.

이 사주도 수많은 金 무더기를 다스릴 지도자가 없고, 辰月의 시공간이니 水氣를 채워야 하는데 대운도 火氣로 흐르니 발전이 어렵다. 강한 金에 의해 木氣가 상하니 생기를 살리는 간호사를 직업으로 가졌다. 만약 이런 직업이 아니면 질병에 시달리기 쉽다. 비교 사주를 보자.

乾命

時	日	月	年
甲	庚	庚	辛
申	申	子	酉

陰/平 : 1981年 11月 13日 16時

81	71	61	51	41	31	21	11	1
辛	壬	癸	甲	乙	丙	丁	戊	己
卯	辰	巳	午	未	申	酉	戌	亥

이 구조도 수많은 金 무더기를 다스릴 지도자가 없다. 많은 金에 의해 木 생기가 상하는 것을 보호하고자 병원에서 기계를 다루는 직업에 종사한다. 丙申년 운송업으로 직업을 바꾸거나 이민을 고려했는데, 申子 水氣의 속성을 운송과 해외로 활용하려고 시도한 것이다. 丁酉년에 다시 병원에 취직하여 기계를 다룬다.

乾命

時	日	月	年
丙	庚	庚	乙
戌	申	辰	酉

陰/平 : 1945年 3月 10日 20時

65	55	45	35	25	15	5
癸	甲	乙	丙	丁	戊	己
酉	戌	亥	子	丑	寅	卯

중년이후 水氣로 운이 흐를 때 사업이 성공하여 좋은 부인도 얻었다. 55세 즈음 IMF 여파로 戊寅, 己卯년에는 끼니를 걱정할 정도로 크게 망했다. 이 구조를 통하여 방향을 살펴보자.

년월에 丙火 지도자는 없고 辰月은 모내기하는 시공간으로 경쟁적으로 乙庚 합 하니 강하게 물질을 추구하는 구조다. 운이 丁丑, 丙子, 乙亥로 흐르니 辰月의 시공간을 해결하고 시간에 丙火 지도자가 있으니 강한 추진력으로 사업에 성공했다. 사주팔자 원국의 丙戌 시기에 이르면 삶에 큰 전환점이 생긴다. 기존에는 申子辰 삼합으로 사업 하였는데 갑자기 丙戌로 조직, 단체의 물상을 요구하니 삶의 방향에 혼선이 생긴다.

水氣로 흐를 때는 丙庚壬 조합을 이루어 재물을 충분히 축적했지만, 水氣의 흐름이 멈추면 辰月의 땅은 辰酉 합으로 乙이 성장하지 못하고 상하고 열기가 오르며, 강해진 丙火가 庚을 가격하니 크게 망했다. 이렇게 丙火 지도자도 火水로 조합을 이루면 좋은 역할을 하지만, 辰月의 시공간에 水氣가 적절하지 않으면 庚 열매를 태워 상하게 하는 나쁜 역할로 바뀐다. 팔자 내에 존재하는 동일한 에너지도 시공간 변화에 따라 상이한 역할을 하는 것이다.

坤命				陰/平 : 1981年 3月 8日 16:30						
時	日	月	年	68	58	48	38	28	18	8
甲	庚	壬	辛	己	戊	丁	丙	乙	甲	癸
申	申	辰	酉	亥	戌	酉	申	未	午	巳

丁亥년 상황으로 간호대학교 출신 간호사로 癸未년 병원에 취업했다가 기업체의 의료직 사원으로 전직하여 근무한다. 이 구조 역시 辰月의 시공간이니 모내기를 하는 것과 같아서 木의 성장을 우선으로 하는데, 사주팔자에 金氣가 너무 강하여 생기를 상하게 하기에 생기를 구제하는 행위로 간호사를 직업으로 가졌으며, 특히 월주 壬辰간지는 간호사, 약국, 심리치료사의 직업물상이기에 적절한 직업을 택한 것이다.

乾命				陰/平 : 1969年 2月 29日 18:30						
時	日	月	年	63	53	43	33	23	13	3
乙	庚	戊	己	辛	壬	癸	甲	乙	丙	丁
酉	申	辰	酉	酉	戌	亥	子	丑	寅	卯

丁亥년 상황으로 임상병리학과 의사며 미혼이다. 소심한 성격에 융통성과 결단이 부족하다. 부모는 교육자 출신이며 장애인 누나가 있다.

이 사주를 통하여 정리할 개념은 金이 많으면 강직하고 결단력이 강할 것이라 판단하는 것은 오해라는 점이다. 金이 탄력을 받으려면 火氣와 水氣로 조화를 이루어야 하는데 많은 金은 무겁기만 할 뿐 지도자 丙火가 없으니 쉽게 動하지 못한다. 火氣가 없으니 활발하게 움직일 수 없고, 水氣가 없으니 추진력을 갖지도 못한다. 따라서 활동이 무거우니 소심하고 융통성과 결단력이 없다. 이 구조도 辰月이니 水氣가 필요한데 대운에서 水氣를 채우니 좋다. 辰酉 合으로 성장하는 乙을 구제하는 의사를 직업으로 삼았으며, 월지 형제궁의 乙이 상하니 누나가 장애인이다.

坤命　　　　　　陰/平 : 1967年 3月 17日 19:06

時	日	月	年	83	73	63	53	43	33	23	13	3
乙	庚	甲	丁	癸	壬	辛	庚	己	戊	丁	丙	乙
酉	申	辰	未	丑	子	亥	戌	酉	申	未	午	巳

丁亥년 41세 상황으로 전업주부다. 수도권에 위치한 중형 아파트에서 살며 부동산 재테크로 년 1억 정도의 수익을 올리고 있다. 향후 유치원운영을 하고 싶어 한다. 남편은 대기업 회사원이며 시댁도 경제적으로 여유롭다.

이 구조와 상기 酉辰申 구조들과 비교해보자. 酉辰申 구조들은 水氣를 간절히 원하고 주로 生氣를 보호하는 의사. 간호사 직업과 인연이 강한데, 이 구조는 未辰申으로 未申, 辰申 조합이니 지장간 속에서 乙庚 합하고 물질이 모두 일지 申金에 모인다. 운도 火運으로 丙, 乙庚 합 조합으로 재물의 크기를 부풀리는 욕망이 강하다.

월일이 申辰으로 申子辰 삼합구조는 주로 장사, 사업을 원한다. 다만 水氣가 박하기에 강하게 추진하지는 못한다. 辰月에 水氣가 마르고 乙의 성장이 어려우니 어린 싹을 보호하려는 욕망이 생기고 유치원을 경영하고 싶어 한다. 유치원을 하려는 욕망과 의사, 간호사로 생기를 보호하려는 행위는 거의 유사하지만 직업으로는 차이가 크게 느껴질 뿐이다.

乾命

時	日	月	年
癸	庚	甲	庚
未	申	申	申

陰/平 : 1980年 7月 5日 15:08

68	58	48	38	28	18	8
辛	庚	己	戊	丁	丙	乙
卯	寅	丑	子	亥	戌	酉

丁亥년 상황으로 부친은 행정공무원으로 정년퇴직했고 모친은 보건 공무원이다. 부친이 외도하여 이복누이가 있다. 성정이 느긋하고 싹 싹하여 주변에 싫어하는 사람이 없지만 좀 모자란 듯 보이고 연애 한 번 못했다. 넉넉한 환경에서 자랐지만 공부와는 거리가 멀어 전문대 를 간신히 졸업하고 일반회사 자재과에서 근무하고 있다.

이 구조 또한 金이 무겁고 지도자가 없으며 水氣의 쓰임도 약하니 애매하다. 이런 이유로 공부를 오래하지 못했다. 월주 甲申 부친 입 장에서 대운과 원국에 申子辰의 속성이 전혀 없으니 사업물상으로 쓰 지 못하고 공직으로 사용하였다. 만약 申子辰 삼합의 글자가 하나 더 추가되면 부친은 甲申간지를 사업으로 쓸 가능성이 훨씬 높아지는데 그 이유는 甲申월은 수확하는 계절이기 때문이다.

년월의 구조는 甲이 상하기 쉬워 사고로 얼굴에 흉터를 남기거나 이 사주처럼 甲의 정신이 상하여 좀 모자란 듯해 보인다. 이 또한 甲 生氣를 보호하는 행위다. 월간 甲의 입장에서 많은 金은 수많은 여인 을 의미하기에 부친은 외도하고 이복형제가 있다(궁위론 참조). 비교 사주를 살펴보자.

乾命

時	日	月	年
戊	丙	甲	庚
子	子	申	申

陰/平 : 1980年 7月 21日 1時

82	72	62	52	42	32	22	12	2
癸	壬	辛	庚	己	戊	丁	丙	乙
巳	辰	卯	寅	丑	子	亥	戌	酉

년월이 동일한 구조인데 申子辰 삼합이니 부친은 직장생활을 하다가 원단사업을 하고 있다. 부친이 사업을 하니 경제적으로 여유롭다.

41. 庚子干支

申子辰 삼합의 水氣 속성이 가장 강한 곳에 이르렀다. 寅午戌로 庚金을 키워 열매를 완성한 후 子水에 풀어 윤회하는 과정이다. 亥子丑월을 지나는 동안 땅 속에서 뿌리내리는 과정에 庚 열매를 子水에 공급하여 木을 내놓고자 하는 자연의 의지로 희생, 봉사의 의미가 강하다. 庚 물질을 버려야 하기에 물질이 박한 곳이며, 丙火 지도자를 만나면 남자는 주로 공직, 검경이요 여자는 교육, 성악, 예술의 물상이다. 丑土나 辰土와 조합을 이루면 장사나 사업을 추구한다. 庚子일주 여명은 결혼이 불미하고 남편이 무능하기 쉽다. 일지 子水는 申子辰 삼합을 교육, 종교, 철학으로 쓰지 않고 장사나 사업을 하면 子水에 金이 변질되면서 물질이 줄어들기 때문이다. 庚子년에 태어나면 전생의 기운으로 교육, 종교, 철학, 명리와 인연이 깊다. 庚子간지가 丙火와 조합을 이루는 구조들은 매우 총명하고 대부분 사회에서 발전한다. 예문을 살펴보자.

乾命　　　　陰/平 : 1939年 11月 19日 8時

時	日	月	年	67	57	47	37	27	17	7
庚	庚	丙	己	己	庚	辛	壬	癸	甲	乙
辰	子	子	卯	巳	午	未	申	酉	戌	亥

68세 2006년 丙戌년 상황으로 庚午운에 부도로 망하고 감옥까지 다녀왔다. 丙戌년 동업으로 사업을 추진하지만 뜻대로 되지 않자 자살하였다. 이 구조는 丙庚子 조합으로 子月의 시공간이니 공직에 어울리는데 중년 壬申운 삶의 방향이 틀어진다. 壬水가 丙火를 沖 하여 방종의 상으로 바뀌면서 申子辰으로 사업, 장사의 길로 바뀐다.

원래 가야할 공직의 길을 버리면 삶의 굴곡이 심해지고, 申子辰으로 사업하려면 방향이 단일하게 흘러야 하는데, 庚午운에 이르면 寅午戌 삼합과 申子辰 삼합이 충돌하니 방향이 다시 틀어진다. 이런 이유로 망하고 자살했다. 이렇게 삶의 방향은 재물의 크기와는 상관없이 단일해야 삶이 안정적이다.

乾命　　　　陰/平 : 1953年 11月 10日 18時

時	日	月	年	63	53	43	33	23	13	3
乙	庚	甲	癸	丁	戊	己	庚	辛	壬	癸
酉	子	子	巳	巳	午	未	申	酉	戌	亥

서울대학교 법대를 졸업, 고시에 실패하고 庚申년 당시 부산은행에 근무하였다. 총명하지만 말이 없고 딱딱하며, 부모에게 불효하고 불평이 많다.

이 구조는 金水 조합에 巳火로 보충하니 총명하다. 다만 지도자 丙火가 천간에 드러나지 않아 고시 패스에는 실패하고 은행에서 근무하였다. 중년에 申酉戌 운으로 흐르면 金을 水氣에 풀어 부풀리는 행위로, 申酉戌이 水氣에 풀리는 물상은 주로 사채, 은행, 검경, 의료, 경찰 등의 물상이다. 사주구조에서 乙庚 합과 乙酉 조합은 乙을 수확하려는 속성이지만 子月에는 오히려 뿌리를 내려야 하는 시공간이기에 사주 내에 서로 다른 에너지가 충돌하면서 왜곡되고 이에 따라 인간의 성정도 비틀어졌다. 庚 일간 입장에서 丙火 지도가 필요한데 없으니 총명하긴 해도 적절한 시공간을 만나지 못해 삶에 불평이 많다.

乾命

時	日	月	年
丙	庚	甲	戊
子	子	子	午

사주첩경에 나오는 명조로 경찰국장을 지낸 후 판검사 시험에 합격하여 변호사로 활동했다.

상기 구조와 비교해보자. 이 사주는 천간에 丙火가 드러나 丙庚子 조합을 이루니 지도자를 가져 庚金을 적절하게 활용하여 검경의 물상으로 활용했다. 동일한 에너지도 천간에 드러나면 氣로 활용하기에 확인 가능한 물형으로 발현되지만, 지지에 있으면 땅과 같아서 천간에 드러나기 전까지는 존재가치가 뚜렷하지 않다. 신안앞바다에 보물선이 침몰했다는 소문이 돌았으나 믿지 못하다가 보물선이 실제로 인양되어 배에서 보물들을 꺼낸 후에서야 비로소 가치를 인정받는 것과 같은 이치다. 이렇게 시간과 공간은 엄청난 차이를 보인다.

乾命 　　　　　 陰/平 : 1968年 1月 2日 16時

時	日	月	年
甲申	庚子	癸丑	丁未

88	78	68	58	48	38	28	18	8
甲辰	乙巳	丙午	丁未	戊申	己酉	庚戌	辛亥	壬子

정치인이나 고위공직자들을 수사하는 중수부 검사명조다. 년월의 丁癸 沖 물상은 주로 법조계에 어울린다. 사주구조가 전체적으로 金水의 차가운 속성이요, 丑土 감옥을 충으로 열고 닫는다. 도둑, 강도범을 丑土 감옥에 가두니 검사다. 동일한 팔자인데 여자가 사용할 경우 어떤 물상으로 드러나는지 비교해보자.

坤命 　　　　　 陰/平 : 1968年 1月 2日 16時

時	日	月	年
甲申	庚子	癸丑	丁未

81	71	61	51	41	31	21	11	1
壬戌	辛酉	庚申	己未	戊午	丁巳	丙辰	乙卯	甲寅

庚子간지를 교육물상인 학습지 교사로 활용하다가 丁巳운 초입에 남편과 별거 후 다단계로 큰 빚을 지고 이혼하였다. 현재는 피부 관

리대리점을 운영한다. 같은 사주지만 왜 이런 차이를 보일까? 그 이유는 차갑고 강한 살성을 여자가 쓰면 흉하기 때문이다.

丑土의 속성은 음습한 도둑과 같아서 잘못 사용하면 도박, 투기로 큰돈을 빠르고 크게 벌려는 욕망에 휘둘린다. 丁巳운에 영향을 받으면 庚 열매를 부풀리려는 욕망이 생기고 癸水가 丁火를 冲하면 지도자를 공격해서라도 목적을 이루려하니 크게 벌겠다는 욕망이 강해지면서 다단계로 빚더미에 오른 것이다. 癸丑, 辛亥, 壬子, 壬申, 庚子간지는 여자가 활용할 경우 피부미용, 화장품 판매처럼 외형을 바꾸거나 화려하게 꾸미는 직업에 어울린다.

坤命				陰/平 : 1959年 4月 11日 2時							
時	日	月	年	76	66	56	46	36	26	16	6
丁	庚	己	己	丁	丙	乙	甲	癸	壬	辛	庚
丑	子	巳	亥	丑	子	亥	戌	酉	申	未	午

수수한 외모로 보험설계사를 한다. 정직과 성실을 바탕으로 인정을 받고 있다. 하지만 남편이 무능하여 가정적으로는 어둡다. 이 여명도 庚子일주의 기운에 휘말려 남편이 무능하다. 다행히 巳月에 태어나 밝고 많은 사람들과 교류한다. 홍보, 광고, 홈쇼핑, 백화점의 물상인데 수많은 인맥을 형성하여 보험설계사로 활용한다.

坤命				陰/平 : 1983年 8月 3日 8時							
時	日	月	年	89	79	69	59	49	39	29	19	9
庚	庚	辛	癸	庚	己	戊	丁	丙	乙	甲	癸	壬
辰	子	酉	亥	午	巳	辰	卯	寅	丑	子	亥	戌

이화여대 법대를 졸업한 여명이다. 金水 조합으로 총명하다. 딱딱하고 차가운 물상을 법조계로 사용하였다. 이 사주는 丙火가 없어도 총명한 이유는 辛酉가 水氣에 풀어지기 때문이다. 즉, 丙庚子 조합이나 辛酉子 조합으로 이루어진 구조들은 대부분 총명하다. 庚은 반드

시 丙火가 필요하고 辛酉는 반드시 水氣가 있어야 총명하며, 이 구조처럼 庚과 辛이 섞일 경우에는 스스로 庚과 辛을 판단하고 선택하여 활용한다. 丙火가 있으면 庚을 활용하고, 辛이 있으면 水氣를 활용하는 직업을 선택하는 자유의지를 스스로 가진 것이다. 비슷한 구조를 살펴보자.

坤命　　　　　　陰/平 : 1971年 11月 24日 8時

時	日	月	年
庚	庚	辛	辛
辰	子	丑	亥

88	78	68	58	48	38	28	18	8
庚	己	戊	丁	丙	乙	甲	癸	壬
戌	酉	申	未	午	巳	辰	卯	寅

판사의 명조로 비록 丙火가 없어도 辛을 水氣에 풀어내니 총명하고 金水 물상을 법조계로 활용하였다. 즉, 庚金은 반드시 지도자 丙火가 필요하지만 만약 辛金까지 있으면서 丙火가 없는 경우에는 辛金을 水氣로 풀어서 활용하기에 총명하고 법조계에도 어울린다. 다만 성정이 냉정하고 차가운 속성을 벗어나기는 어렵다.

坤命　　　　　　陰/平 : 1960年 9月 20日 20時

時	日	月	年
丙	庚	丁	庚
戌	子	亥	子

81	71	61	51	41	31	21	11	1
戊	己	庚	辛	壬	癸	甲	乙	丙
寅	卯	辰	巳	午	未	申	酉	戌

壬午운 丁亥년 상황으로 丙庚子 조합이다. 丙戌년에 남편이 사장으로 승진했다. 부부사이는 좋으며 집에서 남편내조만 하며 자원봉사자로 활동하고 있다. 이 사주는 丙火 지도자가 있으니 庚子의 흉한 물상이 나오지 않는다. 또 스스로 庚子의 탁기를 해결하고자 자원봉사자로 활동한다. 즉, 남을 위해 봉사함으로써 남편을 무능력하게 만드는 庚子의 속성을 해결한 것이다. 또 이 사주는 드러난 辛金이 없으니 반드시 丙火 지도자가 필요하다.

乾命　　　　　陰/平 : 1968年 7月 5日 22:30

時	日	月	年
丁	庚	己	戊
亥	子	未	申

82	72	62	52	42	32	22	12	2
戊	丁	丙	乙	甲	癸	壬	辛	庚
辰	卯	寅	丑	子	亥	戌	酉	申

癸亥운 39세 상황으로 수질정화 환경업무를 담당한다. 29~30세 무렵 회사를 그만두고 10개월간 식육점 사업을 하였지만 크게 망하고 다시 전공분야에 취업하여 직장생활을 한다. 丙戌년 직장에 변화가 생겼고 이사하려고 계획 중이다.

이 구조는 申子辰과 亥卯未가 싸우는 구조다. 申子辰의 장사, 사업과 亥卯未의 전문직 그리고 丁亥의 전문자격증 사이에서 갈등한다. 壬戌운 월지 未土가 戌未 刑으로 동하니 丙子, 丁丑년 직업을 바꾸었으나 팔자에 없는 재물을 운의 영향으로 탐하다 값비싼 경험을 하고 직장인으로 살아간다.

乾命　　　　　陰/平 : 1975年 9月 17日 22時

時	日	月	年
丁	庚	丙	乙
亥	子	戌	卯

84	74	64	54	44	34	24	14	4
丁	戊	己	庚	辛	壬	癸	甲	乙
丑	寅	卯	辰	巳	午	未	申	酉

서울대학교 공대를 졸업, 몇 번의 사시 실패 후 어렵게 합격하여 로펌에서 근무하고 있다. 이 구조는 초년에 乙酉와 甲申으로 운이 흐를 때 火로 金을 다루는 공대를 졸업했는데, 시공의 변화에 따라 癸未로 운이 바뀌니 공대를 졸업하고도 사법고시에 합격하여 법조계에서 일한다. 申酉戌은 수확하는 시공간이고 물상 자체가 금속이나 의료 쪽에 어울리기에 공대를 졸업했지만 운이 바뀌어 癸未에 이르면 년지와 시지와 함께 亥卯未 삼합을 이룬다. 亥卯未의 근본 물상은 성장을 목적으로 하는 에너지이기 때문에 기존의 申酉戌 과는 에너지의 파동이 전혀 다르기에 공대를 졸업하고도 법조계로 어려운 길을 선택했다. 그

이유는 팔자구조에 월과 일에서 丙, 庚子 조합을 갖추어 검경에 어울리는 직업물상이 있기에 힘들었지만 사법고시에 합격한 것이다.

42. 庚辰干支

申子辰 삼합이 완료된 공간에 庚이 드러났다. 水氣의 흐름이 멈추었으니 더 이상 庚을 풀어낼 이유가 없고, 辰月을 지나 巳月에 꽃으로 새롭게 태어나야 한다. 庚에게 辰土의 땅이 달갑지 않은 이유는 辰月 봄에 꽃도 열매도 아닌 상태이니 그 쓰임이 명확하지 않으며, 辰土 속의 乙과 乙庚 합으로 물질을 만들려는 욕망이 강하지만 아직 적절하지 않은 시공간이다. 이렇게 애매한 시공간이기는 하지만 乙庚 합으로 열매를 키우려는 속성과 申子辰 삼합 때문에 주로 장사나 사업을 추구하며 여자의 경우는 주로 요식업에 어울린다. 庚辰간지도 여자가 쓰기에는 불편하다. 辰土에는 水氣가 고갈되어 자식을 얻기 어려우며 발산의 기운을 가져 남자 같은 성정으로 결혼하면 남편이 무능해져 여자가 장사나 사업으로 가정을 이끌어야 하기 때문이다. 辰土는 水氣의 흐름이 멈춘 곳이니 전생의 영혼이 숨어있어 귀신을 보거나 종교, 철학과 인연이 깊고 노처녀로 살 가능성이 높다. 이런 이유로 천도제가 필요하며 방생으로 부족한 水氣를 채우려 노력해야 한다.

乾命			
時	日	月	年
丙	甲	庚	庚
寅	戌	辰	子

陰/平 : 1960年 3月 21日 4時						
66	56	46	36	26	16	6
丁	丙	乙	甲	癸	壬	辛
亥	戌	酉	申	未	午	巳

자애롭고 인화한 모친과 군대에서 근무하는 부친 사이에서 외동아들로 태어났다. 壬午운 戊午년 대학에 입학, 壬戌년 공직생활을 시작하여 癸未운 癸酉년에 승진했으며 현재는 읍장이다. 이 사주는 庚辰 월주로 庚庚과 辰戌로 호전적 기상을 부친이 군인으로 사용하였고, 甲에게 庚은 총칼을 든 통치자와 같으니 공직을 의미한다. 시주가 丙

寅이니 교육에도 어울리는 구조다. 이 구조에서 중요한 점은 辰月에 水氣가 필요한데 年支에 子水가 있어 庚이 火氣에 마르지 않아 크게 날카롭지 않으니 甲이 심하게 상하지 않는다는 것이다. 또 丙火가 있으니 庚이 바른 지도자를 만나 경거망동하지 않는다.

乾命　　　陰/平 : 1973年 10月 6日 8時

時	日	月	年
庚	庚	壬	癸
辰	子	戌	丑

68	58	48	38	28	18	8
乙	丙	丁	戊	己	庚	辛
卯	辰	巳	午	未	申	酉

庚申운 庚午년에 도박으로 재산을 탕진하고 강도짓으로 감옥에 갔다. 상기 사주와 비교하면 庚子, 庚辰으로 조합은 같은데 전혀 다른 삶을 보이는데 이유는 월지 시공간의 차이 때문이다. 상기는 辰月이니 水氣가 필요한데 년지에서 子辰으로 보충했다. 이 사주는 戌月의 시공간으로 화로가 뜨거워야 바른 역할을 하는데 강한 水氣가 화로를 꺼버리니 흉하다. 또 子丑辰은 흑색으로 어둡고 습한 도박, 마약, 투기, 불법의 물상이다. 만약 구조가 좋으면 순간적으로 수백억도 축재하지만 운이 나쁠 때는 모든 것을 빼앗기고 감옥에 가는 롤러코스터 인생이다. 戌土는 酉金을 담은 재물창고와 같은데 사방에서 도둑들(壬癸子丑辰)이 들끓어 재물창고를 지키지 못한다.

坤命　　　陰/平 : 1966年 8月 4日 16時

時	日	月	年
甲	庚	丁	丙
申	辰	酉	午

63	53	43	33	23	13	3
庚	辛	壬	癸	甲	乙	丙
寅	卯	辰	巳	午	未	申

이 명조는 흠잡을 것 없는 大貴의 格을 갖춘 명조로 보인다. 하지만 실제 상황은 전혀 다르다. 고서에서 庚金이 酉月에는 丙, 丁火 모두를 사용한다고 주장하는 구조다. 庚辰년 癸未월까지 실제의 삶을 살펴보자.

10대 초반 부친이 사망하고 모친은 세 번째 남자와 살며 공대 출신이라고 속인 남편과 결혼했다. 남편은 마땅한 직업이 없으며 친척 회사에서 박봉을 받으며 월급생활을 한다. 1998년 33세에 모친이 환경사업을 하고자 남편을 끌어들여 일억을 투자하였으나 허가문제로 빚만 늘고 이혼할 지경에 이르렀다. 남편의 구타로 가출하여 영업 관련 일을 하며 男子들과 사귀며 방황하며 산다.

庚이 酉月이니 무조건 火氣가 있어야 한다는 관점은 맞지 않다. 火氣가 酉金을 자극하면 水氣의 탈출구가 있어야 酉金이 날카로운 殺氣를 갖지 않는데, 이 사주에서 유일하게 일지 辰土에 약간의 水氣가 있으니 모친은 사위 辰土를 좋아할 수밖에 없다. 이런 이유로 모친은 사업을 빙미로 사위에게 1억을 투자받았다. 하지만 사위 입장에서 辰酉 합하고 申辰 합하여 辰중 乙은 乙庚 합으로 많은 金들에 의해 잘려 상하니 남편은 무능해질 수밖에 없고 월지 酉金 장모 때문에 재산을 탕진한다. 또 火氣가 庚을 자극하고 甲을 치는 악순환으로 건강이 상하거나 재물을 낭비한다.

정리하면 년월에 火氣가 강하여 酉金이 자극받으면 반드시 水氣에 풀어져야 하는데 팔자에 水氣가 없다. 癸巳운 酉金이 癸水를 보고 총알처럼 튀어나가니 큰 재물을 모을 수 있을 것이라는 생각에 사로잡혀 사업을 시작했지만 문제가 생긴 것이다. 비교사주를 살펴보자.

乾命

時	日	月	年
辛	庚	丁	丙
巳	午	酉	寅

陰/平 : 1986年 8月 20日 10時

65	55	45	35	25	15	5
甲	癸	壬	辛	庚	己	戊
辰	卯	寅	丑	子	亥	戌

어려서부터 부친은 모친에게 이유 없이 폭언과 폭행을 일삼았다. 가정환경 때문에 항상 우울하고 자신도 친구들의 괴롭힘을 당했다. 화병으로 1996년부터 먹던 술의 영향으로 2002년 壬午년 모친에게

정신이상이 생겼다. 자신의 인생은 왜 이렇게 꼬이는지 알고 싶다. 25세로 경찰이나 교도관 혹은 종교에 귀의하여 스님이 되거나 어떤 결정을 내려야 할 때다.

이 사주는 상기 사주와 다를 것이 없다. 이 사주의 酉金은 자극을 받았고 辰土 조차 없으며 寅 생기를 자르니 삶이 고단하다. 다행히 운이 水氣로 흐르니 丙庚子 조합으로 종교에 귀의하여 깊은 내면을 살피고 싶은 것이다. 이렇게 金이 火氣에 뜨거워지면 반드시 水氣가 배합되어야 하며, 木이 金氣의 殺氣에 노출된 구조들은 삶의 기복이 심하다.

乾命				陰/平 : 1942年 10月 15日 18時					
時	日	月	年	54	44	34	24	14	4
乙	庚	辛	壬	丁	丙	乙	甲	癸	壬
酉	辰	亥	午	巳	辰	卯	寅	丑	子

어려운 환경 속에서 어린 시절을 보냈으며 친척을 따라 목장 일을 배우고 땅을 빌려 목축을 시작했다. 그 후 시장에서 장사하며 甲寅운 26세부터 번창하여 辰운에는 100억대의 부자가 되었다.

이 구조는 庚辰일주로 申子辰 삼합이니 장사, 사업의 구조이며 년월에서 庚의 쓰임이 없으니 辛을 의지하여 살기에 친척집에서 庚壬으로 기술(목장일)을 배웠다. 천간에 지도자가 없으니 초년에 힘들게 살았다. 운이 水氣로 木을 키워 金으로 수확하는 흐름이요, 丙辰운에 지도자를 만나니 100억대의 재물을 모았다.

또 일지 辰土가 년월의 쓸모없는 水氣를 모두 저장한 후 물을 이용하여 木을 기르며, 팔자에 庚壬 조합만 있다가 운에서 丙火를 보충하니 재물을 모은 것이다. 이렇게 丙庚壬 조합을 재물로 쓸 경우 대부분 백억 대에서 수백억 대 수준이다.

坤命

時	日	月	年
甲	庚	癸	己
申	辰	酉	未

陰/平 : 1979年 7月 19日 16時

89	79	69	59	49	39	29	19	9
壬	辛	庚	己	戊	丁	丙	乙	甲
午	巳	辰	卯	寅	丑	子	亥	戌

 2007년 사법시험에 최종합격하여 변호사가 되었다. 남자 못지않은 기질로 화통한 성격이다. 金水 조합이 응용된 구조로 癸酉는 辛金이 亥子를 만난 것처럼 매우 총명하다. 癸酉간지는 교육, 공직의 물상이지만 년주나 일주, 시주에서 씨종자가 잘못 발아되면 지체장애, 정신 이상으로 발현되며, 윤회인자이니 종교, 명리, 철학과 인연이 깊다. 庚甲으로 甲을 보호하기 힘든 구조들은 돈을 잘 쓰고 성격이 화통하다. 이 구조도 庚, 酉金이 모두 있는데 酉金을 선택하여 법조계에 진출한 것이다. 만약 庚을 선택하여 재물을 추구하면 丙火가 없으니 재물을 모으지 못하고 삶이 불안정해진다.

乾命

時	日	月	年
辛	庚	癸	甲
巳	申	酉	辰

陰/平 : 1964年 8月 3日 10時

60	50	40	30	20	10
己	戊	丁	丙	乙	甲
卯	寅	丑	子	亥	戌

 47세 상황으로 초등학교를 졸업하고 서울로 상경한 후 취직하여 종업원과 공장 생산직으로 일하며 십대를 흘러 다녔다. 언변이 좋아 여자를 유혹하는데 뛰어난 재주를 보인다. 丙子운에 승승장구하다 여자문제로 명예, 재물, 부인을 모두 잃고 외로운 신세로 전락했다. 丁丑운 충청도 시골에 가건물을 지어놓고 재기의 기회를 엿본다.

 이 구조는 연월일이 음습한데 丙子운에 庚이 지도자를 만나 빛을 비추니 밝은 곳에서 발전했지만 子운에 빛이 沒하니 어둠 속에서 申子辰 삼합으로 불법, 비리를 저지르거나 방탕, 조폭과 같은 행위를 하게 된다. 甲이 년에 있으니 부인과 해로하지 못하고 운이 水氣로 흐르니 방탕의 흐름이다.

時柱에 巳火 빛이 없었다면 여러 번 감옥갈 수 있는 구조다. 丁丑 운 어둠 속에서 丁火 손전등으로 丑土 어두운 곳을 비추니 도둑의 상이요, 酉丑辰 조합으로 한탕을 노리다 감옥에 가기 쉬운 운이다.

乾命 　　　陰/平 : 1942年 8月 14日 8時

時	日	月	年	84	74	64	54	44	34	24	14	4
庚	庚	己	壬	戊	丁	丙	乙	甲	癸	壬	辛	庚
辰	辰	酉	午	午	巳	辰	卯	寅	丑	子	亥	戌

부모덕으로 안락하게 살아왔으며 甲寅운 부친의 큰 사업체를 인수 받았다. 乙亥년 납품관계인 대기업 사장에게 십억 넘는 뇌물을 준 것이 발각되어 감옥에 갔다.

이 구조는 년월 丁辛壬(午酉壬) 조합으로 부친이 부자다. 이 구조의 문제는 丙火가 천간에 드러나지 않아 지도자가 없고 지지가 午火를 제외하고 모두 음습하다. 구조가 음습하면 음습하게 행동하기에 뇌물 문제로 감옥에 갔다. 辰酉, 酉丑, 丑辰, 酉丑辰 조합은 재물을 크게 모으지만 나쁘게 사용하면 모았던 재물을 모두 빼앗기고 감옥에 간다. 庚辰을 사업물상으로 사용하였다.

坤命 　　　陰/平 : 1983年 7月 12日 0:50

時	日	月	年	77	67	57	47	37	27	17	7
丙	庚	庚	癸	戊	丁	丙	乙	甲	癸	壬	辛
子	辰	申	亥	辰	卯	寅	丑	子	亥	戌	酉

약사사주로 2009년 己丑년 주식투자로 큰돈을 벌었다. 己丑년 동일하게 지지에서 丑辰 조합을 이루지만 시간에 丙火 지도자가 있어 음습한 삶을 살지 않으나 丑辰 破 작용으로 한순간 큰돈을 벌고자하는 욕망을 버리지는 못한다. 이런 욕망은 운이 좋을 때는 큰돈을 벌지만 운이 나쁠 때는 크게 파재한다.

坤命　　　　　陰/平：1952年 12月 15日 4時

時	日	月	年
戊	庚	癸	壬
寅	辰	丑	辰

37	27	17	7
己	庚	辛	壬
酉	戌	亥	子

15세 丁未년 가수활동을 시작하였으며, 22세 甲寅년 일본에서 "Airport"가 히트하였다. 32세 甲子년부터 37세 己巳년까지 전성기였다. 43세 乙亥년 5월 8일 태국에서 갑자기 심장마비로 사망했다.

이 구조는 전체적으로 너무 음습하다. 庚壬을 예술로 사용하여 어려서부터 가수로 활동한 것과 천간에서 戊癸 합으로 火氣를 만들어낼 수 있다는 점은 좋다. 火金水 조합은 성악, 가수의 물상이다. 火氣에 의해 뜨거워진 金氣가 水氣에 풀려 아름다운 소리를 낸다. 乙亥년 음습한 냉기에 乙 피의 흐름이 응결되어 심장으로 가는 길이 막혀 갑자기 심장마비로 사망했다.

지금까지 봄과 여름에 乙 새싹이 戊土 위에서 庚 열매로 바뀌는 흐름을 살펴보았다. 乙庚 합의 가장 중요한 의미는 戊土 위에서 봄과 여름의 성장과 확산 과정에 산소와 음식을 제공하는 것이다. 天干의 합 중에서 가장 현실적이고 물질의 특징이 강한 조합이다. 이미 1권에서 乙庚 합 물상에 대해 자세히 살펴보았으니 사주 예문으로 乙庚 합의 의미를 간단히 살펴보자.

▸ 乙庚 合

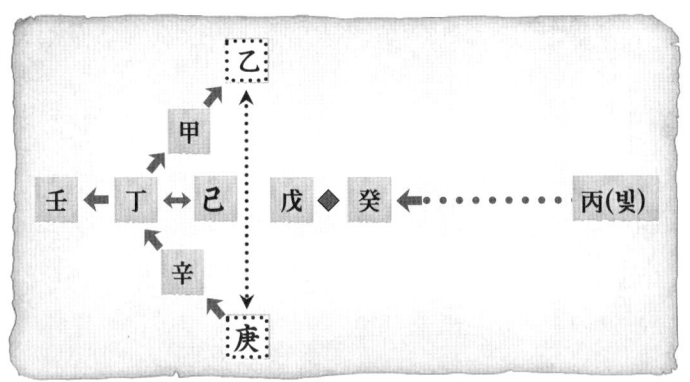

乾命　　　陰/平 : 1970年 5月 9日 6:36

時	日	月	年
乙	癸	壬	庚
卯	亥	午	戌

88	78	68	58	48	38	28	18	8
辛	庚	己	戊	丁	丙	乙	甲	癸
卯	寅	丑	子	亥	戌	酉	申	未

중국의 유명 방송인 진노예의 사주이다. 년과 시에서 乙庚 합하고 乙을 소식, 전파로 쓰는 구조다. 乙庚 합이 午月의 시공간을 얻으니 합의 가치가 높아져 방송인으로 유명해진 것이다.

乾命　　　陰/平 : 1965年 11月 23日 16時

時	日	月	年
庚	癸	戊	乙
申	卯	子	巳

82	72	62	52	42	32	22	12	2
己	庚	辛	壬	癸	甲	乙	丙	丁
卯	辰	巳	午	未	申	酉	戌	亥

년과 시에서 乙庚 합하고 卯申 합으로 구성된 사주다. 이 사주의 乙庚 합은 금융물상으로 庚 은행과 乙 이자를 내놓고 거둔다. 은행 지점장 사주로 천간에서 乙癸戊 조합을 이루니 공직의 의미도 가미되었다. 乙庚 합하는 과정에 巳火가 乙庚 합의 가치를 높인다.

乾命　　　　　陰/平 : 1965年 3月 21日 0:36

時	日	月	年
戊	丙	庚	乙
子	午	辰	巳

85	75	65	55	45	35	25	15	5
辛	壬	癸	甲	乙	丙	丁	戊	己
未	申	酉	戌	亥	子	丑	寅	卯

　년과 월에서 乙庚 합한다. 26세 庚午년 이발사 자격증을 취득하고, 47세 辛卯년까지 이십여 년 동안 이발사로 일했다. 辰月에 庚金은 속성이 매우 약하니 가위로 성장하는 木을 다듬고 정리한다. 동일한 乙庚 합이라도 辰月에 이루어지니 시공간이 좁고 활용 가치가 높지 않다.

乾命　　　　　陰/平 : 1950年 8月 13日 6時

時	日	月	年
癸	壬	乙	庚
卯	戌	酉	寅

84	74	64	54	44	34	24	14	4
甲	癸	壬	辛	庚	己	戊	丁	丙
午	巳	辰	卯	寅	丑	子	亥	戌

　가을에 乙庚 合으로 열매를 수확하여 대운의 흐름대로 金을 水로 풀어내니 사채놀이와 같은 물상이다. 축협 간부로 근무하는 사람이다.

乾命　　　　　陰/平 : 1950年 8月 21日 8時

時	日	月	年
庚	庚	乙	庚
辰	午	酉	寅

53	43	33	23	13	3
辛	庚	己	戊	丁	丙
卯	寅	丑	子	亥	戌

　노루표 페인트에 입사하여 몇 년 다니다 乙庚 合으로 다니던 회사의 대리점을 운영한다. 이 사주도 乙庚 合이 년월에서 이루어지는데 酉月의 시공이요, 운도 水로 흘러 金을 水로 풀어내니 물질로 발전한다.

乾命　　　　　陰/平 : 1952年 5月 10日 8時

時	日	月	年
戊	己	乙	壬
辰	卯	巳	辰

71	61	51	41	31	21	11	1
癸	壬	辛	庚	己	戊	丁	丙
丑	子	亥	戌	酉	申	未	午

엘지 화학에서 15년 정도 근무한 후 하이샤시 공장을 차려 재물을 모아 공장, 부동산 등 50억이 넘는 재산가다. 41세부터 乙庚 합하는 시기에 기계에서 가늘고 긴 샤시를 생산, 판매하여 재물을 모았다.

乾命　　　　　陰/平 : 1952年 4月 20日 10時

時	日	月	年
己	己	乙	壬
巳	未	巳	辰

87	77	67	57	47	37	27	17	7
甲	癸	壬	辛	庚	己	戊	丁	丙
寅	丑	子	亥	戌	酉	申	未	午

戊申운 대형 플라스틱 공장의 공장장으로 승진하여 수백 명의 종업원을 통솔한다. 庚戌운 乙巳와 庚戌이 乙庚 합하여 기계에서 제품을 생산하니 플라스틱 공장과 인연이 있다.

乾命　　　　　陰/平 : 1970年 9月 4日 4時

時	日	月	年
庚	丙	乙	庚
寅	辰	酉	戌

81	71	61	51	41	31	21	11	1
甲	癸	壬	辛	庚	己	戊	丁	丙
午	巳	辰	卯	寅	丑	子	亥	戌

MC로 활동하고 있는 코미디언 김구라 사주다. 乙庚 합을 방송물상으로 사용한다.

乾命　　　　　陰/平 : 1980年 8月 4日 22:20

時	日	月	年
癸	戊	乙	庚
亥	子	酉	申

78	68	58	48	38	28	18	8
癸	壬	辛	庚	己	戊	丁	丙
巳	辰	卯	寅	丑	子	亥	戌

핸드폰 대리점 3개와 대형보습학원 운영으로 한 달 수입이 5천만원 정도다. 乙庚 합하고 酉金을 子水에 풀기에 사채와 같은 물상이다. 운도 亥子丑으로 흘러 빠르고 크게 돈을 번다. 乙庚 합을 대리점 물상으로 사용하였다.

乾命　　　　陰/平 : 1942年 6月 14日 2時

時	日	月	年	84	74	64	54	44	34	24	14	4
丁	庚	丁	壬	丙	乙	甲	癸	壬	辛	庚	己	戊
丑	辰	未	午	辰	卯	寅	丑	子	亥	戌	酉	申

김진만 전 한빛은행장의 사주로 未月의 乙이 일간과 乙庚 합하는 구조로 乙이 일간을 향한다. 乙庚 합의 물상인 금융업, 은행업에 종사하였다.

乾命　　　　陰/平 : 1960年 2月 26日 8時

時	日	月	年	84	74	64	54	44	34	24	14	4
庚	庚	己	庚	戊	丁	丙	乙	甲	癸	壬	辛	庚
辰	戌	卯	子	子	亥	戌	酉	申	未	午	巳	辰

충북은행 출신으로 조흥은행과의 합병으로 2001년 퇴직한 후 금융권 전산개발 쪽에서 일한 전형적인 은행전산전문 개발자다. 卯木을 巳午未로 키우고 庚으로 수확하는 구조인데 卯戌 합과 乙庚 합을 소프트웨어 연구개발로 사용한다.

乾命　　　　陰/平 : 1972年 4月 7日 12:30

時	日	月	年	66	56	46	36	26	16	6
壬	庚	乙	壬	壬	辛	庚	己	戊	丁	丙
午	戌	巳	子	子	亥	戌	酉	申	未	午

乙庚 합하고 巳火가 戌土에 담기니 물질을 수확하는 의미로 丙子년부터 세무공무원으로 재직 중이다.

坤命				陰/平 : 1971年 11月 4日 11時						
時	日	月	年	65	55	45	35	25	15	5
辛	庚	庚	辛	丁	丙	乙	甲	癸	壬	辛
巳	辰	子	亥	未	午	巳	辰	卯	寅	丑

수많은 金을 水氣로 풀어 일지에 담는 구조다. 丁丑년부터 세무공무원으로 근무한다.

乙庚 合 물상을 정리하면, 물질에 대한 흥미가 지대하고 반드시 丙火 혹은 巳, 午火로 열매의 크기를 확장해야 재물이 증가한다. 乙의 자유롭고 부드러운 활동력과 庚의 딱딱한 기계가 조합하여 기계에서 나오는 부드러운 물질이나 정보를 뜻하며, 컴퓨터, 정보통신이나 乙을 소식, 전파로 쓸 경우는 방송, 통신으로 활용한다. 乙을 이자로 활용하면 은행, 세무와 같은 물상이요, 庚의 부피가 작으면 이발기계로 이용업에 종사한다. 또 庚 단체와 庚에서 나온 乙을 대리점으로 활용한다.

▶ **하늘에서 내리는 부자사주 구조 (3) – 수확하는 조합**

자연에서 가을에 열매를 수확하는 개념은 인간의 일상생활에서도 쉽게 찾을 수 있다. 자연에서는 봄에 씨를 뿌리고 여름에 열매를 키워 가을에 수확하는 과정을 거치는데 명리이론의 三合運動이다. 모든 명리이론은 자연의 이치를 적용해야 일상생활에 부합되며, 명리이론으로 가치가 있다. 만약 일상생활과 동떨어진 명리이론의 경우에는 근거가 없기 때문에 명리 학으로서의 가치가 없다. 일상생활에 부합하지 않는다는 것은 실제 삶과는 동떨어져 현실에서는 실현 가능성이 없는 이론을 위한 이론에 불과하기 때문이다. 인간의 사주팔자에서는 수확이 어떤 방법으로 이루어지는지 살펴보자.

坤命				陰/平 : 1948年 1月 14日 17時						
時	日	月	年	76	66	56	46	36	26	16	6
庚	戊	甲	戊	丙	丁	戊	己	庚	辛	壬	癸
申	寅	寅	子	午	未	申	酉	戌	亥	子	丑

癸丑, 壬子, 辛亥운에 고생하고 庚戌운부터 사업이 풀리기 시작하여 戊申운에도 발전하고 있다. 남편이 운영하는 특수기술을 보유한 회사의 부회장이며 남편재산을 제외하고 개인재산이 100억 정도다. 이 구조는 년지가 子水이며 월주가 甲寅이니 子水가 水氣를 공급하여 甲寅의 뿌리내림을 돕지만 내부에서 뿌리만 내리고 丙火가 있는 밝은 세상으로 나가지 못하기에 사회에서 발전은 어렵다. 이런 흐름일 때는 기운에 순응하여 공부를 통하여 미래를 준비하는 것이 가장 현명하기에 학업에 전념해야 한다. 이런 흐름에서 재물에 욕심을 부리면 상기의 표현처럼 일이 풀리지 않아 고생한다고 표현한다. 즉, 동일한 에너지라도 활용하는 방법이 전혀 다르다. 운에서 학업에 전념하라고 할 때는 학업에 집중해야만 그 에너지에 순응하는 것이고 반대로 사업을 활발하게 하기를 요구할 때는 학업 보다는 물질에 대한 적절한 욕심을 부려야 시공간에 순응하는 것이다. 상기 구조는 월주가 甲寅에 원국에 子水가 있고 대운도 초년에 水氣로만 흐르니 뿌리 깊은 나무가 되었다.

나무를 벌목할 때의 상황을 상상해보자. 추운 지방의 침엽수는 화려하게 꽃피지는 않지만 굵어서 목재로서의 가치는 뛰어나다. 열대지방의 나무는 꽃은 화려하지만 가지는 가늘며 목재로서의 가치는 낮다. 이 상황을 그대로 사주팔자에 대입하여 응용해보자. 甲寅으로 굉장히 굵고 뿌리가 깊은데 일간 戊土의 땅은 두텁지 않고 박하기에 굵은 甲寅을 품기는 힘들어 초년에 고생할 수밖에 없다. 그러나 죽도록 힘들게 고생하지 않았던 이유는 땅이 마르지 않았기 때문이다. 時柱는 庚申으로 시주의 시기에 이르면 庚申을 활용하여 굵은 나무를 벌목하여 수확할 수 있다. 庚戌운에 이르면 뿌리내림은 멈추고 庚은 굵게 자란 나무를 벌목하기 시작한다. 이것이 이 여인의 재물 복으로 나무가 굵을수록 재물 복이 두텁다.

乾命　　　　陰/平 : 1884年 1月 8日 16時

時	日	月	年	79	69	59	49	39	29	19	9
壬	甲	丙	甲	甲	癸	壬	辛	庚	己	戊	丁
申	申	寅	申	戌	酉	申	未	午	巳	辰	卯

　　1964년 81세 甲戌운 甲辰년 홍콩에서 병으로 사망했다. 별명이 "衣莊大王"으로 당시 큰 기업을 십여 개 가진 재벌이었다. 이 구조의 특징은 년과 월에 있는 甲과 寅을 운에서 巳午未로 키우고 申으로 벌목한다. 단, 년월에 水氣가 없으니 뿌리 깊고 굵은 나무는 아니지만 수확하기는 매우 용이하다. 甲寅을 申으로 벌목하여 얇게 자르면 원단, 의류, 섬유와 같은 물상이다. 또 丙寅월의 경우 직업물상이 크게 두 가지로 년월에 水氣가 있으면 의료, 교육, 공직팔자에 어울리고, 水氣가 없으면 섬유관련 직업과 인연이 깊다. 이 구조는 水氣가 없으니 섬유업인데 申申申으로 寅보다 申의 기세가 강하므로 금속, 기계는 무겁고 寅은 가벼워 목재를 큰 기계에서 최대한 얇고 가늘게 켜니 방직, 원단생산에 어울린다. 만약 金은 약하고 木이 강하면 굵은 목재와 같은 물상이다. 따라서 상기 사주와 비교하면 수확을 훨씬 빠르고 쉽게 하기 때문에 재물의 크기에서 비교가 되지 않는다. 또 다른 특징은 월간 丙火와 시간 壬水 조합으로 젊어서 직업, 사회 궁은 밝은 태양이 떠있는데 말년에는 壬水의 어둠속으로 사라지니 젊어서는 발전하지만 말년에는 망하고 현달하지 못한다. 만약 월간이 壬水요 시간이 丙火면 초년에는 어두운 삶이지만 말년에는 화려하게 빛을 비춘다. 다만 이 사람은 중국에서 홍콩으로 시공간을 바꾸어 발전했다.

乾命　　　　　陰/平 : 1938年 2月 16日 12時

時	日	月	年
戊	戊	乙	戊
午	申	卯	寅

86	76	66	56	46	36	26	16	6
甲	癸	壬	辛	庚	己	戊	丁	丙
子	亥	戌	酉	申	未	午	巳	辰

　　27세 이후 재물을 모으기 시작하여 1986년 즈음 수천억 재산을 모았다. 이 구조는 신약하니 인비가 용신이라는 식으로는 수천억 재산을 모은 이유를 설명하지 못한다. 그 이유는 신약하고 인비가 용신인 사람은 매우 흔하며, 이론대로라면 모두 부자가 되어야 하는데 대부분 그렇지 않기 때문이다.

　　수확의 개념을 대입해보자. 따뜻한 봄날에 乙卯가 세 개의 戊土 위에 사방팔방으로 가지를 펼친다. 가지의 뿌리 寅이 年支 국가, 조상 자리에 있으니 든든한 뿌리로 乙卯가 성장할 근거지다. 일지는 申으로 계절로는 초가을에 해당하며 열매를 수확한다. 卯申으로 합하고 午火가 열매의 부피를 확장한다. 천간으로 표현하면 乙庚 합의 열매를 丙火가 확장하는 모습이다. 乙庚 합은 경제관념이 가장 뛰어난 조합이며, 戊土는 영역을 구별하고 투쟁을 통하여 재물을 취하려는 욕망이다. 의미를 확장하면 午火가 申 낮을 뜨겁게 달구어 乙卯를 쉽고 빠르게 수확한다. 만약 乙卯에 水氣가 있다면 수확이 힘들며, 그만큼 재물의 크기는 줄어든다. 운의 흐름을 살펴보면 卯申 합을 巳午未로 확장하고 申酉로 수확한다. 이런 이유로 큰 재물을 축적한 것이다.

坤命　　　　　陰/平 : 1968年 2月 27日 20時

時	日	月	年
甲	甲	乙	戊
戌	午	卯	申

67	57	47	37	27	17	7
戊	己	庚	辛	壬	癸	甲
申	酉	戌	亥	子	丑	寅

　　회사사장으로 재산이 20억 정도다. 상기 사주는 수천억 재산인데 이 사주는 20억 정도로 엄청난 차이를 보이는 이유를 살펴보자. 두 사주는 공통적으로 卯午申 삼자 조합이 사주팔자에 있다.

▸ 午 申 卯 寅

수천억 사주의 地支는 일지에서 수확이 이루어지기에 수확된 재산을 내가 소유하고 축적한다.

▸ 戌 午 卯 申

20억 사주의 地支는 수확이 年支에서 이루어지니 내가 취하는 재산이 아니다. 또 申 위에 戊土가 있고 바로 옆에 甲의 경쟁자 乙이 있으며 乙戊 조합으로 재산을 나눠야만 하는 구조다. 따라서 언제든 乙에게 빼앗길 염려가 있는 재산이다.

두 번째 차이점은 배합의 문제다. 위 사주는 午火가 申金을 자극하면 낫이 날카로워지고 쉽게 수확하지만 아래 20억 사주는 午火가 申金과 격하니 낫이 날카롭지 못하다. 따라서 午火를 사용하여 년지 申金을 달구어야 하니 남을 위한 행위를 암시한다. 이렇게 궁위와 사주 팔자 배합은 삶의 과정을 결정하는 중요한 인자다.

乾命   陰/平 : 1932年 2月 22日 12時

時	日	月	年
戊	戊	癸	壬
午	子	卯	申

82	72	62	52	42	32	22	12	2
壬	辛	庚	己	戊	丁	丙	乙	甲
子	亥	戌	酉	申	未	午	巳	辰

火운에 염색공장을 운영하여 6~700억 정도 재산을 축적했다. 申운에는 3번째 부인 때문에 파재하고 성불구자가 되었다. 이 구조도 卯午申 조합이지만 배합이 바르지 않다. 년월 乙庚(卯申) 합은 물질에 대한 욕망이다. 火氣가 있어야 열매의 부피를 확장할 수 있는데 시지에 午火가 있고 초년에 운이 巳午未로 흘러 열매의 부피를 크게 확장하여 700억 재산을 축적할 수 있었다. 다만 午火가 申을 키우기 위해서는 반드시 일지 子水를 지나가야 하기 때문에 일지를 지나는 과정에 午火가 子水의 沖으로 상할 수밖에 없다. 나의 재산을 파재하게

만드는 원인이 바로 日支의 부인이기에 배우자 복이 없다. 戊癸 合, 子卯 刑은 合刑 조합으로 합과 형이 공존할 경우 반드시 정신, 물질적으로 문제가 생긴다. 子卯 刑은 色慾을 의미하고 월과 일의 궁위에서 발생하니 직업 활동과정에 만난 인연들이거나 공장운영 과정에 직원들과의 색정문제를 일으키는 구조다. 또 다른 특징은 상기 사주와 이 사주 모두 년에 申이 있으며 卯申 合(乙庚 합)하고 午火로 열매를 키운다. 다만, 상기 사주는 申 열매를 乙이 취하는데, 이 구조는 운에서 火가 金을 자극하면 열매의 부피가 커지고 申이 뜨거워지면 년에 있는 壬水를 향하고, 다시 壬水는 월간 癸水를 향하며 戊土가 癸水와 합한다. 결과적으로 자신이 그 재물을 취하기 때문에 700억 재산을 모았다. 일지 子水와 동일한 오행이 년월 壬癸로 혼잡하고, 子卯 刑하니 색정으로 여러 번 결혼하는 구조다.

坤命				陰/平 : 1958年 1月 18日 2時								
時	日	月	年	81	71	61	51	41	31	21	11	1
乙	甲	乙	戊	丙	丁	戊	己	庚	辛	壬	癸	甲
丑	申	卯	戌	午	未	申	酉	戌	亥	子	丑	寅

섬유공장을 운영하며 돈 잘 버는 남편을 두고서도 심하게 외도하지만 남편의 극진한 사랑을 받는다. 흥미로운 사주다. 남편이 돈을 잘 버는 이유는 일지 남편자리에 있는 申이 주위에 있는 수많은 木을 수확하며, 년의 戊는 고정적인 터전으로 섬유공장을 상징한다. 외도를 심하게 하는 이유는 乙卯, 乙로 겁재가 많으며, 乙戊는 戊土를 아름답게 꾸미는 조합으로 마치 봄에 산들산들 불어오는 바람과 같아 색욕이 강하다. 戊土 아래 戌土에 辛이 숨어있고, 또 시주 乙 아래 丑土 속에도 많은 庚辛이 숨어있다. 이런 이유로 심하게 외도한다.

坤命				陰/平 : 1956年 2月 20日 4時								
時	日	月	年	88	78	68	58	48	38	28	18	8
壬	丁	辛	丙	壬	癸	甲	乙	丙	丁	戊	己	庚
寅	酉	卯	申	午	未	申	酉	戌	亥	子	丑	寅

　부동산 갑부로 임대수익만 매달 천만 원 정도다. 이혼한 후 부동산 중개업을 운영하는 유부남을 애인으로 두고 산다. 이 구조는 수확하는 조합이 두 개다. 卯申으로 합하여 수확하고, 寅酉로 수확한다. 또 천간 丁辛壬 조합으로 丁火가 辛金과 酉金을 자극하고 壬水에 부풀려 재물을 크게 모으는데 운도 水金으로 흐르니 재물 복이 두텁다.

坤命				陰/平 : 1958年 6月 26日 6時								
時	日	月	年	81	71	61	51	41	31	21	11	1
己	庚	庚	戊	辛	壬	癸	甲	乙	丙	丁	戊	己
卯	申	申	戌	亥	子	丑	寅	卯	辰	巳	午	未

　58세 상황이다. 간호사로 일할 때 의사남편을 만났으며, 재테크를 통해 준 종합병원을 소유하고 있는 천억 부자다. 이 구조는 庚申월에 일주도 庚申이니 커다란 열매가 戊戌 땅 위에 드러났다. 월지 시공간은 火氣가 필요하지만 원국에는 없다. 하지만 운이 초년부터 강한 火氣로 흐르면서 열매의 부피를 확장한다. 달리 표현하면 원래는 戊土 땅위에 가치가 없는 열매들이 있는데 火運으로 흐르면서 부피가 커지고 가치 높은 과일로 바뀐 것이다. 이때 열매를 만드는 근본인자 木이 없으면 많은 金은 열매로 완성되지 못한다. 시지에 卯木이 卯申 합으로 열매의 근거지가 되었고, 火의 확장 작용으로 卯申의 열매가 커져 戊土 국가자리에 드러났다. 즉, 乙庚 합을 丙火가 키우고 戊土에 드러났으니 가치가 높은 열매가 분명하다. 병원과 인연이 깊은 이유는 申月에 申酉戌이 강하니 수확, 의료, 은행, 권력, 군인의 물상이기 때문이다.

乾命　　　　　陰/平 : 1938年 8月 13日 6時

時	日	月	年
辛	辛	辛	戊
卯	未	酉	寅

81	71	61	51	41	31	21	11	1
庚	己	戊	丁	丙	乙	甲	癸	壬
午	巳	辰	卯	寅	丑	子	亥	戌

　　2008년 상황으로 어려서 가난했으나 결혼 후 부인의 헌신으로 주유소 사업을 통해 큰 부자가 되었다. 이 구조는 별 쓰임이 없어 보이지만 많은 열매가 년간 戊土 땅위에 드러났다. 戊는 겉으로 드러난 고정적인 공간과 같아서 사무실, 공장, 창고, 고정 건물을 상징한다. 또 酉月은 수확의 계절이기 때문에 木을 수확하기 좋다. 만약 水氣가 있거나 강하면 오히려 수확하기 어렵지만 이 구조는 寅, 卯, 未로 열매를 의미하는 木이 많으며, 辛辛辛酉로 수확에 사용할 연장도 많으니 적절한 수고로움으로 수확이 가능하다. 또 水氣가 전혀 없고 火氣도 약하니 金으로 木의 기름을 짜는 모습과 유사하기에 주유소 사업을 하였다. 운의 흐름으로 살펴보면 水로 흐를 때는 마른 金氣들을 부풀리고, 丑土에서는 酉丑 조합으로 큰 재물을 모으고, 木火로 흐를 때 재투자로 발전한다.

乾命　　　　　陰/平 : 1952年 8月 12日 12時

時	日	月	年
庚	己	己	壬
午	卯	酉	辰

82	72	62	52	42	32	22	12	2
戊	丁	丙	乙	甲	癸	壬	辛	庚
午	巳	辰	卯	寅	丑	子	亥	戌

　　고려대학교 전자공학과를 졸업한 후 모 회사의 연구개발팀장으로 근무하면서 주식으로 200억 부자가 되었으나, 甲寅운에 부인이 암으로 사망하였다. 자식들과 부인의 묘지에 가다가 교통사고로 아들 둘까지 잃었다. 본인은 다리를 다쳐 불구가 되었고, 간암 3기로 투병 중이었다. 이 구조의 특이한 점은 午酉壬으로 丁辛壬 조합이 時에서 출발해 년에서 재물이 부풀려진다. 또 초년부터 운이 水氣로 흐르고 특히 년월에서 辰酉가 운에서 丑을 만나 酉丑辰 조합이 이루어지는

시기에 酉金을 급속하게 부풀려 100억대 재물을 모았다. 구조의 단점은 일지 卯木의 시기인 38~45세 즈음에 卯酉 沖으로 生氣가 상할 수밖에 없으니 자신의 육체가 상하거나 주위 육친이 상할 수밖에 없다. 甲寅운 천간에서 甲己 合과 甲庚 沖이 동시에 발생하기에 生氣가 상할 수밖에 없다. 이런 이유로 부인과 자식 둘을 잃었고 자신의 육체도 상했다. 자신이 감당하지 못할 재물을 취하면 대가를 지불하는 것이 자연의 이치다.

乾命　　陰/平 : 1962年 8月 16日 4時

時	日	月	年
戊	乙	己	壬
寅	卯	酉	寅

88	78	68	58	48	38	28	18	8
戊	丁	丙	乙	甲	癸	壬	辛	庚
午	巳	辰	卯	寅	丑	子	亥	戌

壬子운 乙亥년 34세에 재물을 모으기 시작해 수백억을 모았다. 상기 사주와 비교하면 이 사주도 金水 조합이 분명하고 酉金이 水氣에 부풀려져 엄청난 재물을 한순간에 모으지만 卯酉 沖으로 주위육친과 자신의 육체가 상할 수 있으니 탐욕을 경계해야 한다. 특히 癸丑운에 일지와 卯丑 조합을 이루면 卯木 생기가 상하기 쉽다.

乾命　　陰/平 : 1965年 6月 8日 6時

時	日	月	年
辛	辛	壬	乙
卯	酉	午	巳

70	60	50	40	30	20	10
乙	丙	丁	戊	己	庚	辛
亥	子	丑	寅	卯	辰	巳

15억 정도의 재산을 소유하고 있다. 이 구조는 巳午酉로 흐름이 나쁘지 않다. 또 巳午가 辛辛酉를 자극하면 모두 월간 壬水를 향하지만 일간이 壬水를 당겨오지는 못한다. 다만 辛酉가 卯木을 수확할 수 있는 구조는 분명하기에 15억 정도의 재산가이다. 다만 시주에 이르면 卯木 生氣가 잘리면서 육체가 상하거나 배우자와 사별하거나 자식의 육체가 상하기 쉽다. 이렇게 金이 木을 자르면 재물을 득하기는 쉽지만 육체나 육친이 상하기 쉽다.

坤命　　　　陰/平 : 1968年 5月 30日 16時

時	日	月	年
丙	丙	戊	戊
申	寅	午	申

67	57	47	37	27	17	7
辛	壬	癸	甲	乙	丙	丁
亥	子	丑	寅	卯	辰	巳

　미용실과 식당, 목욕탕을 동시에 운영하는 부유한 여명이다. 午月 丙戊 조합으로 열매가 막 열리는 午月에 戊土 위에 丙火 빛을 비춘다. 따라서 물질, 재물에 대한 흥미가 지대할 수밖에 없다. 또 午月에 寅이 있으니 열매의 근거지를 가졌으며, 午火가 申을 달구어 날카로운 칼로 쉽게 寅을 수확하는데 년지와 시지에 申이 두 개로 수확하는 장소가 두 곳이기에 직업이 여러 개다. 또 다른 관점에서 戊土는 안정적인 터전을 의미하고, 丙火의 빛을 戊土에 비추어 열매를 키우기에 이 또한 다양한 직업을 암시한다. 운이 乙卯, 甲寅으로 흘러 수확의 개념이 명확하기에 재물에 대한 욕심이 강해지는 흐름이다. 다만 공통적으로 이런 구조들은 生氣가 잘리면 육체가 상할 수 있기에 탐욕을 경계해야 한다. 47세 이후 강하게 水運으로 흐를 때는 午月의 열매가 썩어 상하니 말년에는 재물을 지키기 어렵다.

乾命　　　　陰/平 : 1986年 2月 9日 1時

時	日	月	年
戊	辛	辛	丙
子	酉	卯	寅

61	51	41	31	21	11	1
戊	丁	丙	乙	甲	癸	壬
戌	酉	申	未	午	巳	辰

　모 회사사장으로 재산이 20억이다. 이 구조는 寅卯酉子로 시공간 흐름이 바르니, 기르고 수확한 후 子水에 그 재물을 부풀린다. 또 년월 丙辛 合으로 총명하며 시간에 안정적인 戊土 터전이 있고, 년에서 丙火가 辛의 가치를 밝게 비춰준다. 金으로 木을 수확하는 구조이기 때문에 재물에 흥미가 많은 구조다. 운의 흐름까지 감안하여 살피면 寅卯가 巳午未에 성장하여 辛酉로 수확한다. 이때 子水가 있기에 殺

氣가 줄어든다. 이렇게 金이 木을 수확할 때는 마치 외줄타기를 하듯 物質과 殺氣 사이에서 고민할 수밖에 없다. 子水가 있기에 생기가 상할 가능성은 줄어들지만 재물을 확장하는데 제약이 따른다.

坤命

時	日	月	年
庚	乙	辛	辛
辰	卯	卯	亥

陰/平 : 1971年 3月 5日 8時

81	71	61	51	41	31	21	11	1
庚	己	戊	丁	丙	乙	甲	癸	壬
子	亥	戌	酉	申	未	午	巳	辰

전문대를 졸업하고 1992년 壬申년에 취직하여 회사의 재무관리를 담당했다. 1996년 丙子년에 퇴직하고 투자회사를 설립, 금속기자재 무역업을 시작하여 재물을 모았으며, 乙未운 癸未년에 화학공장에 투자하여 재물을 크게 축적, 자산이 500억에 이르렀다. 이 구조는 일견에 부자라는 느낌을 받기는 어렵다. 500억대 재산을 모을 수 있었던 이유를 찾아보자. 먼저 木金 조합으로 키우고 수확하는 흐름이다. 운이 火氣로 흘러 乙庚 합한 열매를 키우고 수확한다. 이때 년월의 辛과 시간의 庚은 속성이 전혀 다르다. 년월은 나를 존재하게 한 근원지이니 조상, 부모로 그 씨종자를 亥水에 풀어 木으로 기르며, 운에서 火氣로 그 열매를 확장한 후 시간의 庚으로 새로운 열매를 얻는다. 이 의미는 조상음덕이 좋고 윗사람들의 조력이 두텁다는 뜻이다. 비록 년월에서 乙을 자르려 하기에 일찍 사회에 진출해서 쓴맛을 경험해야 하기에 표면적으로 년월 구조가 나빠 보이지만 상기와 같은 이유로 조상의 음덕이 좋다. 대부분은 이런 씨종자를 가지고 태어나지 못하기에 평범하게 살아간다. 이 씨종자는 水木火 운을 흐르는 동안 자라고 꽃피고 열매 맺은 후 庚 열매로 완성된다. 乙未운이 좋은 점은 乙이 未土에서 열매의 크기를 완성한 후 庚과 합하여 열매를 완성한다. 또 乙이 庚과 합하기에 자신이 직접 취하는 재물이다. 이것이 500억 재산을 축적한 이유다.

제3절 戊土 - 영역결정. 안정적 활동 공간. 양기발산.

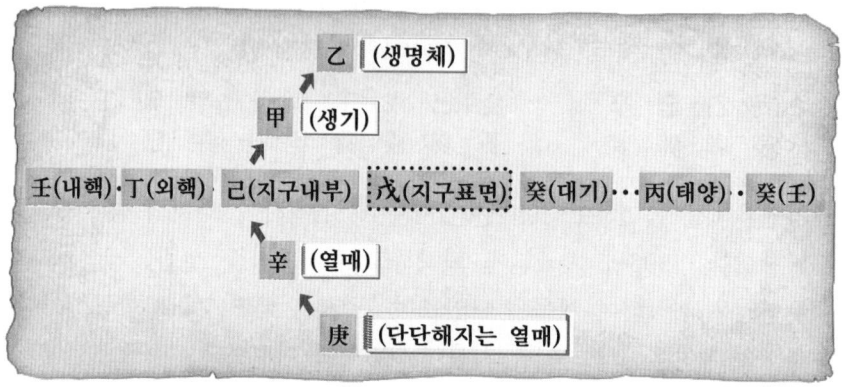

지금까지 살펴보았던 乙과 庚의 성장과정은 물질의 확장과정이기에 물질에 지대한 흥미를 가진 合으로, 戊土 위에서 이루어지기에 戊의 역할이 얼마나 중요한지 가늠할 수 있다. 戊土의 가장 중요한 역할은 물질을 만들어가는 과정에 안정적인 장소, 터전, 공간을 제공하는 것이다. 따라서 사주에 戊土가 없다면 재물을 적재할 공간이 없는 것과 같다.

戊土의 두 번째로 중요한 의미는 삶의 안정을 제공하는 터전과 같다. 戊土가 없으면 재물의 유무에 상관없이 삶이 불안정해지고 이곳저곳을 떠돈다. 천간에 乙乙乙로 乙이 세 개면 바람처럼 세상을 유람하기에 세계 곳곳을 출장 다니며 사업하지만 그렇게 떠돌 수밖에 없는 이유는 정착할 터전(戊)이 없기 때문이다. 사업으로 물질을 모을 수는 있지만 육체는 안정을 찾기 어렵다.

세 번째로 戊土는 경계를 결정하고 그 경계 내에서 물질을 보호하는 역할을 한다.

2017년 2월 13일자 서울 신문의 내용을 살펴보자(이광식 칼럼니스트 joand999@naver.com ⓒ 서울 신문 www.seoul.co.kr).

많은 과학자들은 목성이 혜성이나 소행성들로부터 내부 행성계를 지켜주는 방패막이 역할을 하는 것으로 인식했다. 사실은 목성이 아닌 토성이 그 역할을 해왔음을 보여주는 새 연구가 발표되어 관심을 끌고 있다. 새롭게 연구, 조사된 시뮬레이션에 따르면 토성이 지구를 위협하는 소행성들을 비켜가게 하는 결정적인 역할을 하는 것으로 밝혀졌다. 만약 목성이나 토성 중 하나만 존재했더라면 태양계로 진입하는 소천체들을 거의 축출하지 못하고 하나의 소 천체 띠를 이루었을 것으로 보인다. 그레이지어의 새 연구는 태양계에서 목성의 역할은 방패막이보다는 지구에 물과 생명촉발 기체의 공급에 더 큰 기능을 했으며, 토성이 혜성과 소행성들을 막아내는 방패 구실을 더 강력하게 했음을 보여주고 있다.

흥미로운 내용이다. 지구 표면에서 戊土는 물질을 보호하는 역할을 하는데, 태양계 끝에 있는 토성도 동일한 역할을 하고 있다. 己土도 물질을 저장할 수 있지만 내부의 협소한 공간이기에 축적하는 물질의 양에 한계가 있으며, 성장 완료된 물질을 품으니 성장, 확장 에너지가 없다. 그러나 戊土는 드러난 영역으로 물질의 성장과 발전이 실현되는 공간이기에 己土와 비교하지 못할 정도로 크고 넓다.

이런 물질의 가치를 가진 戊土를 차지하고자 역사에서는 셀 수 없을 정도로 많은 전쟁이 발발했고 그럴듯한 명분으로 수많은 생명들이 목숨을 잃었다. 미국에서는 인디언들이 사라지고, 아프리카와 아시아에서는 통치권을 상실하고 오랜 세월 식민지로 지배당해 살아야 했다. 표면적으로는 권력을 유지하기 위한 것처럼 보이지만 실상은 戊土 위에 놓인 물질을 빼앗기 위해서였다. 이렇게 戊土는 생존권을 상징하는 부호로 전쟁, 쟁투, 영역싸움, 세력싸움 등 호전성이 매우 강한 글자다.

네 번째로 戊土가 갖는 특징은 보수적이요 배타적이며 적과 아군의 구별이 뚜렷하다. 경계를 정하고 영역을 통치하는 정책이 수립되면 아군은 보호하고 적군이면 몰아낸다. 이런 특징은 모든 土들의 공통적인 특징이다. 辰戌戊는 양기이니 그 속성이 더욱 강하고, 丑未己는 음기이니 뚜렷하게 드러나지는 않지만 그 속성을 내면에 감추고 있다.

干支로 戊申과 己酉의 단점은 자신의 영역을 확실하게 申酉로 정하고 그 범위에서 벗어나지 않으려 한다. 申酉는 木의 확산하는 성향을 없애버리기 때문에 성장의 기세는 물론 인맥의 범위를 넓힐 수 없다. 그러한 특징으로 비사회적이거나 자신의 재주를 소수를 상대하는 개인강사나 개인교습으로 사용한다. 戊土는 가능한 많은 사람들을 포용하는 것이 발전하는 길이다. 비록 영역싸움으로 쟁투가 발생하고 물질에 대해 소유권을 주장하는 문제들이 발생하지만 그런 과정을 통해서 발전하기 때문이다.

▶ 戊土干支 조합

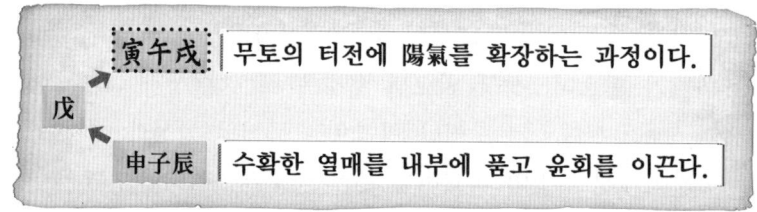

戊土가 干支 조합을 이루는 三合구조를 살펴보자. 戊土는 寅午戌, 申子辰 삼합과 간지를 이룬다. 戊寅, 戊午, 戊戌, 戊申, 戊子, 戊辰이 그것이다. 삼합 운동으로 의미를 구별하면 寅午戌과 조합을 이루면 戊土의 영역을 확장하는 것이고, 申子辰과 조합을 이루면 확장을 억제하고 金을 水로 품어 木으로 바꾸는 윤회과정을 거친다. 寅午戌은 교육, 공직의 성향이 강하고, 申子辰은 장사, 사업의 특징이 강하다. 申子辰은 어두운 속성으로 보이지 않는 곳의 재물을 戊土 위에 적재하고자 물질을 함부로 탐하면 문제가 발생한다. 이 문제를 해결하기 위해서는 반드시 丙火로 밝게 비춰야 한다. 寅午戌의 문제는 밝은 것은 좋으나 水氣를 적절하게 배합하지 않으면 태양빛이 강한 사막처럼 변하여 모양은 아름다우나 쓸모없는 땅으로 바뀐다. 戊土는 봄에 乙을 펼치고 여름에 庚 열매를 드러내는 것을 주 목적으로 한다. 만약 巳酉丑 삼합과 조합을 이루면 물질욕망이 강해지고, 亥卯未 삼합과 조합을 이루면 木을 키우는데 힘쓴다. 또 戊丙庚 조합이면 물질에 대한 욕망이 매우 강하기에 사업을 원한다. 만약 戊甲으로 조합을 이루고 水氣가 적절하지 않다면 甲은 戊土를 상하게 하여 육체, 재물에 손상을 입힌다.

43. 戊寅干支

寅午戌 삼합의 출발점이자 寅卯辰 方合의 출발점이다. 생기를 밖으로 드러내는 첫 단계로 내부에서 성장의 기세를 마련하지만 눈으로 확인하기 어려우니 존재가치를 인정받기 어렵다. 이렇게 戊寅은 키우는 속성이 강하고 수확하는 속성이 없으니 주로 기르는 일에 적합하다. 교육, 공직성향이며 기획능력이 좋지만 활동력은 떨어진다. 壬水와 丙火로 배합하면 구조가 좋아진다. 戊丙寅亥의 구조로 훌륭한 교육, 공직자의 구조다. 亥水로 寅의 뿌리를 깊이 내리고 丙火로 성장을 이끌기 때문이다. 다만 寅은 아직 드러나지 않은 상태이니 亥水로 키워 乙으로 드러나기까지 많은 세월이 걸리기에 박사급의 공부과정이 필요하다. 戊寅은 종교색채도 강하고 해외와의 인연도 길하여 무역업에 종사하는 사람들이 많다. 예를 들어 살펴보자.

坤命　　　　陰/平 : 1968年 9月 14日 11時

時	日	月	年
丁	戊	壬	戊
巳	寅	戌	申

79	69	59	49	39	29	19	9
甲	乙	丙	丁	戊	己	庚	辛
寅	卯	辰	巳	午	未	申	酉

열 살 때 모친이 사망하였다. 학창시절 학구파였으며 己卯년 결혼 후 10여 년간이 가장 좋았다. 辛卯년부터 힘들어져 乙未년까지 5년간 경제적인 타격이 있었다. 2015년 말에 10년간 살던 집을 팔고 이사할 예정이었다. 20대에 9급 공무원 생활을 하다가 丁丑년에 퇴직하고 3년 전쯤부터 부동산중개업을 하고 있으며 부부 사이는 매우 좋다. 남편도 13살 때 모친이 사망하고 가난했지만 지금은 살만 하다.

이 여명은 戌月에 寅戌의 특성대로 공무원으로 젊은 시절을 보내고 戊寅 일주의 시기에 이르면 戊土를 확장하려는 출발점에 선다. 새로운 변화를 주어야하는 시기다. 다만 운에서 戊午를 만나니 寅午戌 삼합으로 火氣가 너무 강해져 戊土의 땅이 마른다. 이런 상황에서 일지 寅은 水氣를 간절히 바랄 수밖에 없고 水氣는 이 사주에서 재물을 의미하기에 재물이 말라간다. 만약 경제적으로 힘들지 않으면 육체가 상하는 등 어떤 식으로든 소유하고 있는 돈을 낭비하게 만들어버린다. 乙未년은 乙 현찰의 흐름이 未에 잡히니 대부분 부동산을 저당 잡히고 대출받거나 몸의 활동이 저하되거나 부동산을 팔아 현찰을 확보하고 이사하는 해다. 乙未년은 충분한 자금이 있어 부동산에 투자하는 소수의 사람들을 제외하고는 재물관점에서 주로 활동의 제약이나 자금회전의 어려움이 따른다. 팔자구조에서 이미 37~45세까지 寅申 沖, 寅巳 刑으로 좋지 않고 대운도 寅午戌 삼합과 沖을 이루니 좋지 않다. 丁壬 합은 전문자격증, 전문지식의 물상이요, 戊土가 丁巳 시주를 만나면 학구파로 평생 공부하기를 좋아한다. 부부가 협심하여 좋은 관계를 유지하면서 어려움을 극복하기 바란다.

坤命　　　　　　陰/平 : 1970年 5月 24日 6時

時	日	月	年
乙	戊	壬	庚
卯	寅	午	戌

86	76	66	56	46	36	26	16	6
癸	甲	乙	丙	丁	戊	己	庚	辛
酉	戌	亥	子	丑	寅	卯	辰	巳

어려서 미국으로 이민 갔다가 한국에 돌아와 어학원을 운영 중이다. 乙未년에 17세 아들이 나쁜 친구들과 어울려 속을 썩였다. 자신도 허리디스크로 수술하고 여러모로 힘든 해를 보냈다.

壬水는 물처럼 흐르는 특징으로 壬水가 쓰임이 좋은 구조는 무역업이나 해외와의 인연이 많다. 이 구조에서 월간 壬水는 해외를 뜻하고 戊寅운과 戊寅일주가 복음이 되는 시기에 미국을 벗어나 다시 한국으로 돌아왔다. 복음은 동일한 존재가 동일한 공간에 있으니 서로 밀어내는 에너지다. 乙未년은 활동이 답답해지고 자금유통의 어려움을 의미하며, 寅未로 水氣가 마르고 戌未 刑으로 土에 문제가 생기니 土가 상징하는 몸통의 중앙인 허리에 문제가 생겼다.

아들문제는 두 가지로 살필 수 있다. 乙未년 乙이 日時에서 乙戊로 조합을 이루면 戊土 위에서 뛰어놀고자 반드시 밖으로 나간다. 년월의 궁위가 동하면 해외를 뜻하고 일시에서 동하면 개인적인 활동이라는 활동공간의 범위에 차이가 있을 뿐 밖을 향하는 이치는 동일하다. 이 간단한 이유로 아이는 학업에 집중하지 못하고 밖에서 놀기를 좋아한다. 또 다른 구조는 乙이 戊土로 갔을 때 그곳에는 寅이 있으니 많은 친구들과 어울린다. 문제는 왜 나쁜 친구들과 어울리는가를 판단해야 하는데 乙卯 時 + 戊寅 日 + 乙未 세운의 조합으로 많은 木이 戊土로 집결하는데 전체적으로 水氣가 없으니 학업에 집중하지 못하고 밖으로 돌아다니는 친구들이 분명하다. 乙卯와 戊寅 조합은 학업에 충실하기 어려운 것처럼, 년과 월에 乙未와 己卯 조합 역시 水氣가 없으니 학업에 집중하지 못하고 일찍 사회에 진출하는 특징을 보인다.

坤命　　　　　　陰/平 : 1962年 1月 5日 4時

時	日	月	年
甲	戊	壬	壬
寅	寅	寅	寅

51	41	31	21	11	1
丙	丁	戊	己	庚	辛
申	酉	戌	亥	子	丑

丁酉운부터 머리가 아프더니 52세 丙申운 癸巳년 甲子월 辛酉일 뇌출혈로 사망했다.

이 구조에서 사주팔자에 없는 에너지가 운에서 들어올 때 어떤 반응을 보이는지 배울 수 있다. 金氣가 전혀 없는 사주구조에 운에서 처음으로 金氣가 오면 태어날 때 받았던 시공간 에너지와 전혀 다른 속성이기에 적절하게 반응하기 어렵다. 丁酉운에 寅酉 조합은 寅 生氣를 날카로운 칼로 찌르는 것과 같으며 천간 조합으로 바꾸면 甲辛이다. 寅酉와 甲辛은 거의 동일한 물상으로 甲 머리를 날카로운 침 같은 물체로 찌르는 것이다. 辛甲乙 조합이 丙, 丁火와 만나 辛이 甲과 乙의 흐름을 일시적으로 막아버리면 丙丁 뇌와 심장으로 가는 피의 흐름이 막히면서 심장마비, 뇌출혈, 일시적 기절과 같은 물상을 만들어낸다. 丙申운 丙甲이 만나 정상적으로 甲이 丙을 향해야 하는데, 癸巳년 지지에서 寅巳申 삼형으로 木의 흐름을 방해하니 갑자기 뇌출혈로 사망한 것이다.

坤命				陰/平 : 1972年 1月 3日 22時			
時	日	月	年	34	24	14	4
癸	戊	壬	壬	戊	己	庚	辛
亥	寅	寅	子	戌	亥	子	丑

戊戌운 壬辰년 41세 己酉월에 위암으로 사망했다. 상기 사주와 유사해 보이지만 차이점이 많다. 상기 사주는 水氣가 과다하지 않으니 木氣의 성장세가 강하지 않은데 이 사주는 水氣가 과하고 火氣가 없으니 두 개의 寅이 땅 밑으로 깊이 뿌리만 내린다. 운도 水氣로만 흐르니 더욱 심각하다. 이런 문제 때문에 굵은 뿌리들이 戊土를 뚫어 위암으로 사망했다. 金氣가 전혀 없으니 뿌리 깊은 나무들을 제어하지 못한다. 비교사주를 보자.

坤命				陰/平 : 1948年 1月 14日 17時							
時	日	月	年	76	66	56	46	36	26	16	6
庚申	戊寅	甲寅	戊子	丙午	丁未	戊申	己酉	庚戌	辛亥	壬子	癸丑

壬辰년 상황으로 癸丑, 壬子, 辛亥운 36세까지 가슴에 응어리가 맺힌 채 살다가 36세부터 남편을 도와 여장부같이 살았다. 庚戌운부터 일이 풀리기 시작, 戊申운 당시 남편이 운영하는 회사의 부회장이며, 재산도 100억 정도다. 상기 사주와 비교하면 초년에 많은 木이 火氣가 없으니 땅 속으로만 깊게 뿌리내리면서 땅을 가르니 안정적인 터전이 없어 고생하지만 庚戌운부터 시작된 申酉戌로 나무들을 벌목하여 큰돈을 번다. 상기 사주는 뿌리만 내리고 거둘 金이 없어 땅이 갈라지니 위암으로 사망했고, 이 사주는 뿌리 내리는 동안에는 고통스러웠으나 庚申으로 큰 材木을 벌목할 능력이 있으니 수확하여 물질을 얻었다. 만약 초년에 뿌리 깊은 나무로 성장하지 않았다면 申酉戌운에도 큰돈을 벌지는 못한다. 젊어 고생은 사서도 한다는 말에 해당하는 예문이다. 그런 고통의 시간을 지냈기에 중년이후에 큰 재물을 모을 수 있었다.

乾命				陰/平 : 1981年 1月 25日 16時							
時	日	月	年	88	78	68	58	48	38	28	18	8
庚申	戊寅	庚寅	辛酉	辛巳	壬午	癸未	甲申	乙酉	丙戌	丁亥	戊子	己丑

丁巳년 10월 학교에 가던 중 부주의로 넘어져 대퇴골 골절로 다리를 절게 되었다. 寅申이 있는데 巳火까지 와서 巳申 合과 寅巳申 三刑으로 문제가 생겼다. 특히 巳申 합의 물상은 주로 다리에 문제가 생기는 조합이다. 壬戌년 3월에는 형제가 돌연 폐병으로 요절하고, 그해 7월 부친도 방광암으로 사망했다. 상기와 비교하면 이 사주는

水氣가 전혀 없고 木金이 직접 심하게 싸운다. 살기가 강한 사주로 주위의 육친이 상하고 본인의 육체에도 문제가 발생했다. 사주팔자에서 木金이 싸울 때 生氣가 상하는지 여부를 자세히 살펴야 한다.

乾命　　　　陰/平 : 1954年 4月 20日 10時

時	日	月	年
丁	戊	己	甲
巳	寅	巳	午

35	25	15	5
癸	壬	辛	庚
酉	申	未	午

癸酉운 1996년 43세 丙子년 간암으로 사망했다. 이 사주도 水氣가 전혀 없으니 甲寅은 마를 수밖에 없고 水氣를 간절히 바라지만 팔자에 없으니 간이 마른다. 癸酉운 寅酉 조합으로 피의 흐름에 문제가 생기고, 丙子년 丙火가 천간에 드러나면 甲丙丁의 흐름에 문제가 생기며, 寅이 심하게 상하니 간암으로 사망했다. 이 사주도 뇌출혈, 심장마비와 같은 조합이지만 원국에서 마른 肝이 주요한 원인이 되어 사망했다.

乾命　　　　陰/平 : 1938年 12月 22日 10時

時	日	月	年
丁	戊	丙	己
巳	寅	寅	卯

72	62	52	42	32	22	12	2
戊	己	庚	辛	壬	癸	甲	乙
午	未	申	酉	戌	亥	子	丑

辛酉, 庚申운 판사로 잘 지냈고 퇴직 후 변호사를 하며 사업에도 투자하여 2015년 당시까지 큰 富를 누리며 살고 있다. 이 구조는 운에서 壬甲丙 조합을 이루니 오래도록 공부하여 뿌리 깊은 나무가 되었기에 판사로 재직하였다. 사주팔자에 金氣가 거의 없는데 巳중 庚이 있어 열매가 크면 가을에 뿌리내린 나무를 수확할 수 있다. 辛酉운은 丙辛 합으로 크게 문제가 없고 酉金은 벌목의 효과가 크지 않다.

庚申운은 원국에 없으니 문제가 있어야 하지만 巳中 庚이 있기에 丙丁巳의 火氣로 큰 열매를 키우고, 卯寅寅으로 산만한 木들을 수확하니 나쁠 이유가 없다. 만약 卯木이 없고 庚申과 寅木이 직접 충돌했다면 문제가 생겼을 것이다. 이 구조도 戊丁巳 조합으로 오래도록 학업에 전념하는 조합이다. 또 상기 사주는 寅 하나를 두고 양쪽에서 巳火가 寅의 生氣를 상하게 하여 문제지만 이 구조는 寅寅卯로 생기가 충분하고 초년부터 水氣로 운이 흘러 문제가 없다.

坤命 陰/平 : 1956年 12月 6日 6時

時	日	月	年
乙	戊	辛	丙
卯	寅	丑	申

81	71	61	51	41	31	21	11	1
壬	癸	甲	乙	丙	丁	戊	己	庚
辰	巳	午	未	申	酉	戌	亥	子

대학교수로 년월 丙辛 합이니 총명하고, 丑寅卯의 흐름으로 잉태한 생명체를 밖에서 잘 기르는 모습이니 교육에 적합하다. 다만 일지는 寅申 沖과 寅卯로 혼잡이니 남편과의 사이에 문제가 있으며 남편도 교수로 재직하고 있다.

乾命 陰/平 : 1972年 7月 7日 5:50

時	日	月	年
乙	戊	戊	壬
卯	寅	申	子

78	68	58	48	38	28	18	8
丙	乙	甲	癸	壬	辛	庚	己
辰	卯	寅	丑	子	亥	戌	酉

41세 상황으로 庚戌운 명문대에 합격하고, 졸업 후 어렵지 않게 항공사에 입사했다. 미국지사에서 일하다 乙酉년 공인회계사 시험에 합격하여 대기업에 다닌다. 부인은 부잣집 딸로 아름다우며 성격이 강하지만 둘 사이는 좋다.

이 사주의 특징은 寅申 沖이다. 이런 구조를 沖開라 부르며 沖의 작용력으로 발전하는 구조다. 申月에 火氣가 필요한데 팔자에 없으니 沖을 통해 寅木 속의 丙火를 사용한다. 이때 만약 水氣가 없다면 寅은 상하기 쉽지만 壬子로 水氣가 있으니 상하지 않는다. 이런 구조는 寅申 沖이 발생할 때 삶에 변화를 주면서 발전한다. 초년 壬子와 戊

申의 年月 조합으로 申子辰의 水氣와 壬水의 해외물상을 사용하여 항공사에서 근무하며 미국지사 발령으로 해외로 갔다. 甲申년에는 寅申 沖으로 변화를 주어 회계사로 직업을 바꾸고 발전했다. 부인자리에 寅중 丙火가 있으니 부인 덕이 좋다. 회계사를 하는 이유는 많은 木氣를 월지 申金으로 卯申 합하고 寅申 沖하여 정리하기 때문이다.

乾命　　　　陰/平 : 1935年 1月 28日 4時

時	日	月	年	49	39	29	19	9
甲	戊	戊	乙	癸	甲	乙	丙	丁
寅	寅	寅	亥	酉	戌	亥	子	丑

20대~40대에 성공하여 부자가 되었다. 癸酉운 54세 1988년 戊辰년 위암으로 사망할 당시에 300억이 넘는 재산을 남겼다. 이 사주는 乙戊 조합으로 대부분 해외로 가거나 교육, 공직 물상이며, 년에 亥水가 있기에 많은 木이 戊土의 땅을 상하게 하지 않는다. 이 구조는 火氣가 오면 땅은 말라 건조해지며 많은 木은 땅을 뚫어 상하게 한다. 水氣가 없는 사막과 같은 땅에서는 나무를 기르지 못한다. 따라서 水運으로 흐를 때 많은 木을 기르는 것이 이 사람의 재물이다. 다만 팔자에 金이 없으니 金의 시간을 사용하기 힘들고 水氣가 없어 땅이 마르면 나무들을 통제할 방법이 없으니 위가(戊土) 상하는 것은 피하지 못한다. 癸酉운 丙寅, 丁卯년을 지나면서 寅酉, 卯酉 조합으로 상하는데, 戊辰년에 년지 亥水는 辰土에 담겨 마르고 많은 木은 말라버린 戊土 위장을 뚫는다. 이렇게 戊土가 木이 많을 때 水氣가 없으면 상할 수밖에 없다. 비슷한 구조를 살펴보자.

乾命　　　　陰/平 : 1955年 2月 24日 22時

時	日	月	年	74	64	54	44	34	24	14	4
癸	戊	己	乙	辛	壬	癸	甲	乙	丙	丁	戊
亥	寅	卯	未	未	申	酉	戌	亥	子	丑	寅

지독하게 가난한 어린 시절을 보내고 판잣집에 살던 시절부터 지금까지 하루 15시간씩 일하며, 수돗물을 조금씩 받아 모아서 쓴다. 현재는 천억 이상을 소유한 부자다. 亥운부터 발복하여 甲戌, 癸酉운 현재까지 발전하고 있다.

상기 사주와 차이점을 살펴보자. 년월에 水氣가 없으니 초년에 죽도록 고생하고 공부도 못했다. 이 사주도 水로 木을 기르니 木이 물질이자 재물이다. 마치 땅에 많은 나무를 심고 나무가 자라면 그것을 분양하여 재물을 취하는 것과 같다. 다만 金이 없으니 木을 자르는 것이 아니라 살아있는 나무를 분양하는 차이점만 있다. 수확해서 재물을 모을 때는 백억 대를 벗어나지 못하는데 이 사주는 수확하지 않고 기르니 천억 대의 재물을 모으는 차이점을 보인다.

상기 사주는 癸酉운에 위암으로 사망하고 이 사주는 계속 발전하는 이유를 살펴보자. 상기 사주는 시주가 甲寅으로 水氣가 마르면 戊土가 바로 상하지만 이 사주는 천간에 甲이 없으니 직접 상하지 않는다. 또 寅卯로 혼잡이니 잡풀을 제거해서 나쁠 이유가 없고, 甲己 합으로 己土가 甲의 문제를 해결해준다. 본래 寅卯 혼잡으로 좋은 조합이 아니며 戊己 혼잡도 좋은 조합이 아니지만, 나쁜 운이 올 때는 좋지 않은 글자들을 제거하거나 나쁜 운을 처리하니 좋은 상황으로 돌려놓을 수 있다. 이렇게 팔자구조에 따라 전혀 다른 삶을 만든다.

乾命

時	日	月	年
戊	戊	癸	乙
午	子	未	巳

陰/平 : 1965年 7月 6日 12時

88	78	68	58	48	38	28	18	8
甲	乙	丙	丁	戊	己	庚	辛	壬
戌	亥	子	丑	寅	卯	辰	巳	午

2000년 마약판매로 무기형을 받았다. 이 구조의 문제는 일지가 午未 육합 사이에 끼어 정신을 상징하는 子水의 공간이 비틀어지니 성정이 바르지 못하다. 또한 戊癸 합을 공익을 위해 사용하지 않고 癸

水를 개인적으로 탐한다. 癸水는 본래 흑색으로 丙火가 없으면 보이지 않는 어둠과 같다. 이때 戊癸 합하면 合을 하는 목적이 있어야 하는데 乙이 년에 있어 좋을 듯해도 월지 시공간이 未월이니 성장 완료된 乙에 습기만 제공하여 곰팡이를 만든다. 만약 팔자에 甲이 있으면 甲을 타고 오르는 곰팡이류, 버섯류의 물상과 같지만 이 사주는 甲도 없으니 쓸모없는 곰팡이로 정상적인 사고방식을 가진 사람이 아니다. 이렇게 戊癸 합을 공공의 목적이 아닌 私的으로 사용하면 物慾에 눈이 멀어 어두운 곳에서(癸) 돈밖에 모르는 인간이 된다. 비교사주를 보자.

乾命 　　　　　　陰/閏 : 1960年 6月 2日 18時

時	日	月	年	84	74	64	54	44	34	24	14	4
癸	甲	癸	庚	壬	辛	庚	己	戊	丁	丙	乙	甲
酉	寅	未	子	辰	卯	寅	丑	子	亥	戌	酉	申

이 구조는 癸未월로 곰팡이가 甲寅을 타고 오르니 물상을 그대로 사용하여 치즈가공업으로 수백억대 매출을 올리는 공장 운영자다. 未월은 식재료 유통업과 인연이 깊다.

하기에서는 같은 사주의 戊寅일주 여명이 서로 다른 배우자와의 인연으로 어떻게 삶이 달라지는지 살펴보자.

坤命 　　　　　　陰/平 : 1956年 4月 2日 16時

時	日	月	年	51	41	31	21	11	1
庚	戊	癸	丙	丁	戊	己	庚	辛	壬
申	寅	巳	申	亥	子	丑	寅	卯	辰

乙未생 남편과 결혼했다. 미대 출신 디자이너로 인테리어 사업가다. 남편은 교직에 종사하며 딸이 둘이다.

坤命				陰/平 : 1956年 4月 2日 16時					
時	日	月	年	51	41	31	21	11	1
庚	戊	癸	丙	丁	戊	己	庚	辛	壬
申	寅	巳	申	亥	子	丑	寅	卯	辰

　癸巳생 남편과 결혼했다. 미대 출신이지만 전업주부로 그림을 그리며 산다. 남편은 의사며 아들만 둘이다.

　배우자 인연법에 대한 설명이다. 인연법도 개운법의 일종으로 내가 태어날 때 받은 기운이 좋지 않으면 좋은 기운으로 바꾸고자 海外로 가거나 타향으로 가는 이치와 동일하게 결혼할 때 배우자가 가진 기운을 서로 보충하여 운을 바꾼다. 인간은 짝짓기욕망으로 결혼하고 자식도 낳는다. 인연법은 평생을 살아가는 과정에 중요한 역할을 한다. 다만 인연법 보다 우선하는 것이 자신의 팔자로 구조가 나쁘면 좋은 인연의 배우자를 얻기 힘들다. 물론 운이 좋을 때 만나는 인연과 운이 나쁠 때 만나는 인연은 전혀 다르다. 따라서 팔자의 구조와 운의 변화에 따라 그에 상응하는 배우자와의 인연은 당연한 이치로 결혼하면 배우자의 에너지와 교류하여 변화된 에너지로 바뀐다.

　상기 구조는 동일사주이지만 부모가 준 씨종자가 전혀 다르고 태어날 때 방위 역시 다르니 받아내는 암흑에너지의 각도 역시 다르다. 사주팔자 글자는 똑같지만 동일한 사주가 아니다. 다만 받은 에너지가 유사하니 년월의 癸丙 즉, 癸水의 암흑을 丙火 빛으로 밝게 비추어 色彩를 입히니 결혼 전에 모두 미술을 전공했다. 결혼 후에는 두 남편의 년주 乙未와 癸巳의 에너지가 부인의 에너지와 교류한다. 배합은 팔자 전체를 살펴야 하지만 근본에너지는 年柱를 근거로 한다. 乙未년생 남편과 결혼한 여명은 乙未의 에너지가 乙癸戊로 공직, 교육을 뜻하니 교사 남편을 얻었고, 자신이 뛰어놀 도구 乙이 생겨 사회에서 활동하기에 인테리어 사업을 한다. 癸巳년 남편을 얻은 여명은 활동할 수 있는 에너지 乙이 없으니 집에서 그림을 그리지만 寅巳

申 삼형 물상을 남편이 사용하여 의사남편을 얻었다.

자식의 음양문제는 두 사람의 음양구조를 따져야 하지만 乙未는 여성적으로 陰적이며, 癸巳는 乙未에 비해 훨씬 더 陽的이고 發散의 기운이다. 이런 이유로 乙未년생 남편을 얻어 딸만 둘이요, 癸巳년생 남편을 얻어 아들만 둘이다. 이런 논리는 절대적인 것이 아니기에 맹신할 수는 없다. 특히 사주를 분석할 때 놓치기 쉬운 것이 결혼한 운에 따른 길흉으로 길운의 시기에 결혼하면 좋은 인연이니 이혼율이 낮을 것이며, 흉운의 시기에 결혼하면 나쁜 인연이니 이혼율이 높을 것이다.

사주를 분석할 때 확인하기 어려운 방위문제도 존재하기 때문에 명리학에는 절대적인 이론이 존재하지 않는다. 한국에서 살다가 시공간이 맞지 않아 미국으로 이민 가서 살아간다면 태어날 때 받았던 방위와 에너지가 전혀 다르게 작동하기에 사주팔자 또한 정해진 운명의 각도를 바꾼 것이나 다름없다. 또한 첫째 아이는 한국에서 태어나고 둘째 아이는 해외에서 태어났다면 우주의 기운을 받아내는 각도가 전혀 다르기에 반드시 방위와 에너지의 파동도 고려해야 하지만 보이지 않는 에너지의 파동을 살피는 것은 거의 불가능하다.

坤命

時	日	月	年
甲	戊	丁	戊
寅	寅	巳	午

陰/平 : 1978年 4月 10日 4時

93	83	73	63	53	43	33	23	13	3
丁	戊	己	庚	辛	壬	癸	甲	乙	丙
未	申	酉	戌	亥	子	丑	寅	卯	辰

丙戌년 상황으로 쌍둥이 여명이다. 학창시절에는 우수한 학업성적으로 명문대에 진학했고 학생회장으로 두각을 나타냈다. 임신으로 결혼한 후 무섭고 이상한 시댁 식구들로 인해 힘들고 주눅 든 사람으로 변했으며 우울증이 있다. 혼자서 옷가게를 하며 시댁을 책임지고 있다. 반면 쌍둥이 여동생은 능력 있는 남자와 결혼하고 자신의 능력을 발휘하며, 부부가 함께 미국에서 MBA 과정을 밟으며 생활하고 있다.

水氣가 전혀 없지만 자신을 드러낼 수 있는 火氣가 강하고 丙辰, 乙卯를 지나는 동안 戊土 위를 木으로 장식하니 아름다운 공간을 연출했다. 甲寅운에 이르면 水氣가 전혀 없어 마른 땅에 甲寅은 강압적으로 戊土의 터전을 뚫어 상하게 한다. 이런 이유로 감당해야할 삶의 무게가 무겁다.

坤命　　　　　陰/平 : 1969年 5月 18日 18時

時	日	月	年	81	71	61	51	41	31	21	11	1
辛	戊	庚	己	己	戊	丁	丙	乙	甲	癸	壬	辛
酉	寅	午	酉	卯	寅	丑	子	亥	戌	酉	申	未

20세 戊辰년에 결혼하고 둘째를 낳고 남편과 멀어졌다. 甲申년에 이혼했다가 乙酉년 자식 때문에 재결합했으나 그해 다시 별거한 후 혼자 산다. 절에 자주 다니며 기도를 많이 하고, 유부남과 교제중이지만 일탈하지 않으려 노력한다. 수년간 피부관리사로 일하는데 직업에 대한 열정과 자긍심도 높으며 이목구비가 뚜렷한 이국적 마스크로 세련된 외모다.

이 구조는 寅酉 조합 때문에 자식을 낳을수록 남편과 멀어진다. 일지 寅 남편은 자식이 많아질수록 시주에 있는 자식의 金氣를 점점 감당하기 어렵기 때문이다. 자식을 얻고 남편을 잃거나, 자식을 얻지 않은 대신 남편과 관계를 유지하거나 선택해야 한다. 가능하다면 자식 하나로 만족해야 한다. 시주의 辛酉를 잘 다스리는 방법은 천간에서 丙火로 辛의 방종을 통제하는 것이며, 丙辛 합을 예술성향으로 사용하는 것이다.

운에서 水氣가 보충되면 寅酉의 殺氣를 해소하지만 운에서 오지 않으면 함께 살기 어렵다. 乙酉년 乙庚 합으로 재결합 했으나 하반기에 다시 寅酉 조합으로 별거할 수밖에 없다. 甲戌 조합은 戊土의 땅이 마르니 성형수술을 하거나 육체가 상하는 물상으로, 이 여명처럼 피부관리사로 戊土의 피부를 바꿔주는 물상도 포함된다.

일에 대한 열정과 자긍심은 戊庚 조합으로 戊土가 午月에 庚 열매를 드러내니 '나 잘났어!' 라는 의미다. 水氣가 없으니 공부와는 인연이 없고 외모와 자긍심으로 승부한다. 火로 金을 키우니 재물을 추구하고 여명 사주에 방종을 뜻하는 庚辛이 혼잡하고 산만하니 정상적인 결혼을 유지하기 어렵다. 나이 많은 유부남과 인연이 깊은 이유는 나이 많은 남자를 통하여 부친의 사랑을 느끼고 싶기 때문이다.

44. 戊午干支

寅午戌 삼합의 중간에 이르러 火氣 팽창이 극에 이른 시공간이다. 丙火의 확장은 끝나고 丁火의 수렴에너지를 활용하여 열매를 단단하게 만들어야 한다. 戊土의 터전과 午火의 중력에너지가 함께하니 물질에 대한 욕망이 강할 수밖에 없다. 水氣가 말라 성격이 고집스럽고, 木氣는 무력하니 土를 다스리는 지도자가 없는 격이며, 金氣는 드러나지 않았으나 물질에 대한 욕망과 집착은 강하다. 木과 金의 중간단계이기 때문에 사주구조에 따라 삶의 방향이 전혀 다르게 전개된다. 寅卯辰월이면 교육, 공직으로, 巳午未월이면 무역, 금융, 철강, 금속관련 직업으로, 申酉戌월이면 개인능력을 발휘하는 강사, 의사, 금융, 은행관련 직업으로, 亥子丑월이면 연구, 개발, 학업, 종교, 철학에 알맞다. 만약 癸水를 탐하면 깡패, 조폭, 도박, 투기, 마약밀수 등 불법을 저지를 수도 있다. 戊午간지 자체로는 금속, 철강, 선박 등 金水 물상을 간절히 바라는데, 午火는 庚 열매를 키우는 에너지이고 여기에는 水氣가 적절하게 배합되어야 하기 때문이다. 사주 예문을 살펴보자.

坤命　　　陰/平 : 1977年 11月 17日 13:20

時	日	月	年	63	53	43	33	23	13	3
戊	戊	壬	丁	己	戊	丁	丙	乙	甲	癸
午	午	子	巳	未	午	巳	辰	卯	寅	丑

丁亥년 상황으로 흰 피부에 맑은 용모로 차분한 성격이다. 癸未년

27세부터 중학교 영어교사로 재직 중이며, 乙酉년 학원 강사 남편과 결혼하고 부부사이는 좋다. 水火가 조합을 이루는 구조로 壬子월 子午 충이니 총명하여 공부를 잘하였고, 水火로만 구성되어 실질적인 물질을 추구하는 것보다 정신을 활용하는 직업에 어울린다. 운도 초년에 甲寅, 乙卯로 흐르고 戊土 위에서 水氣를 활용하여 木을 기른다. 즉, 戊土가 木을 키우는 것은 미래를 준비하는 것이니 교육, 공직에 적합하다. 만약 일주나 시주에 庚申이 있다면 木을 기르고 金으로 수확하는 사업물상으로 확 바뀐다. 다만 木이 없기 때문에 운에서만 활용할 수 있고 운이 지나면 더 이상 활용하지 못한다. 이렇게 구조와 운의 흐름을 판단하는 것은 매우 중요하다. 木이 재물이라면 운에서 오는 일시적인 재물을 취할 수 있지만 운이 지나가면 더 이상의 재물축적은 어렵다. 이때 더 큰 문제는 사업하는 사람이 운이 지나갔다고 갑자기 직장생활을 하거나 사업을 그만두고 학업에 전념하여 정신을 추구하는 직업으로 변경하기 어려워 미련을 버리지 못하고 사업을 지속하다가 최악의 상황에 이를 수도 있다는 점이다.

坤命　　　　　陰/平 : 1987年 2月 11日 6時

時	日	月	年	68	58	48	38	28	18	8
乙	戊	癸	丁	庚	己	戊	丁	丙	乙	甲
卯	午	卯	卯	戌	酉	申	未	午	巳	辰

丙戌년 상황으로 고교시절부터 미술을 전공하여 디자인학과에 다니고 있다. 戊午에 水木만 강하니 戊午의 물질에 대한 욕망은 내면에 있고, 水木 조합으로 木을 기르고 가꾸는 재능을 드러낸다. 癸水는 흑색이고 卯木은 손재주로 戊土 도화지 위에 자신의 생각을 드러내 표현한다. 다만 戊癸 합으로 색채를 만들지만 巳火가 없으니 화려한 색채를 드러내지 못하기에 디자인학과를 택한 것이다. 만약 巳火가 있었다면 화려한 색채를 드러내는 화가나 홈쇼핑 등 자신의 재능을 적극적으로 드러냈을 것이다.

坤命 　　　　　　　陰/平 : 1977年 3月 14日 20時

時	日	月	年
壬	戊	甲	丁
戌	午	辰	巳

61	51	41	31	21	11	1
辛	庚	己	戊	丁	丙	乙
亥	戌	酉	申	未	午	巳

　　丙戌년 30세 상황으로 경제적으로도 힘들고 직장이동을 원하고 있다. 이 구조는 강한 火氣로 공부도 어렵고 부모의 덕도 기대하기 어렵다. 많은 火氣는 金이 없어 수확할 열매가 없으니 할 일 없이 놀고 있는 모습이다. 辰월은 水氣가 있어야 학업에 충실하고 튼실한 木을 키우기에 사회에서 활용가치가 높아지는데, 초년부터 운도 火氣로만 흘러 마른 甲은 戊土를 상하게 하니 삶의 터전도 불안정하다. 많은 火氣들이 있지만 火氣의 財星(존재목적) 金이 없기에 열매를 맺지 못하고, 甲辰월 木氣들은 존재하지만 성장하지도 못하고 戊土를 괴롭힐 뿐이다. 이렇게 팔자에 오행이 존재하는 것과 존재 가치는 전혀 다른 개념이다. 존재하면 쓰임이 있어야 하는데 존재하지만 쓰임이 없거나 오히려 나쁜 작용만 한다면 인생이 힘들어질 수밖에 없다. 이때 주의하여 살필 것은 태어날 때는 전혀 쓰임이 없던 글자도 운에 따라 좋은 쓰임으로 바뀔 수 있다는 점이다. 다만 이런 이유로 사주팔자를 기준으로 用神을 정하고 정해진 用神을 평생 사용한다는 관점은 전혀 합리적이지 못하다. 또 十神 生剋으로 七煞을 대적하는 食神을 용신으로 활용해야 하지만 없으니 대신 殺印相生 시켜주는 火氣를 용신으로 정한다고 설명해봐야 실제 삶과는 맞지 않는 논리다. 이렇게 十神 生剋은 극히 일부의 판단기준을 제공할 뿐 자연의 이치와는 거리가 멀다.

坤命 　　　　　　　陰/平 : 1975年 8月 4日 18:30

時	日	月	年
辛	戊	乙	乙
酉	午	酉	卯

70	60	50	40	30	20	10
壬	辛	庚	己	戊	丁	丙
辰	卯	寅	丑	子	亥	戌

이화여대 건축학과 대학원을 졸업했다. 이 구조는 비록 水氣로 운이 흘러 총명하지만 글자의 쓰임이 바르지 못하다. 乙酉로 가을에 수확하여 水로 연결하여 가치를 재창출해야 하는데 水氣가 없으며 그렇다고 木을 키울 시기도 아니다. 운의 흐름대로 金을 水氣에 푸니 총명함으로 오래 공부하거나 자신의 빼어난 기술로 두각을 드러내야 한다. 丙戌운 卯戌로 건축학을 선택했지만 사주구조와 운의 흐름을 감안하면 어울리지 않은 학과이며, 金水 조합에 어울리는 금융업 물상이 적합해 보인다. 이 구조도 木金이 싸우니 결혼하여 자식을 낳으면 남편과 멀어지는 구조다. 시주의 辛酉는 반드시 丙火로 빛을 비추어 가치를 높여주어야 방탕의 성질이 통제되고 재능을 뚜렷하게 드러내는데 丙火가 없다.

乾命　　　　　陰/平：1968年 8月 24日 18時

時	日	月	年	68	58	48	38	28	18	8
辛	戊	壬	戊	己	戊	丁	丙	乙	甲	癸
酉	午	戌	申	巳	辰	卯	寅	丑	子	亥

서울대학교를 졸업한 판사다. 戌月의 지키고 보호하는 속성과 교육, 공직물상으로 판사다. 년과 월에서 戊, 壬戌 조합을 이루면 거의 대부분 교육, 공직이며 해외와도 인연이 깊다. 만약 월간 壬水를 사용하면 해외에 유학하거나 국제변호사와 같은 직업을 택한다. 이 구조도 甲子운 甲을 戊土에 새롭게 심고자 법대를 선택하고 판사의 길을 간다. 그러나 팔자에 木이 없으니 時柱 辛酉 46세 즈음에는 변호사로 직업을 바꿀 것이다.

乾命　　　　　陰/平：1968年 8月 24日 18時

時	日	月	年	68	58	48	38	28	18	8
辛	戊	壬	戊	己	戊	丁	丙	乙	甲	癸
酉	午	戌	申	巳	辰	卯	寅	丑	子	亥

상기와 동일한 팔자로 무역회사에서 2년여를 근무한 후 외국계 금융회사로 전직하고자 戊寅년에 사직하였다. 동일사주임에도 이 사람은 壬水를 海外, 무역업으로 활용하고 丑운의 영향으로 金을 丑土에 담는 금융업으로 직업전환을 시도한다. 이렇게 부모의 영향과 방위의 차이로 동일한 사주도 다른 직업물상으로 드러난다.

乾命　　　　陰/平 : 1974年 7月 28日 18時

時	日	月	年
辛	戊	癸	甲
酉	午	酉	寅

68	58	48	38	28	18	8
庚	己	戊	丁	丙	乙	甲
辰	卯	寅	丑	子	亥	戌

컴퓨터회사 광고 디자인 부서에서 일한다. 많은 金은 개인기술이나 재주를 뜻하는데 午火가 酉金을 자극하면 월간에 있는 癸水에 재능을 풀어내기에 창조능력이요, 年柱가 甲寅이니 주로 대기업과 인연이 깊다. 의미를 종합하면 자신의 창조능력을 광고 디자인 분야에 활용한다. 다만 시주가 辛酉로 자신의 독특한 기술인데, 丙火로 화려하게 비추지 못하니 크게 두각을 나타내기는 어렵다.

乾命　　　　陰/平 : 1970年 7月 5日 1時

時	日	月	年
壬	戊	癸	庚
子	午	未	戌

61	51	41	31	21	11	1
庚	己	戊	丁	丙	乙	甲
寅	丑	子	亥	戌	酉	申

丙戌운 20대 말 상황으로 지출의 대부분이 술값으로 나가며 이루어지는 일이 없다. 보험업에 종사하고자 시험에 응시하려한다. 부친은 북에서 월남하셨으며 평생 근검절약하며 호인의 삶을 살았다. 癸水와 壬子로 木을 기르고자 해도 未月이니 기를 수 없고, 金을 수확하려 해도 천간에 火氣가 없고 壬癸만 있으니 열매가 커지지 않는다. 팔자에 존재하는 글자들의 쓰임이 좋지 않으니 삶이 불안정하다. 삶의 방향은 단일한 것이 좋지만 이렇게 쓸모없는 글자들이 섞이면 방

황하게 된다. 未월이니 물질을 추구하면서도 구조가 나쁘니 발전이 힘들다. 未月은 주로 해외무역, 식품유통업 관련 직업이 많은데 丙戌 운에는 未土의 땅을 戌土가 刑하여 직업변동이 불가피하다. 년, 월 水氣가 마른 구조에 未土에서 필요로 하는 癸水로 갈증을 해결하고자 술값으로 돈을 낭비한다. 팔자에서 약한 글자는 삶에 갈증만 유발하고 부족한 오행을 탐닉하게 만든다. 많은 가게에서 소고기를 팔면 조급하게 소고기를 찾을 이유가 없지만 오로지 특정 가게에서만 판매한다면 먼저 차지하고자 서로 다투는 이치다.

　이런 구조를 판단함에 주의할 것은 일간을 위주로 하는 旺衰, 用神의 관점에서 전체를 따지려는 습관을 버려야 한다. 예로 水氣의 强弱을 따지고자 癸水가 壬子에 通根하여 강하다는 식의 판단은 시공간을 전혀 이해하지 못한 것이다. 또 용신을 결정하려면 반드시 사주팔자 전체를 분석하기 때문에 이 역시도 시간이 공간 위를 흐르고 있다는 생각 자체를 하지 못한다. 이 구조에서 癸水는 16~23세 사이에 戌土가 취하는 후덥지근한 습기이지만 24~30세 未土의 시공간에 이르면 癸水는 발산에너지의 본성을 잃고 未土의 지장간 속에 있는 丁火의 수렴작용 때문에 응축되기 시작한다. 즉, 발산에너지의 쓰임을 상실한다. 이때 일간은 水氣의 갈증을 느끼기에 매일 술로 갈증을 해소하려 하기에 지출의 대부분이 술값으로 나가는 것이다. 46세 이후 壬子의 시기에 이르면 운의 흐름과 더불어 水氣가 충분해져 갈증이 해소되고 술을 찾지 않는다. 이런 이치를 응용하면 남자의 경우 30세 즈음에는 水氣가 강한 습열로 탁해지면서 전립선 때문에 고생하고 성기능에 문제가 생기지만 오히려 46세 이후에는 전립선도 자연 치유되고 정력도 왕성해진다. 이 모든 삶의 이치는 時間이 결정한다.

乾命　　　　　陰/平 : 1978年 9月 22日 0時

時	日	月	年
甲	戊	壬	戊
子	午	戌	午

95	85	75	65	55	45	35	25	15	5
壬	辛	庚	己	戊	丁	丙	乙	甲	癸
申	未	午	巳	辰	卯	寅	丑	子	亥

戊子년 2008년 상황이다. 토목공학과를 졸업하고 대기업에서 근무하고 있다. 효자며 미남으로 인간관계도 좋고 한 살 연상의 첫사랑과 결혼할 생각이다. 이 구조도 戊壬戌 조합이다. 공직물상에 천간에 甲이 배합되고 15세부터 甲子운으로 土木 구조이니 토목공학과를 졸업하고 대기업에서 근무한다. 약간의 구조차이로 직업물상이 달라진다.

乾命　　　　　陰/平 : 1961年 12月 15日 2時

時	日	月	年
癸	戊	辛	辛
丑	午	丑	丑

65	55	45	35	25	15	5
甲	乙	丙	丁	戊	己	庚
午	未	申	酉	戌	亥	子

庚辰년 40세 즈음 상황으로 주로 강도, 절도, 청소년 퇴폐업소 단속을 담당하는 검사다. 이 구조는 丑土가 많고 년월에 상관이 강하다. 상관은 일탈, 방종, 불법, 비리 물상이고, 丑土는 감옥물상이다. 전체 구조에서 유일하게 일지 午火가 있어 어둠을 밝힌다. 午火는 중력에너지가 가장 강하며 장정을 뜻하기에 육체적으로 매우 강하며 활동적인 에너지다. 따라서 丙午, 戊午일주는 경찰, 검찰 직업에 많다. 비교 사주를 살펴보자.

乾命　　　　　陰/平 : 1956年 9月 3日 17時

時	日	月	年
丙	丙	丁	丙
申	午	酉	申

61	51	41	31	21	11	1
甲	癸	壬	辛	庚	己	戊
辰	卯	寅	丑	子	亥	戌

사법시험을 패스한 검사다. 이 구조도 천간이 많은 비겁의 무리들

로 구성되니 육체가 강하며 일지 午火로 활동력이 좋으니 경찰, 검찰과 인연이 많다. 또 운이 亥子丑 水氣로 흐르니 강한 火氣에 자극받은 金氣를 水氣에 풀어내니 총명하다.

45. 戊戌干支

寅午戌 삼합의 분산, 확장이 끝난 공간으로 땅의 쓰임이 없어졌으니 그 공간을 벗어나야만 한다. 만약 그 땅을 버리지 못하고 고수하면 발전이 없다. 寅午戌 삼합 과정에 득한 물질을 戊土 속에 저장해서 지켜야 하며, 戊亥로 윤회를 준비하기 위해 종교를 갖거나, 얻은 물질을 가공해서 새롭게 만드는 행위를 하거나, 戊시이니 술을 마시는 등 향락을 즐기는 물상이다. 중요한 점은 열매를 수확하고 저장했으니 기르고 성장하는 속성이 전혀 없으며 지키거나 활용하거나 그 공간을 벗어나야만 한다. 예문을 살펴보자.

坤命				陰/平 : 1959年 4月 9日 8時						
時	日	月	年	67	57	47	37	27	17	7
丙	戊	己	己	丙	乙	甲	癸	壬	辛	庚
辰	戌	巳	亥	子	亥	戌	酉	申	未	午

2004년 甲申년 甲戌월 壬午일 未시에 상담한 여명이다. 癸酉운 甲申년 상황으로 인생의 쓴 맛을 보고 43세에 이혼, 단란주점을 시작한지 3개월로 장사가 잘된다. 건물 2층에서 장사중인데 마침 지하에 점포가 나와 단체손님을 많이 받기위해 확장하려고 한다.

戊土의 물상 중 술을 마시는 물상을 사용하여 주점을 한다. 술은 쾌락을 뜻하며, 寅午戌 삼합운동이 끝났으니 쉬면서 즐기는 시간이기도 하다. 문제는 火氣가 몰했으니 戊土 남편자리는 남성으로서의 역할이 부족하다. 남편은 이 여인과 성생활의 문제로 밖에서 외도하고 결과적으로 이혼하거나, 이 여명처럼 戊土의 향락 개념을 단란주점을 운영하는 것으로 쓴다. 일주 戊戌은 戊戌의 뜻대로 원래의 공간 쓰임이 없어지니 다른 공간으로 이동할 필요가 생기기에 이혼했고 단란주점 영업을 시작했다.

　土가 많으니 많은 사람들이 모이고, 辰戌 沖이니 서로 자신의 주장을 내세우며 다투니 많은 사람들이 술을 마시면서 시끄럽게 싸우는 일이 자주 발생한다. 술집을 하는 이유는 戊土와 대운의 癸酉간지 조합 때문으로 癸酉는 술, 간장 등 장류를 의미한다. 酉金 콩을 癸水에 담아 억지로 장을 만드는 물상이다. 巳亥 沖과 辰戌 沖 그리고 천간의 많은 土의 조합을 종합하여 살펴보면, 많은 사람들이 戊土에 모여서 충돌하며 소음을 만들어내니 술집 물상과 잘 어울린다.

乾命

時	日	月	年
丙	戊	戊	辛
辰	戌	戌	丑

陰/平 : 1961年 9月 23日 8時

78	68	58	48	38	28	18	8
庚	辛	壬	癸	甲	乙	丙	丁
寅	卯	辰	巳	午	未	申	酉

　2002년 壬午년 상황으로 주로 터널을 뚫는 공사를 하며 천억 대 매출을 올리고 있다. 이 구조는 土가 매우 두텁다. 戊月이니 무언가를 키우는 행위는 하지 못한다. 오로지 두터운 땅을 丑戌 刑과 辰戌 沖으로 개량하는 행위만 할 수 있다. 40대 중반이니 일주와 시주에서 辰戌 沖하는 시기로 土들 간의 충돌로 변화를 주는데, 두터운 땅에 구멍을 내서 터널을 만드는 공사를 하는 것이다. 이 구조는 沖으로 활용하는 물상을 택했다.

乾命

時	日	月	年
丁	戊	辛	戊
巳	戌	酉	申

陰/平 : 1968年 8月 4日 10時

64	54	44	34	24	14	4
戊	丁	丙	乙	甲	癸	壬
辰	卯	寅	丑	子	亥	戌

　戊子년 41세 상황으로 미혼이며 민속종교를 공부하고 있었는데, 지

금까지 하던 공부를 포기하고 물질 추구의 세속적인 삶으로 전환하고자 한다. 辛酉월로 운이 계속 水氣로 흐르니 윤회하는 이치처럼 속세를 버리고 종교에 귀의해 살았는데 乙丑운이 끝나는 무렵에 변화를 원한다. 이 사람은 왜 이렇게 극단적인 변화를 원할까?

乙丑운의 丑土가 41세 日支의 시기이니 丑戌 형으로 변화를 주고 싶은 것이다. 또한 乙丑운 戊子년에 乙戊 조합을 이루니 세상 밖으로 나가서 乙을 키우고픈 충동을 느낀다. 다음 대운이 丙寅으로 어두운 곳에 처음으로 밝은 빛이 비추니 밝은 세상을 향하여 나가고 싶다. 이렇게 우리의 삶은 시공간 변화에 따라 순응하며 살아간다. 이 구조는 戊戌의 의미를 과거공간을 버리고 새로운 공간을 찾아나서는 에너지로 활용했다.

坤命 　　陰/平 : 1964年 9月 11日 22時

時	日	月	年
癸	戊	甲	甲
亥	戌	戌	辰

82	72	62	52	42	32	22	12	2
乙	丙	丁	戊	己	庚	辛	壬	癸
丑	寅	卯	辰	巳	午	未	申	酉

己巳운 辛卯년 48세 상황으로 교회에 다니다 갑자기 신 내림을 받고 무속인이 되었다. 재혼했으나 결혼생활은 평탄하지 못했다. 戌월에 태어난 戊土가 할 수 있는 일은 거의 없기에 반드시 그 공간을 바꿔주어야 한다. 戊戌亥로 종교색채가 매우 강하고, 辛卯년에 辛金의 윤회인자가 時柱 癸亥에 풀어지고 辛甲 조합으로 침으로 머리부위를 찌르는 것과 같아 접신하고 무속인이 된 것이다. 亥水가 없더라도 戊戌이 중복되면 불교와 인연이 깊다.

乾命 　　陰/平 : 1963年 4月 2日 18時

時	日	月	年
辛	戊	丙	癸
酉	戌	辰	卯

76	66	56	46	36	26	16	6
戊	己	庚	辛	壬	癸	甲	乙
申	酉	戌	亥	子	丑	寅	卯

2007년 丁亥년 상황으로 역술인으로 활동하다가 서비스업으로 전업하여 겨우 살아간다. 이 구조도 시주에 辛酉가 있는데 월간 丙火와 丙辛 합하여 정신적으로 깊은 세계에 몰두할 수 있으니 종교, 명리, 철학에 어울리고 운도 水氣로만 흐르니 역술인이 되었다. 하지만 辰月이니 木을 길러야 하는데 辛酉가 卯木을 잘라 기르지 못하게 하니 구조적으로 혼란스럽다. 金水 조합으로 정신을 추구해야 할지 木火 조합으로 현실세계로 나가야 할지 혼란스러운 것이다. 卯酉戌 조합은 주로 종교, 의료와 인연이 깊다. 이렇게 삶의 방향은 재물과 권위의 고저를 떠나 단일해야 안정적인 삶을 살아가는데 이 구조처럼 얽히면 이러지도 저러지도 못하게 된다. 일주 戊戌의 시기에 쓸모가 없어진 땅을 바꿨다.

乾命 　　　　　　**陰/閏 : 1976年 8月 20日 18時**

時	日	月	年	78	68	58	48	38	28	18	8
辛	戊	戊	丙	丙	乙	甲	癸	壬	辛	庚	己
酉	戌	戌	辰	午	巳	辰	卯	寅	丑	子	亥

재산이 천억 이상인 지방의 유수한 집안 자재로 부모는 유덕하며 조상의 음덕은 무궁하다. 이 사주는 상기와 달리 木을 기르는 구조가 아니라 이미 결실을 맺은 시공간이다. 辛酉가 생기를 상하게 하지도 않지만 木을 수확해도 흉이 아닌 시공간이다. 辛酉는 戊土 위에 떨어져 있는 열매요, 년상의 丙火가 열매를 비추니 자신의 개인능력이 년에서 빛을 환하게 비춰주는 것과 같아서 국가적으로 능력을 발휘할 수 있다. 丙辛 합으로 예술성도 강하고 개인 재주가 뛰어나며 丙火의 화려한 빛으로 인물도 훤하다.

乾命 　　　　　　**陰/平 : 1966年 12月 24日 21時**

時	日	月	年	81	71	61	51	41	31	21	11	1
壬	戊	辛	丙	庚	己	戊	丁	丙	乙	甲	癸	壬
戌	戌	丑	午	戌	酉	申	未	午	巳	辰	卯	寅

丁亥년 2007년 상황이다. 반도체 회사의 중견간부로 안정적이다. 성실하고 온순한 성향으로 부부사이 역시 좋다. 37세 癸未년 가을에 고개 길에서 사고가 발생해 폐차할 정도로 차가 부서졌지만 별로 다치지 않았다. 이 구조는 년월에서 丙辛 합하니 총명하고, 辛金과 丑戌 刑 가공물상을 반도체 직업으로 활용했다. 월지 丑土의 음습한 물상을 戌土가 刑하여 문제를 해결한다. 丑土는 도둑, 음습한 속성을 가졌기 때문에 반드시 沖이나 刑으로 丑土의 땅을 개량해주어야 좋은 쓰임으로 바뀐다. 비교 사주를 보자.

乾命				陰/平 : 1979年 12月 9日 7時						
時	日	月	年	67	57	47	37	27	17	7
乙	戊	丁	己	庚	辛	壬	癸	甲	乙	丙
卯	戌	丑	未	午	未	申	酉	戌	亥	子

헬스와 골프강사를 하다가 대기업 화학공장에서 생산직 사원으로 일하고 있다. 이 구조는 동일한 丑土를 가졌으나 상기 사주처럼 辛金의 반도체 물상을 쓰는 것이 아니라 乙卯로 戊土 위를 걸어 다니며 丁火 골프채를 활용하여 丑戌 형으로 땅과 마찰하는 구조다. 土가 많으니 육체를 활용하는 헬스와 골프를 지도하다가 29세경 丑土에 이르는 시기에 丑戌 刑, 丑未 沖으로 직업 궁에 변화가 생겼다. 戊土가 丑月의 시공간에 태어나 시절을 잃어서 능력을 발휘하기 쉽지 않다.

乾命				陰/平 : 1966年 12月 24日 10時							
時	日	月	年	81	71	61	51	41	31	21	11	1
丁	戊	辛	丙	庚	己	戊	丁	丙	乙	甲	癸	壬
巳	戌	丑	午	戌	酉	申	未	午	巳	辰	卯	寅

乙巳운 2006년 丙戌년 상황이다. 부모가 모두 사망하고 20대부터 한의사로 일하고 있다. 년월 丙辛 합은 주로 부친과 인연이 없고, 그 영향으로 부모와의 인연이 길지 못하다. 또 직업으로는 종교, 명리,

철학에 어울린다. 상기 사주와 다른 점은 운이 寅卯辰으로 흐르니 마치 뱃속의 아기가 탄생하고 성장하는 시간흐름이다. 丑戌 刑은 산부인과 의사 물상으로도 많이 활용되는데, 뱃속의 아이를 꺼내는 刑의 작용력 때문이다. 한의사를 하는 것도 탄생한 아기의 생명을 기르는 것처럼 木의 성장을 돕는 것이다.

乾命 　　　　　　陰/平 : 1955年 1月 14日 8時

時	日	月	年
丙	戊	戊	乙
辰	戌	寅	未

81	71	61	51	41	31	21	11	1
己	庚	辛	壬	癸	甲	乙	丙	丁
巳	午	未	申	酉	戌	亥	子	丑

辛未년 세무사 시험에 합격하였다. 부인이 답답함을 호소할 정도로 말수가 적고 과묵하다. 상기 구조와 비교하면 木이 강하고 金은 적으나 운이 木을 수확하는 申酉戌로 흘러간다. 많은 木을 거두어 계산하니 세무사 직업에 어울린다. 만약 운이 寅卯辰으로 흐르면 木을 기르고 키우는 교육, 공직에 어울린다. 년월의 戊乙 조합은 국가공무원 특징이 강하다. 만약 己土가 있다면 寅卯辰의 변화를 조사하고 통계를 己土에 기록하는 통계업무에 적합하다. 이렇게 각각의 에너지 특징에 따라서 직업이 결정된다.

乾命 　　　　　　陰/平 : 1978年 2月 29日 4時

時	日	月	年
甲	戊	丙	戊
寅	戌	辰	午

60	50	40	30	20	10
壬	辛	庚	己	戊	丁
戌	酉	申	未	午	巳

2010년 庚寅년 상황으로 백화점에서 일하던 중 갑자기 매장이 없어져 직장을 잃고 백화점에 입점해서 사업을 해볼까 구상 중이다. 이 구조는 寅午戌이 모두 있고 월간에 丙火로 화려한 직업에 어울리니 백화점 관련 일을 한다. 다만 己未운의 시기와 원국의 戊戌의 시기에 이르면 辰戌 충으로 직업변화가 불가피하며, 특히 庚寅년은 기존의

체계를 바꾸어 寅午戌로 庚 재물의 부피와 크기에 변화를 주려고 하는 운이다. 天干 合의 작용력으로 살피면 己未운 己丑년에 시간에 있는 甲과 甲己 合하면서 개인적으로 추진하는 일에 변화가 생겨 중단하고 새롭게 출발해야하는 운을 만났으며 그러한 기운이 庚寅년까지 이어져 새로운 변화를 시도한다. 이렇게 戊戌과 己丑은 寅午戌 삼합과 巳酉丑 삼합을 마감한 공간이기에 땅의 쓰임을 잃어 그 공간을 벗어나야만 발전한다.

▸ 戊土干支 조합

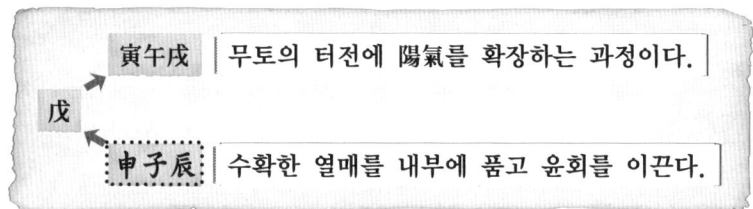

戊土가 申子辰 삼합과 간지를 이루는 구조를 살펴보자. 申子辰 삼합은 물이 흐르는 이치와 같아서 한곳에 정착하지 못하고 끊임없이 움직이며, 흑색이기에 어둡고 실체가 드러나지 않는다. 구조가 좋으면 개인장사나 사업에 종사하지만 어둠의 특징을 버리지 못하면 조폭, 강도, 도둑 등과 같이 불법, 비리를 통해 재물을 축적하려 한다. 다만 辰土의 특징은 독특한데 水氣의 흐름은 멈추었으나 축적된 정보나 경험을 가져 교육에도 어울리고 流動의 특징을 활용하여 무역업, 해외유통, 정보통신에도 어울리는 이중적인 성향을 보인다.

46. 戊申干支

戊申干支는 申子辰 삼합의 출발점이다. 戊土가 寅午戌 삼합 과정의 중간인 申金부터 申子辰 삼합으로 정반대의 운동을 시작한다. 寅午戌 火氣로 金 물질을 확장하는 과정에 申에 이르면 丁火에 의해 수렴운동으로 변화한다. 따라서 戊申간지는 분산, 확장에너지는 줄이고 반대로 수렴에너지를 활용하여 열매를 단단하게 한 후 수확하기 위한 출발점이다. 이런 변화를 12신살로 寅에서 地煞로 시작하고, 申에서 驛馬로 바뀐다고 표현한다. 역마의 개념은 진행하던 삼합의 정반대편 기운으로 변화하기에 원래의 시공간을 벗어나 정반대편의 환경으로 전환한다. 따라서 戊申은 수확, 결실 위주의 사고방식을 가졌으며 수렴작용으로 과거에 비해 규모나 공간의 범위는 줄어들 수밖에 없기에 만약 申 물질에 대한 욕심을 강하게 부리면 陽氣를 받아 성장, 확산을 주도하는 戊土의 역할을 망각하고 수렴, 저장하는 물질을 추구하는 성정으로 바뀌면서 그릇이 작아진다.

戊申은 申子辰의 물상대로 해외무역, 유통, 은행, 금융 등의 직업에 어울린다. 또 戊土 아래에 申 열매를 품었으니 개인의 재능이 좋다는 뜻으로 아래 사람이나 어린이들을 상대로 개인교습, 학원 강사, 문구점 등의 직업에도 어울린다. 戊申일주 여명의 경우는 남편을 품어 보관하려는 속성이 강해 남편을 관리, 통제하기에 만약 남편의 능력이 뛰어나면 부인으로부터 간섭, 통제를 벗어나고자 이혼하기 쉽다. 만약 남편의 능력이 뛰어나지 않고, 나이 차이가 많이 날 정도로 어리거나 부인의 말을 잘 듣고 가정적일 경우는 해로한다.

乾命				陰/平 : 1969年 2月 17日 12時						
時	日	月	年	69	59	49	39	29	19	9
戊	戊	丁	己	庚	辛	壬	癸	甲	乙	丙
午	申	卯	酉	申	酉	戌	亥	子	丑	寅

10대에 건강이 나쁜 부친 대신 모친이 생계를 꾸려 힘든 시기였으며, 몸과 마음이 매우 불안정한 상황이었다. 乙운에 대학교를 그만두려고 심각하게 고민했으며 대학시절에 좋았던 기억이 별로 없다. 丑운에 고시공부를 하였지만 크게 힘들지 않은 시기였다. 甲운 庚辰년에 취직했지만 辛巳년 그만두고, 子운 壬午년 가을에 회사에 입사해 다니고 있다.

부친의 건강이 나쁜 이유는 월지 卯木이 양쪽의 申酉 金에 잘리니 丁火로 가는 피의 흐름이 정상적이지 못하기 때문이다. 주로 심장마비, 뇌출혈 등의 물상으로 육체의 건강은 피의 흐름으로 거의 결정되기에 비정상적인 피의 흐름은 육체전반에 문제를 발생시킨다. 乙운은 월지 卯木이 천간에 乙로 드러난 것으로 양쪽의 金에 의해 乙의 좌우 확산하려는 성정이 상하니 학업을 중단하려 했다. 丑운에는 申酉丑으로 金氣가 강해지니 숙살에너지의 영향을 받아 고시공부를 했다. 만약 이 시기에 사회활동을 했다면 卯丑 조합 때문에 모든 것이 꼬이고 풀리지 않겠지만 공부에 전념했기에 별 탈 없이 보낼 수 있었다. 즉, 戊土에게 亥子丑은 사회나 물질적으로 발전하기 힘든 시기이지만 공부에 전념한다면 큰 문제없이 그 시기를 보낼 수 있는 것이다. 이렇게 동일한 시간이 오더라도 물질을 택할 것인가 아니면 학업에 열중할 것인가에 따라 전혀 다른 시공간을 느낀다. 甲운에 甲의 속성대로 새로운 출발을 하기에 회사에 취직했다. 이 구조는 卯申 합에 午火가 있으니 乙庚 合에 丙火 조합과 같아 30세가 넘어가면 돈에 대한 흥미가 많아진다. 다만 너무 강하게 재물을 탐하면 卯木 생기가 잘려 건강문제나 사회활동에 문제가 생기기에 주의해야 한다.

坤命				陰/平 : 1964年 5月 19日 4時						
時	日	月	年	67	57	47	37	27	17	7
甲	戊	庚	甲	癸	甲	乙	丙	丁	戊	己
寅	申	午	辰	亥	子	丑	寅	卯	辰	巳

23~4세 즈음 주택은행에 근무하던 남편이 갑자기 사이비 종교에 빠져 은행을 그만두고 10년 동안 전도사로 일했다. 그 과정에 집을 담보로 주식투자를 하였지만 모두 날리고, 폭력과 욕설로 30대 중반에 이혼하였다. 당시 월세 방을 얻을 정도로 경제상황이 최악이었지만 고생하면서 아들과 딸을 대학까지 공부시켰다. 딸은 전문대 미용관련 학과를, 아들은 화공학과를 졸업했다. 이 여명의 독특한 인생을 살펴

보자. 남편이 주택은행에 근무했다. 戊申일주 여명이니 申의 물상을 금융업에 활용하였다. 특히 寅申 충과 甲庚 冲은 庚으로 甲을 벌목하는 수확물상이며, 또 午月에 申金으로 열매를 키우는 조합이다. 23~4세 즈음에 남편이 갑자기 사이비 종교에 빠져 10년 동안 전도사로 일했는데 그 이유를 살펴보자. 남편은 년의 甲으로 辰土에 좌하고 午月이니 水氣가 매우 부족한 상황이다. 月의 庚은 午火에 자극을 받아 甲을 때리니 甲이 상징하는 남편의 뇌에 문제가 생기는데 그 시기는 월간 庚의 연령인 15~23세 사이다. 甲이 살 수 있는 방법은 오로지 水氣를 당겨와 生氣를 살리는 것이기에 사이비 종교에 빠져 10년 동안 전도사로 지냈다. 주위 사람들은 이해하기 힘든 오행의 작용으로 여명의 사주에서 남편의 운명이 결정되고 남편은 죽음의 그림자에서 벗어나고자 종교의 힘으로 목숨을 연명한 것이다. 집을 담보로 주식투자하여 재산을 탕진했는데 목숨을 구하고자 水氣(壬癸)를 당겨오는 것은 정신을 집중하기 위한 것이지만, 물질측면에서 水氣는 이 여명의 재물에 해당하고 남편은 가진 재물을 낭비함으로써 목숨을 지켰다. 남편이 선택할 수 있는 방법은 두 가지로, 돈을 낭비하지 않으면 남편의 육체와 정신은 더욱 상하였을 것인데, 돈을 낭비했기에 목숨은 유지한 것이다. 이렇게 인간의 삶에서 운이 나쁠 때는 가장 중요하게 생각하는 물질과 육체 중 하나를 선택하기를 강요받는다. 개운하는 방법은 오로지 종교, 명리, 철학, 학업, 참선, 기도 등에 심취하여 물질에 대한 욕망을 줄이는 것이고, 또 하나는 가진 재물을 줄여서 육체를 보호하는 것이다. 즉, 재물과 육체는 일종의 대체물과 같다.

坤命

時	日	月	年
甲	戊	庚	甲
寅	申	午	辰

陰/平 : 1964年 5月 19日 4時

67	57	47	37	27	17	7
癸	甲	乙	丙	丁	戊	己
亥	子	丑	寅	卯	辰	巳

이 구조는 전형적인 결혼불미 구조로 년에 甲이 있고 일지에 申이

니 오행의 속성이 정반대이기 때문에 남편은 집으로 들어오는 것을 싫어한다. 이런 구조들은 이혼정도로 끝나면 다행이고 사별하는 경우도 많다. 또 시주에 甲寅까지 있으니 46세 이후 재혼하는 팔자이기에 첫 남편과 결혼불미는 정해진 팔자. 이런 이유로 폭력과 욕설로 30대 중반에 이혼했다. 여명에게 甲이 많으면 자존심이 강하고, 이 구조에서 甲은 인내심을 의미한다. 또 戊申일주이니 申 열매를 품어 그 가치를 보호하려는 욕망이 강하고 십신으로 식신이며 자식에 해당하기에 남편보다 자식을 더 중요하게 생각한다. 이런 이유로 고생하면서도 아들과 딸을 대학까지 공부시켰다.

坤命　　　　陰/平 : 1981年 11月 1日 16時

時	日	月	年	64	54	44	34	24	14	4
庚	戊	己	辛	丙	乙	甲	癸	壬	辛	庚
申	申	亥	酉	午	巳	辰	卯	寅	丑	子

2009년 己丑년 상황으로 역사교육학과를 전공하였지만 임용고시에 계속 실패했다. 사립학교에 자리가 생겨 취업해야 할지 아니면 대학원에 진학하여 공부를 더 해야 할지 고민 중이다. 이 구조는 강한 전생의 기운 辛酉를 亥水에 풀어내는 구조이니 기본적으로 총명하고, 식상이 강하며 일주가 戊申으로 교육과 인연이 많다. 계속 임용고시에 낙방한 이유는 辛酉와 亥水가 있으니 반드시 丁火가 있어 辛酉를 자극하고 亥水에 풀려져야 사회에서 적절한 쓰임을 얻을 수 있는데 없고 운도 壬寅운으로 어두운 시공간을 지나니 戊土일간에게는 발전하기 어려운 시기다. 壬寅간지의 근본 뜻은 壬水가 寅에게 水氣를 공급하여 뿌리내림을 원하기에 학업에 충실해야만 하는 시공간이고 己丑년은 대운과 세운이 만나 寅丑으로 새롭게 뿌리내릴 땅이 마련되니 취직과 대학원 진학사이에서 갈등하지만 운에서 원하는 것은 좀 더 내실에 충실 하는 것이다.

坤命　　　　陰/平 : 1976年 5月 28日 6時

時	日	月	年
乙	戊	甲	丙
卯	申	午	辰

86	76	66	56	46	36	26	16	6
乙	丙	丁	戊	己	庚	辛	壬	癸
酉	戌	亥	子	丑	寅	卯	辰	巳

　　己丑년 당시 상황으로 공무원이며 아이가 생기지 않아 고민 중이다. 일주가 戊申으로 자식을 매우 중시하는데 사주에 水氣가 매우 부족하니 생육의 기상이 없다. 자식의 상황은 반드시 일지와 시주를 연계하여 살펴야 하는데, 이 구조는 卯申 合으로 乙卯의 활동이 답답한 상황이다. 특히 午月이니 午火가 일지 申을 자극하면 날카로워진 申은 卯木을 더욱 옥죄어 乙卯의 生氣가 상하기에 이것이 아이가 생기지 않아 고민하는 이유다.

坤命　　　　陰/平 : 1976年 5月 28日 15:20

時	日	月	年
己	戊	甲	丙
未	申	午	辰

67	57	47	37	27	17	7
丁	戊	己	庚	辛	壬	癸
亥	子	丑	寅	卯	辰	巳

　　2000년 庚辰년 상황으로 고시를 준비하는 법대생이다. 일주가 戊申이며, 년월에 甲丙이 있으니 십신의 명칭으로 殺印相生이니 사법고시를 준비한다고 보겠지만 여기에 더 감안할 요인이 있다. 午火는 말처럼 뛰어다니며 강인한 육체를 상징하기에 경찰과 인연이 많다. 또 일지 申은 숙살의 기운으로 검찰에 어울리는데 특히 甲申일주는 사법고시나 검찰과 인연이 많으며, 戊申일주도 일지에 申이 있어 사법고시나 검찰과 인연이 많다. 또 운에서 壬水를 만나 壬甲戊, 壬甲己 조합을 이루면 교육, 공직 관련으로 미래를 준비하는 고시준비에 어울린다. 다만 사주팔자에 水氣가 부족하여 운에서만 활용하기에 공부를 오래도록 하기에는 한계가 있으며 午未와 申으로 열매에 대한 관심이 많기에 사업 쪽으로 방향을 잡을 것이다.

坤命				陰/平 : 1980年 2月 20日 4時								
時	日	月	年	81	71	61	51	41	31	21	11	1
甲	戊	庚	庚	辛	壬	癸	甲	乙	丙	丁	戊	己
寅	申	辰	申	未	申	酉	戌	亥	子	丑	寅	卯

　　己丑년 상황으로 대학졸업 후 대기업에서 근무한다. 연애는 자주 하지만 결혼은 아직 못했다. 이 구조는 식신과 편관이 접촉하는 구조이니 연애를 자주하는 것이다. 다만 실질적인 접촉은 월지 辰土 속에 있는 乙과 乙庚 合으로 이루어지는데, 乙의 입장에서 보면 乙庚 合하는 곳이 많기에 그 마음이 단일하지 못하여 연애만 자주할 뿐 결혼하지는 못했다. 즉, 辰土 속의 乙은 하나인데 乙이 접촉할 곳은 4곳이나 되기에 사회에서 인연이 되는 남자들의 특성이 바람둥이 기질이 강하다는 뜻이다. 이 구조의 또 다른 문제는 일지를 기준으로 년월에 동일한 오행이 많으니 전형적인 多婚의 상으로 남자 인연이 복잡할 수밖에 없다. 다만 戊庚 조합으로 자신의 가치를 높여주는 庚 열매를 드러냈기에 나름대로 능력이 뛰어나 대기업에서 근무한다.

乾命				陰/平 : 1965年 7月 26日 12:05						
時	日	月	年	65	55	45	35	25	15	5
戊	戊	甲	乙	丁	戊	己	庚	辛	壬	癸
午	申	申	巳	丑	寅	卯	辰	巳	午	未

　　庚辰년 상황으로 컴퓨터 회사 사장이며 IP 사업체를 운영한다. 월주가 甲申으로 수확하는 시공간이니 물질에 대한 흥미로 사업을 원하는 간지 조합이다. 또 巳火가 필요한데 년지에 있으며, 巳申 합으로 기계와 빛이 만나며, 년간 乙과 乙庚 합하여 乙巳로 乙의 정보를 사방팔방에 전파한다. 따라서 乙庚 합으로 열매 맺고 巳火로 익히니, 빛으로 펼치고 申金의 컴퓨터 물상과 乙의 정보전달 물상을 컴퓨터와 IP사업에 활용했다. 년과 월에 있는 甲과 乙을 왕쇠로 따져서 乙巳와

甲申으로 失令 했다는 식의 판단은 지양해야 한다. 財官을 중시하는 천년도 더 지난 古代의 이론으로는 甲과 乙이 4개의 地支 어느 곳에도 通根하지 못했기에 무력하다고 판단한다. 시공간 개념을 전혀 이해하지 못한 판단으로 申月이면 여름에서 가을로 넘어가는 시공간으로 열매를 수확하는 것이 가장 중요한 일이다. 따라서 甲과 乙은 수확의 대상이기에 만약 地支에 水氣를 만나 뿌리내림을 시도하거나 寅卯를 만나 뿌리가 강하면 수확하기 힘들며 심하면 육체를 상하게 된다. 이 구조처럼 甲과 乙이 뿌리가 전혀 없이 약해야 벌목이 더욱 쉬워지고 수확 역시 빠르기에 사업의 성취도 그만큼 빨라진다. 이 사주는 재물을 의미하는 財星인 水氣가 없지만 사업체를 운영한다. 乙庚과 丙 조합으로 열매를 키우는데 삶의 가치를 두는 구조이기에 물질에 탐닉할 수밖에 없다. 이렇게 십신으로 재물과 명예를 판단하는 것은 극히 제한적인 부분만을 살피는 것이다.

乾命

時	日	月	年
丁	戊	壬	丁
巳	申	寅	巳

陰/平 : 1977年 1月 3日 10時

65	55	45	35	25	15	5
乙	丙	丁	戊	己	庚	辛
未	申	酉	戌	亥	子	丑

庚辰년 당시 주점에서 점장으로 재직하였다. 사장의 형제가 음식점 개업을 제안하여 고심하고 있다. 본인 명의로 진행하며 전체 투자비용의 25%를 자신이 투자해야 한다.

년월이 丁壬 합으로 전문 기술이나 재능이요, 월지기준 寅巳 刑 하기에 활어회집 물상에 어울린다. 또 寅木 생기가 상하는 것을 상쇄하는 의료업, 식당업에도 어울린다. 아울러 寅申 沖까지 있으니 지지가 매우 불안정하며, 초년에 운이 亥子丑으로 흘러 어두운 곳에서 살기에 주점에서 일한다. 庚辰년에 일지에서 천간으로 庚이 드러나니 자신의 배 속에 저장했던 돈을 투자하며 월지 寅과 沖하니 직업변동을 요구한다. 子대운의 시기로 일지와 申子로 삼합을 이루니 개인장사나 사업의 운이다. 이 사주도 戊申간지와 寅木을 火氣로 펼치고 申金으로 수확하여 물질을 추구한다. 이렇게 동일한 申子辰 삼합도 사주구조에 따라 교육이나 공직, 이 사주처럼 개인장사나 사업으로 사용할 수 있다. 다만 寅木이 寅巳 刑과 寅申 沖에 치일 수 있으니 물질에 대한 과욕은 삼가 해야 문제가 생기지 않는다.

乾命				陰/平 : 1968年 5月 12日 2時						
時	日	月	年	70	60	50	40	30	20	10
癸	戊	戊	戊	乙	甲	癸	壬	辛	庚	己
丑	申	午	申	丑	子	亥	戌	酉	申	未

수산물 센터에서 배달 업무를 담당하는 운전기사로 일하고 있다. 1996년 丙子년 여자 때문에 사기사건에 연루되어 감옥에 갔다.

사주 구조를 살펴보면 천간에서 戊戊戊癸로 세 개의 戊土가 癸水 하나를 두고 영역싸움을 벌이는데, 그 아래에 丑土가 있으니 감옥, 도둑, 범죄의 물상이다. 또 년지 申과 일지 申이 동시에 丑土에 들어간다. 申은 식신으로 자신을 드러내는 행위이며 그 행위의 결과로 丑土에 들어가는데 두 개의 申金이 들어가니 반드시 두 명 이상이 개입된 사건이다. 월지 午火가 양쪽의 申을 자극하면 뜨거워진 申金은 水氣를 머금은 丑을 향하고 그 위의 癸水와 경쟁적으로 戊癸 합하니 法 문제를 일으킨다. 이렇게 태어날 때 받았던 삶의 과정이 庚申운 년지와 일지의 申이 천간에 드러나고 丙子년 丙火가 庚을 자극할 때 丑土로 들어간 申金을 子丑 합으로 묶으니 마치 감옥에 들어가 갇히는 것과 같다. 다른 각도에서 살피면 빛이 없는 상태에서 丙子년 申子로 행한 범죄행위가 丙火 빛으로 밝혀져 감옥에 간다. 이렇게 申子辰 삼합은 어둠 속에서 행해지는 불법, 도둑, 조폭과 같은 물상이다. 비교 사주를 살펴보자.

乾命　　　　　陰/平 : 1968年 5月 12日 8時

時	日	月	年	90	80	70	60	50	40	30	20	10
丙	戊	戊	戊	丁	丙	乙	甲	癸	壬	辛	庚	己
辰	申	午	申	卯	寅	丑	子	亥	戌	酉	申	未

　　壬戌운 당시 국내 최고 건설회사의 자금본부장이었다. 동일한 구조로 시주만 다르다. 丙火가 환하게 비춰주는 땅에 열매가 익어가는 좋은 구조다. 丙庚 조합은 여름을 상징하는 에너지로 물질에 흥미가 많으니 대기업에서 자금을 관리한다.

乾命　　　　　陰/平 : 1952年 11月 12日 6時

時	日	月	年	73	63	53	43	33	23	13	3
乙	戊	壬	壬	庚	己	戊	丁	丙	乙	甲	癸
卯	申	子	辰	申	未	午	巳	辰	卯	寅	丑

　　건축과를 졸업하고 건축설계 일을 했으며, 항만청에서 고위직으로 근무하면서 노후를 위해 건축기술사 시험을 보려고 한다. 이 구조는 명확하게 申子辰 삼합을 이루고 壬水까지 있으니 어두운 밤바다와 같은 모습이며, 일정한 땅을 가진 공간 戊土와 그 곁에 乙卯로 선박이 묶여있으니 항만청과 인연이 있다. 乙卯를 갈매기 물상으로 보면 바다에 갈매기가 날아다니는 모습이고, 배로 보면 戊土에 배들이 묶여있는 모습이다. 甲寅운에 이르러 사주팔자에 있는 강한 水氣들이 甲寅을 만나면 뿌리를 내리는데, 그 시기는 겨울이니 밖에서 적극적인 활동을 하지 못하고 水氣의 창조력과 甲寅의 기획능력으로 건축학과를 졸업했다. 乙卯운에는 戊土위에 乙卯 손의 움직임으로 건축설계를 하지만 아직 빛이 없으니 두각을 나타내지 못하다가 丙辰운에 어두운 밤에 화려한 빛을 비춰 水氣를 분사하니 두각을 나타내기 시작한다. 戊午운은 53세 이후로 이 시기에 일주와 시주에서 乙戊 조합을 이루니 戊土의 땅위에 乙卯 손으로 건축설계를 다시 하려는 것이다. 이

사주에서 戊申일주는 申子辰 水氣로 변하니 넓은 바다에 접한 좁은 공간으로 바뀌었고 申 열매가 물과 같은 속성으로 변질되었다. 유사한 사주를 살펴보자.

乾命				陰/平：1972年 11月 18日 23:30								
時	日	月	年	84	74	64	54	44	34	24	14	4
甲	戊	壬	壬	辛	庚	己	戊	丁	丙	乙	甲	癸
子	子	子	子	酉	申	未	午	巳	辰	卯	寅	丑

이 구조도 넓은 바다에 접한 戊土 좁은 공간에 甲 배가 떠있는 모습으로 항만청에서 근무한다. 상기와 다른 점은 乙卯로 손발이나 언변을 활용하는 조합은 아니며 申金과 辰土가 없으니 순수하지만 金氣가 전혀 없다. 壬子의 가치가 높지 않고 바다가 안정되지 않은 상태로 만약 운에서 자극을 받으면 풍랑이 높아져 문제가 생긴다. 子午沖이나 子未 조합으로 흐름에 문제가 생기면 삶이 급변할 수 있다.

坤命				陰/平：1984年 10月 18日 8時							
時	日	月	年	61	51	41	31	21	11	1	
丙	戊	乙	甲	戊	己	庚	辛	壬	癸	甲	
辰	申	亥	子	辰	巳	午	未	申	酉	戌	

丁亥년 24세 당시 중국어과 학생으로, 丙戌년에는 丙寅년생 남자와 연애 중이었다. 이 구조는 戊申으로 교육업과 인연이 있는데 甲子 년주는 60甲子의 출발점이기에 타향, 해외와 인연이 깊으며, 월주가 乙亥로 바다 위에 떠있는 배와 같은 물상이라 이 역시 해외인연이 강하니 외국어를 전공하거나 해외에서 살아간다. 丙戌년에는 어두운 바다에서 활발하게 움직이지 못하는 乙 남자가 丙火를 향하여 움직이면서 활동이 활발해지는데 丙火를 향하는 과정에 반드시 戊土를 지나가기에 남자와 교제하는 것이다. 이렇게 사주팔자는 시공간의 방향에 따라 영향을 받으며 비틀리고 왜곡되면서 삶의 喜怒哀樂을 만들어낸다.

坤命				陰/平 : 1986年 11月 29日 23:40						
時	日	月	年	67	57	47	37	27	17	7
甲	戊	庚	丙	癸	甲	乙	丙	丁	戊	己
子	申	子	寅	巳	午	未	申	酉	戌	亥

丁亥년 4월 22세 당시 언론 영상학부에서 무역학과로 편입을 준비하고 있었다. 이 구조는 丙庚子 조합으로 교육, 공직, 검찰, 경찰, 성악의 물상인데 여성이니 교육에 어울린다. 다만 丙火 빛의 물상을 영상으로 활용했는데, 丙戌, 丁亥년에 빛을 잃으니 새로운 전환을 시도한다. 일시가 申子로 흐르는 물과 같아 무역, 해외영업에도 어울린다. 특히 丁亥년의 丁火는 인생의 23~30세 사이로 진로를 결정하는 가장 중요한 시기다.

乾命				陰/平 : 1964年 1月 17日 2時		
時	日	月	年	22	12	2
癸	戊	丙	甲	己	戊	丁
丑	申	寅	辰	巳	辰	卯

23세 己巳운 丙寅년 후반 간암으로 요절했다. 년월 구조가 甲辰과 丙寅으로 水氣가 없으니 甲寅 생기가 활기를 잃어 성장하지 못하고 마른다. 이런 상황에서 일지 申이 火氣에 자극받아 寅을 沖하면 生氣가 더욱 상한다. 己巳운 巳火가 申을 자극하면 寅을 沖하는 강도가 더욱 강해지는데, 丙寅년 寅申 沖이 동하여 寅이 상하고 이에 상응하는 육체의 물상인 간이 상하여 간암으로 사망했다. 이 구조에서 申은 숙살지기로 사용되었다. 이렇게 사주팔자에서 水氣는 생명을 유지하는 생명수와 같다.

坤命				陰/平 : 1976年 11月 2日 0:30						
時	日	月	年	65	55	45	35	25	15	5
壬	戊	庚	丙	癸	甲	乙	丙	丁	戊	己
子	申	子	辰	巳	午	未	申	酉	戌	亥

상기 구조와 동일하게 丙庚子 조합이다. 상기 사주는 丙寅으로 빛을 활용했고, 이 구조는 申子辰 삼합으로 흐르는 속성이며, 甲乙이 명확하게 드러나지 않았으니 직장이나 조직에 구속되는 것을 싫어하기에 학원 강사로 일한다.

乾命				陰/平 : 1974年 2月 15日 16時						
時	日	月	年	69	59	49	39	29	19	9
庚	戊	丁	甲	甲	癸	壬	辛	庚	己	戊
申	申	卯	寅	戌	酉	申	未	午	巳	辰

丁亥년 상황이다. 己卯년 26세부터 제지회사에서 기계로 화장지 자르는 일을 한다. 자녀가 없지만 부인과는 사이가 좋다. 부친이 세 번 결혼했는데, 친모는 두 번째 부인으로 5형제를 낳고 9세 즈음에 사망했다.

월간의 丁火가 부친이요 월지는 모친인데, 卯木과 동일한 오행이 甲寅으로 세 개이니 부친은 세 번 결혼했으며, 강한 金氣에 의해 木氣가 상하니 모친이 단명했다. 丁火는 甲寅과 卯木을 보고 있으며 寅卯辰은 강한 정력과 뛰어난 번식능력을 의미하기에 부친은 많은 자식을 낳았다. 이 남자의 일지와 시주에는 金氣 뿐이니 生氣가 살기 어려워 자식을 얻기 어렵다. 卯월이니 水氣가 반드시 있어야 성장할 수 있는데 없다. 운도 火氣로만 흐르니 학업에 열중하지 못하고 일찍 사회에 진출한다. 따라서 寅卯가 金氣에 상하기 쉬운데 이 문제를 해결하고자 강한 金들로 나무를 얇게 켜서 화장지를 만들고 金으로 자르는 제지회사에서 근무한다. 이렇게 자신에게 적합한 직업을 찾은 이유는 태어날 때 받은 사주팔자의 殺氣를 제거하여 개운하기 위한 것이다.

乾命　　　　　陰/平 : 1960年 4月 25日 8時

時	日	月	年
丙	戊	辛	庚
辰	申	巳	子

85	75	65	55	45	35	25	15	5
庚	己	戊	丁	丙	乙	甲	癸	壬
寅	丑	子	亥	戌	酉	申	未	午

　丁亥년 당시 내과의사로 원국에 申子辰 삼합이 있고 巳火와 丙火로 빛을 비춘다. 마치 복부를 빛으로 밝혀 문제를 드러내고 庚辛 수술용 칼로 육체 내부에서 발생한 문제를 처리하는 구조다. 이 구조는 金氣가 강하니 木氣를 기르려는 의지가 전혀 없고 운도 甲申, 乙酉로 물질을 수확하는 구조인데 사업으로 가지 못하는 이유는 년월에 木氣가 전혀 없으니 길러서 수확하는 사업물상에 어울리지 않으며 巳火로 金을 자극하여 뾰족하게 만들고 甲申, 乙酉로 상한 木의 生氣를 구제하는 의료업을 선택하였다. 비교 사주를 살펴보자.

乾命　　　　　陰/閏 : 1944年 4月 11日 10時

時	日	月	年
癸	丙	己	甲
巳	申	巳	申

81	71	61	51	41	31	21	11	1
戊	丁	丙	乙	甲	癸	壬	辛	庚
寅	丑	子	亥	戌	酉	申	未	午

　61세 상황으로 훌륭한 가정에서 교육 받으며 자랐으나 申운에 억울하게 누명을 쓰고 감옥에서 수감생활을 하면서 침술을 배웠다. 50세 즈음에는 국문학 교수로 재직 중이었다. 이 구조는 丙申일주가 운에서 壬申을 만나니 배신, 배반을 당하는 운이다. 연해자평에도 언급되어 있지만 丙申일주가 壬水를 만나면 연명하기 어렵다는 구조인데 억울하게 누명을 쓰고 수감 생활을 했다. 이 구조도 상기 구조와 유사하게 巳火가 申金을 火氣로 달구면 열매의 표면은 딱딱해지면서 부피는 쪼그라든다. 이런 물상은 마치 담금질 하는 것과 같아서 뭉툭한 철을 화로에 달구어 날카로운 칼이나 침으로 만드는 것과 동일하다. 이런 구조들은 대부분 날카로운 칼을 사용하는데 사주팔자 구조가 좋

으면 의사, 의료, 한의사, 법조계, 검경 계통에서 발전하지만 사주팔자 구조가 나쁘면 조폭, 살인, 자학의 물상으로 발현되기 쉽다. 상기 사주는 火가 金을 자극해도 상할 생기가 없는 구조이지만 이 사주는 년간에 있는 甲이 傷할 수밖에 없으니 감옥에 간 것이다.

乾命　　　　陰/平 : 1958年 8月 16日 13時

時	日	月	年	83	73	63	53	43	33	23	13	3
戊	戊	辛	戊	庚	己	戊	丁	丙	乙	甲	癸	壬
午	申	酉	戌	午	巳	辰	卯	寅	丑	子	亥	戌

부친은 고위공직자로 뇌물사건에 개입되어 억울한 옥살이를 하였다. 본인은 기계과 출신으로 대기업 중역으로 재직 중이며, 잦은 출장으로 신혼 초부터 가정에 소홀할 수밖에 없었다. 乙酉년에는 평상시 다리가 약한 둘째아들이 심한 골절상을 입어 마음고생이 많다.

월주에 傷官이 강하니 부친의 몰락을 암시한다. 특히 초년에는 대운이 水運으로 흐르고 辛酉가 水氣에 풀어지니 명석한 두뇌를 가진 부친이 분명하지만 운이 어두운 흐름이니 뇌물사건에 연루되어 옥살이까지 했다. 申酉戌을 기계물상으로 사용했고, 두뇌가 뛰어난 구조이기에 대기업 중역으로 근무한다. 이 구조에서 時支 午火는 매우 중요한 역할을 하는데, 金들을 통제하고 자극하여 水氣에 풀어내어 크게 발전할 수 있다. 만약 午火가 없다면 강한 金들은 무겁고 둔해져 水氣에 풀어져도 적절하게 가치를 활용하지 못한다. 담금질로 칼을 만드는 과정과 같은 이치로 보검을 만들기 위해서는 반드시 火氣로 먼저 철물을 담금질하고 水氣에 넣은 후 재가공을 통해서 좋은 칼을 만들 수 있기 때문이다. 만약 火氣가 없으면 담금질이 불가능하고 보검을 만들 방법이 없다.

47. 戊子干支

申子辰 삼합운동이 극점에 이른 곳으로 매우 어둡고 비밀스러운 속성이며 내부에서 은밀하게 변화를 주는 곳으로, 어둠 속에서 탈출하려면 반드시 丙火 빛이 필요하다. 戊子는 戊癸 합과 같으며 지구 표면과 대기권이 합하여 乙 생기를 만들어가는 과정이지만, 만약 丙火가 없으면 빛이 없는 어둠과 같고, 乙이 없다면 戊癸 합하여도 키울 것이 없으니 단지 어둠 속에서 물질을 탐하는 속성을 갖는다. 따라서 사주전체 구조를 살펴서 길흉을 판단해야 한다. 사주예문을 살펴보자.

坤命　　　　陰/平 : 1984年 7月 26日 10時

時	日	月	年	84	74	64	54	44	34	24	14	4
丁	戊	壬	甲	癸	甲	乙	丙	丁	戊	己	庚	辛
巳	子	申	子	亥	子	丑	寅	卯	辰	巳	午	未

25세 戊子년부터 친구와 함께 소규모 바를 운영하였다. 년월의 구조가 甲子, 壬申으로 매우 어둡다. 또 일주는 戊子로 역시 어두운 속성에 壬, 申子로 물처럼 流動의 기운이 강하기에 술집을 운영한다. 申月이니 火氣가 필요한데 운이 적절하게 흘러 길을 잃지 않으며 丙庚으로 물질에 흥미를 갖는다. 시주가 丁巳로 40대에 이르면 늦은 나이에 학업에 열중할 수 있는 길이 열린다.

乾命　　　　陰/平 : 1972年 11月 18日 14時

時	日	月	年	84	74	64	54	44	34	24	14	4
己	戊	壬	壬	辛	庚	己	戊	丁	丙	乙	甲	癸
未	子	子	子	酉	申	未	午	巳	辰	卯	寅	丑

1998년 戊寅년 27세에 재산분쟁 중 형수집안 일가를 살인한 죄로 투옥되었다. 이 구조도 년월 조합이 매우 어둡다. 어두운 만큼 어두운 삶을 살아야 한다. 壬子는 물처럼 흐르는 속성이요 총명한데, 여기에

丑土나 未土 혹은 辰土가 섞이면 流動을 멈추고 土의 속성대로 탁해진다. 丑土는 子丑 합으로 묶여 냉하고 어둡고 습한 문제가 발생하고, 辰土가 섞이면 흐름이 멈추고 열기가 올라 청정한 水氣가 변질되어 고혈압, 당뇨와 같은 물상을 만들고, 未土가 섞이면 未土 속의 丁火 열기 때문에 水氣에 열이 오르는 것과 같아서 정신에 문제가 생기거나 신장, 방광, 생명에 문제가 생긴다. 이 구조는 시주 己未때문에 물의 흐름이 막히고 열이 오르면서 탁해지고 戊와 己未가 壬子를 차지하느라 다툰다. 丁丑년 子丑 합으로 丑土가 子水와 합하니 戊土는 시공간이 적절하지 않아 己土와의 경쟁에서 밀릴 수밖에 없어 재산문제에 앙심을 품고 戊寅년에 형수일가를 살해했다. 비교 사주를 살펴보자.

坤命　　　　　陰/平 : 1972年 11月 18日 1時

時	日	月	年
壬	戊	壬	壬
子	子	子	子

75	65	55	45	35	25	15	5
甲	乙	丙	丁	戊	己	庚	辛
辰	巳	午	未	申	酉	戌	亥

2005년 乙酉년 당시 경제적으로 부유했으며, 丙戌년에도 크게 재물을 모아 생활하기 좋은 해였다. 丙戌년에 나쁠 것이라 상담했는데 실제로는 좋아서 의문점을 가지고 올린 사주다. 이 구조는 상기와 달리 水氣의 흐름이 막히지 않으며 매우 단조롭다. 석유시추선이나 배가 넓은 바다에서 떠있는 모습이다. 金氣로 운이 강하게 흐르니 미네랄워터처럼 물의 가치가 높아진다. 총명해지고 재물을 부풀릴 수도 있다. 특히 酉대운이니 재물 복이 두터운 시기다. 상기사주와 다른 점은 사주가 단일하고 水氣의 흐름이 멈추거나 물이 탁해지지 않으며 戊土 홀로 많은 水氣를 상대하기에 경쟁자도 없다. 乙酉년은 乙을 酉金으로 수확하고 子水로 부풀려 재물을 크게 얻는 시기요, 丙戌년은 戊土 속에 있는 丁火와 辛金이 子水에 풀어지는 흐름이기에 재물을 크게 모았다. 다만 이런 사주구조의 단점은 흐름이 막히거나 탁해지는 시기에는 크게 문제가 발생한다.

坤命				陰/平 : 1981年 12月 11日 2時								
時	日	月	年	81	71	61	51	41	31	21	11	1
癸	戊	庚	辛	己	戊	丁	丙	乙	甲	癸	壬	辛
丑	子	子	酉	酉	申	未	午	巳	辰	卯	寅	丑

　　丁亥년 상황으로 화훼디자이너로 활동 중인데 향후 파티 Planner로 직업을 바꾸고자 한다. 이 구조는 연월일 조합이 매우 어둡다. 다만 40세 즈음까지는 丑土의 탁기가 개입되지 않기에 사고방식이 탁하지 않고, 子水의 폭발하는 에너지 때문에 발랄한 성정이다. 다만 丙火가 없으니 삶이 밝지는 않지만 金水 조합으로 총명하다. 운이 木氣로 흘러 水氣로 木을 기르고 金으로 조절하는 화훼디자이너인데, 丁亥년에는 자신의 특성을 결정하려는 丁火의 특징 때문에 직업에 변화를 주며, 卯木의 성장이 강해지기에 성정 또한 봄처럼 바뀌면서 많은 사람들에게 희망을 주는 파티 Planner가 되려는 것이다.

坤命				陰/平 : 1970年 11月 16日 2時								
時	日	月	年	82	72	62	52	42	32	22	12	2
癸	戊	戊	庚	己	庚	辛	壬	癸	甲	乙	丙	丁
丑	辰	子	戌	卯	辰	巳	午	未	申	酉	戌	亥

　　丁亥년 상황이다. 고졸로 10여 년 동안 미용사를 하다가 丙戌년 이혼하고 보험회사에서 근무한다. 특이하게 유부남과 강압적인 관계로 인연을 맺고 자식도 낳았는데 남자가 무능하고 폭력적이라 丙戌년에 가출하여 부녀보호소에서 생활하다가 독립하였다.

　　사주구조가 매우 어둡다. 월주 戊子와 일주 戊辰은 부친 궁위와 복음이니 부친과의 인연이 박하다. 또 戊子와 戊辰이 申子辰 삼합으로 연결되어 여자 둘에서 남자 하나를 두고 다투는 상이다. 특히 일주 戊辰의 구조는 辰土속에 남편을 뜻하는 乙과 戊가 있으니 유부남과 인연이 많은 팔자다. 22세부터 시작된 乙酉운은 지지에 傷官을 깔고

들어온 남자이므로 비정상적이다. 또한 酉子丑, 酉丑辰, 酉子辰 조합은 그 속성이 강압적, 폭력적이며 순간적으로 발생하는 예상하지 못한 사건, 사고를 의미한다. 이런 이유로 강압적인 관계에 의해 동거했으며 남자는 폭력을 행사하며 무능했다. 丙戌년은 마치 어두운 밤길을 비추는 한줄기 빛과 같고 일지를 沖하니, 어둠을 탈출해 년지에 있는 먼 곳으로(戌) 도망을 갔다. 乙酉운은 강한 金氣로 약한 乙 머리카락을 乙庚 합으로 관리하니 10년간 미용 업에 종사했다.

乾命				陰/平 : 1976年 12月 13日 22時						
時	日	月	年	61	51	41	31	21	11	1
癸	戊	辛	丙	戊	丁	丙	乙	甲	癸	壬
亥	子	丑	辰	申	未	午	巳	辰	卯	寅

丁亥년 상황으로 해운회사에서 근무하다가 乙酉년부터 중국 천진에서 사업체를 운영한다. 현지 직원인 辛酉년생과 戊子년에 결혼할 예정이다. 년월 丙辛 합으로 총명하고 교육, 종교, 철학에 어울리는 구조이지만 水氣가 강하고 戊癸 합하니 물질에 대한 흥미 또한 강하다. 이렇게 사주구조가 양 갈래로 갈리면 삶의 방향이 혼란스럽다. 戊土가 丑月에 태어나 시공간이 적절하지 않기에 발전하기 어려워 한국을 벗어나 해외에서 사업하며 살아가는데 이것 역시 개운의 한 방법이다.

乾命				陰/平 : 1978年 2月 19日 1時									
時	日	月	年	93	83	73	63	53	43	33	23	13	3
壬	戊	乙	戊	乙	甲	癸	壬	辛	庚	己	戊	丁	丙
子	子	卯	午	丑	子	亥	戌	酉	申	未	午	巳	辰

丙戌년 상황으로 壬午년 25세부터 대형 유통판매 회사의 직원으로 일하는데, 丙戌년 壬辰월 서울에서 지방으로 전근하였다. 년월은 戊乙 조합으로 주로 교육, 공직물상인데 년, 월지가 卯午 破로 화려한 것을 장식하는 물상이다. 또 戊午, 戊子로 천간은 동일한데 地支는

충하며, 子午 沖 사이에 끼인 乙卯의 상황이 불안정하기에 직업이 안정되지 않는다. 다만 월주가 乙卯로 좌우확산 에너지가 강하니 이동이 잦고 인맥형성에 뛰어나 유통판매 회사에서 일한다. 또 戊子와 壬子로 물길의 흐름도 강하니 유통업에 어울린다.

坤命 　　　陰/平 : 1976年 3月 6日 23:50

時	日	月	年	91	81	71	61	51	41	31	21	11	1
壬子	戊子	壬辰	丙辰	壬午	癸未	甲申	乙酉	丙戌	丁亥	戊子	己丑	庚寅	辛卯

　　丁亥년 상황으로 이목구비가 큰 외모에 자기주장이 강하다. 변변한 연애경험 없이 19세부터 반도체 공장에서 생산직원으로 일해 왔다. 이 구조는 년월이 辰辰으로 복음이며 壬壬, 子子로 복음이니 부모덕이 없고 부모는 단명하기 쉬우며 결혼도 불미한 구조다. 특히 월간의 시기인 16세부터 壬水는 년에 있는 丙火 빛을 어둡게 한다. 그 원인은 월간 壬水 부친 때문이니 부친으로 인하여 삶이 어두워진다. 년월이 辰辰으로 水氣가 탁하니 조상 중에 결혼 못한 노처녀가 있기에 천도제를 통하여 그 원한을 풀어주어야 결혼 문제를 조금이나마 해결할 수 있다. 이 구조도 사주가 어둡기에 밤에 일하는 직종에 종사해야 타고난 팔자대로 사는 것이다. 년에 丙火 빛을 비추니 길을 잃지는 않는다.

坤命 　　　陰/平 : 1968年 4月 21日 10時

時	日	月	年	54	44	34	24	14	4
丁巳	戊子	丁巳	戊申	辛亥	壬子	癸丑	甲寅	乙卯	丙辰

　　미혼으로 33세 甲寅운 庚辰년 갈비 집 운영으로 한 달 억대의 매출을 올리는데, 경기가 어려워도 장사가 성황을 이룬다. 2002년 壬午년 장사는 여전히 잘 되었지만 친구에게 1억 정도의 돈을 빌려주고 받지 못했다.

이 구조는 戊子일주지만 꽃피는 시절 巳月에 태어나니 미인이 분명하다. 구조가 巳月이니 꽃의 근거지 木이 있어야 하고, 일주나 시주에서 金으로 결실을 맺어야 하는데 없으며 유일하게 년지에 申金이 있다.

巳月은 癸水가 약하게 분사작용을 해줘야 꽃이 더욱 화려하게 피는데, 일지에 子水가 있어 쓰임이 좋다. 甲寅운 庚辰년 申이 천간으로 드러나 년지가 상징하는 근본터전이 동하였기에 과거와는 전혀 다른 직업으로 전환했다. 또 申子辰 삼합을 년지와 일지에서 이루면서 동하니 장사, 사업의 에너지가 동했다.

甲寅운이니 巳火 꽃의 근거지가 생겼고, 寅을 巳申 刑으로 가공하니 갈비 집을 오픈했다. 庚辰, 辛巳년을 지나는 동안 火氣에 의해 뜨거워진 金들은 水氣를 향할 수밖에 없는데, 일지에 유일하게 子水가 있으니 그곳으로 재물이 모이고 일간 戊土와 戊癸 합하니 장사로 큰 재물을 모은 것이다. 壬午년 일지에 감추어져 있어야 안전한 재물이 천간에 노출되어 丁壬 合으로 사라지고 子午 沖으로 불안정하니 친구에게 1억을 빌려주고 받지 못했다.

다음 대운이 癸丑, 壬子로 강한 財星 운이니 재물 복이 두텁다 볼 것이나 巳月에 화려한 꽃이 강한 水氣를 만나면 꽃은 시들고 향기를 잃는다. 다만 癸丑운은 일주의 戊子와 연결되고 31~45세 사이에 일지 子水가 좋은 역할을 하기에 재물을 축적하는 운이지만 壬子운에 이르면 재물을 지키는데 신경 써야할 것이다.

乾命　　　陰/平 : 1952年 5月 19日 4時

時	日	月	年
甲	戊	丙	壬
寅	子	午	辰

88	78	68	58	48	38	28	18	8
乙	甲	癸	壬	辛	庚	己	戊	丁
卯	寅	丑	子	亥	戌	酉	申	未

2005년 상황으로 부모덕도 없고 형제가 다섯이지만 형제 덕도 없다. 丁未운 어린나이에 공장에 취직하여 戊대운까지 일했다. 申운 25

세 丙辰년에 결혼, 부부가 합심하여 건축업에 뛰어들어 큰돈을 벌었으며, 戌운을 제외하고는 승승장구 발전했다. 이 구조는 年月이 丙壬 충으로 초년부터 빛이 어둠에 잠기고 월일이 子午 충으로 형제의 덕도 기대하기 어렵다. 고려할 점은 1952년의 시대상으로 전쟁 때문에 모두 가난한 시절이었다. 년주 壬辰의 시기를 지나 丙午 월주에 이르면 다시 태양이 뜨고 戌土에 빛을 비추니 삶이 밝아지기 시작한다. 丙火가 뜨고 申子辰 삼합으로 재성이 강해지는 丙辰년에 결혼했고 사업을 시작하여 큰돈을 벌었다. 戌운에는 寅午戌 三合과 子午 沖이 동하니 변화무쌍하고 불안정한 시기이다.

乾命   陰/平 : 1965年 7月 6日 12時

時	日	月	年
戊	戊	癸	乙
午	子	未	巳

88	78	68	58	48	38	28	18	8
甲	乙	丙	丁	戊	己	庚	辛	壬
戌	亥	子	丑	寅	卯	辰	巳	午

2000년 마약판매로 무기형을 받았다. 이 구조는 월간과 戊癸 합하고, 일지와 戊子 합하니 물질에 대한 욕망이 강하다. 하지만 일지 子水는 午未 합 사이에 끼어 열기에 탁해지니 사고방식이 바르지 않다. 또 운이 巳午未로 흐르니 강한 火氣에 子水가 증발되니 갈증을 해결하고자 술을 찾는다. 이런 문제로 사고방식에 문제가 있으니 마약을 거래하고 무기형을 받았다. 연월일이 乙癸戊 조합으로 좋으나 癸水와 먼저 합하고, 未月이니 乙을 키울 방법이 없으며, 癸水는 습기로 곰팡이만 피우니 성정이 바른 사람이 아니다.

坤命   陰/平 : 1931年 6月 18日 13時

時	日	月	年
戊	戊	乙	辛
午	子	未	未

82	72	62	52	42	32	22	12	2
甲	癸	壬	辛	庚	己	戊	丁	丙
辰	卯	寅	丑	子	亥	戌	酉	申

23세에 결혼하고 33세 1963년 癸卯년에 부친이 사업에 실패하자

남편의 인감을 훔쳐 집을 팔아 해결하고 그 문제로 빚을 져 부부 사이가 멀어졌다. 남자친구와 함께 놀러갔다가 교통사고로 반신불수가 되었다. 그 후 토지에 투자하여 큰돈을 벌었으나 2004년에 중병에 걸렸다. 일지 子水가 천간에 노출되어 시간에 있는 戊土와 戊癸 합으로 사라지는 시기에 부친이 사업에 실패했고, 또 유일한 水氣 子水가 천간에 드러나니 子水의 어두운 속성이 밖으로 노출되어 남편의 인감을 몰래 훔치는 행위로 문제를 일으켰다. 이 여인 또한 상기의 사주처럼 子水가 午未 합 사이에 끼어 열이 오르니 사고방식이 정상이 아닙니다. 운이 亥子丑으로 흐르면서 未月의 시공간을 해갈하니 재물복은 있으나 午未 사이에 끼인 子水가 상하면서 乙이 생기를 잃어갈 때 년간 辛金이 乙을 찌르면 생기가 상한다. 이런 문제로 살성이 강하기에 본인은 반신불수가 되었고 주위의 육친들에게도 문제가 발생한다.

48. 戊辰干支

申子辰 삼합의 水氣흐름이 멈춘 곳에 戊土가 있으니 戊土의 작용력에 변화가 올 수밖에 없다. 즉, 申子辰 삼합이 멈췄으니 그 땅에서 벗어나 寅午戌 삼합의 陽氣를 받아주는 터전 역할로 전환해야한다. 따라서 辰土는 水火와 木金이 모두 바뀌어야 하는 공간으로 水氣의 흐름이 마감되어 火氣가 증가하고, 또 寅卯辰 성장과정을 조절하여 巳月에 巳午未, 巳酉丑 삼합으로 꽃과 열매로 물형을 바꾸는 공간이기에 辰土의 작용력은 매우 중요할 수밖에 없다.

또한 申子辰 삼합을 마감해 윤회과정을 마치고 가장 현실적이고 물질적인 巳火의 세계로 출발해야 한다. 성경에서 뱀의 유혹이라 표현한 것처럼 전생의 모든 것을 잊고 열매를 수확하기 위한 출발점이다. 따라서 辰土에는 水氣의 전생이 담겨져 있고 이런 이유로 전생의 인자와 많은 관련이 있기에 방생, 천도제, 종교, 철학과 인연이 깊다. 또한 음기가 양기로 바뀌는 과정에 여자는 자식을 얻기 어려워 노처녀나 이혼녀 혹은 유부남과 인연을 맺고 살아갈 가능성이 많다. 남자는 辰土에 水氣를 담았으니 재성을 담은 것과 같아 물질과 인연이 많다. 또 辰土는 申子辰 水氣의 창조능력도 있고 종교, 철학, 교육과도 인연이 깊으며 동시에 장사나 사업과도 인연이 많은 묘한 시공간이다. 사주예문을 살펴보자.

坤命				陰/平 : 1982年 3月 22日 19時							
時	日	月	年	73	63	53	43	33	23	13	3
辛	戊	甲	壬	丙	丁	戊	己	庚	辛	壬	癸
酉	辰	辰	戌	申	酉	戌	亥	子	丑	寅	卯

잇몸이 좁고 튀어나온 구조에 위아래 이가 맞지 않고 발음에도 문제가 있어 말을 알아듣기 어렵다. 전자제품 생산회사에 입사했으나 업무를 맡기지 않고 차별하여 1년을 넘기지 못하고 그만두었다. 어릴 때 심장판막수술을 받았고, 편도선 수술로 발음장애가 생겼으며, 甲申년에는 갑상선 수술도 받았다. 모친이 병원식당에서 일해서 생활비를 해결한다. 오빠는 초등학교 6학년 때 백혈병에 걸려 수년간 투병생활을 하였고, 부친은 아픈 아들 때문에 음주 후 신호등을 건너다 교통사고로 뇌를 다쳤으며 戊寅년에 부친과 오빠가 동시에 사망했다.

이 구조의 특징은 辰辰, 辛酉, 辰戌 沖이다. 辰辰은 복음으로 동일한 상황이 30년 동안 지속되는 것으로 발전이 힘들며, 성장해야할 辰土 속의 乙이 복음으로 발전하지 못하고 생기가 상하여 답답하다. 乙의 성장이 답답하다는 뜻은 자신은 물론이고 주위에 있는 육친, 친인척들의 육체나 정신에 문제가 발생하여 단명하거나, 급사하거나, 질병으로 신음하거나, 사망하는 문제가 발생한다. 월주 甲辰은 水氣가 간절한데 년간에 壬水가 있어 해갈하지만 그 마저도 辰戌 沖으로 정상적이지 못하다. 또 시주가 辛酉로 丙火나 강한 水氣가 없으면 辛酉의 날카로움을 해소할 수 없어 살성이 생기며, 辰酉 합으로 辰土 속의 乙이 상하니 이 또한 흉한 조합이다. 이런 이유로 자신의 육체에 문제가 있고 자주 질병에 걸리며 부친과 오빠가 사망했다. 모친은 이런 문제를 해결하고자 병원식당에서 일한다. 병원에서 일하는 것은 별 의미가 없어 보이지만 일반 식당에서 일하는 것과는 큰 차이를 보인다. 일종의 방생과 같은 개념으로 딸이 가진 살기의 문제를 병원에서 일하면서 해소하려는 것으로 개운법의 한 방법이다.

坤命　　　　陰/平 : 1978年 6月 1日 14時

時	日	月	年	89	79	69	59	49	39	29	19	9
己	戊	戊	戊	己	庚	辛	壬	癸	甲	乙	丙	丁
未	辰	午	午	酉	戌	亥	子	丑	寅	卯	辰	巳

　2008년 戊子년 당시 미혼으로 대학교 때 사귀던 남자와 유산한 경험이 있다. 외모는 평범하며 체형은 작고 단단하다. 사귀던 남자는 "저 여자는 자기밖에 모른다고" 투덜거렸다고 한다.

　土가 많으면 우매하고 고집스럽다고 한다. 하지만 정확한 표현은 土가 많은 것 때문이 아니라 적절한 쓰임이 없어서 문제다. 이 구조는 土가 매우 많은데 午월이니 열매를 맺어야 하고 적절한 水氣로 보충해야 한다. 하지만 土는 강한데 木이 없으니 쓰임이 없고, 金이 없으니 자신의 생각을 적절한 행동으로 드러내지 못하며, 午월에 부족한 水氣를 보호하고자 구두쇠가 될 수밖에 없다. 이런 인색한 성정 때문에 남자로부터 자기밖에 모른다는 소리를 들으며 결혼도 못하고 있다.

坤命　　　　陰/平 : 1948年 1月 4日 4時

時	日	月	年	53	43	33	23	13	3
甲	戊	甲	戊	戊	己	庚	辛	壬	癸
寅	辰	寅	子	申	酉	戌	亥	子	丑

　辛亥운에 후처로 결혼했으나 매우 가난했다. 남편은 차에 채소를 싣고 다니며 장사를 하였다. 庚戌운에 조금 발전했으나 여러 명의 유부남들과 통정하면서 돈을 낭비했다. 자궁염증으로 절제 수술도 받았

다. 이 구조도 戊子와 戊辰이 삼합으로 연결되었고, 辰土 속에 乙이 있으니 여명의 팔자에서는 주로 후처의 물상으로 발현된다. 이 구조는 특히 월과 시에 甲寅이 중복되니 부친과의 인연은 박하고 남자들과의 관계는 복잡할 수밖에 없다. 辰土와 寅木 사이에 卯木이 끼어 강한 寅卯辰 木氣로 인맥을 잘 형성하며 생식본능과 같아 성욕이 강하고 정력이 좋다.

　庚戌운에 여러 명의 유부남들과 通情한 이유는 戊辰간지의 특징과 "접촉하다"의 개념 때문으로, 食神 庚이 偏官 甲과 접촉하여 인연을 만들기 때문이다. 이 의미를 달리 표현하면 접촉이 이루어지지 않으면 유부남과 인연이 생기지 않지만, 庚이 甲을 접촉하면 반응할 수밖에 없고 이에 따라 인연이 생긴다. 食神制殺을 이해할 때 식신이 편관을 극하기에 편관을 물리치거나 멀리하는 生剋 작용으로 표현하지만 이것은 극히 일부를 살핀 것에 불과하다. 에너지의 파동으로 살피면 식신과 편관이 "접촉한" 것으로 접촉했기에 남자와의 인연이 생긴다. 다만 이 사주구조는 접촉할 곳이 많으니 동시에 여러 명의 유부남들과 통정한 것이다. 戊辰간지는 일지에 乙 남편을 두고 지장간과 乙癸戊 조합을 이루니 따사로운 봄날에 봄바람을 쐬러 돌아다니는 과정에 남녀 사이에 사랑을 느끼는 물상으로 인연이 복잡할 수밖에 없다. 이 여인이 연애하면서 돈을 낭비한 이유는 강한 甲寅은 水氣를 필요로 하기에 辰土 속의 癸水를 甲寅을 위해 사용할 수밖에 없기 때문이다. 만약 이 여명이 연애하면서 돈을 사용하지 않으면 남자들은 구타, 폭력을 행사할 수도 있다.

坤命				陰/平 : 1975年 6月 13日 4時							
時	日	月	年	86	76	66	56	46	36	26	16	6
甲	戊	癸	乙	壬	辛	庚	己	戊	丁	丙	乙	甲
寅	辰	未	卯	辰	卯	寅	丑	子	亥	戌	酉	申

여러 번 결혼한 여명이다. 이 여명은 戊辰간지의 특징 외에도 수많

은 甲乙寅卯를 가져 성욕이 강하며 많은 남자와 인연이 될 수밖에 없다. 보통 여명은 여러 번 결혼하는 것을 꺼리지만 이 여명은 계속해서 결혼했는데 그 이유를 살펴보자.

년주에 乙卯는 인연을 만드는데 뛰어난 재주를 가진 간지로 좌우확산을 하는 재주를 가졌으며, 乙卯는 반드시 戊土의 터전이 있어야 자신의 존재가치를 느끼기 때문에 남자들은 스스로 이 여인을 찾아와 인연 맺기를 바라는데, 사주팔자에 金氣가 전혀 없으니 그 인연을 끊어내기 힘들어 계속 받아들이기 때문이다.

坤命　　　　陰/平 : 1981年 6月 18日 10時

時	日	月	年	86	76	66	56	46	36	26	16	6
丁	戊	乙	辛	甲	癸	壬	辛	庚	己	戊	丁	丙
巳	戌	未	酉	辰	卯	寅	丑	子	亥	戌	酉	申

20세 이전에 남편을 잃었다. 상기 사주는 여러 번 결혼했고 이 여명은 남편을 잃었다. 그 물상은 전혀 다른데 이 구조는 년주가 辛酉로 인맥형성을 방해하는 에너지가 강하기에 주위에 있는 인연들을 잘라낸다. 특히 월간에 있는 乙은 인연을 만드는 인자로 남편에 해당하는데 일지 戊土에 들어오기 힘들고 辛酉에 잘리니 상할 수밖에 없다. 따라서 일찍 결혼하면 乙이 상하는 시기인 16~23세 사이에 남편을 잃을 수밖에 없기에 가능한 늦게 결혼해야 흉을 피할 수 있다. 다만, 정해진 운명을 벗어나기는 어렵기에 20세 이전에 남편을 잃었다.

乾命　　　　陰/平 : 1918年 8月 14日 22時

時	日	月	年	86	76	66	56	46	36	26	16	6
癸	戊	辛	戊	庚	己	戊	丁	丙	乙	甲	癸	壬
亥	辰	酉	午	午	巳	辰	卯	寅	丑	子	亥	戌

어릴 때 조부모의 사랑을 많이 받았다. 18세 乙亥년에 결혼하여 5남 4녀를 두었고 乙丑운까지 평범하게 살았다. 48세 丙寅운 乙巳년에

도시계획으로 농사짓던 땅이 개발되면서 돈을 벌어 생활이 풍요로워 졌지만 미장 기술자로 건물수리를 하면서 근검절약하는 생활을 하였다. 이 구조는 월주 辛酉로 반드시 水氣가 필요한데 時柱가 癸亥로 날카로움을 해소하며, 자식들의 역할이 좋기에 9명이나 낳았다. 연월일의 흐름이 午酉辰으로 午火가 酉金을 자극하면 辰土에 들어와 부풀려지기 때문에 한순간 폭발적으로 재물을 취할 수 있는 구조다. 따라서 辰土의 시기인 38~45세 사이에 발전 가능성이 높다. 문제는 년월에 水氣가 전혀 없으니 일지 辰土에서도 폭발하는 힘이 강하지 않은데, 시주에 癸亥가 있어 辛酉를 폭발적으로 부풀리니 48세에 도시계획으로 큰돈을 벌었다. 戊辰일주로 남녀인연이 많은 이유는 많은 씨종자를 세상에 퍼트리기 위해 짝짓기를 많이 하라는 하늘의 이치다. 이 남자는 많은 여성들과 짝짓기를 하지는 않았지만 많은 자식을 낳았다.

乾命

時	日	月	年
戊	戊	壬	戊
午	辰	戌	午

陰/平 : 1978年 10月 2日 12時

72	62	52	42	32	22	12	2
庚	己	戊	丁	丙	乙	甲	癸
午	巳	辰	卯	寅	丑	子	亥

항해사로 3년의 특례를 마치면 항해사를 그만둘지 고민하고 있다. 가난한 집안 출신으로 1남 3녀 중 막내이지만 부모님을 모셔야할 상황으로 초년부터 고생을 많이 했다. 아버지의 무능함과 잦은 폭력으로 고통 받으며 살았다. 세운에서 水氣가 오면 불운했고, 火氣가 오면 학업에 많은 발전이 있었다. 초등학교와 중학교 때 공부와 예체능 등 여러 분야에서 우수했지만, 고등학교 때에는 학업을 중단하고 심하게 방황했다. 재수를 통해 해양대학에 진학하여 항해사가 되었다. 당사자 스스로 생각할 때 해양계로 진로를 모색한 점과 아버지와의 불화는 납득이 가지 않는다. 세운에서 水氣가 올 때마다 흉하고 유년, 청년시절의 고생한 점을 감안하면 壬水를 용신으로 삼는다는 명리상담사의 주장에 회의적이다.

사주당사자의 의문점은 월지 戌土의 시공간 특징을 이해하면 쉽게 풀리는 문제다. 자세한 내용은 時空論을 참조하기 바라며, 간단히 설명하면 월지 戌土의 특징은 가을에서 겨울로 넘어가는 시기에 화로불과 같다. 寅午戌 삼합을 마감했기 때문이며, 뜨거워야 하는 이유는 亥月로 넘어가기 전에 불씨를 꺼트리면 겨울을 나기 힘들기 때문이다. 따라서 사주팔자에 水氣가 너무 강하면 화로불이 꺼져 춥고 배고픈 겨울을 지날 수밖에 없다.

  년과 월이 戊午, 壬戌로 공직팔자 구조로 나쁘지 않은데, 일지 辰土가 辰戌 沖하고 년주와 시주가 戊午로 복음이기에 가치가 낮아졌으며, 또 초년 운이 水氣로 흘러 난로가 꺼져 흉할 수밖에 없다. 월간 壬水 부친은 세 개의 戊土에 통제를 받아 삶이 고달플 수밖에 없고 이런 이유로 무능했으며, 고통을 해결하고자 폭력을 휘둘렀다. 따라서 壬水가 약하니 水氣가 와서 강해져야 한다는 논리는 합리적이지 않으며 오히려 흉한 운이다. 해양대학을 택한 이유는 壬水가 용신이기 때문이 아니라 월주 壬戌간지의 특징이 해외와 인연이 많고, 물처럼 흐르는 속성이기 때문이다.

乾命

時	日	月	年
壬	戊	庚	丁
子	辰	戌	巳

陰/平 : 1977年 9月 26日 1時

70	60	50	40	30	20	10
癸	甲	乙	丙	丁	戊	己
卯	辰	巳	午	未	申	酉

  丁亥년 상황으로 회계법인 소속 회계사다. 이 구조도 戌월이며 년과 월주가 丁巳, 庚戌이니 화로불이 강하고 운도 강한 火氣로 흐르니 성장과정에 문제가 없으며 사회에서 발전한다. 다만 일주와 시주가 辰土와 壬子로 일지 辰土에서 강한 水氣를 담고 戌土와 沖 하면 아무리 운이 좋더라도 삶에 기복이 생길 수밖에 없다.

乾命　　　　　陰/平 : 1939年 10月 17日 4:30

時	日	月	年
甲	戊	乙	己
寅	辰	亥	卯

76	66	56	46	36	26	16	6
丁	戊	己	庚	辛	壬	癸	甲
卯	辰	巳	午	未	申	酉	戌

70세 상황이다. 20대 초반 癸酉운부터 발복하여 재물을 축적해 壬申, 辛未운에는 거침없는 삶을 살았으며, 40대 후반까지 준 재벌 수준이었으나 50대부터 갑자기 사업이 기울더니 거의 알거지가 되어 힘들게 살았다. 70세 당시에는 주위 도움으로 조그맣게 장사를 하며 살아간다.

롤러코스터와 같은 인생을 살았다. 사주 전체에 金氣가 전혀 없고 木氣만 강한 구조에 월주가 乙亥로 특징이 없는 사주처럼 보인다. 이 구조의 특징은 년주가 己卯로 겁재가 년에 있으니 삶의 기복이 심하다. 돈을 벌 때는 경쟁자를 제압하여 빠르고 크게 벌지만, 경쟁에 밀리면 빠르고 크게 망한다. 또 다른 특징은 戊辰일주로 많은 木을 기르는 터전인데 월지 亥水를 일지 辰土에 담아온다. 이때 중요한 것은 金氣의 유무인데 이 사주에는 金氣가 전혀 없으니 마치 씨종자가 없는 것과 같은데 癸酉운부터 酉金이 亥水에 풀리고 辰土에 담긴다. 酉辰 합은 酉丑辰, 酉丑과 더불어 재물을 한순간 크게 모으는 조합이다. 다만 시주 甲寅에 이르고 땅이 마르면 강한 甲寅은 戊土의 땅을 부순다. 이런 이유로 50대 초반부터 빠르게 망했다.

乾命　　　　　陰/平 : 1965年 10月 18日 10時

時	日	月	年
丁	戊	丁	乙
巳	辰	亥	巳

71	61	51	41	31	21	11	1
己	庚	辛	壬	癸	甲	乙	丙
卯	辰	巳	午	未	申	酉	戌

丙戌년 상황으로 두 번이나 치과병원을 개업하고 망했지만 능력이 좋은 부인이 모두 해결해주었으며 70평 아파트에서 살고 있다.

이 구조도 戊辰일주로 亥月이다. 구조가 뚜렷한 특징을 보이지 않는다. 水火가 싸우는 조합으로 金氣도 없는데 운에서 金을 보충했고, 丁亥월주의 특징대로 전문기술, 전문자격증이며 丁火로 고치는 특징과 巳亥 沖으로 치과의사다. 이 사주도 亥水가 辰土에 담겨오는데 金氣를 보충하는 운에 발전했으며, 일지의 쓰임이 좋으니 부인의 능력으로 발전했다. 상기 사주는 자신의 능력으로 재물을 축적했으나 부인의 조력이 좋은 것이 분명하고, 이 사주는 자신도 능력이 있지만 부인의 내조가 크다.

乾命				陰/平：1979年 11月 9日 6時								
時	日	月	年	86	76	66	56	46	36	26	16	6
乙	戊	丙	己	丁	戊	己	庚	辛	壬	癸	甲	乙
卯	辰	子	未	卯	辰	巳	午	未	申	酉	戌	亥

대학을 졸업하고 제약회사에서 근무 중이며 약사자격증이 있다. 이 구조는 亥月이 아니라 子月이며 운의 흐름은 金氣로 동일한데 경제적인 측면에서는 많은 차이를 보인다. 申酉戌은 의료, 검경, 금융 물상이니 그 영향으로 의료와 인연이 있고, 또 乙卯는 약초의 물상이니 제약회사에서 근무한다. 子月에 申子辰 삼합을 이루고 丙火로 어둠을 밝히니, 어둠속에 숨은 병의 원인을 밝히고 乙卯로 약을 만드는 구조다. 子水는 辰土에 墓地가 아니라 庫地와 같아서 꺼내 활용해야만 하기에 상기 사주들과 재물에 큰 차이를 보인다.

乾命				陰/平：1975年 12月 17日 1:20								
時	日	月	年	93	83	73	63	53	43	33	23	13	3
壬	戊	己	乙	己	庚	辛	壬	癸	甲	乙	丙	丁	戊
子	辰	丑	卯	卯	辰	巳	午	未	申	酉	戌	亥	子

丙戌년 상황이다. 토목공학을 전공하고 건설회사 서울본사에서 재직하다 丙戌년에 지방으로 전근하였다. 丙戌년 말 즈음에 동료들과 함께 토목, 건설 회사를 설립하려고 계획 중이다. 이 구조는 乙卯와 己

丑으로 土木 조합이니 건설업에 어울리지만, 己丑월이니 기초공사만
할 수 있어 토목공학을 전공했으며, 丑辰 파로 땅을 개량한다. 丙戌년
에 월지와 刑하니 직업 궁에 변화가 생겼고 그 영향으로 사업을 계획
중이다. 이 남자의 戊辰간지는 건설을 위한 넓은 토지를 뜻한다.

乾命

時	日	月	年
壬	戊	丙	己
戌	辰	寅	丑

陰/平 : 1949年 1月 10日 20時

81	71	61	51	41	31	21	11	1
丁	戊	己	庚	辛	壬	癸	甲	乙
巳	午	未	申	酉	戌	亥	子	丑

己未운 상황이다. 공직생활을 시작하여 壬戌, 辛酉, 庚申운에 승승
장구하여 주위에서 선망의 대상이었으며 명성을 얻었다. 이 사주를
올린 당사자가 판단하기에 庚申운에 승진을 계속한 이유는 寅申 충
때문이라 생각한다. 己未운 己丑년에 간단한 허리디스크 수술을 했는
데 척추에 2차 감염이 생겨 사경을 헤매다 庚寅년에 가까스로 살아
나 회복 중이다.

이 구조는 부자사주 구조 중에서 수확하는 구조다. 년과 월 己丑과
丙寅은 매우 적절한 조합으로 寅月은 水氣가 반드시 필요한데 없으나
己丑의 음습한 땅은 寅이 뿌리 내리기 좋은 환경이며 丙火로 성장을
촉진할 수 있기 때문이다. 또 丙火는 戊土에 빛을 비추어 寅 뿌리의
존재를 환하게 밝힌다. 따라서 자신의 존재를 명확하게 사회에 드러
내는 구조로, 庚申운에 좋았던 이유는 뿌리 깊은 나무를 벌목했고,
월간 丙火가 庚申을 만나 쓰임을 얻었으며, 시간의 壬水가 적절하게
水氣를 배합하여 전체 사주가 모두 활발하게 움직였기 때문이다. 보
통 辰戌丑未 土는 중앙에 위치하기에 인체에서 허리에 해당하며 沖
하는 시기에 허리에 문제가 생겨 수술을 받았다. 己未운에 己丑과 沖
하면 寅 생기의 터전이 흔들리는 것과 같아서 힘든 과정을 거쳤다.
또 辰未戌이 한꺼번에 조합을 이루고 구조가 나쁘면 사망할 수도 있
는 조합이다.

▶ 하늘에서 내리는 부자사주 구조 (4) – 넓은 땅을 개간하는 부자

　넓은 땅을 개간하여 부자가 되는 사주팔자의 특징은 많은 土를 가졌고, 甲이나 乙 하나가 전체 땅을 관리하는 경우다. 甲이 두 개 이상이거나 甲乙이 혼잡 되면 힘을 합하여 땅을 함께 관리하는 것이 아니라 재물 복이 그만큼 줄어든다. 반드시 하나의 甲이 넓은 땅을 다스릴 때, 지도자 하나가 수많은 백성들을 다스리는 이치처럼 거부가 될 수 있다. 사주 예문으로 살펴보자.

乾命　　　　　　陰/平 : 1872年 3月 20日 8時

時	日	月	年
戊	甲	甲	壬
辰	辰	辰	申

77	67	57	47	37	27	17	7
壬	辛	庚	己	戊	丁	丙	乙
子	亥	戌	酉	申	未	午	巳

　학력이 높고 선대부터 물려받은 땅이 酉운에 정부의 신도시개발정책으로 땅값이 폭등하여 큰 부자가 되었다. 甲辰월이니 水氣가 필요한데 壬申년에서 水氣를 보충한다. 甲辰에 水氣가 충분하면 농사짓기 좋은 땅이 되어 학력이 높고 공직, 교육에 어울리지만 水氣가 부족하면 좋은 사주가 되기 어렵고 군인이나, 육체를 쓰는 직업에 어울린다. 이 구조는 申辰壬으로 비록 申子辰 삼합은 아니지만 나름 水氣를 갖추니 甲을 기를 수 있기에 학력이 높으며 水氣를 받으니 조상의 음덕이 많다. 년지 申은 씨종자와 같고 申辰으로 합하는바 내가 그것을 받아낸다. 己酉운은 辰酉 합으로 갑작스럽게 큰 재물을 얻는 운이다. 이 구조의 특징은 두 개의 甲이 많은 土를 관리하는 모습이다.

乾命　　　　　　陰/平 : 1916年 10月 8日 8時

時	日	月	年
戊	甲	戊	丙
辰	辰	戌	辰

81	71	61	51	41	31	21	11	1
丁	丙	乙	甲	癸	壬	辛	庚	己
未	午	巳	辰	卯	寅	丑	子	亥

어릴 때는 부모덕이 없어 나무를 해다 팔아 생계를 연명했는데, 43세부터 재물을 모으기 시작해 동대문 시장 근처 땅을 구입하면서 갑부가 되었다. 66세에 국회의원에 당선되고 재선에 성공했다. 이 구조는 甲 하나가 수많은 땅을 다스린다. 종격이나 財多身弱으로 설명할 것이나 이렇게 甲 하나가 많은 땅을 다스리는 조합들은 엄청나게 큰 재물을 모은다.

乾命 　　　　　　陰/平 : 1949年 3月 16日 18時

時	日	月	年	83	73	63	53	43	33	23	13	3
癸	甲	戊	己	己	庚	辛	壬	癸	甲	乙	丙	丁
酉	戌	辰	丑	未	申	酉	戌	亥	子	丑	寅	卯

신발공장을 운영하며, 중국에도 공장이 있다. 급한 성정으로 무리하게 사업을 추진하다 고난을 자초한다. 乙亥, 丙子, 丁丑년에 부도로 아내명의로 공장을 운영한다. 이 구조는 년과 월에 많은 땅을 가졌고 甲 하나가 그 땅을 다스린다. 따라서 재물 복이 두터운 구조인데, 시주 癸酉에 이르면 癸甲戊 조합을 이루어 戊土의 터전이 상하기에 부도가 난 것이다. 土가 년과 월에 모여 있으니 젊어서 재물을 모으고 시주에 土가 없으니 다스릴 땅이 사라지는 것과 동일한 이치다.

乾命 　　　　　　陰/平 : 1949年 3月 16日 20時

時	日	月	年	83	73	63	53	43	33	23	13	3
甲	甲	戊	己	己	庚	辛	壬	癸	甲	乙	丙	丁
戌	戌	辰	丑	未	申	酉	戌	亥	子	丑	寅	卯

형제가 운수업과 금속 사업을 함께 운영한다. 이 구조도 많은 땅들을 甲甲 두 개가 힘을 합하여 다스린다. 따라서 형제가 동업으로 두 종류의 사업을 하는 것이다. 또 丑辰으로 재물을 빠르게 모을 수 있는 기운도 가졌다.

제4절 癸水 - 대기, 흑색, 뇌수, 생명체의 근원에너지

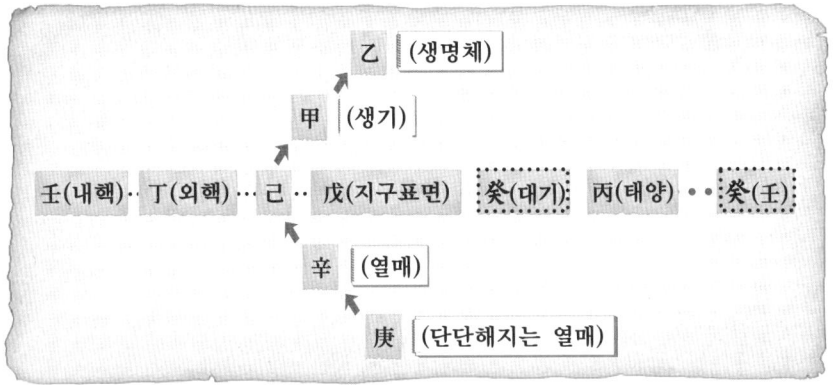

시공간부호 - 60干支(上)에서 설명했던 癸의 가장 중요한 지질학적 역할은 하기와 같다.

"대기가 없으면 태양이 아무리 어둡더라도 태양에서 오는 자외선 때문에 분자들의 결합이 끊어져 버린다." (「거의 모든 것의 역사」 빌 브라이슨)

지구 대기는 지구를 제외한 나머지 전 우주에서 오는 적외선 상당량을 차단합니다. 이보다 더 놀라운 것은 밤이 되면 지구대기는 적외선을 다량 방사해 우주 공간에 있는 것들을 아무것도 볼 수 없게 만듭니다. 그들의 적외선이 지구 대기를 통과한다 하더라도 그렇습니다. 지구 대기는 이런 방법으로 훌륭하게 생명을 부양하고 있습니다. (「우주의 7가지 놀라운 신비」 르네 제임스)

태양 빛의 강도에 상관없이 지구에 대기가 없다면 생명체는 살 수가 없다는 뜻으로 대기가 생긴 이후에야 비로소 단세포 생명체가 드러날 수 있었다. 이렇게 癸는 지구는 물론, 인간의 육체에서도 매우 중요한 역할을 담당한다.

인간 육체의 핵심도 모든 물리학의 기본처럼 척력 癸水와 중력 丁火에 의해 운영된다. 간단하게 의식과 심장박동으로 정의할 수 있다. 癸水는 뇌에 있는 어떤 무엇이고, 丁火는 육체를 움직이게 하는 심장과 같으며, 丁癸 沖으로 육체와 정신을 유지한다. 이렇게 癸水는 인간의 의식을 지배하는 뇌수와 같고, 몸통 하복부에서도 남자는 정액으로, 여자는 天癸인 생리로 발현되어 생명체를 만들어내는 원동력이다.

癸水는 黑色으로 우주의 비밀을 감춘 암흑에너지다. 따라서 빛이 없는 한 癸水는 黑色으로만 존재하며 빛을 비추면 비로소 지구표면 戊土 위에 色을 입힌다. 낮에는 환하게 빛나는 대기권으로, 해가 지면 흑색의 대기권으로 변한다. 이렇게 癸水와 丙火 그리고 戊土는 매우 밀접한 관계를 유지하면서 화려한 색계를 만들어가는 조합이다.

"모든 것은 거기서 시작 했어. 빅뱅에서 시작해 뇌가 탄생하기까지 대략 150억년의 시간이 걸렸네. 굉장한 여정이지 않나?" 즉, 우리는 뇌를 갖고자 150억년을 기다렸다. (「뇌의 미래 미켈」 니코렐리스 9p)

癸水는 뇌와 깊은 관련이 있음은 물론이고, 丙火로 색을 구별할 수 있기에 癸水가 상하면 시각에 문제가 생기며, 乙을 통하여 자신의 생각을 언어로 표현한다. 따라서 癸水는 인간의 거의 모든 것이라 해도 틀림없다. 몇 가지 사주 예문을 통해서 癸水의 실체를 살펴보자.

乾命

時	日	月	年
癸	乙	己	乙
未	未	卯	酉

陰/平 : 1945年 2月 14日 14時

77	67	57	47	37	27	17	7
辛	壬	癸	甲	乙	丙	丁	戊
未	申	酉	戌	亥	子	丑	寅

절도로 17세 辛丑년과 23세 丁未년에 감옥에 가서 31세 丙子운 乙卯년에 출옥했다. 癸乙은 뇌수가 乙을 향하여 흐르는 것인데 卯酉 沖으로 상하고 있다. 辛丑년에 다시 乙辛 충하고 卯丑으로 乙의 흐름이

응결되면 癸水의 활동이 정상적이지 못하다. 뇌에 문제가 생겨 이상한 행동을 하는데 이 사람은 도둑질로 발현되었다. 丑土는 亥子丑 과정의 마지막으로 육체가 없는 곳에서 윤회를 준비하는 바, 물질이나 육체를 얻고자 남의 것을 강제로 훔치는 행위인 도둑의 특징을 강하게 드러낸다. 구조의 특징은 월간 己土의 주위에 3개의 乙이 己土를 경쟁적으로 탐한다.

坤命　　　　陰/平 : 1978年 1月 11日 14時

時	日	月	年		85	75	65	55	45	35	25	15	5
癸	庚	甲	戊		乙	丙	丁	戊	己	庚	辛	壬	癸
未	戌	寅	午		巳	午	未	申	酉	戌	亥	子	丑

의류디자이너로 신경쇠약과 조급증이 있다. 寅月에 부족한 水氣를 보충하고자 癸水를 원하지만 많은 火氣에 증발되는 상황이니 뇌수에 문제가 생기고 신경쇠약과 조급증이 생긴다. 壬水와 癸水는 물의 흐름으로 상하게 되면 방향감각에 문제가 생기고 삶의 방향을 잡지 못하고 방황한다. 간단하게 표현하면 "어디로 가야하지?"라는 생각에 사로잡힌다. 다만, 운에서 水氣를 보충하니 극단적이지는 않다.

坤命　　　　陰/平 : 1956年 4月 2日 16時

時	日	月	年		51	41	31	21	11	1
庚	戊	癸	丙		丁	戊	己	庚	辛	壬
申	寅	巳	申		亥	子	丑	寅	卯	辰

미대 출신으로 디자인 인테리어 사업을 한다. 이 구조는 癸水가 흑색인데 丙火와 巳火가 화려하게 色彩를 입힌다. 초년에 卯木 손을 활용하는 운을 만나니 미술에 재능을 보였다. 이렇게 각 글자들은 자신의 고유한 특징만을 갖는데 어떻게 조합하느냐에 따라서 다양한 성격, 직업, 재물, 인생관으로 발현된다. 癸水는 흑색으로 사고력, 창조능력과 같지만 흑색이기에 잘 드러내지는 못한다. 丙火는 화려한 색

채, 빛과 같으니 癸水를 환하게 밝힌다. 따라서 癸巳는 어두운 무대 아래서 巳火 빛을 비추어 환하게 드러낸다. 여기에 寅卯辰 木의 좌우로 펼치는 에너지를 감안하면 인맥을 형성하고, 손과 언어를 활용하여 巳火 무대를 더욱 아름답게 가꾸는 것이다. 그런 이유로 미대를 졸업하고 인테리어 사업을 한다.

乾命　　　　　陰/平 : 1958年 11月 23日 20時

時	日	月	年	81	71	61	51	41	31	21	11	1
甲	甲	甲	戊	癸	壬	辛	庚	己	戊	丁	丙	乙
戌	申	子	戌	酉	申	未	午	巳	辰	卯	寅	丑

　법조인으로 온화한 성격에 인간관계가 좋다. 강단이 있으며 업무 처리능력 역시 좋다. 癸巳년에 망신살이 뻗쳐 퇴직하였다. 癸巳년은 월지 子水의 흑색, 비밀스럽고 은밀한 일이 巳火에 의해 환하게 드러나 감추어진 비밀이 들통 나면서 망신당하고 퇴직한 것이다.

坤命　　　　　陰/平 : 1971年 8月 18日 10時

時	日	月	年	81	71	61	51	41	31	21	11	1
己	甲	丁	辛	丙	乙	甲	癸	壬	辛	庚	己	戊
巳	子	酉	亥	午	巳	辰	卯	寅	丑	子	亥	戌

　壬寅운 癸巳년 일지 子水 흑색이 천간에 드러나 巳火에 의해 환하게 밝혀진다. 감추었던 개인비밀이 드러나고 직장에서 좌천되었다.

乾命　　　　　陰/平 : 1991年 4月 20日 2時

時	日	月	年	88	78	68	58	48	38	28	18	8
癸	癸	癸	辛	甲	乙	丙	丁	戊	己	庚	辛	壬
丑	卯	巳	未	申	酉	戌	亥	子	丑	寅	卯	辰

　己丑년 상황으로 온순하며 잘생긴 외모로 여자처럼 행동한다. 근시이며 미술을 좋아하여 매일 집에 틀어박혀 그림을 그리거나 컴퓨터를

한다. 화가나 설계에 어울리는 구조인데, 癸水는 흑색이고 卯木 손을 활용하여 巳火로 아름다운 색을 입힌다. 천간에 어두운 색만 있으니 집에만 틀어박혀 밖으로 나가지 않고 그림을 그린다. 이런 구조는 겁이 많다.

坤命　　　　　陰/平 : 1967年 2月 3日 22時

時	日	月	年
己	丙	癸	丁
亥	子	卯	未

87	77	67	57	47	37	27	17	7
壬	辛	庚	己	戊	丁	丙	乙	甲
子	亥	戌	酉	申	未	午	巳	辰

39세 2005년 乙酉년 상황으로 사이비 종교에 빠져 가정을 외면하고 이혼을 요구하며 별거 중이다. 乙酉년 酉金이 卯木을 자르면 癸水의 활동에 문제가 생기고 卯木이 丙火로 가는 흐름이 막히면서 뇌출혈, 심장마비, 정신이상의 문제가 생긴다. 또 癸水가 상징하는 사고방식, 언어, 시각에 문제가 생길 수 있다. 마치 빛을 잃어 어둠속에서 방황하는 상황으로 그것을 상쇄하고자 사이비 종교에 빠진 것이다.

乾命　　　　　陰/平 : 1973年 12月 24日 0時

時	日	月	年
甲	己	乙	癸
子	未	丑	丑

44	34	24	14	4
庚	辛	壬	癸	甲
申	酉	戌	亥	子

2004년 甲申년 상황으로 독신이다. 어려서부터 반복된 우울증으로 기력이 없고 집에 틀어박혀 지낸다. 술과 항 우울제로 버티고 있으며 자살충동도 느낀다. 년간 癸水가 사주팔자에 火氣가 전혀 없어 빛을 감지하지 못하며 운도 흑색으로만 흐른다. 이런 구조는 마치 빛이 전혀 없는 어둠 속에서 살아가는 것과 같아 우울증에 걸릴 수밖에 없으니 가능한 현재의 공간을 벗어나 해외로 가는 것이 좋다. 乙과 癸는 폭발하는 에너지를 가졌지만 丑月의 시공간과 운이 너무 어둡기에 에너지를 적절하게 활용하지 못하고 있다.

坤命　　　陰/平 : 1952年 8月 26日 6時

時	日	月	年	81	71	61	51	41	31	21	11	1
乙	癸	庚	壬	辛	壬	癸	甲	乙	丙	丁	戊	己
卯	巳	戌	辰	丑	寅	卯	辰	巳	午	未	申	酉

戊申운 壬子년 망상, 불면증, 울고 웃는 정신병에 걸렸다. 이 사주도 乙과 癸가 붙어있고 卯木이 巳火를 향하여 간다. 癸乙丙의 흐름으로 癸水의 뇌수가 乙卯를 통하여 巳火로 전달되는 과정에 戊申운의 申이 卯申 合, 巳申 合으로 흐름을 막아버리니 정신에 이상이 생긴다. 卯木에 문제가 생기니 癸水의 흐름이 막혀 뇌수가 상한 것이다. 또 卯巳戌로 殺氣를 가진 조합이다.

이렇게 癸水는 인간의 의식을 지배한다. 丙火를 통하여 시각으로 발현되며, 乙을 통하여 생기발랄함과 언어나 손을 사용하여 자신의 사상을 전달한다. 그림으로 癸水의 중요성을 살펴보자.

그림 1

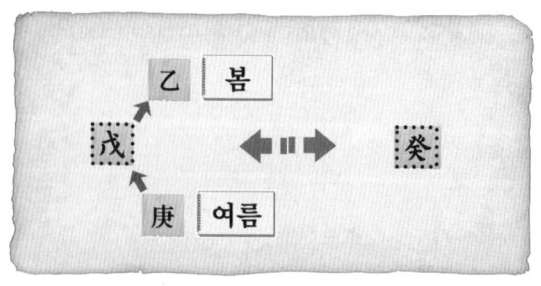

戊土 자체로는 생기와 생명체가 없는 혹성에 불과하다. 생기를 불어 넣으려면 반드시 癸水 대기권이 필요하다. 戊土는 丁火 중력에너지를 지구 핵 속에 감추고 癸水를 중력으로 당겨와 戊癸 합하여 지구에 生氣를 불어넣는다. 대기권은 지상으로부터 대략 15~20킬로 정도라고 한다. 戊癸 합해도 지구에는 여전히 빛은 없다. 다만 癸水가 있기에 산소가 공급되고 생명체가 생겨날 여건이 마련된 것이다. 이 과

정이 戊土 위에서 癸水에 의해 乙 생명체가 번식하는 과정이며 계절로는 봄이요, 천간에서 乙癸戊 조합이다.

그림 2

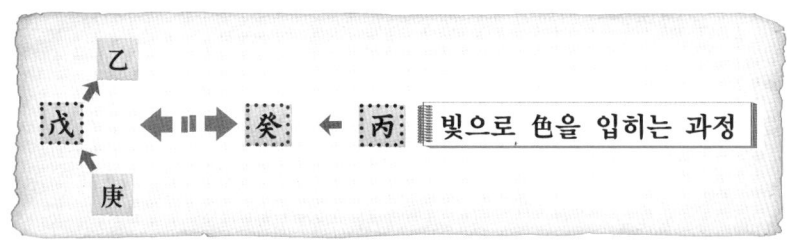

지구에 대기권이 있지만 빛이 없다가 丙火 빛이 분사되면 지구에 色이 입혀진다. 戊土가 화려하게 드러나고 눈의 감각작용을 통하여 색채를 인식한다. 癸水의 흑색이 丙火의 빛으로 밝아진 것이다.

▸ 癸水干支 조합

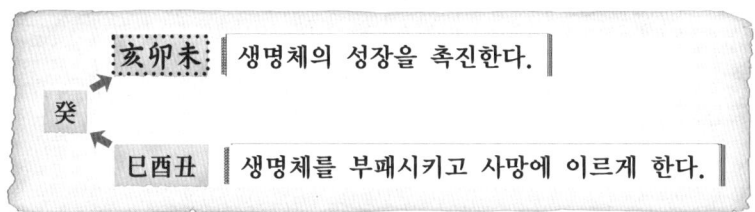

지금부터 癸水가 삼합과 조합을 이루는 간지들의 의미를 살펴보자. 癸水는 亥卯未, 巳酉丑 삼합과 배합되어 癸亥, 癸卯, 癸未 그리고 癸巳, 癸酉, 癸丑으로 간지를 이룬다. 癸水가 亥卯未와 조합을 이루면 癸水는 木의 성장을 촉진하고, 巳酉丑과 조합을 이루면 木을 수확하거나 물질을 부패시키고, 생기를 없애버리는 에너지로 쓰인다. 이때는 癸水가 가진 근본에너지를 적절하게 활용하지 못한다. 다만 癸巳의 경우 巳酉丑 삼합의 출발점인 봄에 꽃이 활짝 핀 공간에 癸水가 드러나니 숙살, 부패, 사망의 의미보다는 홍보, 광고, 색채, 홈쇼핑 물상으로 활용하며, 사주팔자 조합에 따라서 교육, 공직의 물상으로도 활용된다. 다만 巳酉丑 삼합의 목적이 물질을 추구하기에 빛을 확장하는 에너지로 다양한 인맥을 형성하여 물질을 추구한다. 겉으로는 인맥형성, 홍보, 광고가 巳火의 목적처럼 보이지만 본질적으로는 물질을 추구한다.

49. 癸亥干支

강한 에너지를 가진 간지다. 육십갑자의 마지막으로 과거사를 버리고 정리할 시공간에 이르렀고, 戌亥로 과거의 육체를 버리고 윤회를 시작하는 어둠과 같으니 생명체가 살기 어려워 癸水가 乙을 키우지 못한다. 따라서 癸亥는 물질로 활용하기는 어렵고 단전호흡, 요가, 참선, 종교, 명리, 철학과 인연이 깊다. 만약 年에 癸亥가 있으면 물질이 박하니 조상의 음덕을 기대하기 어렵거나 조상대에 가산을 탕진하고 타향에서 새 출발했을 가능성이 높다. 癸亥는 상하가 흑색이니 나머지 팔자에서 丙巳로 色彩를 보충해주지 않으면 어둠 속에서 살거나 정신을 추구해야 한다. 여자의 경우 일주가 癸亥라면 남편자리에 亥水가 있으니 빛으로 구제하지 않으면 재물을 상하게 하는 남편을 만날 가능성이 높다. 예를 들어보자.

坤命　　　　　陰/平 : 1950年 6月 13日 20時

時	日	月	年	97	87	77	67	57	47	37	27	17	7
壬	癸	癸	庚	癸	甲	乙	丙	丁	戊	己	庚	辛	壬
戌	亥	未	寅	酉	戌	亥	子	丑	寅	卯	辰	巳	午

戊子년 상황으로 남편의 상습적인 외도와 뻔뻔함에 지쳐 남매를 데리고 이혼한 후 경제난에 허덕이며 살고 있다. 관절염으로 한쪽 다리가 상해 절고 건강도 좋지 않다. 목사가 되고자 공부중인데 丁亥년 아들과 동거를 시작한 사기꾼 같은 여자 때문에 충격을 받아 쓰러져 입원했다.

일지 亥水 남편은 木을 키워야 하는 癸水에게는 생기를 키우지 못하게 만드니 일간의 활동을 극도로 위축시키며 육체를 상하게 하고 물질을 없애는 인자다. 또 강한 壬癸 水氣는 未戌土 남편입장에서 여러 명의 여자들을 다룬다는 뜻이며, 일지 亥水와 동일한 오행이 천간에 여러 개 있으니 남편의 여성편력이 대단하고 동일한 오행의 숫자만큼 결혼할 가능성이 높다. 이 구조는 네 개의 水氣가 있으니 4번 결혼 할 가능성을 가지고 태어난 것이다. 시주에 있는 壬戌 자식도 생기를 상하게 하기에 평생 속을 썩이는 자식이다. 일시지가 戌亥로 천문이니 종교에 심취하여 목사가 되려고 한다.

坤命　　　　　　陰/平 : 1943年 8月 3日 20時

時	日	月	年	82	72	62	52	42	32	22	12	2
壬	癸	庚	癸	己	戊	丁	丙	乙	甲	癸	壬	辛
戌	亥	申	未	巳	辰	卯	寅	丑	子	亥	戌	酉

남편은 목수로 가정에 충실하지만 경제능력은 부족하다. 남편을 무시하고 무능함을 탓하며 직접 돈을 벌어보겠다고 동분서주 하지만 역부족이다. 어렵게 집을 마련했지만 도시계획 때문에 다시 셋방을 전전하면서 힘들게 산다. 이 구조도 일주가 癸亥요 庚申월주이니 뜨거운 태양빛으로 열매를 키워야 할 시공간에 水氣만 가득하고 운도 어둠 속으로만 흘러 삶은 어둡고 물질의 풍요는 얻기 어렵다. 4번 결혼할 팔자이지만 남편의 무능함을 견디며 살아간다. 이 여명은 남편의 무능이 자신의 팔자 때문임을 모른다.

坤命　　　　　　陰/平 : 1944年 4月 7日 1時

時	日	月	年	78	68	58	48	38	28	18	8
壬	癸	戊	甲	庚	辛	壬	癸	甲	乙	丙	丁
子	亥	辰	申	申	酉	戌	亥	子	丑	寅	卯

28세 辛亥년에 결혼하고 辛酉년에 남편이 교통사고로 사망했다. 1983년 40세 癸亥년에 재혼하였으나 49세 壬申년에 이혼하고, 52세 乙亥년에 다시 결혼했다.

이 사주도 월주에 戊辰으로 남편이 튼튼하니 좋은 남편이라 판단하기 쉽다. 일주와 시주가 癸亥, 壬子로 癸 일간에게 밝은 세상을 만들어 주지 못한다. 乙丑운 천간은 癸水와 乙 그리고 戊土가 乙癸戊 조합을 이루니 봄날을 만나 희망을 갖는 시절로, 여자의 경우 대부분 연애하거나 결혼하는 시기다. 다만 癸卯가 辛酉를 만나거나 癸酉가 乙卯를 만나면 배우자가 사망할 가능성이 높다. 남편이 교통사고로 사망한 것은 辛酉년에 乙이 상한 것이 가장 큰 요인이다. 酉丑辰 조합은 교통사고나 감옥물상이고 운이 좋을 때는 순간적으로 큰돈을 벌지만 그 영화는 오래가지 못한다. 이 여인이 계속 결혼하는 이유는 戊癸 합하는 인력 때문에 水氣가 마른 戊土가 癸水를 찾아와 水氣를 달라고 요구하며, 일지와 동일한 글자가 4개나 있으니 적어도 3번 이상 결혼할 운명이기 때문이다.

乾命　　　　陰/平 : 1912年 5月 2日 20時

時	日	月	年	87	77	67	57	47	37	27	17	7
壬	癸	丙	壬	乙	甲	癸	壬	辛	庚	己	戊	丁
戌	亥	午	子	卯	寅	丑	子	亥	戌	酉	申	未

年月의 子午 沖은 水火의 沖으로 물질은 박하고 정신을 추구하는 조합으로 대부분 충으로 총명하지만 심하면 빛과 어둠이 싸우면서 어둠 속에 있는 귀신을 보거나 느낄 수 있다. 丙午가 金 열매가 없으니 총명할 뿐 쓰임이 없다가 金運으로 흐를 때 火氣로 金을 키우고 다시 水氣에 부풀리니 은행에서 일하고 은행장을 지냈다. 하기 사주와 비교해보자.

乾命　　　　陰/平 : 1912年 5月 2日 12時

時	日	月	年	87	77	67	57	47	37	27	17	7
戊	癸	丙	壬	乙	甲	癸	壬	辛	庚	己	戊	丁
午	亥	午	子	卯	寅	丑	子	亥	戌	酉	申	未

풍족하지 못한 어린 시절을 보냈다. 21세 壬申년 은행 수습직원으

로 입사한 후 28세 승진하였다. 庚戌운은 지체되었다가 辛亥, 壬子운에 치부했다. 이 구조 역시 丙午가 운에서 金을 만나니 열매를 키워 水 氣에 풀어낸다. 火金水 조합은 대부분 재물 복이 좋다.

坤命   陰/平 : 1923年 8月 17日 8時

時	日	月	年	88	78	68	58	48	38	28	18	8
丙	癸	辛	癸	庚	己	戊	丁	丙	乙	甲	癸	壬
辰	卯	酉	亥	午	巳	辰	卯	寅	丑	子	亥	戌

어려서 신 내림을 받고 무속인으로 큰돈을 벌었지만 남편이 사업과 노름으로 모두 탕진했다. 남편이 사망한 후에는 큰 아들이 사업을 한다고 재산을 없앤다. 이 구조는 癸卯, 辛酉 조합으로 살기가 강해 본인이나 배우자가 사망하는 물상이다. 癸卯로 癸水가 卯 생명체를 키우지만 辛酉가 卯酉 충으로 생기를 자르기 때문이다. 일간 癸水는 殺氣를 상쇄하고자 남편과 자식에게 돈을 내놓지만 卯酉 충의 흉함을 해소하지는 못한다. 신 내림을 받은 이유도 金水 조합에 卯酉 沖 하니 卯 신경을 날카로운 酉金으로 찌르는 것과 같아 정신에 이상이 온 것이다. 따라서 재물을 버리지 않으면 누군가 죽는다는 것을 알고 재물을 탕진함으로써 殺氣를 상쇄하는 것으로, 이 또한 개운법의 일종이다. 일지 남편 卯木은 辰酉 합 사이에 끼어 큰돈을 벌 수 있다는 욕망에 휘둘려 사업과 도박으로 재산을 탕진했다.

乾命   陰/平 : 1955年 7月 13日 4時

時	日	月	年	77	67	57	47	37	27	17	7
甲	癸	甲	乙	丙	丁	戊	己	庚	辛	壬	癸
寅	亥	申	未	子	丑	寅	卯	辰	巳	午	未

버스 운전기사로 50~51세 甲申~乙酉년 일을 쉬면서 주식투자에 열중해 丙戌년에 5억을 벌었으나 53~54세 丁亥~戊子년에는 3억의 손실을 보았다.

甲申년과 乙酉년은 癸水가 巳酉丑 삼합으로 木을 수확하겠다는 의미다. 金으로 木의 활동을 없애니 육체활동은 포기하고 두뇌만 사용하여 주식투자를 한 것이다. 丙戌년은 己卯운과 卯戌 합으로 강한 火氣를 만나 돈을 벌지만 丁亥, 戊子년은 金이 水氣에 풀어짐이 과하고 甲寅은 응결되니 큰 손실을 보았다. 이 구조에서 甲寅, 甲乙의 혼잡은 직업이 여러 번 바뀐다는 의미다. 운전기사로 역마속성을 갖는 이유는 申月에 농부는 열매가 잘 익는지 이곳저곳을 살피러 다녀야 하는 자연의 이치 때문이다. 의미를 확장하면 申月은 산과 절, 불교, 운전과 인연이 깊다.

乾命　　　　　陰/平 : 1983年 10月 27日 22時

時	日	月	年
癸	癸	癸	癸
亥	亥	亥	亥

78	68	58	48	38	28	18	8
乙	丙	丁	戊	己	庚	辛	壬
卯	辰	巳	午	未	申	酉	戌

명문대를 졸업하고 2010년 庚寅년 국책은행과 현대자동차에 모두 합격하여 고민 중이다. 이 구조를 종격으로 살피는데 그럴 필요가 없다. 많은 水氣는 물과 같은 속성으로 流動을 의미한다. 하지만 金을 만나면 金을 품어 생명체를 기르는 母體의 양수처럼 안정이 된다. 金水 조합을 이루면 전생의 경험을 水氣에 풀어내는 것과 같아 대부분 총명하다. 따라서 이 구조는 운에서 金氣를 만나 가치가 높아졌다.

하기는 癸水가 월간에 己土를 보는 조합들이다. 물상이 어떻게 변화하는지 살펴보자.

坤命　　　　　陰/平 : 1987年 7月 19日 8時

時	日	月	年
丙	癸	己	丁
辰	亥	酉	卯

89	79	69	59	49	39	29	19	9
戊	丁	丙	乙	甲	癸	壬	辛	庚
午	巳	辰	卯	寅	丑	子	亥	戌

2015년 乙未년 상황이다. 전문직으로 공기업에서 근무한다. 10년

간 사귄 남자친구와 헤어지고 새로운 남자를 사귀는 중인데 만나는 남자들마다 바람을 피워 답답하다.

　火氣가 酉金 월지를 자극하고 일지에 풀리는 흐름이니 총명하다. 火金水로 물질과 인연이 좋으니 금융, 회계, 세무와 같은 물상인데 월간에 己土가 있으니 공무원, 공기업과 인연이 깊다. 이 사주도 癸 亥일주로 亥水를 총명함으로 사용하지만 남녀 관계에서는 외도하거나 재물을 탐진하는 남자와 인연을 맺게 된다.

乾命　　　　　陰/平 : 1982年 8月 21日 18時

時	日	月	年	70	60	50	40	30	20	10	0
辛	癸	己	壬	丁	丙	乙	甲	癸	壬	辛	庚
酉	亥	酉	戌	巳	辰	卯	寅	丑	子	亥	戌

　공부에 관심도 없고 목표도 없이 살다가 우연히 회계학을 공부하여 캐나다에서 회계사로 일한다. 말재주가 없고 고지식하고 인간관계가 좋 지 못하고 여자도 없다. 주역과 상수 학을 평생 공부하고 싶어 한다.

　乙卯는 인맥을 형성하는 것이고, 辛酉는 인맥을 잘라 고독해진다. 사 주 구조에 乙이 없고 金水만 강하니 말재주가 없고 고지식하며 인간관 계가 좋지 못하다. 운도 金水로만 흘러 내부에서 金을 水로 풀어내는 회계, 세무, 금융의 물상이다. 명리에 흥미를 느끼는 이유는 癸亥, 辛酉 조합은 윤회과정과 같아 전생의 인자를 풀어보려는 의지 때문이다.

坤命　　　　　陰/平 : 1985年 12月 10日 8時

時	日	月	年	75	65	55	45	35	25	15	5
丙	癸	己	乙	丁	丙	乙	甲	癸	壬	辛	庚
辰	亥	丑	丑	酉	申	未	午	巳	辰	卯	寅

　2016년 상황으로 도로교통부 소속 공무원이다. 2015년 乙未년 힘 든 한해를 보내며 동료들과의 관계도 좋지 않아 사무직으로 옮기고 싶어 한다. 이 구조도 癸己 조합으로 공무원과 인연이 깊다. 乙未년

乙이 未에 답답해지니 인간관계에 문제가 생겼다. 만약 남자였다면 군대, 세무사와 같은 직업을 갖는다.

50. 癸卯干支

亥卯未 삼합의 중간과정으로 양기와 음질이 바뀌는 곳이다. 亥水에서 시작되었던 甲의 성장운동이 乙로 바뀌면서 壬水는 작용력을 상실하고 癸水가 乙을 키우기 시작하여 丙火로 넘기는 시공간에 이르렀다. 癸와 乙이 적절한 시공간을 만나 癸水의 정신을 卯木에 전달하여 손과 발, 언어로 癸水의 의지를 적극적으로 드러낸다. 癸水가 생명을 키울 여건이 마련되었지만 卯에 대한 집착이 지나쳐 卯木을 키우려는 욕망이 간섭하고 통제하려는 성격으로 드러난다. 이런 이유로 癸卯일주 여명은 남편에 대한 기대가 크고 남편을 아이처럼 취급하니 문제이며, 자식이 생기면 자식에게 몰두하고 남편을 멀리하다가 이혼할 수도 있다. 癸卯가 자신의 능력을 적절하게 발휘하기 위해서는 반드시 丙火나 巳火와 조합을 이루어야 꽃을 피울 수 있는데 없다면 손재주만을 사용하는 예술이나 몸을 사용하여 활발하게 돌아다니는 물상으로 재물과 성취감을 얻기는 어렵다. 사주예문을 살펴보자.

坤命　　　陰/平 : 1976年 10月 26日 20時

時	日	月	年
壬	癸	庚	丙
戌	卯	子	辰

63	53	43	33	23	13	3
癸	甲	乙	丙	丁	戊	己
巳	午	未	申	酉	戌	亥

자식 딸린 유부남과 임신하여 결혼했다. 남편과 성격차이로 결혼 초부터 아이들을 키우며 주말부부로 지낸다.

사람들에게 발생하는 모든 일은 모두 자신이 가진 팔자의 에너지 때문이다. 子卯 형은 색욕이요, 卯戌 합이 日時에서 이루어지니 사적인 합이다. 합하는 천간에 壬水가 있으니 유부남과 인연이 깊고 卯木

자식이 戌土 남자와 합하니 자식 딸린 유부남과 결혼했다. 癸卯일주의 특징으로 남편을 자신의 의지대로 통제하거나 자식이 나오면 애정에 문제가 생기고 자식에게 몰두한다. 癸水가 子月에 水氣가 너무 강하니 木을 키우지 못하고 丙火는 멀리 있어 꽃피우기도 어렵다. 운도 가을로만 흐르니 시공간도 적절하지 않다.

坤命				陰/平 : 1963年 11月 11日 6時						
時	日	月	年	64	54	44	34	24	14	4
乙	癸	甲	癸	辛	庚	己	戊	丁	丙	乙
卯	卯	子	卯	未	午	巳	辰	卯	寅	丑

2009년 己丑년 상황으로 룸살롱을 경영하며 남자들과의 인연은 많았지만 정식으로 결혼한 적이 없다. 己丑년에 남자가 생겼는데 능력은 없지만 사람이 좋아 고민 중이다. 이 구조는 癸水가 子月에 많은 木을 키운다. 알맞은 시기에 키우는 卯木들이 아니고 밤에 어두운 곳에서 키운다. 子卯 刑의 숫자만큼 남자와의 인연이 이루어지니 많은 남자들이 거쳐 갈 수밖에 없고, 월간 甲은 어려서 부친이 경제적으로 몰락했음을 암시하며 나이 많은 남자와의 인연을 의미한다. 비정상적 인연들이니 결혼도 못하고 동거하며 살아간다. 운의 흐름이 戊辰, 己巳로 끊임없이 남자가 생기지만 癸甲戊 조합으로 남자를 밀어내니 인연이 오래가지 못한다. 己巳운은 戊辰운보다는 좋지만 己丑년의 남자는 卯丑 조합으로 자신의 활동을 저하시키는 남자다.

坤命				陰/平 : 1969年 10月 15日 8時							
時	日	月	年	84	74	64	54	44	34	24	14	4
丙	癸	乙	己	甲	癸	壬	辛	庚	己	戊	丁	丙
辰	卯	亥	酉	申	未	午	巳	辰	卯	寅	丑	子

己卯운 乙酉년 바람으로 2007년 남편과 자식 둘을 버리고 이혼, 총각과 재혼하여 자식을 낳았지만 경제적으로 궁하고 남편과의 사이

도 힘들다. 전남편과 살 때는 돈을 많이 벌었는데 재혼 후 2008년에는 자궁암으로 수술하고 돈도 벌지 못하니 생활이 힘들다.

이 구조의 문제는 己卯운 乙酉년 癸水의 희망과 같은 乙卯가 酉金에 의해 잘려나간다. 또 癸水가 乙을 보면 밖을 향하는 마음이 생기는데 이것이 외도물상이다. 남편이 죽어야할 운인데 구조가 크게 흉하지 않으니 이혼하는 물상으로 대체했다. 상기에서 癸己 조합은 주로 공직구조였다. 이 사주는 여명팔자이니 년간의 첫 남편과는 이혼하거나 사별하는 구조로, 丙辰에 있는 화려한 색체를 가진 辰土와 합하여 총각과 결혼했지만, 辰土 남자는 월지 亥水를 담는 과정에 亥卯로 일지 卯의 활동을 저하시키니 질병이 생기고 재물도 모으지 못한다. 戊子년 子卯辰 조합을 이루면 불임, 입양의 물상인데 이 구조는 자궁암 수술로 발현되었다. 화려한 색계의 색을 탐하다가 힘들게 살아간다.

坤命　　　　陰/平 : 1981年 8月 25日 2時

時	日	月	年	85	75	65	55	45	35	25	15	5
癸	癸	丁	辛	丙	乙	甲	癸	壬	辛	庚	己	戊
丑	卯	酉	酉	午	巳	辰	卯	寅	丑	子	亥	戌

壬辰년 상황으로 난봉꾼 부친 때문에 어려서부터 가난했다. 전문대 보육학과를 졸업하고 경리로 일했지만 스트레스를 많이 받았다. 현재는 경제적으로 안정되었고 보육교사를 원한다. 부친이 난봉꾼인 이유는 월간 丁火가 주위에 많은 辛酉 金을 보았으니 부친은 金들에게 열기를 공급하느라 기운을 방사한다. 이런 구조적인 문제로 부친이 원하지 않아도 여인들이 스스로 찾아와 열기를 달라고 부탁하니 난봉꾼이 된 것이다. 丁火는 辛酉를 보면 자신이 가진 에너지를 방사할 수밖에 없다. 丁酉癸의 흐름이니 火金水로 물질을 만드는 솜씨가 좋다. 보육학과를 졸업했지만 경리로 일한 이유다. 癸卯의 물상을 사용할 수 있는 30대 중반에 이르면 卯木을 키우려는 욕망이 생기기에 보육

교사를 하고 싶은 마음이 동한다. 이 모든 것은 시공간 변화에 따라 순응하는 것이다.

坤命				陰/平 : 1986年 7月 22日 16時							
時	日	月	年	86	76	66	56	46	36	26	16	6
庚申	癸卯	丙申	丙寅	丁亥	戊子	己丑	庚寅	辛卯	壬辰	癸巳	甲午	乙未

대학을 세 군데나 다녔으며 돈을 벌면 바로 써버리고 남자관계가 복잡하다. 부동산 자격증이 있으니 모친은 이 여명과 함께 부동산 운영을 원하지만 모친과 함께 일하기 싫어한다.

이 구조는 丙申월이니 사업물상이지만 여러 구조적인 문제를 가졌다. 첫째 癸水는 丙火 빛을 보면 자신의 속이 밖으로 노출된 것과 같다. 子水가 地支에 있을 때 癸巳운을 만나면 숨겨왔던 비밀이 巳火에 의해 환하게 드러나 뇌물이나 비밀스러운 애정문제처럼 보이지 않는 곳에 깊이 숨겨두었던 치부가 밖으로 노출된다. 두 번째는 卯申과 寅申 충으로 申이 丙火에 자극을 받아 木을 자른다. 이런 상황에 처하면 癸水는 木을 키우고자하는 삶의 방향에 문제가 생기니 문제의 원인인 丙火를 멀리해야만 한다. 이런 이유로 돈을 벌면 바로 써버린다. 이것은 생기를 보호하기 위해 돈을 낭비하여 흉한 기운을 상쇄하는 개운법이다. 동일한 이유로 월지 申 모친은 木을 상하게 하기에 모친을 피하는 것이다.

癸丙 조합은 癸水의 에너지를 丙火를 위해 사용하는데 이 구조는 癸水가 강력한 丙火에 의해 증발되어 水氣의 특징인 방향감각을 상실하니 삶의 방향을 잃는다. 또 일지 卯木이 많은 金氣에 이용당하니 자신의 재주를 많은 사람들을 위해 사용한다. 가을에 열매 맺으려면 반드시 木이 있어야 하고 木이 없으면 씨앗 없는 열매와 같으니 많은 金은 반드시 일지 卯木을 경쟁적으로 합하여 이용하려 한다. 이런 이유로 남자관계도 복잡하다.

乾命   陰/平 : 1963年 10月 14日 6時

時	日	月	年
辛	丙	癸	癸
卯	子	亥	卯

86	76	66	56	46	36	26	16	6
甲	乙	丙	丁	戊	己	庚	辛	壬
寅	卯	辰	巳	午	未	申	酉	戌

   戊子년 상황으로 부친은 공사에서 근무하셨다. 본인은 지방 국립대학교를 졸업하고 교사로 일하며, 부인도 교사다. 부인 말을 잘 들어주며, 큰 키에 운동도 잘하고 성실하다. 세밀한 성격으로 기획능력도 뛰어나다. 辛酉운은 서울로 발령이 나고 庚申운은 결혼한 후 평범하게 살아간다.

   구조를 파악할 때는 生剋에 의한 질량의 증감으로 살필 것이 아니라 글자가 가진 에너지의 쓰임이나 파동을 살펴야 한다. 이 구조는 많은 水氣가 있으며 그 에너지의 속성은 흐르는 것이지만 辛酉운에 이르면 金을 품기에 흐름을 멈추고 金을 水氣에 풀어내기에 두뇌가 명석하다. 다만 卯木이 상하니 그 만큼 에너지는 반감된다. 강한 偏官을 육체를 단련시키는 에너지로 활용하여 운동을 열심히 하고 절제력도 좋으니 성실하다. 어둠 속 丙火가 유일하게 하나뿐이니 빛으로 인도하기에 많은 사람들이 찾아와 빛을 달라고 요구하는데 亥卯로 성장하는 아이들이니 교육 업에 적합하다.

坤命   陰/平 : 1978年 3月 4日 20時

時	日	月	年
壬	癸	丙	戊
戌	卯	辰	午

82	72	62	52	42	32	22	12	2
丁	戊	己	庚	辛	壬	癸	甲	乙
未	申	酉	戌	亥	子	丑	寅	卯

   대학교 2학년 당시 교통사고로 안면마비장애가 생겼다. 한 쪽 입은 돌아가고 눈도 깜빡거린다. 년과 월에 水氣가 말라 癸水가 辰月에 水氣를 공급해야 한다. 이렇게 자신의 에너지를 년과 월에 보충하는 구조들은 효자, 효녀이거나 희생이 싫으면 조상, 부모를 떠나 해외로 가버린다. 癸水는 戊癸 합으로 火氣를 증폭시키고 땅이 마르니 甲寅

운을 만나면 甲은 戊土 육체를 뚫어 상하게 한다.

이렇게 癸甲戊 조합은 戊土 몸통이 상한다. 보통 흉한 일로 몸이 상하거나 성형수술로 戊土 표면에 상처를 남긴다. 丁丑년은 壬癸丁 조합으로 교통사고 물상이며, 卯丑 조합으로 卯의 활동이 응결되어 활동에 장애가 생긴다. 피의 흐름에 문제가 생기니 교통사고로 안면에 마비증세가 생겼다. 이 구조도 년과 월의 팽창하는 火氣 때문에 癸水가 丙火에 의해 증발되면서 정신에 문제가 생기기 쉬운데 시간의 壬水로 보충하여 다소 해결되었다.

乾命　　　　陰/平 : 1976年 12月 28日 10時

時	日	月	年
丁	癸	壬	丁
巳	卯	寅	巳

83	73	63	53	43	33	23	13	3
癸	甲	乙	丙	丁	戊	己	庚	辛
巳	午	未	申	酉	戌	亥	子	丑

30세 亥대운 상황으로 건설업체에서 근무하던 중 우연히 본 TV에서 자신에게 맞는 직업을 찾아 회집에서 주방장으로 일하는데 적성에 너무 잘 맞는다. 丁壬 合은 전문기술, 재능을 뜻하는 合이다. 寅巳 刑 물상은 水氣가 없으면 寅의 生氣가 巳火에 상하기에 교통사고나 수술, 寅이 巳火로 순간적인 火氣를 폭발하여 빛을 내는 카메라 물상 등으로 다양하다. 이 사주는 壬癸로 水氣가 있으니 회집의 물탱크에서 寅 활어를 寅巳 刑으로 가공한다. 寅은 땅속에 있으니 水氣를 더하면 활어를 뜻하지만, 卯는 땅 밖으로 나온 새싹과 같으니 활어의 물상에 어울리지 않는다. 자신에게 맞는 직업에 종사하며 생활하는 것도 인생에서 매우 중요한 일이다.

坤命　　　　陰/平 : 1983年 12月 8日 4時

時	日	月	年
甲	癸	乙	癸
寅	卯	丑	亥

99	89	79	69	59	49	39	29	19	9
乙	甲	癸	壬	辛	庚	己	戊	丁	丙
亥	戌	酉	申	未	午	巳	辰	卯	寅

근丑년 직장 내 상사인 유부남과 사랑에 빠져 色을 즐긴다. 선물 받는 것에 재미를 느끼며 부유한 남자의 부모가 庚寅년쯤 오피스텔을 구매해준다고 한다.

구조를 살펴보자. 癸水가 丑月의 시공간을 만나 쓰임이 좋지 않다. 乙卯를 키우는 공간도 아니요, 丙火가 없으니 키울 방법도 없다. 甲寅, 乙卯는 월간과 시간 그리고 일지와 중복되니 잦은 직업변동, 복잡한 남자관계, 강한 색욕을 의미하는데 이렇게 일지가 卯인데 동일한 오행이 사방에 펼쳐있으면 음란한 구조로 多婚의 물상이다. 두 번째로 남성을 상징하는 丑土가 년주 癸亥와 일주 癸卯를 상대한다. 丑土 입장에서 어두운 癸亥보다는 발랄한 癸卯를 좋아할 수밖에 없으니 부인보다는 이 여인을 찾는다. 丑土는 어둡고 음습하여 沖이나 刑을 해주어야 그런 문제를 해결할 수 있는데 없으니 비밀스런 행위를 즐기는 여자가 분명하다. 사주 구조에서 개인의 일탈을 상징하는 甲寅이 월지 丑土와 寅丑 암합으로 연결되어있다. 사회, 직업 궁인 월지와 개인을 상징하는 시주 궁위가 연결되어, 丑土 직장에서 유부남과 甲寅 傷官의 방탕이 己丑년에 발현되었다.

하기는 卯丑 조합으로 卯月에 丑土가 있을 때 어떤 차이를 보이는지 살펴보자.

乾命

時	日	月	年
丙	癸	辛	辛
辰	卯	卯	丑

陰/平 : 1961年 1月 25日 8時

62	52	42	32	22	12	2
甲	乙	丙	丁	戊	己	庚
申	酉	戌	亥	子	丑	寅

己丑년 상황으로 화가다. 아버지가 의사인 유복한 집안에서 태어났다. 경제적 지원을 받아 미국, 호주 등지에서 20여 년간 생활하였으며, 그림 그리는 것을 너무 좋아해 그림만 그린다. 2000년 庚辰년에 결혼하고 己丑년에 이혼했다. 혼자 살아야 한다고 생각하지만 인연이 계속 생긴다. 庚寅년 그림 공부를 위해 호주로 출국준비 중이다.

이 구조는 癸卯丙 조합으로 卯木 손을 이용하여 丙火 빛을 입힌다. 부친 辛은 丑土에 상한 생기 卯木을 치료하는 의사다. 하지만 辛은 癸水가 가장 사랑하는 卯木을 자르기에 흉한 기운을 피해 丙火를 따라 해외로 갈 수밖에 없다. 이런 이유로 좋은 부모를 만나 경제적으로 문제가 없음에도 부모와 인연이 없어 해외에서 살아간다. 卯卯丑으로 쌍 복음이니 결혼불미는 정해진 팔자다.

坤命　　　陰/平：1961年 2月 15日 8時

時	日	月	年	72	62	52	42	32	22	12	2
丙	癸	辛	辛	己	戊	丁	丙	乙	甲	癸	壬
辰	亥	卯	丑	亥	戌	酉	申	未	午	巳	辰

申운 48세 戊子년 유방암수술과 항암치료를 받았다. 卯月의 시공간인데 卯丑과 亥卯로 卯木이 丑土에 상하고, 亥水로 활동에 제약을 받는다. 또 운에서 申까지와 卯木 생기가 상하니 건강도 문제가 생겼다. 유사한 구조를 살펴보자.

乾命　　　陰/平：1985年 1月 24日 4時

時	日	月	年	83	73	63	53	43	33	23	13	3
甲	癸	己	乙	庚	辛	壬	癸	甲	乙	丙	丁	戊
寅	丑	卯	丑	午	未	申	酉	戌	亥	子	丑	寅

부유한 집안 출신으로 丙子운에는 직장에서 인정받고 집과 차도 구입하였다. 친구들 사이에서 가장 발전하고 있다. 이 사주도 癸일주가 卯月이다. 비록 卯丑 조합이어도 월지 시공간이 다르니 삶에 많은 차이를 보인다. 또 월간 己土가 癸水와 조합을 이루니 공직에 어울린다. 다만 癸丑일주 시기 37세 즈음은 乙亥운과 연결되면서 卯丑으로 卯木이 극도로 위축되니 건강이 상하거나 사회생활에 문제가 생길 수 있다.

坤命　　　　　　陰/平 : 1973年 2月 4日 18時

時	日	月	年
辛	癸	乙	癸
酉	卯	卯	丑

69	59	49	39	29	19	9
壬	辛	庚	己	戊	丁	丙
戌	酉	申	未	午	巳	辰

　　교육자 집안 출신으로 미국유학 후 학원에서 영어를 가르친다. 이 사주도 癸乙卯 조합으로 동일하지만 시주 辛酉가 乙卯를 자르고 巳火, 丙火가 없으니 발전에 한계가 있다. 미국유학을 하였지만 酉丑 조합으로 물질을 추구하며 亥卯未로 개인적인 성향이기에 공직이나 직장에서 일하지 못하고 자유로운 강사로 일한다.

坤命　　　　　　陰/平 : 1973年 2月 4日 20時

時	日	月	年
壬	癸	乙	癸
戌	卯	卯	丑

69	59	49	39	29	19	9
壬	辛	庚	己	戊	丁	丙
戌	酉	申	未	午	巳	辰

　　丁亥년 상황으로 청순한 외모에 특이한 정신세계와 솔직한 성격의 소유자다. 결혼했지만 丙戌년에 이혼하고 딸은 전남편이 기른다. 갤러리에서 근무하였으며 丁亥년 작은 갤러리를 오픈하였다. 이 구조는 癸, 乙卯로 손을 사용하는 기운이 강한데 팔자에 丙火는 없지만 운이 火氣로 흘러 화려하게 색을 입히니 갤러리와 인연이 있다. 癸卯, 壬戌 조합으로 말년에 유부남과 인연이 있음을 암시한다. 이 여자는 애연가로 특히 여자가 담배를 많이 피우는 것은 운이 풀리지 않음을 암시한다.

坤命　　　　　　陰/平 : 1973年 2月 4日 20時

時	日	月	年
壬	癸	乙	癸
戌	卯	卯	丑

99	89	79	69	59	49	39	29	19	9
乙	甲	癸	壬	辛	庚	己	戊	丁	丙
丑	子	亥	戌	酉	申	未	午	巳	辰

丙戌년 상황으로 미혼이며 29세부터 유부남과 연애하고 있다. 20대 초반에는 은행에서 근무하였으나 직장에서 갈등이 많았다. 癸卯 壬戌 조합이 유부남의 물상으로 드러났다. 이렇게 癸卯 조합이 팔자에 丙火나 巳火가 없으면 성장에 한계가 있다.

坤命　　　　陰/平 : 1972年 1月 28日 20:30

時	日	月	年	82	72	62	52	42	32	22	12	2
壬	癸	癸	壬	甲	乙	丙	丁	戊	己	庚	辛	壬
戌	卯	卯	子	午	未	申	酉	戌	亥	子	丑	寅

이 구조는 水氣가 너무 많다. 子卯 형으로 색욕이 강하며, 癸卯와 壬戌 조합으로 화류계에서 일한다. 火氣는 없고 운도 亥子丑으로 흐르니 卯의 행위가 바르지 못하고 천간의 壬, 癸水는 모두 흑색으로 어둠 속에서 이루어지는 행위다. 오행의 색채도 삶을 결정하는 중요한 인자다.

乾命　　　　陰/平 : 1967年 1月 30日 20時

時	日	月	年	81	71	61	51	41	31	21	11	1
壬	癸	癸	丁	甲	乙	丙	丁	戊	己	庚	辛	壬
戌	酉	卯	未	午	未	申	酉	戌	亥	子	丑	寅

좋은 집안의 막내아들로 의사다. 훤칠한 키에 미남이며 성격도 좋다. 미혼으로 결혼생각이 전혀 없으나 여자관계는 복잡하다. 돈을 많이 벌지만 재물에 대한 집착이 강하다. 癸水가 卯月에 태어나 년주와 조합이 좋으니 좋은 집안에 태어나고 능력도 좋으나 일지 酉金 부인이 생기면 卯木을 자른다. 부인이 죽거나 자신의 활동에 문제가 생기는 것을 느낌으로 알기에 결혼하지 않고 계속 여자를 바꿔가면서 살아간다. 이 구조도 癸卯, 壬戌로 강한 색욕과 유부녀와의 인연을 암시한다. 이렇게 의사이며 미남이지만 일지의 쓰임이 흉하기에 결혼생각이 전혀 없다.

乾命

時	日	月	年
丁	癸	己	乙
巳	未	卯	巳

陰/平 : 1965年 2月 28日 10時

88	78	68	58	48	38	28	18	8
庚	辛	壬	癸	甲	乙	丙	丁	戊
午	未	申	酉	戌	亥	子	丑	寅

년과 월 구조에 水氣가 없으니 부모덕이 없고 공부도 못하고 중학교를 중퇴했다. 16세부터 사회에 진출하여 丙대운까지 돈을 벌다가 卯木의 활동이 제약되는 子운에 신용불량자가 된 후 시골로 내려가 농사를 짓는다.

일지 未土의 시기에 卯木의 활동이 답답해지니 삶도 답답해졌고 문제를 해결하고자 卯未 조합으로 농사를 짓는데 년월의 구조가 좋았다면 건설업으로 사용했을 것이다. 이 구조의 또 다른 문제는 癸水가 巳午未 火氣에 증발되니 삶의 방향을 잃기 쉽고 심하면 정신에 문제가 생겨 무속인이 될 수도 있다. 다만 운이 亥子丑으로 흘러 癸水가 강해지니 문제는 없으나 팔자에서 약한 癸水가 갑자기 강해지면 고집이 강해지고 감당하지 못할 재물을 추구하는 욕심이 동하여 결과적으로 무리수를 두다가 망한다. 신약하니 강해지는 운에 발전한다는 판단은 옳지 않다.

坤命

時	日	月	年
戊	癸	乙	戊
午	未	卯	申

陰/平 : 1968年 2月 16日 12時

43	33	23	13	3
庚	辛	壬	癸	甲
戌	亥	子	丑	寅

초년부터 자폐증과 우울증에 시달리다 癸운에 정신이 돌아왔다. 壬子운 戊寅년 상처한 남자와 정을 통했으나 부모의 반대에 부딪치자 동반자살을 시도했지만 실패했다.

癸乙戊로 좋은 조합이지만 년월에 水氣가 없는 상태에서 卯申으로 상하니 자폐증과 우울증에 시달린다. 이렇게 卯의 활력, 생기는 삶에 지대한 영향을 미친다. 癸水는 卯의 성장을 위주로 하는 에너지인데 酉丑과 조합을 이루면 삶이 불안정해진다. 壬子운 子卯 刑으로 색욕이 동하고 戊土가 드러나는 戊寅년에 애정사가 발생했다.

乾命			陰/平 : 1972年 1月 28日 10時

時	日	月	年	98	88	78	68	58	48	38	28	18	8
丁	癸	癸	壬	癸	壬	辛	庚	己	戊	丁	丙	乙	甲
巳	卯	卯	子	丑	子	亥	戌	酉	申	未	午	巳	辰

대학 졸업 후 대기업에서 근무하고 있다. 자신의 능력으로 중역까지 승진이 가능할지 궁금하다. 壬子, 癸卯, 丁巳로 흐르는 구조가 나쁘지 않고 계속 강한 火氣로 흐르니 경쟁에서 우위를 차지한다. 또 시주가 丁巳로 卯의 꿈이 巳火에서 펼쳐진다. 이렇게 사주팔자에서 경쟁자를 이기는 구조들은 경쟁자가 없는 구조들에 비해 재물과 권위의 크기가 비교하지 못할 정도로 큰 차이를 보인다.

51. 癸未干支

亥卯未 삼합의 성장운동이 마감되어 더 이상 성장은 기대하지 못한다. 癸水가 未의 공간에서 할 수 있는 일이 무엇인가 살펴보자. 未는 열매가 성장완료 했으니 그것을 무역이나 유통으로 매매하는 직업에 어울린다. 특히 무역은 국가 간에 이루어지는 것이기에 해외와 인연이 깊고, 맛을 상징하는 未土의 특성 때문에 식품유통업이나 未土의 땅에 乙을 세우는 卯未 조합으로 부동산, 건설에도 적합하며, 현장을 누비며 돌아다니는 직업과 인연이 깊다.

癸水는 未에서 乙을 키울 수 없으니 정서적으로 불안정하기에 안정되려면 반드시 庚으로 보충해야 삶의 질이 높아진다. 만약 庚이 없다면 떠돌이 인생이 되기 쉽다. 사주 예문을 살펴보자.

乾命　　　陰/平 : 1960年 7月 2日 23時

時	日	月	年
癸亥	癸未	甲申	庚子

65	55	45	35	25	15	5
辛卯	庚寅	己丑	戊子	丁亥	丙戌	乙酉

　　己丑년 상황으로 화물차를 운전하고 있다. 이 구조는 申月인데 년과 월에 丙火가 없으니 열매를 키워 수확하기 어렵다. 또 申子의 흐르는 물상과 癸未의 떠도는 의미까지 가미되어 화물차를 운전한다. 申月에는 반드시 丙火가 필요한데 水氣만 많으며 운도 水氣로만 흐르니 수확해야할 열매가 7월에 홍수로 썩는 이치와 같다.

坤命　　　陰/平 : 1965年 11月 3日 6時

時	日	月	年
乙卯	癸未	丁亥	乙巳

64	54	44	34	24	14	4
甲午	癸巳	壬辰	辛卯	庚寅	己丑	戊子

　　미혼으로 카페를 운영하지만 어려움을 겪고 있다. 유학을 다녀온 후 어학과 교육에 뜻을 두었지만 이루지 못했으며, 자존심이 강해 직장생활도 못한다.

　　癸, 乙巳 조합으로 년주의 구조가 좋으니 해외유학도 갔으나 운의 흐름은 子丑寅卯로 어둡다. 만약 巳午未로 흘렀다면 乙卯의 에너지를 적극적으로 활용할 수 있으나 운에서 도와주지 않는다. 따라서 어두운 공간을 벗어나고자 유학을 다녀왔고 癸, 乙巳, 乙卯 조합과 亥卯未 삼합으로 성장을 위주로 하기에 어학과 교육에 뜻을 두지만 월주가 丁亥라 癸水의 발산에너지를 적극적으로 활용하지 못해 꿈을 이루지 못한다. 사주팔자에서 산만한 乙卯 木들은 다양한 직업변화를 암시한다. 일지 未土 남편자리는 癸水의 활동을 상징하는 乙卯를 卯未로 묶어 답답하게 만들어버리니 결혼하면 사회활동이 답답해짐을 알기에 결혼에 흥미가 없다.

坤命			
時	日	月	年
丙	癸	甲	甲
辰	未	戌	戌

陰/平 : 1934年 10月 2日 8時

50	40	30	20	10
己	庚	辛	壬	癸
巳	午	未	申	酉

辛未운 남편이 병들어 회복하지 못하고 己巳운 甲子년 폐병으로 사망했다. 지지에서 土들이 혼잡하니 남편과의 인연이 길지 못하다. 癸甲戌 조합은 癸水가 甲으로 戌土를 누르니 남편과의 인연이 박하며, 癸未로 일지 未土가 乙卯의 활동을 제약하니 남편 복이 없다. 己巳운 일지 未土가 己로 천간으로 드러나고 甲子년에 甲己 합으로 사라지니 남편이 사망한 것이다.

乾命			
時	日	月	年
戊	癸	丁	丙
午	未	酉	辰

陰/閏 : 1976年 8月 5日 12時

93	83	73	63	53	43	33	23	13	3
丁	丙	乙	甲	癸	壬	辛	庚	己	戊
未	午	巳	辰	卯	寅	丑	子	亥	戌

丁酉의 내부를 고치는 의미와 癸未의 돌아다니는 물상, 건설현장 물상을 활용하여 건축인테리어 계통에서 근무한다. 유사한 구조를 살펴보자.

乾命			
時	日	月	年
己	癸	辛	己
未	未	未	未

陰/平 : 1979年 6月 22日 14時

82	72	62	52	42	32	22	12	2
壬	癸	甲	乙	丙	丁	戊	己	庚
戌	亥	子	丑	寅	卯	辰	巳	午

癸水가 己土를 만나 공직, 직장의 뜻이 강하기에 공무원이다. 癸未로 癸水가 未土의 땅을 적극적으로 돌아다니며 癸水로 측량하고 己土에 기록하는 지적 과에서 근무한다. 癸水는 우주를 관리, 통제하는 저울과 같아서 죄와 벌을 결정하고, 의미를 확장하면 사물이나 물형

의 균형이 맞는지를 측량, 측정하여 균형을 맞추려 노력한다. 지지에 未土가 많으니 돌아다녀야할 땅이 매우 넓고 다양하다.

乾命

時	日	月	年
甲	癸	乙	丙
寅	未	未	午

陰/平 : 1966年 6月 6日 4:55

65	55	45	35	25	15	5
壬	辛	庚	己	戊	丁	丙
寅	丑	子	亥	戌	酉	申

戊子년 상황으로 시내버스 운전기사로 가정적이다. 己丑년 노조간부 선거에 출마하려 한다. 癸乙 조합으로 좋지만 未月이니 乙을 키우는 가치가 없으며, 년에서 丙火가 빛을 비추어도 未월의 시공간이니 성장 완료하였으며, 팔자에 金 열매가 없으니 빛으로서의 가치가 높지 않다. 사주에 木氣가 많으니 金이 있어야 열매로 완성되는데 없으니 물질과의 인연이 박하다. 이런 이유로 癸未간지를 돌아다니는 직업인 운전기사로 활용했다. 癸未, 甲寅 조합은 구타나 손으로 무언가를 두들겨 시끄러운 소리를 내는 조합으로, 甲으로 체계를 고치고자 노조간부에 도전한다. 만약 년월에 甲寅이 癸甲 조합을 이루면 국가 체계의 문제점을 지적하는 평론가, 기자, 사회고발 등에 적합하다. 己丑년 노조간부에 도전하는 이유는 癸己 조합은 공직의 특징이 강하기 때문이다. 비교 사주를 살펴보자.

坤命

時	日	月	年
甲	癸	甲	癸
寅	巳	子	卯

陰/平 : 1963年 11月 1日 4時

67	57	47	37	27	17	7
辛	庚	己	戊	丁	丙	乙
未	午	巳	辰	卯	寅	丑

미혼이며 기자로 활동한다. 이 구조도 癸甲 조합을 비판, 평론, 사회고발 등의 물상으로 활용하였다. 다만 癸甲의 특성이 戊土를 받아들이는 것을 거부하는데 時柱까지 甲寅이니 결혼하지 못했다.

坤命　　　　陰/平 : 1944년 4月 27日 4時

時	日	月	年
甲	癸	己	甲
寅	未	巳	申

54	44	34	24	14	4
癸	甲	乙	丙	丁	戊
亥	子	丑	寅	卯	辰

　　실업자 남편이 乙丑운부터 병으로 눕더니 乙丑년 병이 악화되어 丙寅년 7月 간암으로 사망하였다. 癸水에게 乙은 자식이요 남편이며 인생의 꿈, 희망과 같으니 癸水의 모든 것이라 표현할 수 있다. 그만큼 癸水에게 乙은 꿈을 실현하는 가장 중요한 것으로 巳火가 배합되어야 좋다. 여자가 일지에 未土를 가지면 남편의 활동이 위축되고 발전하기 어렵다. 년월에서 甲己 합하는데 乙丑운과 세운이 복음으로 甲己합을 깨니 월간 己土가 상하고 남편이 질병으로 병사했다. 간암으로 사망한 이유는 未土와 丑土 때문으로 乙 간의 활동이 극도로 위축되었기 때문이다.

坤命　　　　陰/平 : 1968年 2月 16日 20時

時	日	月	年
壬	癸	乙	戊
戌	未	卯	申

73	63	53	43	33	23	13	3
丁	戊	己	庚	辛	壬	癸	甲
未	申	酉	戌	亥	子	丑	寅

　　己丑년 상황으로 골프장에서 캐디로 일을 시작하였다. 卯月 癸乙戊 조합이니 좋은 구조이지만 년지 申이 卯申 합으로 卯木의 성장을 방해하고, 운도 계속 亥子丑으로 어둡게 흐르니 乙卯의 활동이 위축되어 발전하지 못한다. 이렇게 시공간이 적절하지 않으면 사회에서 적극적으로 활동하지 못하고 공부만 하거나 이 사주처럼 癸未의 시기에 골프장 위를 돌아다니는 직업을 택하여 개운하려 한다. 癸水가 乙卯를 활용하여 戊土 위를 돌아다니는데 巳火가 없으니 乙卯 활동의 결과물이 약하다. 다만, 골프장 캐디로 일하는 것은 일주 癸未의 에너지와 己丑년 원래의 땅을 벗어난다는 의미를 직업에 적절하게 활용하였다.

坤命　　　　陰/平 : 1956年 2月 6日 23時

時	日	月	年
癸	癸	辛	丙
亥	未	卯	申

94	84	74	64	54	44	34	24	14	4
辛	壬	癸	甲	乙	丙	丁	戊	己	庚
巳	午	未	申	酉	戌	亥	子	丑	寅

戊子년 상황으로 젊어서 역학공부로 사주상담을 하다가 출가한지 5년 정도 되었다. 결혼했으며 자식도 있다. 년월 丙辛 合으로 종교, 명리, 철학과 인연이 깊고 총명하다. 또 년월에서 卯申 합으로 활동이 위축되니 젊어서부터 역학공부를 하였는데 심하면 정신병에 걸리거나 접신하는 구조다. 시주 癸亥는 육십갑자의 마지막으로 물질이 없는 곳이니 깊은 내면의 세계에 집중하는 요가, 단전호흡, 종교, 철학 물상이다. 時柱의 시기에 속세를 버리고 출가한 이유다.

乾命　　　　陰/平 : 1981年 4月 2日 13時

時	日	月	年
戊	癸	壬	辛
午	未	辰	酉

70	60	50	40	30	20	10
乙	丙	丁	戊	己	庚	辛
酉	戌	亥	子	丑	寅	卯

우수한 성적으로 경찰대에 진학하여 법의학을 전공하였다. 처세에 능하고 매우 총명하다. 이 사주가 왜 총명한지 쉽게 이해할 수 있다. 년주 辛酉가 壬癸에 풀리기 때문이다. 전생에 축적해놓은 데이터를 水氣에 풀어내는 것이다. 辰月이니 무언가를 키우는 행위를 하는데, 辰中 乙이 辰酉 합으로 상하기에 壬辰간지를 육체와 정신의 치료, 약국, 카운슬링 등의 물상으로 사용해야 개운한다. 이 사주는 이와 유사한 법의학으로 활용하였다. 또 辰酉, 丑辰, 酉丑辰은 모두 감옥물상으로 도둑을 잡아들이는 경찰과 인연이 깊다. 辰酉 경찰 물상과 壬辰 물상이 결합하여 법의학을 전공했다.

乾命　　　陰/平 : 1934年 12月 3日 12時

時	日	月	年
戊	癸	丁	甲
午	未	丑	戌

89	79	69	59	49	39	29	19	9
丙	乙	甲	癸	壬	辛	庚	己	戊
戌	酉	申	未	午	巳	辰	卯	寅

　전직 국세청 차장 명조다. 경기고와 서울대학교를 졸업하고 27년간 공직생활을 했다. 丁丑년 기업들로부터 수백억 대선자금을 불법으로 동원하여 모 후보를 지원했다가 戊寅년 미국으로 도피하였다.

　이 사주는 집중력을 상징하는 조합들이 매우 많다. 午未, 丁丑으로 집중력이 뛰어나 학업에 성취감이 높다. 년월의 甲, 丁丑 조합은 교육, 공직구조로 지지에서 丑戌 刑 하니 도둑을 상징하는 丑土의 음습함을 제거했다. 丑土는 巳酉丑 삼합의 끝으로 물질을 담은 창고이며 丑土를 열고 닫으며 관리하니 국세청에 어울린다. 癸未운 丁丑년에 월주가 복음으로 어둠속에 丁火를 비추어 음습한 행위로 불법자금을 모금하였으며, 사주원국의 戊午의 시기에 午未 합으로 癸水가 火氣에 증발되니 잘못된 판단을 하고 癸未간지의 물상대로 해외로 도피했다.

坤命　　　陰/平 : 1964年 12月 27日 8時

時	日	月	年
丙	癸	丁	甲
辰	未	丑	辰

68	58	48	38	28	18	8
庚	辛	壬	癸	甲	乙	丙
午	未	申	酉	戌	亥	子

　丙戌년 당시 미혼으로 외국 유명대학에서 교수로 재직 중이다. 상기 사주와 이 사주가 총명한 이유는 甲, 丁丑 조합과 丁火와 未土로 집중력이 뛰어나기 때문이다. 다만 癸丙 조합으로 발산과 분산에너지가 강하고 癸未간지를 해외 물상으로 사용했다.

乾命			
時	日	月	年
己	癸	甲	癸
未	未	子	丑

陰/平 : 1973年 11月 19日 15時

62	52	42	32	22	12	2
丁	戊	己	庚	辛	壬	癸
巳	午	未	申	酉	戌	亥

건설시공을 십년 넘게 해왔다. 癸未 물상과 천간의 甲己 合은 건설 물상이지만 子월의 시공간이니 활발하게 밖으로 돌아다니지 못하고 기획, 설계에 어울린다. 다만 癸未와 己未의 시기에 이르면 활동이 활발해진다.

▶ **癸水干支 조합**

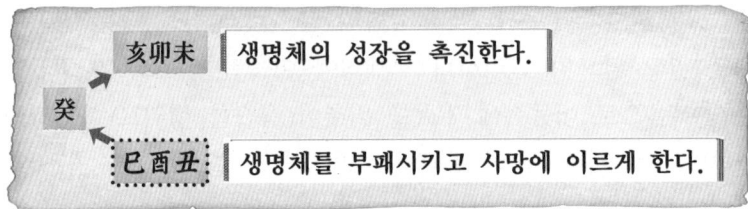

癸水가 巳酉丑 삼합과 조합을 이루는 간지들을 살펴보자. 巳酉丑 삼합의 특징은 木을 수확하여 金 열매를 만드는 과정이다. 수확하려면 반드시 木이 있어야 하며, 木의 生氣를 숙살하여 상하게 한 후 물질로 바꾼다. 癸水는 木을 기르는데 숙살의 기운을 가진 삼합과 조합하면 癸水 본래의 에너지를 상실하여 적절하게 활용하지 못하니 작용력에 문제가 생긴다.

52. 癸巳干支

巳酉丑 삼합의 출발점으로 수확을 위해 巳火에서 꽃을 피우기에 癸巳의 속성은 화려하다. 癸水는 비록 흑색이지만 巳火의 아름다운 색채를 갖는다. 광고, 홍보, 교육, 화장품, 백화점, 홈쇼핑 등 원래는

흑색이었던 것에 光彩를 입혀 화려하게 바꾸는 직업에 어울린다. 巳火에서 홍보와 광고를 하는 이유는 酉를 수확하기 위함으로 겉으로는 화려하지만 결론적으로는 물질을 얻기 위해 노력하며 물질에 가치를 둔다. 癸巳가 나쁘게 쓰이면 癸水의 흑색이 巳火에서 환하게 밝혀지는 것으로 불법, 비리, 개인사가 노출되어 망신당하거나 감옥에 가는 문제가 생긴다. 사주예문을 살펴보자.

乾命   陰/平 : 1958年 3月 28日 10時

時	日	月	年		87	77	67	57	47	37	27	17	7
丁	癸	丁	戊		丙	乙	甲	癸	壬	辛	庚	己	戊
巳	巳	巳	戌		寅	丑	子	亥	戌	酉	申	未	午

2007년 丁亥년 상황으로 중장비 제조업에 종사하고 있으며 사업을 확장하려한다. 이 구조는 丁巳가 강하고 복음이다. 巳火 자동차들이 년주에 있는 일정한 공간 戊戌을 향한다. 戊土는 일정한 공간을 뜻하기에 공장이나 제조업에 어울리고, 년주에 공장이 있으니 공간이 넓거나 국가관련 제조업을 의미한다. 만약 戊戌이 시주에 있다면 私的 공간에 해당하니 작은 공장이거나 규모가 작음을 암시한다. 丁巳의 강한 火氣가 운의 庚申, 辛酉의 무거운 金 물상과 결합하여 중장비 제조라는 물상을 만들어냈다. 巳火 꽃에서 시작하여 딱딱한 金 물상으로 바뀐 것이다.

坤命   陰/閏 : 1976年 8月 15日 23:40

時	日	月	年		51	41	31	21	11	1
甲	癸	戊	丙		壬	癸	甲	乙	丙	丁
子	巳	戌	辰		辰	巳	午	未	申	酉

丁亥년 5월 32세 상황으로 해외로 이민 가서 직업으로 활용하기 위해 메이크업을 공부중이다. 미혼이며 남자는 많으나 지속되는 인연이 없다. 癸水가 戊月의 시공간을 만나 木을 기르지 못하니 癸水의

쓰임이 적절하지 않다. 다만 丙火와 戊癸 합 그리고 일지 巳火의 화려함으로 메이크업을 배우며, 월지 시공간이 적절하지 않으니 해외로 이민가려 한다. 이렇게 자신에게 적절하지 못한 시공간을 얻으면 자신도 모르게 그 공간을 벗어나 개운하려 노력한다.

坤命　　　　　　陰/平 : 1983年 9月 27日 20時

時	日	月	年
壬	癸	壬	癸
戌	巳	戌	亥

62	52	42	32	22	12	2
己	戊	丁	丙	乙	甲	癸
巳	辰	卯	寅	丑	子	亥

　　2007년 丁亥년 2월의 상황이다. 안경사로 乙酉년에 취업하였지만 丁亥년 초에 그만 두었다. 안경사라는 직업물상을 살펴보자. 巳火 밝음이 두 개의 戌土를 만나 어두워졌다. 또 천간에는 오로지 흑색뿐이다. 따라서 밝음이 어둡게 바뀌고 그것을 구제하려는 행위로 안경사라는 직업을 가진 것이다. 癸巳를 화려한 물상으로 활용하지 못하고 색채를 잃지 않도록 하는 직업으로 사용하였다.

坤命　　　　　　陰/平 : 1981年 10月 15日 10時

時	日	月	年
丁	癸	己	辛
巳	巳	亥	酉

69	59	49	39	29	19	9
丙	乙	甲	癸	壬	辛	庚
午	巳	辰	卯	寅	丑	子

　　戊子년 2008년 상황이다. 20대 초반부터 반도체 회사의 생산사원으로 일하고 있다. 미혼이며 남자도 없고 공부에도 관심이 없다. 癸水가 亥月을 만나 乙을 기를 방법이 없고 시공간도 적절하지 않다. 巳酉 합으로 물질조합을 이루니 재물에 관심이 많고, 미래를 준비하고자 배우는 것에는 흥미가 없다. 辛丑운 巳酉丑 삼합 물상을 반도체로 사용하여 생산사원으로 일한다. 辛酉는 반도체, 庚申은 컴퓨터 물상이다. 월지의 시공간에 필요한 丁火가 시간에 있지만 46세 이후이고 또 월지에 접근하기 어렵기 때문에 큰 발전은 기대하기 어렵다.

비교사주를 살펴보자.

坤命　　　　陰/平 : 1981年 10月 15日 12時

時	日	月	年		69	59	49	39	29	19	9
戊	癸	己	辛		丙	乙	甲	癸	壬	辛	庚
午	巳	亥	酉		午	巳	辰	卯	寅	丑	子

상기 사주와 시주만 다르다. 초등학교 교사로 여행을 즐기며 스포츠를 좋아한다. 예쁜 외모와 날씬한 몸매의 소유자로 조신한 듯 보이지만 남자관계가 복잡하다. 상기 사주는 물질에 대한 흥미가 많은 구조이지만 이 사주는 시간에 있는 戊土와 戊癸 합하니 명예욕도 강하고 私的으로 남자에 대한 흥미가 많다. 또 일지 巳火를 기준으로 午火, 己土, 戊土로 혼잡하니 여러 번 결혼하거나 색욕이 강하다. 특히 시지 午火가 월지 亥水와 합하고 辛酉와 조합하여 木을 만들어낸다. 丁辛壬 조합으로 亥月의 시공간에서 金을 水氣에 풀어 木을 만들어낼 수 있다. 다만 지지에서 午亥 합하고 또 시지에 午火가 있으니 私的으로 이루어지는 남녀관계를 암시한다. 다만 辛酉가 亥水에 풀어질 때 午火의 쓰임이 적절하기에 사회활동에 활용하여 교사로 근무한다.

坤命　　　　陰/平 : 1977年 4月 19日 8時

時	日	月	年		61	51	41	31	21	11	1
丙	癸	乙	丁		壬	辛	庚	己	戊	丁	丙
辰	巳	巳	巳		子	亥	戌	酉	申	未	午

2007년 丁亥년 상황으로 학원 강사다. 10년째 연애한 남자친구와 떨어져 살면서 자주 다툰다. 이 구조는 癸乙巳 조합이니 교육에 적합하다. 다만 巳巳巳丙으로 중복되니 남자인연이나 직업이 자주 바뀔 수 있고 그만큼 삶의 가치가 떨어진다. 또 火氣는 강하면서도 金이 없으니 많은 火氣는 존재하면서도 쓰임이 약하다. 丙, 丁火는 반드시 庚辛이 있어야 빛과 열로서의 존재가치를 찾는데 없으니 발전이 어렵

다. 따라서 물질을 추구하기 어렵고 癸水의 생각을 乙木 입으로 전파하는 강사직에 어울린다.

坤命   陰/平 : 1966年 6月 16日 6時

時	日	月	年
乙	癸	乙	丙
卯	巳	未	午

69	59	49	39	29	19	9
戊	己	庚	辛	壬	癸	甲
子	丑	寅	卯	辰	巳	午

2008년 戊子년 43세 상황으로 무속인이다. 丙戌년 무속학원을 개업하는 과정에 일이 풀리지 않아 힘든 상황이며 미혼이다. 상기와 동일하게 癸巳일주임에도 未월의 시공간에서 午未 합하니 癸水의 발산 작용이 午未의 중력 때문에 기능을 상실하고 癸水의 방향감각을 상실한다. 癸水는 인간의 정신을 지배하는 뇌수와 같은데 문제가 생기니 무속인이 되었으며, 癸乙의 키우는 속성이 가미되어 무속학원을 운영하고 싶은 것이다. 이 사주도 火氣는 매우 강한데 金氣가 없으니 火氣의 존재가치가 없으며 癸水는 강한 火氣에 증발되어 생각이 수시로 바뀌어 변덕스럽거나 정신집중이 안 된다.

坤命   陰/平 : 1979年 5月 1日 12時

時	日	月	年
戊	癸	己	己
午	巳	巳	未

63	53	43	33	23	13	3
丙	乙	甲	癸	壬	辛	庚
子	亥	戌	酉	申	未	午

2010년 庚寅년 32세 상황으로 화장품 영업을 한다. 남자는 많지만 결혼하지 못했고 부친은 일찍 사망했다. 이 구조는 火土가 굉장히 강해 상기 사주보다 더욱 흉해보이지만 巳월의 시공간으로 午未의 중력 작용은 상기 사주보다는 약하기에 癸水가 방향을 상실하지는 않는다. 이렇게 월지의 시공간이 무엇인가는 삶을 결정하는 주요한 인자다. 巳火를 화려함으로 사용하고 戊, 己土 회사에 소속되어 화장품 영업을 한다. 일지기준 동일한 오행이 중복, 혼잡하니 多婚의 상이 분명하다. 이런

문제를 피하기 위해서는 결혼 전에 많은 남자와 연애하고 가능한 늦게 결혼하는 것이 좋다. 부친은 년월이 근근로 복음이니 일찍 사망했다.

坤命 　　　　　陰/平 : 1981年 6月 13日 6時

時	日	月	年
乙	癸	乙	辛
卯	巳	未	酉

68	58	48	38	28	18	8
壬	辛	庚	己	戊	丁	丙
寅	丑	子	亥	戌	酉	申

2010년 庚寅년 30세 상황이다. 피부관리사로 한의원과 연계하여 관리하는 일을 한다. 남자는 없으며 경제적으로 힘든 상황이다. 이 구조는 癸巳일주가 未월의 시공간이니 癸水의 발산에너지가 급격히 줄어 안정을 취할 수 없고, 癸未의 돌아다니는 물상을 사용하여 직접 고객의 집을 찾아다닌다. 癸巳로 피부를 화려하게 만들기 위해 乙木 손을 사용하는데 년월에서 乙辛 沖하니 생기가 상하지 않도록 보호하는 한의원과 연계하여 일을 한다. 癸水가 기르는 乙을 년에 있는 辛 金이 자르니 마치 존재가치가 없어지는 것과 같아서 삶이 안정되지 않으며 경제적으로 힘들다.

乾命 　　　　　陰/平 : 1967年 6月 21日 1時

時	日	月	年
壬	癸	丁	丁
子	巳	未	未

86	76	66	56	46	36	26	16	6
戊	己	庚	辛	壬	癸	甲	乙	丙
戌	亥	子	丑	寅	卯	辰	巳	午

44세 상황으로 연예인 소속사를 운영한다. 유명 연예인을 배출했음에도 덕이 없어 소송에 시달렸다. 말이 앞서니 업계에서 인심을 많이 잃었다. 이 구조는 丁未 조합으로 총명하다. 월시에서 丁壬 합하니 전문기술과 전문가의 특성이요, 丁未간지의 전기 물상에 癸巳의 화려함을 사용, 대운이 木으로 흐르니 어린 싹을 기른다. 이런 이유로 연예인 소속사를 운영한다.

다만 癸水가 未월이니 시공간이 적절하지 않고, 시간에 壬子 겁재가 있으니 壬子를 이용하여 동업으로 재물을 추구하지만, 이런 문제 때문에 항상 丁火의 재물을 다툴 수밖에 없고 결과적으로 소송에 시달린다. 말이 앞서는 이유는 癸水가 강한 火氣를 만나 상상력, 아이디어도 풍부하지만 火氣의 속성대로 부풀리고 과장해서 말하며 실속이 없고 결과가 없기에 사람들에게 신용을 잃은 것이다.

이런 구조를 財多身弱으로 부자 집 거지라 표현하지만 연예인 소속사를 운영할 능력을 가진 사장이니 그 표현은 옳지 않다. 또 癸水가 극히 신약하니 壬子를 用神으로 한다는 논리도 적절하지 않다. 그 이유는 사주팔자 구조가 항상 壬子를 이용하여 재물을 얻고자 하는 생각을 버리지 못하여 사람들을 이용하지만 결과적으로 壬子와 재물을 다루는 과정에 자신이 상대를 배신하거나 상대에게 배신당하여 송사가 빈번하게 발생하기 때문이다. 즉, 팔자가 신약하니 壬子를 용신으로 쓰면 壬子는 무조건 좋다는 식의 판단은 사주구조를 고려하지 못한 판단에 불과하다. 사주팔자 구조에 따라 壬子가 좋은 역할을 할 수도 있고 또 이 사주처럼 관재구설의 요인이 될 수도 있다.

坤命　　　　陰/平 : 1982年 5月 19日 6時

時	日	月	年	61	51	41	31	21	11	1
乙	癸	丁	壬	庚	辛	壬	癸	甲	乙	丙
卯	巳	未	戌	子	丑	寅	卯	辰	巳	午

2007년 丁亥년 상황으로 세무공무원이며 차분하고 사려 깊다. 년월에서 丁壬 합하니 전문가의 물상이며, 戌未 형은 주로 가공, 의료행위의 물상이다. 癸水가 乙卯를 기르고 월지 未土에 모아서 戌未로 가공하고, 丁未의 중력에너지로 물질을 당겨오니 세무공무원이다. 년주 壬戌과 일주 癸巳가 조합을 이루고 癸水가 壬戌 년주에 의지한다. 이런 구조는 조상, 국가 혹은 상사의 음덕을 받을 수 있고 운도 癸水가 좋아하는 흐름이다. 다만 중년 이후에 壬水가 강해지는 때에 이르면 경쟁력을 상실한다.

53. 癸酉干支

癸水는 乙卯를 기르고자 존재하는 에너지인데 酉金의 공간 위에 있으니, 癸卯의 봄에서 癸酉의 가을로 바뀌면서 숙살의 기운이 강해져 殺氣를 갖는다. 따라서 癸水는 적절하지 못한 시공간에 처한 상황으로 부부이별이나 육체손상, 본성을 잃었기에 삶이 불안정한 문제가 발생할 수 있다. 癸酉간지가 월주에 있으면 부모나 일간 본인이 교육, 공직, 의료, 간호사 직업을 갖지만 년주, 일주, 시주는 조상음덕의 문제, 부부이별, 자식의 육체손상, 정신이상, 접신 등 수많은 문제를 만드는 간지조합이기에 종교, 명리, 철학에 인연을 갖는 것이 좋다. 그 이유는 癸酉를 地支로 바꾸면 酉子 破로 酉金이 子水에 풀어지는 과정에 씨종자에 문제가 생기면서 정신과 육체에 變異가 생길 가능성이 높기 때문이다. 사주예문을 살펴보자.

坤命				陰/平 : 1978年 12月 8日 4時					
時	日	月	年	59	49	39	29	19	9
甲	癸	甲	戊	戊	己	庚	辛	壬	癸
寅	酉	子	午	午	未	申	酉	戌	亥

2009년 己丑년 31세 상황으로 庚申년생과 丁亥년 연애 중에 임신했지만 남자가 능력이 없어 혼자 아이를 키운다. 이 구조는 년간에 戊土가 있으니 가까이 하기에 너무 먼 남편이다. 또 甲이 戊土를 밀어내니 자식이 생기면 남편과의 인연은 멀어지고 남편은 무능해진다. 일주도 癸酉이니 결혼불미는 피하기 힘들다. 이렇게 여명이 상관이 강하면 남편을 거부하는 에너지로 부부해로는 힘들다.

坤命				陰/平 : 1981年 11月 26日 16時						
時	日	月	年	65	55	45	35	25	15	5
庚	癸	庚	辛	丁	丙	乙	甲	癸	壬	辛
申	酉	子	酉	未	午	巳	辰	卯	寅	丑

　　2010년 庚寅년 30세 상황이다. 부친의 사업실패로 시골에서 농사를 지으며 7년째 공무원시험을 준비 중이며 이성에 관심이 없다. 이 구조는 金氣가 강하니 木을 키울 마음이 전혀 없고 숙살의 기운이 너무 강하다. 대운의 흐름은 사주팔자에서 강한 金氣와 정반대인 木으로 향하니 사주팔자 구조와 운의 흐름이 정면충돌 하면서 金과 木이 싸운다. 木氣를 상하게 하지 않으려는 기운이 동하니 시골에서 농사를 짓는다. 만약 도시로 나오면 육체가 상하거나 정신에 문제가 생기거나 육친에 문제가 발생한다. 일주가 癸酉이고 남편을 상징하는 관성도 없으니 결혼에 흥미가 없다. 노처녀나 이혼녀 혹은 결혼해도 배우자 사망 등 이성과는 인연이 박한 것이 癸酉일주의 특징이다.

坤命				陰/平 : 1963年 10月 11日 12時						
時	日	月	年	63	53	43	33	23	13	3
戊	癸	癸	癸	庚	己	戊	丁	丙	乙	甲
午	酉	亥	卯	午	巳	辰	卯	寅	丑	子

　　2010년 庚寅년 48세 상황이다. 식당을 장기간 운영하다가 직장생활을 하고 있다. 남편은 자주 외도하며 가정을 등한시해왔다. 돈 문제로 법적 이혼상태지만 왕래하며 지내고 있다. 午酉子 조합으로 午火가 酉金 남편을 자극하면 酉金은 뜨거워져 많은 水氣를 향하여 튀어나간다. 이런 에너지의 파동이 남편의 외도물상을 만들어낸다. 자식이 태어나면 남편은 밖으로만 돌아다닌다는 의미다. 戊土를 남편으로 보아도 戊土 하나가 수많은 癸水를 상대하니 바람둥이 남편이 분명하고 癸酉일주이니 결혼이 불미하다.

坤命　　　陰/平：1988年 10月 6日 10時

時	日	月	年
丁	癸	癸	戊
巳	酉	亥	辰

62	52	42	32	22	12	2
丙	丁	戊	己	庚	辛	壬
辰	巳	午	未	申	酉	戌

　2011년 辛卯년 상황이다. 교육대를 졸업하고 庚寅년 임용고시에 합격하였다. 戊子년에 만난 남자는 己丑년 다른 여자에게 가버렸다. 亥月의 시공간이니 癸水에게는 좋지 않지만 년월에서 戊癸 합하니 木을 기를 수 있고, 일지 酉金이 丁巳의 자극을 받아 亥水에 풀어지니 총명하다. 亥月에 필요한 丁火 酉金 壬水가 모두 있고, 년에 戊土가 있으니 국가공무원에 어울린다. 다만 애정문제로 살피면 戊土가 년에 있으니 가까이 하기 어려운 남자요, 戊土가 두 개의 癸水와 합하니 삼각관계를 유발하는 구조이기에 己丑년에 다른 여자에게 남자를 빼앗겼다. 이런 구조는 재혼남과 결혼하거나 유부남과 연애한다.

坤命　　　陰/平：1981年 11月 26日 23:22

時	日	月	年
癸	癸	庚	辛
亥	酉	子	酉

65	55	45	35	25	15	5
丁	丙	乙	甲	癸	壬	辛
未	午	巳	辰	卯	寅	丑

　2007년 상황으로 전문대 졸업 후 반도체 생산업체에서 제품검사를 한다. 丙戌년 壬辰월 모친이 집에서 넘어져 뇌출혈로 사망했다. 이 구조도 殺氣가 강하여 운에서 木이 오면 傷하기에 주위 육친이 몸을 다치거나 건강에 문제가 생기거나 사망할 수 있다. 壬寅, 癸卯운 교접기에 강한 金들이 운에서 들어온 木氣를 상하게 한다. 丙戌년 丙火가 드러나 丙辛 합하여 어둠 속으로 사라지고 木火의 흐름이 끊어지면 심장이나 뇌에 문제가 오니 뇌출혈, 심장마비 물상으로 모친이 사망했다.

坤命　　　　陰/平 : 1983年 11月 8日 14時

時	日	月	年
己	癸	甲	癸
未	酉	子	亥

69	59	49	39	29	19	9
辛	庚	己	戊	丁	丙	乙
未	午	巳	辰	卯	寅	丑

2010년 庚寅년 상황으로 관공서 비정규직으로 일하며 남자와 인연이 많다. 癸甲 조합은 남자를 밀어내기도 하고 남자와 접촉하기도 한다. 특히 시간에 있는 己未와 甲己 합하니 개인적으로 접근하는 남자들과 인연이 많이 생기고 甲으로 밀어내니 헤어지기를 반복한다. 일주도 癸酉이니 결혼불미를 암시한다.

坤命　　　　陰/平 : 1967年 12月 5日 14時

時	日	月	年
己	癸	壬	丁
未	酉	子	未

91	81	71	61	51	41	31	21	11	1
壬	辛	庚	己	戊	丁	丙	乙	甲	癸
戌	酉	申	未	午	巳	辰	卯	寅	丑

39세 丙戌년 상황으로 3남매를 두었으며 남편은 목공사업을 한다. 2004년 甲申년부터 연하남과 몰래 교제하고 있다. 어린 시절 부모의 이혼으로 모친과 살았다. 일주의 시기 상황으로 甲申년 傷官 일탈의 의미인 甲이 시주에 있는 己未와 합하니 연하의 남자와 외도를 시작했다. 남편은 사업을 하며 3남매를 두었으나 癸酉간지의 에너지 때문에 결혼불미의 다른 양상인 외도하는 물상으로 발현되었다. 이혼하지 않고 외도를 하는 이유는 일지 酉金의 역할이 중요하기 때문이다. 壬子월에 癸酉일이니 많은 水氣를 안정시키고 가치를 높여주는 것이 바로 일지 酉金으로 미네랄워터로 바꿔준다. 또 丁辛壬 조합을 만들어 가치를 높이기 위해서는 반드시 일지 酉金이 필요하다. 따라서 癸酉의 독신이나 이혼물상을 극복하고 외도하면서 살아간다.

坤命				陰/平 : 1931年 10月 5日 14時						
時	日	月	年	68	58	48	38	28	18	8
己	癸	己	辛	丙	乙	甲	癸	壬	辛	庚
未	酉	亥	未	午	巳	辰	卯	寅	丑	子

중견기업 회장부인으로 富는 누렸지만 부부사이는 나빴다. 甲辰운 丁卯년에 남편이 5층 건물에서 투신자살 하였다. 癸酉일주로 살기를 가졌는데 甲운에 亥水 속에서 많은 己未 土에 상한 甲이 천간으로 드러나고 甲己합으로 남편성과 함께 사라진다. 또 辰土는 월지 亥水를 담고 酉金과 합하니 亥水와 辰土에 있는 甲乙 생기가 모두 상한다. 丁卯년 亥卯未 삼합을 이룬 후 일지와 沖 하니 남편이 자살했다. 癸水가 甲을 만나면 비록 戊土가 드러나지 않았어도 甲辰운을 만나 癸甲戊 조합을 이루니 남편을 극하는 기운이 강해졌다.

▸ 癸酉의 살기

하기에서는 癸酉의 殺氣를 명확하게 느낄 수 있는 사주예문을 살펴보자. 모두 巳酉 조합으로 金과 木이 天干과 地支에서 싸운다는 공통점이 있다.

乾命				陰/平 : 1954年 4月 15日 4時					
時	日	月	年	56	46	36	26	16	6
甲	癸	己	甲	乙	甲	癸	壬	辛	庚
寅	酉	巳	午	亥	戌	酉	申	未	午

2005년 52세 상황이다. 22세 乙卯년 모친이 병으로 사망하고, 23세 丙辰년 군대에 입대하여 통신병으로 근무하다 양쪽 다리를 다쳐 다리를 절단하고 의족을 하고 산다. 27세 庚申년부터 2년간 기술을 배워 29세 壬戌년부터 가게를 시작하였다. 이 구조는 巳酉 조합에 寅酉, 寅巳 형으로 지지의 木이 상하니 다리에 문제가 생겼다. 辛未운 乙卯년에는 乙辛 沖으로 생기가 상하니 모친에게 문제가 생겼다. 또

癸酉가 巳火와 조합을 이루면 주로 발뒤축이 돌아가 다리를 저는 장애물상으로 많이 드러나는데 이 사주는 구조가 좀 더 흉하니 양쪽 다리를 절단했다. 비교사주를 살펴보자.

乾命				陰/平 : 1952年 5月 4日 8時								
時	日	月	年	83	73	63	53	43	33	23	13	3
丙	癸	乙	壬	甲	癸	壬	辛	庚	己	戊	丁	丙
辰	酉	巳	辰	寅	丑	子	亥	戌	酉	申	未	午

54세 乙酉년 상황이다. 이 남자는 발뒤꿈치와 발가락의 위치가 반대로, 발의 방향이 180도로 틀어진 장애인이다. 이 구조도 癸酉, 巳火 조합에 辰酉 합하여 乙이 상했고, 년주와 시주가 壬辰과 丙辰으로 地支는 동일한데 천간이 다르니 이 또한 다리장애 구조다.

乾命				陰/閏 : 1955年 3月 21日 10時						
時	日	月	年	61	51	41	31	21	11	1
丁	癸	辛	乙	甲	乙	丙	丁	戊	己	庚
巳	酉	巳	未	戌	亥	子	丑	寅	卯	辰

51세 乙酉년 상황이다. 뇌성마비 장애인으로 공고를 졸업하고 전기공으로 생활 중이다. 태어난 후 몇 개월 만에 뇌성마비가 되었다. 이 구조도 癸酉, 巳 조합에 월의 辛이 년의 乙 生氣를 잘라 뇌에 문제가 생겼다. 이 모든 문제의 근본원인은 癸酉의 살기 때문이다.

坤命				陰/平 : 1961年 6月 27日 8時					
時	日	月	年	60	50	40	30	20	10
丙	癸	丙	辛	壬	辛	庚	己	戊	丁
辰	酉	申	丑	寅	丑	子	亥	戌	酉

2009년 己丑년 49세 상황이다. 외도경험이 많은 과외선생으로 戊子년에 乙巳생 연하 이혼남을 만나며 남편과 이혼하고 재혼할까 갈등이 생겼다. 癸酉일주의 결혼불미 현상이 외도를 원하고, 일지 酉金과

동일오행이 4개 있으니 多婚 구조로, 이혼하지 않으니 계속 남자가 생긴다. 년월의 丙辛 합으로 총명하며 교육에 어울리지만 사주구조가 대체적으로 음습하고 木을 기를 의지가 없으니 발전하기 어렵다. 乙巳생 이혼남은 癸水가 가장 좋아하는 乙과 巳를 가졌으며 癸水는 乙을 보면 자신의 에너지를 강하게 방사하기에 乙巳년 생에게 깊은 사랑을 느낀다.

54. 癸丑干支

巳酉丑 삼합이 마감된 공간에 癸水가 좌하였다. 丑土의 공간은 더 이상 땅의 쓰임도 없고 물질을 얻기도 어렵다. 또 丑土는 동토의 땅으로 乙을 키워야하는 癸水에게 전혀 어울리지 않은 시공간이며, 丑土는 도둑의 속성이 강하기에 법조, 의료, 감옥, 교도 등의 직업에 어울리지만 구조가 나쁘면 도둑, 강도, 마약, 투기, 도박, 절도 등의 물상으로 드러난다. 따라서 癸丑은 시공간이 적절하지 않으니 그 공간을 벗어나 타향이나 해외로 가야 발전한다. 사주예문을 살펴보자.

乾命				陰/平 : 1982年 12月 12日 18時						
時	日	月	年	63	53	43	33	23	13	3
辛	癸	癸	壬	庚	己	戊	丁	丙	乙	甲
酉	丑	丑	戌	申	未	午	巳	辰	卯	寅

2007년 丁亥년 25세 상황이다. 자동차학과를 전공하고 丙戌년 외국에서 연수를 하였는데, 항공학과나 보건 보철학과로의 진로변경문제로 갈등을 하고 있다.

이 구조는 전체적으로 金氣로 구성되어 木을 기르는 속성이 없고 숙살의 기운이 강하다. 또 년월의 丑戌 刑은 의료, 가공물상이니 금속을 가공하는 자동차, 항공, 보철 등 금붙이와 인연이 깊다. 丙戌년 丙火로 공간을 확장하니 해외연수를 갔으며, 丑戌 刑으로 월지에 변동이 생기니 진로변경을 고민한다.

坤命　　　　　陰/平 : 1981年 11月 6日 4時

時	日	月	年
甲	癸	己	辛
寅	丑	亥	酉

62	52	42	32	22	12	2
丙	乙	甲	癸	壬	辛	庚
午	巳	辰	卯	寅	丑	子

　丙戌년 26세 상황으로 경찰공무원 시험을 준비하다 시험을 포기하고 다른 직업을 가질까 고민 중이다. 癸己 조합으로 공직물상에 甲己 합하니 경찰에 어울린다. 酉丑이 합하니 감옥의 물상이요, 寅酉 조합도 경찰에 어울린다. 다만 丙戌년에 일지 丑土와 丑戌 刑 하니 진로를 변경할까 고민한다.

坤命　　　　　陰/平 : 1982年 12月 22日 1時

時	日	月	年
壬	癸	癸	壬
子	亥	丑	戌

69	59	49	39	29	19	9
丙	丁	戊	己	庚	辛	壬
午	未	申	酉	戌	亥	子

　2010년 庚寅년 28세 상황으로 월주가 癸丑이며 丑戌 刑 하니 산부인과 의사나 의료업에 어울린다. 만약 이런 직업이 아니면 몸이 상하기 쉽다. 辛巳년 모친에게 폐암이 생기고, 戊子년 척추 암으로 사망했으며, 자신도 갑상선암 수술을 받았다. 일본어과를 졸업하고 강사 생활을 했으며 잠시 간호조무사도 했었다. 천간과 지지가 모두 흑색이요, 많은 水氣를 담은 丑土와 戌土가 刑하여 戌土속 火氣가 상해 어둠 속을 걷는 구조. 癸水는 乙木과 丙火와 조합하여 戊土 위에 생기를 퍼트려야하는데 원하는 에너지가 전혀 없으니 삶의 방향에 갈피를 잡지 못한다. 이런 구조는 가능한 해외로 떠나야 발전한다.

坤命				陰/平 : 1944年 11月 1日 6時							
時	日	月	年	72	62	52	42	32	22	12	2
乙	癸	丙	甲	戊	己	庚	辛	壬	癸	甲	乙
卯	丑	子	申	辰	巳	午	未	申	酉	戌	亥

丙戌년 63세 상황이다. 48세 당시 남편과 사별하고 50대 중반 이후에는 자식 때문에 경제적 손실을 보았다. 직장을 구하는 중이지만 직접 사업을 해볼까도 연구 중이다. 이 구조는 癸水가 좋아하는 丙火 그리고 乙卯가 모두 있지만 아쉽게도 월지의 시공간이 子月이니 癸水의 쓰임이 좋지 않다. 또 癸丑일주로 일지와의 조합이 좋지 못하며 시주 乙卯와 卯丑 조합을 이루니 乙卯가 상하기에 자식을 도와주느라 재물 손실을 보았고 남편과 사별했다. 癸酉와 癸丑일주는 사주구조가 좋지 않으면 배우자와의 인연이 길지 못하고 덕을 바라기 힘들다.

坤命				陰/平 : 1991年 11月 4日 16時						
時	日	月	年	69	59	49	39	29	19	9
庚	癸	庚	辛	丁	丙	乙	甲	癸	壬	辛
申	丑	子	未	未	午	巳	辰	卯	寅	丑

2011년 辛卯년 21세 상황으로 사회복지학과에 다니고 있다. 부친의 연이은 사업실패로 부모님은 이혼하였고 자신은 모친과 함께 지내고 있다. 이 구조도 사주전체에 생기가 없고 살기만 가득하다. 운이 木氣로 흐르니 상하지 않으려고 사회복지학과를 택했다. 이렇게 살기가 강한데 木氣와 조합되면 木氣를 보호하는 의료, 한의사, 사회복지, 심리치료 등의 직업에 종사하면 개운할 수 있다.

坤命

時	日	月	年
乙	癸	癸	壬
卯	卯	丑	子

陰/平 : 1972年 12月 3日 6時

61	51	41	31	21	11	1
丙	丁	戊	己	庚	辛	壬
午	未	申	酉	戌	亥	子

2006년 丙戌년 34세 상황으로 할인마트 직원으로 일한다. 일찍 결혼에 실패했으며 남자와의 인연이 복잡하고 오래가지 못한다. 이 구조는 년월에 발산의 기세가 없다. 癸丑월 癸卯일주이니 巳火나 丙火를 만나야 발전하는데 운의 흐름도 도와주지 않는다. 癸卯일주로 남편의 역할이 나쁘지 않음에도 卯丑 조합으로 응결되어 남편이 오래 머물지 못한다.

乾命

時	日	月	年
甲	癸	丁	甲
寅	丑	丑	寅

陰/平 : 1974年 11月 25日 4時

89	79	69	59	49	39	29	19	9
丙	乙	甲	癸	壬	辛	庚	己	戊
戌	酉	申	未	午	巳	辰	卯	寅

31살 상황으로 손해보험사에 취업했다. 학창시절 공부는 잘했으나 파란만장한 삶을 살았다. 구치소도 몇 번 가고 죽을고비도 세 번 넘기고, 사법시험 1차까지 합격했으나 역술인의 조언을 듣고 포기했다. 이 구조에서 몇 가지 물상을 살펴보자. 먼저 丁丑과 癸丑, 丁丑과 壬子 조합으로 丑土 속에 있는 가스가 丁火의 불꽃에 폭발하는 형상으로 주로 가스통, 가스폭발, 화재 물상이다. 따라서 이런 문제를 해결하는 손해보험사에 취업한 것이다. 또 癸水가 년주에 甲寅을 만나면 구타물상으로 구치소도 몇 번가고, 己卯운에 卯丑으로 卯木이 응결되면서 丁火로 흐르는 피의 흐름이 막히니 죽을고비도 넘겼으며, 丁癸沖 조합으로 사법시험도 보았다. 년과 월이 甲, 丁丑 조합으로 교육, 공직과 인연이 깊은 조합이다. 다만 癸水가 丑月에 甲寅과 조합하니 이 모든 에너지는 壬水가 쓰기에 적합하고 癸水와는 어울리지 않는다. 이런 문제로 삶의 기복이 심하다.

坤命				陰/平 : 1982年 1月 6日 2時							
時	日	月	年	72	62	52	42	32	22	12	2
癸	癸	辛	辛	己	戊	丁	丙	乙	甲	癸	壬
丑	丑	丑	酉	酉	申	未	午	巳	辰	卯	寅

2003년 癸未년 9월 스토킹으로 상상하지 못할 고통과 칼로 찔러 죽인다는 협박도 받았다. 몸은 차갑고 생식계통과 호흡기가 약하다. 가족과 2003년부터 떨어져 지냈다. 뚜렷하게 나쁘거나 좋은 것이 없다. 이 구조는 癸卯운 막바지에 卯丑이 조합하고 丑未 충이 동하는 해에 스토킹을 당하고 협박에 시달렸다. 이렇게 전체적으로 냉하고 습한데 사주팔자에 木이 없다가 木을 만나는 시점에 이르면 냉한 金水의 기운들은 木氣를 자르려고 달려든다. 酉子丑 조합이 만나면 억울한 누명을 당하거나, 밤에 거리에서 이유 없이 퍽치기를 당하여 사망할 수도 있다. 이 여자의 경우는 癸未년이니 스토킹과 협박으로 끝난 것이다. 음습한 어둠 속에서 생기가 나타나길 기다려 채가는 저승사자와 같은 물상이다. 법조계나 의료에 종사하여 殺氣를 풀어내거나 공간을 바꾸어 해외로 이민 가는 것이 좋다.

乾命				陰/平 : 1972年 10月 13日 4時		
時	日	月	年	26	16	6
甲	癸	辛	壬	甲	癸	壬
寅	丑	亥	子	寅	丑	子

癸丑운 끝자락 甲寅운 초입 戊寅년 27세에 교통사고로 사망했다. 년월 구조는 총명한 조합이다. 월간 辛金이 많은 水氣에 미네랄을 공급한다. 다만 너무 냉하고 습한데 癸丑이 甲寅과 조합되니 구타, 손으로 물건을 때리는 작업으로 빵을 만들거나 피자를 만들고자 때리는 물상이다. 사주 원국에 癸丑, 甲寅이 모두 있는데 대운에서도 癸丑, 甲寅으로 동일한 흐름이고 戊寅년에 戊土를 만나 癸甲戊 조합을 이루니 甲으로 戊土를 구타하여 육체가 상하기에 교통사고로 사망했다.

乾命			
時	日	月	年
戊	癸	辛	壬
午	丑	亥	子

陰/平 : 1972年 10月 13日 12時

76	66	56	46	36	26	16	6
己	戊	丁	丙	乙	甲	癸	壬
未	午	巳	辰	卯	寅	丑	子

　현직 검사의 명조다. 서울의 명문대를 졸업하고 甲寅운 29세 사법고시에 합격하여 검사가 되었다. 이 구조는 비록 연월일이 모두 상기 구조와 동일하지만 시주가 戊午로 밝은 속성의 에너지를 가졌으며 甲寅이 없으니 살성이 강하지 않다. 또 월간 辛이 水氣에 풀리니 총명하고, 癸丑 물상을 법조계로 사용하여 丑土 감옥에 亥子의 어둠을 잡아가둔다. 검사가 될 수 있었던 것은 년과 월 구조가 총명하며, 시주에 戊午로 안정적인 터전과 어둠을 해결하는 밝은 에너지가 있기 때문이다. 이렇게 사주구조의 明暗은 삶에 지대한 영향을 미친다.

　지금까지 인간의 삶에서 가장 중요하고 정신과 물질을 모두 포함하여 강한 영향력을 행사하는 癸水를 자세히 살펴보았다. 척력(癸)과 중력(丁)은 양자물리학의 근본원리요 우주구조의 근간이며, 인간의 이중성을 상징하며 삶의 작동원리다. 따라서 癸水는 우리의 모든 것이라 해도 과언이 아니다.

　癸水는 戊土와 합하는데 戊癸 합의 원리에 대해서는 이미 설명하였다. 지구표면 戊土가 癸水 대기를 끌어와 戊土의 터전에서 乙 생명체를 기른다. 이렇게 戊癸 합으로 木을 기를 수 있기에 가을에 이르러 수확이 가능해지고 인간은 음식으로 생명을 이어간다. 戊癸 합의 문제는 癸水만 합하고 木을 기르지 못하면 私的으로 재물을 탐하다가 감옥에 가거나 불법을 저지를 수도 있다. 즉, 天道는 戊癸 合으로 지구 위에 존재하는 모든 생명체를 기르기를 요구하는데 만약 甲乙이 없거나 丙火가 없어서 너무 어두우면 戊癸 합의 본질에서 벗어나고 天道의 뜻을 어기게 되기에 이런 구조들은 사적으로 물질을 탐하는 것을 경계해야 한다. 戊癸 합의 예문을 살펴보자.

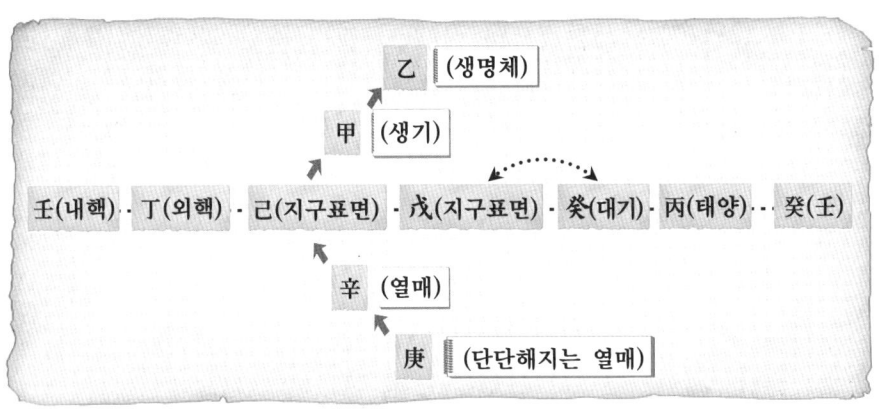

乾命

時	日	月	年
戊	庚	壬	癸
寅	申	戌	未

陰/平 : 1943年 10月 1日 4:00

86	76	66	56	46	36	26	16	6
癸	甲	乙	丙	丁	戊	己	庚	辛
丑	寅	卯	辰	巳	午	未	申	酉

戌月의 시공간이니 火氣가 필요한데 년의 癸水가 시간의 戊土와 戊癸 合하여 火氣를 만들고 운이 火氣로 강하게 흐르니 사업하며 명예도 얻었다. 재물 복이 큰 이유를 十神으로 時支에 있는 財星 寅木때문이라고 판단하는 것은 무리다. 그 이유는 申酉戌로 구성된 사주에 寅木 재성이 강할 수도 없고 운도 金火로 寅木이 무력할 수밖에 없기 때문이다. 즉, 단순하게 십신으로 재복을 판단하는 것은 지양해야 한다. 이 구조가 재복도 좋고 명예도 높은 이유는 戌月의 시공을 맞추는 戊癸 합과 운에서 강한 火氣를 만났기 때문이다. 戊庚 조합은 주로 부동산 물상이다.

坤命

時	日	月	年
戊	甲	癸	戊
辰	午	亥	午

陰/平 : 1978年 10月 28日 8:00

87	77	67	57	47	37	27	17	7
甲	乙	丙	丁	戊	己	庚	辛	壬
寅	卯	辰	巳	午	未	申	酉	戌

29세 상황이다. 부친은 창원이 개발될 때 큰돈을 벌어 건설업을 시작, 발전했으나 주식, 사업으로 상당액을 날리고 고전 중이다. 지방대학 러시아과를 졸업하고 러시아에서 유학한 후 서울의 기업체에 입사했다. 辛酉운 辛丁壬 조합으로 부친이 큰 재물을 취하지만 庚申운에 辛丁壬 조합의 효과가 사라지면서 부친이 힘들어졌다. 이 구조에서 년월의 戊癸 合은 火氣를 유도하여 亥中 甲을 기르는 역할을 한다.

乾命　　　　　陰/平 : 1983年 5月 1日 10:00

時	日	月	年	81	71	61	51	41	31	21	11	1
辛	庚	戊	癸	己	庚	辛	壬	癸	甲	乙	丙	丁
巳	午	午	亥	酉	戌	亥	子	丑	寅	卯	辰	巳

이 구조는 상기와 전혀 다르다. 午月의 시공간으로 초년에는 마른 戊午의 땅에 水氣를 공급하여 좋았으나, 15세 즈음에는 戊癸 合으로 水氣를 말리니 집안 경제상황이 어려워졌다. 庚日干 입장에서 戊癸 합으로 火氣가 증가하면 庚이 힘들어진다. 동일한 戊癸 합도 시공간에 따라 전혀 다른 물상으로 발현된다.

乾命　　　　　陰/平 : 1963年 5月 13日 12:00

時	日	月	年	88	78	68	58	48	38	28	18	8
丙	丁	戊	癸	己	庚	辛	壬	癸	甲	乙	丙	丁
午	未	午	卯	酉	戌	亥	子	丑	寅	卯	辰	巳

년과 월에서 戊癸 合하고 地支에서 卯午 破하니 合破 조합이다. 干支가 合破로 조합을 이루면 대부분 흉한 물상으로 발현된다. 유일한 水氣인 癸水가 戊癸 합하면서 열기만 높아져 卯木의 성장에 문제가 생기니 丁巳운에 소아마비에 걸려 한쪽 다리가 불구다.

乾命　　　　陰/平 : 1963年 5月 4日 6:00

時	日	月	年	85	75	65	55	45	35	25	15	5
乙	戊	戊	癸	己	庚	辛	壬	癸	甲	乙	丙	丁
卯	戌	午	卯	酉	戌	亥	子	丑	寅	卯	辰	巳

이 사주와 상기 사주를 비교해보자. 위 사주는 戊癸 합과 卯午 破로 卯木이 생기를 잃어 상하지만 이 사주는 年月 구조는 동일한데 時에 乙卯가 있어 戊癸 합하여 乙을 키운다. 戊癸 합의 가치가 높아졌다. 대학을 졸업하고 부동산으로 1994년부터 2001년까지 매년 일억 이상을 벌었다. 戊癸 합하는 이유는 乙卯를 기르기 위한 것으로 팔자에서 조합을 이루면 재물이 증가하고 명예가 상승한다.

▶ 하늘에서 내리는 부자사주 구조(5)
– 金을 자극하여 水氣에 풀어 재물을 부풀리는 조합

상기에서 지속적으로 설명했던 부분으로 가장 기본적인 유형은 丁辛壬 조합이다. 이 조합의 의미를 풀어서 설명하면 금속은 열을 가하면 활동이 빨라진다. 책 1권에서 金星의 상황을 설명했는데 금성은 火氣를 빠르게 흡수하고 배출하지 않는다. 이런 이유로 금성에는 엄청난 열기가 존재하고 생명체가 살 수 없다. 동일한 이치를 자연에 비유하면 午月에 분산 작용하는 丙火가 수렴 작용하는 丁火로 바뀌고 未申酉月을 지나면서 수렴작용을 더욱 강하게 하기에 壬水의 응축으로 바뀔 수 있다. 이때 丁火의 작용력은 金을 딱딱하게 하여 단단하게 완성하고 金에게 열을 가해 金의 내부에 열기를 머금도록 유도하는 것이다. 자연에서는 戌月에 이르면 戌중 丁火는 열기를 품어 寅午戌 삼합을 마감하고, 辛은 火氣에 뜨거워져 마르는데, 亥月로 넘어가는 과정에 열기를 품은 辛을 水氣에 쉽게 풀어내기 위함이다. 만약 열기가 없다면 차가운 亥水에서는 木으로 발아할 생각을 하지 않기 때문이다. 콩을 水氣가 없는 상태로 두거나 매우 차가운 물에 두면 절대로 발아하지 않는 이치다. 반드시 적절한 온도와 水氣가 배합되어야 씨종자가 딱딱한 껍질을 벗어던지고 부드러운 木으로 물형을 바꾼다. 만약 적절한 환경이 갖춰지면 辛은 폭발적인 힘으로 발아하는데 물질에 비유하면 콩 하나가 갑자기 엄청나게 큰 부피의 콩나물로 바뀌는 것이다. 따라서 이런 조합은 재물을 쉽고 빠르고 크게 축적한다. 이런 논리는 자연의 이치를 사주팔자에 동일하게 응용한 것이다. 사주예문을 살펴보자.

乾命 　　　　　　陰/平 : 1978年 9月 6日 18時

時	日	月	年	70	60	50	40	30	20	10
己	壬	辛	戊	戊	丁	丙	乙	甲	癸	壬
酉	寅	酉	午	辰	卯	寅	丑	子	亥	戌

어린 나이임에도 재산이 20억이다. 이 구조는 년지 午火가 월주 辛酉를 뜨겁게 자극하면 뜨거워진 辛酉는 일간 壬水를 향할 수밖에 없다. 재물이 스스로 壬水 일간을 향하여 찾아오는 것이다. 십신으로 판단하여 辛酉가 壬水를 생하기에 부자라는 판단으로는 폭발적인 에너지의 변화를 이해하지 못한다. 다만 酉寅酉로 복음이니 결혼이 불미하고 육체가 상하기 쉬운 구조다.

乾命 　　　　　　陰/平 : 1978年 8月 13日 20時

時	日	月	年	68	58	48	38	28	18	8
丙	庚	辛	戊	戊	丁	丙	乙	甲	癸	壬
戌	辰	酉	午	辰	卯	寅	丑	子	亥	戌

이 사주도 젊은 나이에 20억이 넘는 재산을 가졌다. 午火가 辛酉를 뜨겁게 하고 일지 辰土에 辰酉 合으로 들어가 재물이 부풀려진다. 또 丙辛 합으로 水氣를 만들어 내는 조합이다. 운도 초년부터 水氣로 흐르니 젊어서부터 재물 복이 두텁다.

坤命				陰/平 : 1948年 6月 5日 1時								
時	日	月	年	81	71	61	51	41	31	21	11	1
庚	丁	己	戊	庚	辛	壬	癸	甲	乙	丙	丁	戊
子	酉	未	子	戌	亥	子	丑	寅	卯	辰	巳	午

　부동산이 250억이며, 동산이 280억 재산가다. 甲寅운에 부동산으로 엄청나게 많은 재물을 모았다. 이 구조는 未月에 丁火가 酉金을 달구면 子에서 풀어진다. 뜨거워진 酉金은 子水에서 부풀려지기에 폭발적인 재물의 유입이 이루어진다. 甲寅운은 40대로 甲己 합으로 건설업, 부동산 물상이며 丁火가 甲寅을 만나 좋은 운이며 庚酉로만 있으니 金을 만들어내는 근거인 木氣가 부족했는데 甲寅을 만나면 庚酉의 근거지가 생기면서 재물의 유입이 더욱 커진다. 달리 표현하면, 甲寅이 있어야만 庚酉는 甲寅을 크게 수확할 수 있지만 甲寅이 없다면 수확할 열매가 많지 않은 이치와 같다. 旺衰로 일간이 財多身弱하니 인성 운에 큰돈을, 그것도 500억을 벌었다는 식의 통변은 적절하지 않다. 이 구조에서 폭발적인 재물유입은 뜨겁게 달구어진 酉金이 子水에서 빅뱅처럼 폭발했기 때문이고 마침 甲寅으로 운에서 시너지 작용을 했기 때문이다. 유사 구조를 살펴보자.

乾命				陰/平 : 1936年 8月 8日 22時								
時	日	月	年	84	74	64	54	44	34	24	14	4
癸	戊	丁	丙	丙	乙	甲	癸	壬	辛	庚	己	戊
亥	申	酉	子	午	巳	辰	卯	寅	丑	子	亥	戌

　30대부터 발전하고 45세 이후 큰 부자가 되었다. 이 구조도 상기와 다를 바가 없다. 丙丁이 酉金을 달구고 46세 이후 癸亥 시주에서 폭발적으로 재물을 늘렸다. 이런 구조들은 순차적으로 재물을 모으는 것이 아니라 한순간 폭발적으로 모으는 특징이 있다.

乾命　　　　陰/平 : 1971年 8月 18日 2時

時	日	月	年	89	79	69	59	49	39	29	19	9
乙	甲	丁	辛	戊	己	庚	辛	壬	癸	甲	乙	丙
丑	子	酉	亥	子	丑	寅	卯	辰	巳	午	未	申

금융공학을 전공하였으며 영업능력을 인정받아 전문경영인이 되었다. 이 구조도 丁酉월주에서 丁火가 酉金을 자극하면 열을 품은 酉金은 일지 子水에서 크게 부풀려진 후 시지에 있는 丑土에 들어가 합하는데 그 위에 乙 겁재가 있으니 결과적으로 자신이 부풀린 돈이 겁재의 지갑 속으로 들어간다. 비록 丑土에 들어가기 전에 반드시 일지를 거쳐 가지만 재물은 나만의 것은 아니다. 丁酉, 子로 매우 총명하며 대운도 巳午未로 흘러 酉金을 水氣에 부풀리는 능력이 좋으니 전문경영인으로 회사에 재물을 만들어내는 능력이 뛰어나다.

坤命　　　　陰/平 : 1977年 1月 4日 22時

時	日	月	年	84	74	64	54	44	34	24	14	4
乙	己	壬	丁	辛	庚	己	戊	丁	丙	乙	甲	癸
亥	酉	寅	巳	亥	戌	酉	申	未	午	巳	辰	卯

甲午년 당시 사업가로 재산은 50억 정도다. 직접 옷을 디자인하여 제품을 수출한다. 30세까지는 가게에서 시간제로 일하다가 30대가 지나면서 재산을 모으기 시작했다. 년월이 丁壬 합, 寅巳 형으로 합형 구조이니 초년에 문제를 많이 일으켰다. 또 寅이 상하니 남자와의 인연은 이루어지기 어려운데 일지도 酉金이니 남자가 안방에 들어오기 힘들다. 30대는 己酉일주 시기로 巳, 丙午 대운을 지난다. 이 구조는 巳酉 조합으로 수확하는 물상인데, 중간에 寅이 있으니 壬水로 寅을 키우고 巳酉로 寅木을 다루는 섬유물상이기에 섬유디자이너다. 년월의 丁壬 합으로 전문지식, 전문자격, 전문기술을 가미하여 섬유제조, 수출로 재산을 모았다. 또 己酉의 酉金이 운에서 巳火와 丙火를

만나 시공간을 넓게 활용하며 火氣에 달구어진 酉金이 時支 亥水에 풀어진다. 亥水와 壬水는 바다와 같으니 해외 수출 업에 종사한다. 이 구조도 丁辛壬 조합의 변형이다.

乾命				陰/平 : 1920年 2月 11日 2時								
時	日	月	年	82	72	62	52	42	32	22	12	2
辛	丁	己	庚	戊	丁	丙	乙	甲	癸	壬	辛	庚
丑	亥	卯	申	子	亥	戌	酉	申	未	午	巳	辰

申운에 100억대 재물을 모았다. 이 구조도 丁辛亥 조합에 卯木이 巳午未운에 자란 후 申酉戌에서 수확하는 흐름이다. 丁火가 辛에게 熱氣를 가하면 亥水에서 부풀려진다. 따라서 일지에 이르는 시기에 재물이 모인다.

乾命				陰/平 : 1957年 6月 2日 20時								
時	日	月	年	87	77	67	57	47	37	27	17	7
庚	壬	丙	丁	丁	戊	己	庚	辛	壬	癸	甲	乙
戌	申	午	酉	酉	戌	亥	子	丑	寅	卯	辰	巳

이 남자는 壬, 癸운에 돈을 많이 벌었지만 말년에는 재산이 없다. 년과 월에 있는 丙, 丁火가 년지 酉金을 코너에 몰고 뜨겁게 자극하니 酉金은 폭발적으로 水氣를 향할 수밖에 없다. 酉金이 壬水를 찾아가는 길이 쉽지는 않지만 壬水의 시기인 31~37세 사이에 갑자기 크게 재물을 축적할 수 있다. 다만 金을 만들어내는 근원 木이 없으니 재물의 근거지가 없는 것과 같아서 운이 지나면 모았던 재물을 지키지 못한다. 근거지가 없으니 재물을 다시 만들어낼 방법이 없기 때문이다. 壬寅운의 寅운에 수십 명의 여자들과 인연이 되었는데 그 이유는 金의 근거지가 생겼기 때문이다. 즉, 木이 들어와 수확하는데 寅木은 강한 金氣들을 견디지 못하고 도망가 버리니 짧은 기간 동안에 수십 명의 여자들과 인연이 생긴 이유다. 궁위로 살피면 壬寅운에 寅

午戌 삼합을 이루고 일지 申金을 火氣로 자극하면 申金은 일간 壬水를 향하여 온다. 이런 이유로 성욕이 강해지고 여자와 인연이 많이 생겼으며 일지를 기준으로 많은 동일 오행이 있으니 남녀 인연이 복잡할 수밖에 없다.

乾命　　　　陰/平 : 1937年 8月 29日 8時

時	日	月	年	88	78	68	58	48	38	28	18	8
丙	癸	己	丁	庚	辛	壬	癸	甲	乙	丙	丁	戊
辰	亥	酉	丑	子	丑	寅	卯	辰	巳	午	未	申

40대까지 운수회사를 운영하면서 많은 재물을 모았고, 50대에는 해외에서 큰돈을 벌었으나, 60대에 재물이 국가에 압류되고 감옥생활을 하였다. 癸未년 관재로 소송이 걸렸으나 합의로 풀려났다. 국회의원에 4번 출마하였으나 모두 낙선했다.

이 구조는 평생 재물 복이 두텁다. 그 이유를 살펴보자. 첫째 원국에 순서가 바르지는 않지만 酉丑辰 조합을 가졌다. 둘째 丁辛壬 조합을 가졌다. 셋째 酉亥辰으로 시간의 흐름이 바르다. 넷째 癸水가 酉月에 태어나니 적절하지 않은 시공간이지만 운이 火木으로 흐르니 癸水가 활동을 적극적으로 할 수 있다. 酉丑 조합은 교통사고 물상인데 달리 표현하면 차량과 관계된다. 酉金은 차량이요, 丑土는 차량이 멈추는 주차장이며, 酉辰 또한 酉金이 辰土 주차장으로 들어가는 모습이다. 또 酉亥辰으로 차량이 흘러가는 것은 운송기간이 멀고, 먼 곳에도 주차장이 있다는 뜻이니 전국에 차고지를 두었다는 의미다.

辰土와 丑土는 감옥 물상이다. 酉金이 丑土와 辰土에 갇혀 움직이지 못하기 때문이다. 이런 물상을 달리 쓰면 차량이 갑자기 멈추고 움직이지 못하는 교통사고 물상이다. 癸卯운에 감옥에 간 이유는 癸水가 卯木으로 활동하는 과정에 酉金에 의해 상했기 때문이다. 癸水가 卯木으로 활동하는데 酉金으로 잘릴 경우 심하면 사망할 수도 있다. 癸水는 卯木을 키우는 에너지인데 상하면 존재의미를 상실하기 때문이다. 癸卯가 酉에 잘릴 때는 배우자 사망, 자식 사망, 육체와 정신이 심하게 상하거나, 감옥에 가게 된다. 60대 국가에 재물이 압류되고 감옥 생활을 한 이유는, 큰 재물을 벌지만 불법행위로 인해 모든 재산을 잃고 감옥에 가거나, 사망하는 酉丑辰 조합물상 때문이다.

제5절 丙火 - 빛. 공간, 부피확장. 公的 행위

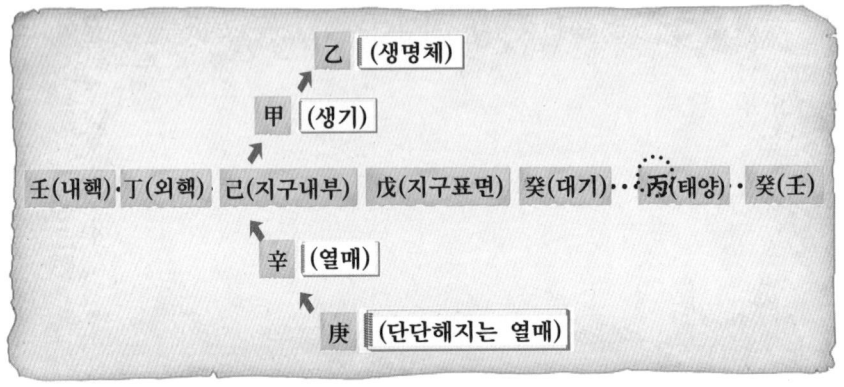

음양오행 이론의 핵심이며 태양계 질량의 대부분을 차지하는 丙火(태양)를 살펴보자. 45억 살의 지구에 대기가 형성 되고난 후 빛의 파동이 지구상에 존재하는 물질입자와 접촉하면서 생명의 역사는 시작되었을 것이고, 어떠한 원인으로 인해 단세포 생명체가 드러나고 현재에 이르렀다. 선현들의 천문에 대한 끊임없는 탐구로 천문학이 발전하고 점성술이 등장하였으며 동양에서는 음양오행이론으로 발전하였다. 이 모든 중심에 빛의 존재가 있다. 우리는 빛의 도움으로 생명을 유지하며 살아간다. 빛의 영향력에 대한 내용을 잠시 살펴보자.

지구에 닿는 태양에너지 중 1퍼센트가 채 안 되는 양만이 실질적인 생명과정으로 전환된다. 그러나 1퍼센트로 생명이 무슨 일을 하는지 알면 정말로 놀라지 않을 수 없다. 물과 태양에너지, 대기를 이용하여 유전자와 자손을 만들어내는 생명은 흥겹지만 아직 위험한 모습으로 서로 섞이거나 분화하고 변형하거나 학살하거나 정복한다. 그 사이 생물권 자체는 30억년 넘게 그랬던 것처럼 개별 종이 등장하고 사라지는 동안 미묘한 변화를 겪으면서 계속 살아간다(「생명이란 무엇인가?」린 마굴리스. 도리언 세이건 지음).

이렇게 우리의 삶에 지대한 영향을 미치는 빛에 대해 명리학 관점에서 몇 가지 중요한 사항을 요약해보자.

첫 번째는 "빛은 밝다"는 것으로 자연의 어두운 면을 비추어 환하고 밝게 해준다. 또한 밤의 어두움을 걷어내고 지구 표면에 빛을 비추어 생명체들이 적극적으로 활동하도록 해준다. 이런 이치를 사주팔자에 동일하게 적용하여 살펴보자. 만약 사주팔자에 빛이 없다면 사회에서 드러나지 못하는 삶을 살아갈 수밖에 없는데 운에서라도 丙火 빛을 비출 수 있다면 밝은 세상으로 모습을 드러낼 수 있다. 최근 연구에 따르면 빛으로 인간 몸속의 암도 치료할 수 있다고 한다.

두 번째 중요한 점은 공간이 넓어지는 것이다. 戊土는 지구크기만큼의 영역만을 상징하기에 공간의 境界가 정해졌다. 하지만 丙火는 빛과 같아서 모든 태양계의 행성에 영향을 미치기에 지구공간과는 비교할 수 없을 정도로 넓은 공간이다. 따라서 丙火가 있으면 삶에서 활동하는 공간의 범위가 넓어진다.

세 번째로 丙火는 태양계의 중심이자 오로지 빛을 방출하는 작용력만 가졌기에 個人, 私的 개념이 아니라 公共, 公益, 多數의 뜻을 갖는다. 따라서 직업으로 공직, 공무원 물상이다. 이런 의미들이 사주팔자에 어떻게 응용되는지 몇 가지 예문을 살펴보자.

1) 빛은 밝고 환하게 세상을 비춘다.

乾命　　　　陰/平 : 1933年 3月 26日 16時

時	日	月	年	85	75	65	55	45	35	25	15	5
丙	丙	丙	癸	丁	戊	己	庚	辛	壬	癸	甲	乙
申	辰	辰	酉	未	申	酉	戌	亥	子	丑	寅	卯

22세 甲午년 고등고시에 합격하여 법무관이 되었다. 戊申년 지방의 부장판사로 영전한 후 25년간 고법 부장판사로 재임, 55세 庚戌

운 변호사로 개업하였다. 이 구조는 세 개의 丙火를 제외한 모든 글자가 어둡다. 아울러 대운도 어두운 밤길로 흐르지만 丙火가 환하게 빛을 비추어 어둠을 밝히기에 법무관으로 활동했다. 다른 각도에서 살피면 월지 辰土는 水氣를 필요로 하는데 운에서 水氣를 가득 채우고 丙火로 밝히니 교육, 공직에 어울린다. 庚戌운 丙火가 庚 열매를 키우고자 물질에 욕심이 생기니 변호사로 개업했다.

乾命				陰/平 : 1942年 9月 1日 12時							
時	日	月	年	70	60	50	40	30	20	10	
甲	丙	庚	壬	丁	丙	乙	甲	癸	壬	辛	
午	申	戌	午	巳	辰	卯	寅	丑	子	亥	

법원 청장을 지낸 사람이다. 이 구조는 丙庚壬 조합으로 검경계통 물상이며, 戌月의 시공간은 火氣를 필요로 하는데 년간 壬水를 제외하고 火氣가 충분하며 丙火로 빛을 공급한다. 일주 丙申은 권력, 검찰의 물상이다. 만약 丙申간지가 월주에 있으면 주로 사업물상으로 발현된다.

乾命				陰/平 : 1962年 1月 17日 4時							
時	日	月	年	84	74	64	54	44	34	24	14	4
戊	庚	壬	壬	辛	庚	己	戊	丁	丙	乙	甲	癸
寅	寅	寅	寅	亥	戌	酉	申	未	午	巳	辰	卯

1984년 서울대학교 법학과를 졸업, 1987년 사법고시에 합격한 후 2003년부터 대구지방법원 부장판사, 법원행정처 사법정책연구 심의관을 지냈다. 이 구조는 庚壬으로 庚金의 지도자 丙火가 없는데 운에서 강력한 火氣의 도움으로 丙庚壬 조합을 이루어 검찰에 재직한다.

乾命			
時	日	月	年
丙	庚	辛	丙
戌	申	丑	辰

陰/平 : 1916年 12月 25日 20時

85	75	65	55	45	35	25	15	5
庚	己	戊	丁	丙	乙	甲	癸	壬
戌	酉	申	未	午	巳	辰	卯	寅

　대만의 2위 갑부이자 '경영의 신'으로 불렸던 王永慶 대만 플라스틱 그룹 회장 사주다. 2008년 10월 15일 미국 뉴욕에서 숨지면서 자녀들에게 남긴 편지가 공개되어 관심을 모았다. 왕 회장은 편지에서 "모두가 財富를 바라지만 태어날 때부터 가지고 태어난 사람은 없고 누구도 떠날 때 가지고 떠날 수 없다"면서 "모으는 재산은 다를지 모르지만 세상과 작별할 때는 재산도 모두 사회로 돌아가는 것은 예외가 없다"고 강조했다. 사주에 丙火가 있고 火運으로 흐르니 丑辰의 어두운 구조가 환하게 빛나면서 공익을 강조하는 훌륭한 사업가가 되었다.

2) 빛이 없으면 음습한 인생이 된다.

坤命			
時	日	月	年
壬	壬	丁	甲
寅	午	丑	辰

陰/平 : 1964年 12月 26日 4時

78	68	58	48	38	28	18	8
己	庚	辛	壬	癸	甲	乙	丙
巳	午	未	申	酉	戌	亥	子

　남편의 의처증으로 가출, 癸酉운 甲申년 40세에 전기업체 경리로 취직한 후 사장을 유혹하여 거짓임신으로 결혼할 것을 강요한 후, 乙酉년에 교묘한 방법으로 모든 재산을 자신의 명의로 변경하였다. 己丑년 채권자들로부터 사기 등의 죄목으로 고소당하여 감옥에 수감되었다.

　壬壬丁으로 경쟁적으로 丁火를 취하려 하기에 물질에 대한 집착이 강하다. 癸酉운에 이르면 천간에서는 壬壬癸로 丁火를 경쟁적으로 탐하고 地支에서는 酉丑辰 조합을 이루니 지나친 탐욕으로 인해 불법으로 재물을 취하지만 결과적으로 다 빼앗기고 감옥에 간다. 이 구조는 전체적으로 어두우며 운의 흐름도 매우 어둡다. 丑土가 刑沖으로 열리지 않으니 도둑심보를 가졌고 丙火의 빛이 없으니 어둠 속에서 음습한 생각에 갇혀 산다.

乾命　　　　　陰/平 : 1972年 12月 21日 14時

時	日	月	年
乙	辛	癸	壬
未	酉	丑	子

43	33	23	13	3
戊	丁	丙	乙	甲
午	巳	辰	卯	寅

　1997년 丁丑년 불법사기로 큰돈을 벌었으나 2000년 庚辰년 모든 것을 빼앗기고 사형집행 유예를 받고 감옥에 갔다. 이 사주도 밝음을 상징하는 丙火 빛이 없다. 남들이 보기에 매우 영리하고 언변이 좋아 보이지만 감추어진 사고방식은 음흉할 수밖에 없다. 종교, 명리, 철학의 정신을 추구하는 바른 길을 가야 하는데 乙이 있으니 재물을 탐하다 감옥에 간 것이다. 이 구조도 丙辰운의 辰土와 酉丑辰 조합을 이루어 일시적으로 큰돈을 벌지만 결과적으로는 모든 돈을 잃고 감옥에 갔다.

坤命　　　　　陰/平 : 1962年 12月 23日 16時

時	日	月	年
丙	辛	癸	壬
申	酉	丑	寅

84	74	64	54	44	34	24	14	4
甲	乙	丙	丁	戊	己	庚	辛	壬
辰	巳	午	未	申	酉	戌	亥	子

　1993년 상황으로 특별한 직업이 없다. 첫 남편은 깡패로 감옥에 갔고, 두 번째 남편도 壬申년에 감옥에 갔다가 출옥 후 癸酉년에 또 감옥에 갔다. 이렇게 팔자가 어둡고 음습하면 주위에 유사한 부류들과 인연을 맺으며 살아간다.

乾命　　　　　陰/平 : 1987年 12月 11日 18時

時	日	月	年
辛	癸	癸	丁
酉	未	丑	卯

87	77	67	57	47	37	27	17	7
甲	乙	丙	丁	戊	己	庚	辛	壬
辰	巳	午	未	申	酉	戌	亥	子

사주가 전체적으로 음습하니 12세부터 귀신을 본다. 이렇게 밝음과 어둠은 삶의 경계를 결정하는 매우 중요한 요인이다.

3) 丙火는 공간을 넓게 사용한다.

坤命　　　　　陰/平 : 1964年 12月 27日 8時

時	日	月	年
丙	癸	丁	甲
辰	未	丑	辰

68	58	48	38	28	18	8
庚	辛	壬	癸	甲	乙	丙
午	未	申	酉	戌	亥	子

丙戌年 당시 외국 유명대학에서 교수로 활동하고 있다. 癸丙, 癸未 조합으로 삶의 공간이 매우 넓다. 또 시간에 丙火이니 공간을 넓게 활용하여 해외에서 살아간다. 년과 월의 甲, 丁丑 조합은 주로 공직, 교육의 물상이다.

乾命　　　　　陰/平 : 1961年 1月 25日 8時

時	日	月	年
丙	癸	辛	辛
辰	卯	卯	丑

62	52	42	32	22	12	2
甲	乙	丙	丁	戊	己	庚
申	酉	戌	亥	子	丑	寅

己丑年 상황으로 화가다. 부친은 상당한 재력을 가진 의사로 유복한 가정에서 태어났다. 경제적 지원을 받아 미국, 호주 등 외국에서 20여년 생활하였다. 庚寅年 그림을 그리기 위해 호주로 출국하려고 준비 중이다. 년월의 구조가 癸水의 삶을 만족시키지 못하니 시간의 丙火를 향하며 해외공간을 활용한다.

坤命　　　　　陰/平 : 1973年 2月 4日 18時

時	日	月	年
辛	癸	乙	癸
酉	卯	卯	丑

69	59	49	39	29	19	9
壬	辛	庚	己	戊	丁	丙
戌	酉	申	未	午	巳	辰

교육자 집안에서 출생하여 미국유학을 한 후 학원에서 영어를 가르

친다. 이 사주에서 癸乙은 활발한 활동을 뜻하고 초년에 丙辰, 丁巳로 운이 흐르니 공간을 넓게 활용하여 해외에서 유학하였다.

▸ **丙火干支 조합**

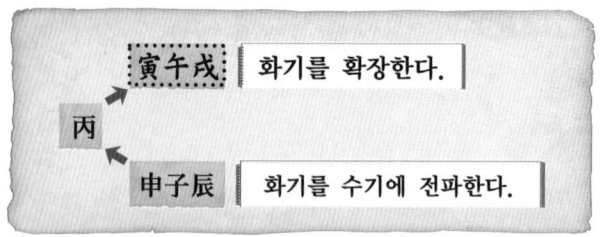

丙火가 삼합과 干支 조합을 이룰 때의 상황을 살펴보자. 丙火는 寅午戌, 申子辰 삼합과 조합하여 丙寅, 丙午, 丙戌, 丙申, 丙子, 丙辰 여섯 개의 간지를 이룬다.

丙火가 寅午戌 삼합과 간지를 이루는 목적은 丙火 에너지를 확장하여 庚 열매를 완성하기 위함이다. 이때 빛을 분산해도 庚이 없어 빛의 쓰임이 없다면 빛으로서의 가치가 없다. 다만 丙午의 기세는 매우 강한데 庚이 약하게 庚寅이나 庚午로 있다면 丙午는 庚金을 상하게 한다. 백혈병이 생기거나, 끊임없이 사업을 탐하다 재산을 탕진하거나 도박에 탐닉하거나, 木과 배합되면 살인, 상해의 물상으로 발현된다.

申子辰과 삼합 간지를 이루면 壬水의 응축작용과 배합되어 빛으로 어둠을 밝히는 작용을 하고, 申子辰의 흐름을 밝히니 유통, 통계, 정보통신 등의 물상으로 활용한다. 다만 丙火 입장에서 申子辰 삼합은 丙火와는 정반대편의 기운이기에 한 공간에 함께하기 어렵다. 그 이유는 壬水가 활동하는 水氣와 조합하면 자신의 에너지를 제대로 발휘할 수 없고, 水氣에 가까이 갈 수 없으니 먼 거리에서 빛을 비춘다. 丙子간지의 경우로 子水의 공간에 壬水와 癸水가 있으니 접근하지 못하고 먼 곳에서 빛을 비추어 어둠을 밝히기에 검찰, 경찰과 같은 물상이지만 만약 일주가 丙子라면 부부가 함께하기 어려워 별거하며 살아갈 가능성이 높다. 남편은 일 때문에 해외로 떠나고 부인은 한국에서 아이들과 함께 살아가는 부부 별거의 상이다.

55. 丙寅干支

寅午戌 삼합의 출발점이며, 교육, 공직, 단체의 물상이다. 다만 丙寅의 문제는 丙火의 빛이 寅의 공간에 좌하여 활동적이지 못하다. 이른 새벽 하루를 시작하는 것과 같아서 여명 속에서는 활동을 적극적으로 펼치지 못하니 어리고 순수한 성정이지만 의지가 약하고 주체성이 부족하여 귀가 얇고 남의 말에 속아 넘어가기 쉬워 경험 많은 윗사람의 지도가 필요하다. 丙寅은 水氣를 통하여 오래도록 학업에 집중하여 의사, 교수직으로 발전하지만 만약 水氣가 부족하면 학업에 흥미가 없어서 섬유관련 직업에 종사한다.

坤命　　　　陰/平 : 1976年 4月 16日 8時

時	日	月	年	73	63	53	43	33	23	13	3
壬	丙	癸	丙	乙	丙	丁	戊	己	庚	辛	壬
辰	寅	巳	辰	酉	戌	亥	子	丑	寅	卯	辰

乙未년 말 상황으로 강남에서 거주하는 미혼녀다. 유부남과 교제중이며 결혼과는 관계없이 아이를 낳고 싶어 한다. 癸巳월로 남자 癸水가 巳火에 좌하여 경쟁상대를 가진 남자다. 乙未년에 癸水는 乙을 키우는 것이 가장 중요한 덕목이기에 乙을 향하는 마음이 강해지고 에너지를 방사한다. 乙의 에너지를 받은 丙火는 사랑을 느끼고 아이를 갖고 싶은 것이다.

坤命　　　　陰/平 : 1984年 12月 7日 6時

時	日	月	年	17	7
辛	丙	丁	甲	乙	丙
卯	寅	丑	子	亥	子

乙亥운 己丑년 신부 수업 중 나쁜 친구의 간계에 빠져 몸을 망치고 결국 자살했다. 사주 전체가 음습한 상황에서 丙火로 빛을 밝혀 어둠을 제거하고 밝은 세상으로 이끌려는 구조로 빛으로 암흑을 구원하는 사람이다. 乙亥운 己丑년은 시공간이 어둡고 음습해진다. 유일한 빛 丙火는 어둠이 깊어질수록 무력한 자신의 에너지를 더욱 강하게 방사하여 어둠을 밝히지만 결과적으로 본성을 잃고 어둠 속으로 들어가 존재가치를 잃는다. 丙火의 밝음이 己丑의 어둠에 묻히고 그 영향에 휘말린다. 본연의 가치를 망각하고 악마의 속삭임에 속아 어둠 속으로 사라지는 것과 같다.

　이 구조는 丁丑과 丙寅이 연결되어 있다. 丁丑은 丑土의 어둠 속에 매우 한정된 좁은 공간에 손전등을 비추는 모습이니 도둑의 물상과 같다. 이런 丁丑의 문제를 丙火가 빛으로 밝히지만 寅丑으로 연결되어 그 인력에서 벗어나지 못한다. 寅丑은 모두 땅속에서 이루어지며 밖에서 보이지 않는 음습한 행위다. 또 하나의 문제는 卯丑으로 생명체 卯木이 심하게 상해 목숨을 잃은 것이다. 卯丑은 나쁘게 작용하면 몸이 상하거나 피의 흐름이 갑자기 막히는 복상사, 섹스중독 등의 물상으로 전생에 섹스에 한이 맺힌 원한을 가지고 이생에 태어나 그 업보를 풀기위한 욕망을 의미한다.

坤命

時	日	月	年
甲	丙	壬	乙
午	戌	午	丑

陰/平 : 1985年 4月 28日 12時

67	57	47	37	27	17	7
己	戊	丁	丙	乙	甲	癸
丑	子	亥	戌	酉	申	未

乾命

時	日	月	年
모	丙	己	乙
름	寅	丑	丑

陰/平 : 1985年 12月 13日 時 모름

16	6
丁	戊
亥	子

두 사람은 丙戌년 5월 동거를 시작했다. 남자의 폭력으로 戊子년 7월 여자가 헤어지길 원하자 남자는 여자를 앞에 두고 5층에서 투신자살하였다. 헤어지면 죽겠다고 엄포를 놓았던 남자가 실제로 투신자살한 것이다. 이 남자의 사주는 丙火를 제외하고 전체적으로 음습하다. 丁亥운 寅丑 암합의 음습함에 亥水가 더해지니 빛이 더욱 약해지고 어둠 속으로 사라진다. 상기와 이 사주 丙寅의 공통점은 마음이 여리고 사랑에 집착하는 것이다.

坤命

時	日	月	年
癸	丙	己	乙
巳	寅	卯	卯

陰/平 : 1975年 2月 9日 10時

85	75	65	55	45	35	25	15	5
戊	丁	丙	乙	甲	癸	壬	辛	庚
子	亥	戌	酉	申	未	午	巳	辰

고등학교를 졸업한 후 생산직 사원으로 근무하다 은행에서 근무했다. 25세 己卯년 국립대학에 입학, 졸업 후 회사에 다니다 丙戌년 초 사직하고 회계사 공부에 전념, 미국회계사 자격증 시험을 보려고 한다. 미인으로 차분하고 품위가 있다. 이 사주에서 알려주는 몇 가지 사항을 정리해보자. 年月에 水氣가 마르니 초년에 공부인연이 길지 못하다. 연월일 乙卯卯寅은 성장하는 나무와 같아서 물형이 수시로 바뀌니 직업이 불안정하다. 월주 己土는 丙火 빛을 분사하기에 너무 좁은 땅이니 스스로 만족을 못한다. 水氣가 부족한 상황에서 25세 壬午운에 水氣가 들어오니 乙卯의 성장을 유도하며, 寅에게 에너지를 전달하여 뿌리를 깊이 내리길 요구한다. 壬甲 조합으로 공부하는 운이다. 또 己卯월주는 卯木이 己土를 뚫어 성장하는 기세를 가졌기 때문에 현실에 안주하지 못하는 성격이다. 丙戌년 寅午戌 삼합과 丙火가 강력하게 빛을 분사하여 공간을 넓힌다. 또 다른 뜻으로 丙戌년은 丙火가 빛을 잃어 戌중 丁火 경쟁자에게 밀리니 기존의 공간에서 벗어나 새로운 공간을 원하게 되고 해외로 눈을 돌린다. 회계사 직업은 변화하는 木을 土에 정리하는 것이다. 木의 성장하는 기세들을 金으

로 정리하고 己土에 저장하는 작업이 통계학, 회계학, 세무사의 물상이다. 木은 매일 외형이 달라지기 때문에 정리하고 통계를 내는데 만약 월간 己土가 없다면 정리를 완료하지 못하니 회계학 물상이 나오지 않는다. 辛未와 辛丑간지도 회계, 세무직업에 어울린다.

乾命				陰/平 : 1969年 11月 9日 4時						
時	日	月	年	63	53	43	33	23	13	3
庚	丙	丙	己	己	庚	辛	壬	癸	甲	乙
寅	寅	子	酉	巳	午	未	申	酉	戌	亥

己卯년 당시 경찰관이었다. 이 구조는 子月의 어둠을 丙火 두 개가 밝히니 도둑을 잡는 경찰관이다. 시간에 庚이 있으니 말년에 사업을 하거나 범죄를 봐주고 뇌물을 받거나 주식투자로 가산을 탕진할 수 있으니 조심해야 한다. 빛으로 어둠을 밝히는 구조에서 丙火가 어두워질 때는 항상 조심해야 한다.

乾命				陰/平 : 1960年 11月 17日 20時						
時	日	月	年	61	51	41	31	21	11	1
戊	丙	戊	庚	乙	甲	癸	壬	辛	庚	己
戌	申	子	子	未	午	巳	辰	卯	寅	丑

2000년 庚辰年 상황으로 삼성에서 10여년 근무했다. 子月의 丙庚子 조합이기에 검찰, 경찰의 물상이지만 戊土가 있어 丙火가 戊土 위에 빛을 비추고 庚金 열매를 품어 대기업에서 근무한다. 정신을 추구하느냐 물질을 추구하느냐에 따라 직업이 달라진다.

乾命				陰/平 : 1966年 11月 22日 23:20						
時	日	月	年	61	51	41	31	21	11	1
己	丙	庚	丙	丁	丙	乙	甲	癸	壬	辛
亥	寅	子	午	未	午	巳	辰	卯	寅	丑

30대 중반 공무원으로 재직 중이다. 戊土 터전이 없으니 물질을 추구하기 쉽지 않다. 또 丙庚子 조합으로 검경계통에 어울리지만 子午 沖으로 불안정하다. 다만 총명하기에 공무원으로 재직한다. 丙火 빛을 받아줄 戊土가 없으니 삶의 차이를 만들어낸다.

坤命				陰/平 : 1963年 8月 3日 8時						
時	日	月	年	66	56	46	36	26	16	6
壬	丙	辛	癸	戊	丁	丙	乙	甲	癸	壬
辰	寅	酉	卯	辰	卯	寅	丑	子	亥	戌

30대 후반까지 미혼녀로 중장비를 다루는 건설업에 종사하며 남자 같은 외모로 남자들 틈에서 일한다. 미혼인 이유는 년주 癸水 남자는 초년인연으로 결혼하지 못한 첫사랑에 대한 미련으로 가지고 있다. 두 번째는 일지 寅과 월지 酉金이 寅酉 조합이니 남편이 들어와도 견디지 못한다. 辛酉의 기계를 丙火로 비추어 다스리는 직업물상이다.

乾命				陰/平 : 1969年 3月 5日 22時						
時	日	月	年	65	55	45	35	25	15	5
己	丙	戊	己	辛	壬	癸	甲	乙	丙	丁
亥	寅	辰	酉	酉	戌	亥	子	丑	寅	卯

부동산 관련 업종에서 근무한다. 戊辰과 己土로 土가 많으니 영역과 터전이 많고, 丙火 빛을 많은 土 위에 비추니 부동산 업종에 종사한다.

坤命				陰/閏 : 1974年 4月 4日 8時						
時	日	月	年	66	56	46	36	26	16	6
壬	丙	己	甲	壬	癸	甲	乙	丙	丁	戊
辰	寅	巳	寅	戌	亥	子	丑	寅	卯	辰

20대 중반 당시 미국에서 상업미술을 공부중이며, 패션디자인을 전공하고자 다른 학교로 전학할 예정이다. 이 여명은 巳月에 丙寅일

이니 巳火의 화려함을 추구한다. 상업미술을 공부하는 이유는 甲己 合 때문으로 丙火의 빛을 己土에 비추고 甲으로 기획한다. 문제는 丙 火가 己土에 빛을 비추는 것은 쓰임이 약하기에 공간이 매우 좁다 생 각하며 자신과 맞지 않다고 느낀다. 이런 문제로 寅巳 刑으로 가공하 는 직업 그리고 甲寅과 丙寅의 섬유물상을 가미하여 패션디자인으로 전공을 바꾸고 싶은 것이다. 년월에 水氣가 있으면 丙寅은 꾸준한 공 부를 통하여 교수로 나가는데 水氣가 없을 경우는 주로 섬유업으로 발전한다.

乾命

時	日	月	年
丁	丙	壬	丁
酉	寅	寅	酉

陰/平 : 1957年 1月 24日 18時

66	56	46	36	26	16	6
乙	丙	丁	戊	己	庚	辛
未	申	酉	戌	亥	子	丑

서울대학교 출신으로 판사를 지냈다. 丁火가 酉金을 자극하고 壬水 에 풀리니 총명하다. 또 丙火가 寅月에 대운에서 水氣를 만나니 壬甲 丙 조합으로 오래도록 공부하여 학자의 길을 가며, 년월에 丁壬 합이 있으니 전문지식, 자격증을 가졌다. 또 丙壬丁으로 丙火와 壬水 사이 에 발생하는 갈등을 丁火가 丁壬 합으로 풀어주니 변호사에도 어울리 는 구조다.

乾命

時	日	月	年
戊	丙	辛	甲
子	寅	未	辰

陰/平 : 1964年 6月 7日 0時

68	58	48	38	28	18	8
戊	丁	丙	乙	甲	癸	壬
寅	丑	子	亥	戌	酉	申

1998년 6월 27일 정리해고로 농업계통 공무원 시험을 준비 중이다. 甲戌운 월지 未土를 戌未 刑하기에 직업에 변동이 발생하였다. 만약 다른 직업을 선택하면 처음부터 새롭게 출발하기에 원래의 직업이나 직종에서 종사하기 힘들고 전혀 다른 업종에 종사할 가능성이 높다.

56. 丙午干支

寅午戌 삼합의 가장 강력한 에너지를 가진 빛과 같다. 丙午가 적절한 시공간을 얻는 조건은 대략 두 가지로, 사주에 金이 없다면 水火의 沖으로 총명함을 기반으로 공직, 검경 계열에 종사하며, 金의 기운이 강하면 사업을 원한다. 다만 庚이 庚午나 庚寅처럼 무력하고 火氣가 강하면 이루지 못할 돈에 대한 집착과 욕망으로 재물을 탕진하기 쉬우니 경계해야 한다. 예문을 살펴보자.

乾命				陰/平 : 1956年 9月 3日 16時						
時	日	月	年	61	51	41	31	21	11	1
丙	丙	丁	丙	甲	癸	壬	辛	庚	己	戊
申	午	酉	申	辰	卯	寅	丑	子	亥	戌

사법시험을 패스한 검사 사주다. 사법시험을 통과하고 검사로 재직하는 이유를 쉽게 이해할 수 있다. 강하게 자극받은 金들이 대운에서 水氣에 풀리니 총명하다. 가을에 申酉 金이니 숙살의 속성이 강하며, 金水 조합으로 어둠속에서 이루어지는 음습한 행위들을 丙火로 비추어 밝힌다. 만약 이 사주가 운에서 水氣를 만나지 못했다면 굉장히 강한 殺氣를 가졌기에 운에서 木을 보면 金氣에 잘려 자신의 육체가 상하거나 주위 친인척의 생명에 문제가 생긴다. 丙午는 그 자체로 강인한 육체를 암시하기에 주로 경찰직과 인연이 많다.

乾命				陰/平 : 1973年 10月 12日 6時						
時	日	月	年	70	60	50	40	30	20	10
辛	丙	壬	癸	乙	丙	丁	戊	己	庚	辛
卯	午	戌	丑	卯	辰	巳	午	未	申	酉

대학교 4학년 당시 상황으로 생명공학을 전공하는 학생이다. 壬戌은 戌亥 천문으로 가을에 열매가 땅에 떨어져 생기를 잃고 水氣에 풀

려 윤회하는 첫 과정이다. 만약 丙火가 없다면 죽음으로 가는 것이요, 이 사주처럼 丙午가 빛을 비추니 새로운 삶으로 인도한다. 丑戌 刑은 의료, 가공 물상으로 산부인과 의사나 자궁에 문제가 생기거나 이 사주처럼 생명체를 연구하는 공학물상이다.

乾命　　　　　陰/平 : 1962年 5月 16日 10:30

時	日	月	年
癸	丙	丙	壬
巳	戌	午	寅

67	57	47	37	27	17	7
癸	壬	辛	庚	己	戊	丁
丑	子	亥	戌	酉	申	未

30대 후반 상황으로 학원 강사로 입시학원을 운영할 계획을 가지고 있다. 이 사주는 강한 丙火 에너지를 가졌지만 金이 없으니 물질과 인연이 박하다. 丙壬 沖을 총명함으로 사용하고 천간에 빛을 비추는 터전 戊土가 없으니 공직이나 직장이 아닌 학원 강사로 활동한다. 대운이 金으로 흐르니 물질에 대한 관심이 높아져 입시학원을 직접 운영하려 한다.

坤命　　　　　陰/平 : 1972年 5月 4日 2時

時	日	月	年
己	丙	丙	壬
丑	子	午	子

63	53	43	33	23	13	3
己	庚	辛	壬	癸	甲	乙
亥	子	丑	寅	卯	辰	巳

28세 당시 미혼으로 시각디자인 계통에 종사하는 직장인이다. 이 구조도 상기와 다르지 않다. 丙午월이지만 金이 없으니 물질과 인연이 박하고 丙壬 충과 子午 충으로 두뇌를 활용하며, 己丑시주이니 개인적인 재능을 중년 이후에 개인사업에 활용하려 할 것이다. 그 이유는 丙火가 己丑과 조합을 이루면 주로 개인사업을 원하기 때문이다. 대운이 癸卯로 그림물상이요, 丙火의 강한 에너지를 黑色의 그림에 色彩를 입히니 시각디자인 업종에 종사한다. 이렇게 운명을 살피는 것은 글자(시간)가 공간에서의 쓰임이 적절한가를 살피고, 시공간의 변화를 읽는 것이다.

乾命　　　　陰/平 : 1963年 4月 10日 6時

時	日	月	年
辛	丙	丙	癸
卯	午	辰	卯

59	49	39	29	19	9
庚	辛	壬	癸	甲	乙
戌	亥	子	丑	寅	卯

壬午년 丁未월 상황으로 丙子년 1996년 오락실에서 월급사장을 하다가 불법운영으로 단속에 걸려 감옥에 갔고, 丁丑년 다시 불법으로 감옥에 갔다.

이 구조는 丙午, 丙辰으로 火氣는 강한데 시간에 무력한 辛을 丙丙이 경쟁적으로 탐하기 때문에 도박, 투기의 물상이다. 두 번째 문제는 년간 癸卯가 쓰임이 좋음에도 丙辰, 丙午에 증발되어 癸水의 사고 방식에 문제가 있다. 火氣가 강하니 金운으로 흘러야 타고난 재물에 대한 욕망을 채울 수 있는데 운은 정반대로 흐른다. 癸丑운에 월지에서 丑辰 破 작용이 일어나니 도박, 투기, 한탕주의, 마약 등 불법을 저지르는 운이다. 만약 사주팔자 구조가 좋아서 丑辰 작용을 丙火빛을 비추어 불법을 저지르는 범죄자들을 잡아들이는 경찰이나 검찰로 쓰면 좋지만 구조가 나쁘면 불법을 저질러 감옥에 가는 운이다. 월지의 궁위와 丑辰 破하니 사회활동을 하는 과정에 수단, 방법을 가리지 않고 큰돈을 벌려는 욕망에 휘둘린다.

丁丑년에 태어난 아들은 뇌에 물이 차는 증상으로 수술했지만 상태가 악화되어 뇌성 소아마비 증세와 지체장애에 청각장애까지 겹쳐 일급장애 판정을 받았다. 壬午년에는 상황이 호전되어 밥도 잘 먹고 조금씩 걷는다. 丁丑년 辛卯 자식 궁에서 卯丑으로 卯의 활동이 자유롭지 못하고 丁火가 辛을 자극하면 卯를 찔러 상하니 자식이 뇌성소아마비에 걸렸다.

庚辰년 2000년에 오락실 사장이 사업장 물색을 위해 준 5천 만 원을 도박으로 날리고 서울로 달아났다. 庚辰년 천간에 庚이 드러나 丙

丙이 서로 庚을 차지하느라 아우성이다. 이런 속성 때문에 도박에 빠졌고 丑辰 破 작용으로 한탕주의 속성이 재발했다.

坤命

時	日	月	年
甲	丙	丁	戊
午	午	巳	戌

陰/平 : 1958年 4月 11日 12時

87	77	67	57	47	37	27	7
戊	己	庚	辛	壬	癸	甲	乙	丙
申	酉	戌	亥	子	丑	寅	卯	辰

2001년 辛巳년 상황으로 미군부대에서 술집 종업원으로 일하며 담배와 술에 찌들어 산다. 일찍 결혼하여 자식 둘을 낳고 이혼한 후 연하남과 3번째 결혼생활 중이지만 이 남자와도 헤어지고 미국인과 결혼하려고 한다.

이 구조는 火氣가 강력하지만 그 에너지를 적절하게 활용할 수 있는 金氣가 없으니 사주팔자에서 적절한 용도가 없는 것과 같으며 쓰임이 없다. 이렇게 강한 오행이 쓰임이 없다면 삶의 가치를 적절하게 드러내지 못한다. 강한 火氣로 戊土 위에 빛을 방사해봐야 존재하는 사물들을 말려 죽일 뿐이다. 巳月에 빛은 화려하기에 외모가 아름답지만 복잡한 남자관계만 만들 뿐이다. 癸丑운에 년지를 丑戌로 刑하니 근본환경에 변화를 주고 싶어 한다. 癸丑간지는 그 공간에서 쓰임이 별로 없으니 새로운 환경으로 떠나야만 하는 물상이라 현재의 환경을 버리고 해외로 떠나고픈 충동을 느낀다. 아울러 火氣들은 金기운이 강한 미국으로 가야 적절한 쓰임을 얻는다. 이렇게 간지가 가진 고유한 뜻을 이해하면 이 여인이 왜 미국에 가서 살고 싶은지 이해한다. 이렇게 글자는 시간과 공간을 상징하는 부호요, 그 시공간은 고유한 쓰임을 가지고 있으며 적절한 쓰임을 얻을 때 비로소 가치를 얻는다.

乾命				陰/平 : 1979年 5月 14日 10時								
時	日	月	年	81	71	61	51	41	31	21	11	1
癸	丙	庚	己	辛	壬	癸	甲	乙	丙	丁	戊	己
巳	午	午	未	酉	戌	亥	子	丑	寅	卯	辰	巳

　　癸未년 유학을 위해 출국, 甲申년 가을에 돌아와 사창가에 간 죄로 구류와 벌금을 냈다. 이 구조는 상기와 다르게 庚午월에 丙火의 쓰임이 있다. 또 午未가 있으니 집중력이 뛰어나 학업에 열중하는 에너지요, 癸未년은 돌아다니는 의미대로 해외로 유학을 떠났다. 甲申년 벌금과 구류는 강한 火氣들이 지지에서 申을 만나니 강한 성욕으로 인한 일시적 일탈이 원인이다. 申金이 지지에 오니 사주에 있는 수많은 火氣가 경쟁적으로 申金 열매를 익히고자 하는데 이런 물상이 색욕으로 드러난 것이다. 또 다른 문제는 丙庚으로 庚이 수많은 火氣에 매우 뜨겁게 자극받은 상태인데 甲申년에 甲이 천간에 드러나 庚에 상하기에 육체가 상하거나 관재구설이 발생할 수밖에 없다. 팔자 구조에 따라 도박, 색욕 등 다른 물형으로 발현될 수 있으니 잘 살펴서 판단해야 한다.

坤命				陰/平 : 1962年 6月 3日 20時								
時	日	月	年	89	79	69	59	49	39	29	19	9
壬	癸	丙	壬	丁	戊	己	庚	辛	壬	癸	甲	乙
戌	卯	午	寅	酉	戌	亥	子	丑	寅	卯	辰	巳

　　49세 상황으로 남편은 직업이 자주 바뀌고 사고만 쳐서 자신이 음식점 종업원으로 일하면서 힘들게 살아간다. 일주와 시주가 癸卯, 壬戌 조합으로 상기에서 살폈던 예문들은 주로 강한 색욕과 결혼불미, 財福이 없는 물상인데 이 사주는 남편의 방탕으로 드러났다. 癸水가 火氣가 강력한 丙午월을 만나니 발산하는 에너지의 속성을 유지하지 못하고 증발되기 쉽기에 이런 구조는 반드시 庚으로 보충해야 안정이

되는데 없고 월주 丙午 역시 金이 없으니 적절한 쓰임이 없다. 운에서 金을 보충해주면 강한 火氣의 쓰임이 생기는데 木으로만 흘러 쓰임이 없다. 남편 卯木은 寅午戌 삼합의 중간에 끼었고 丙午 火氣를 만나니 卯木을 좌우로 펼치는 에너지가 강력하기에 통제력 없이 이것저것 벌인다. 자신의 팔자구조가 남편을 그렇게 만드는 것이다.

坤命 　　　　　陰/平 : 1983年 8月 9日 1:45

時	日	月	年
己	丙	辛	癸
丑	午	酉	亥

68	58	48	38	28	18	8
戊	丁	丙	乙	甲	癸	壬
辰	卯	寅	丑	子	亥	戌

丁亥년 2007년 상황으로 부친은 건축학과 교수이며 부모사이는 매우 다정하고 좋다. 7년간 외국유학을 하다가 丙戌년 12월 귀국했다. 화학을 전공했는데 적성에 맞지 않아 경제학을 다시 공부하려고 한다. 남자 같은 성격이며 이성교제에 관심이 없다. 이 사주구조에서 각 글자들의 쓰임을 살펴보자. 월주 辛酉는 癸亥를 만나 총명하기에 부친은 교수이며, 일주 丙午가 辛酉를 환한 빛으로 비춰주니 부모의 능력을 빛내주는 자식이다. 丙午는 辛酉를 얻어 자신의 에너지를 적절하게 활용할 수 있지만 丙午는 庚申 열매를 키우기를 원하는데 辛酉를 만나니 丙午 빛의 가치가 점점 상실되고 운도 초년에 水氣로만 흘러 丙火는 자신의 에너지를 적절하게 활용하지 못한다. 따라서 이런 문제를 해결하고자 해외에서 오랫동안 유학생활을 한 것이다.

월간 辛金은 글자의미가 부처님과 같아서 고독, 외로움을 상징하기에 어린 나이에 혼자 해외에서 유학하였다. 金을 水에 풀고 丑土에 담으니 화학물상이기도 하지만 金水로 물질을 부풀리는 행위인 경제학에도 어울린다. 다만 운이 水氣로만 흘러 丙午가 적절한 쓰임을 얻기 힘들다. 이런 상황이면 아무리 좋은 환경이라도 스스로 존재감을 느끼지 못하기에 자신의 삶에 만족하지 못한다. 이런 문제로 전공을 바꾸려는 시도를 하는 것이다. 좋은 직장에서 일하면서도 자신에게 어울리지 않는 직업이라 느끼는 이유도 적절한 시공간을 만나지 못했기 때문이다. 이렇게 시공간의 적절함 여부는 한 개인의 정신적 만족도에 큰 영향을 미친다.

坤命

時	日	月	年
戊	丙	己	丁
戌	午	酉	酉

陰/閏 : 1957年 8月 8日 20時

52	42	32	22	12	2
乙	甲	癸	壬	辛	庚
卯	寅	丑	子	亥	戌

52세 상황으로 40세에 이혼하고 미용실을 운영한다. 안정적이며 경제적으로는 걱정이 없지만 갈등과 고민이 많다. 상기 사주와 비교해보자. 명확한 차이는 癸亥가 없어 酉酉가 水氣에 풀어지지 못하니 쓰임을 얻지 못했고, 년주가 丁酉로 丁火가 金을 차지하고 있으니 남의 돈을 이용하거나 혹은 남에게 돈을 투자하고 돈을 빼앗기는 구조다. 다행히 운에서 水氣를 만나 金들이 쓰임을 얻으니 경제적으로 큰 문제는 없다. 다만 丙午가 적절한 시공간을 만나지 못하고 丁火 경쟁자에게 자신의 공간을 빼앗기니 갈등과 고민 속에서 살아간다. 삶의 만족도가 높지 않은 이유는 酉月에 태어나고 대운이 水運으로만 흐르기 때문이다.

坤命

時	日	月	年
庚	丙	甲	戊
寅	午	子	午

陰/平 : 1978年 11月 11日 4時

81	71	61	51	41	31	21	11	1
乙	丙	丁	戊	己	庚	辛	壬	癸
卯	辰	巳	午	未	申	酉	戌	亥

동일사주로 한 사람은 교사이며 다른 사람은 회사의 팀장이다. 유사한 물상인데 년월이 子午 충 하니 총명하고, 子月에 戊土가 있으니 빛을 방사할 터전이 있다. 다만 庚이 시간에 있으니 재물에 욕심이 강하여 주식투자, 부동산 투자 등에 흥미를 보이며, 庚申처럼 강하게 金운이 오면 돈을 벌지만 반대로 火氣만 강해지면 돈을 벌려다 큰 낭

패를 볼 수도 있다. 그 시기는 시간의 46세 이후로 己未대운과 만나니 재물에 욕심을 부리다 낭패 보기 쉬운 구조다.

坤命				陰/平 : 1978年 11月 11日 14時							
時	日	月	年	81	71	61	51	41	31	21	11	1
乙	丙	甲	戊	乙	丙	丁	戊	己	庚	辛	壬	癸
未	午	子	午	卯	辰	巳	午	未	申	酉	戌	亥

서울대학교 치대를 졸업한 치과의사다. 상기 사주와 어떤 차이를 보일까? 이 사주는 집중도에 차이가 난다. 子午 충의 총명함은 동일한데 午未 합으로 강력한 중력에너지를 가져 金을 당겨오는 욕망이 강하기에 집중력이 뛰어나 공부를 잘하고 금붙이를 강하게 당겨오니 직업으로 치과의사를 택했다. 만약 치과의사가 아니라면 조선, 선박, 철강, 금속과도 인연이 많다. 이 사주의 단점은 時柱 未土의 시기에 월지 子水가 상하면 흉하다는 점이다.

乾命				陰/平 : 1962年 6月 6日 1時							
時	日	月	年	81	71	61	51	41	31	21	11	1
戊	丙	丙	壬	乙	甲	癸	壬	辛	庚	己	戊	丁
子	午	午	寅	卯	寅	丑	子	亥	戌	酉	申	未

검사장 명조다. 년월 寅午 조합은 공직, 직장생활을 의미하는데 寅午戌 삼합은 단체, 조직, 틀, 공직을 뜻하기 때문이다. 따라서 寅午가 있으면 공직, 직장으로 살피고 다른 조합을 감안하여 직업을 추론한다. 년월 丙壬 水火의 작용력으로 총명하기에 학업성적이 뛰어나다. 원국에 金氣가 전혀 없으나 운에서 金의 기운을 만나 火氣가 쓰임을 얻었고 숙살의 기운으로 검사장이 되었다. 丙午간지는 강한 육체를 암시하고 주로 경찰과 인연이 많다.

坤命　　　陰/平 : 1973年 6月 10日 16時

時	日	月	年
丙	丙	己	癸
申	午	未	丑

89	79	69	59	49	39	29	19	9
戊	丁	丙	乙	甲	癸	壬	辛	庚
辰	卯	寅	丑	子	亥	戌	酉	申

　재봉사로 일하는 여명이다. 壬戌운 癸未년에 남편이 사고로 식물인간이 되었다. 년간 癸水가 남편을 상징하는데 월지와 일지 午未에서 발산의 기세를 잃어버리고 증발되니 남편은 일지에 들어오면 본성을 유지하기 힘들다. 이런 구조는 첫 남편과 이혼하거나 사별한다. 운에서 해당 육친이 드러나면 그 육친관련 사건이나 문제가 생길 것임을 알려준다. 癸未년은 남편이 천간에 드러나 노출되기에 문제가 생길 것임을 암시한다. 만약 구조가 좋으면 남편이 발전하며, 구조가 나쁘면 남편에게 문제가 발생한다. 따라서 길흉은 자신이 태어날 때 받았던 사주팔자 구조에 따라 달라진다. 生剋 관점으로 살피면 壬戌운 癸未년에 년주 癸丑과 丑戌未 삼형을 이루기에 남편이 식물인간이 되었다고 본다. 이런 방법은 십신 위주의 생극으로 살핀 것이기에 일지 남편 궁위를 감안하지 않은 것이다. 따라서 日支 궁위의 구조에 따라 다른 물상으로 발현되기에 먼저 宮位를 살피고 十神을 종합하여 판단해야 실수를 줄일 수 있다.

乾命　　　陰/平 : 1955年 12月 28日 8時

時	日	月	年
壬	丙	庚	丙
辰	午	寅	申

99	89	79	69	59	49	39	29	19	9
庚	己	戊	丁	丙	乙	甲	癸	壬	辛
子	亥	戌	酉	申	未	午	巳	辰	卯

　戊子년 상황으로 좋은 집안에서 태어났으나 법대에 지원했다 떨어지고 사업으로 가산을 탕진했다. 壬辰, 癸운에 좋지 않았지만 巳대운에 결혼하고 안정을 찾았으며, 철학관을 하면서 열심히 공부하고 있다. 이 구조는 많은 火氣가 寅월에 나오지도 않은 金 열매를 키우고자 사업하지만 열매를 키울 방법이 없으니 사업으로 가산을 탕진했

다. 寅申 沖으로 寅 뿌리가 상하는 구조는 의사, 한의사, 간호사처럼 寅木 生氣를 구제하는 행위를 해주어야 개운할 수 있다. 또 이 사주처럼 종교, 명리, 철학도 유사한 개운방법이다. 丙庚壬 조합으로 검찰, 경찰, 공직, 교직, 성악에 어울리기에 법대에 지원했지만 년월에 水氣가 부족하니 깊은 공부는 하기 어렵다.

坤命				陰/平 : 1981年 10月 28日 6時							
時	日	月	年	84	74	64	54	44	34	24	14	4
辛	丙	己	辛	戊	丁	丙	乙	甲	癸	壬	辛	庚
卯	午	亥	酉	申	未	午	巳	辰	卯	寅	丑	子

丁亥년 상황으로 의상 디자이너로 이직을 고려하고 있다. 년월의 辛酉와 己亥 조합은 부친이 은행, 사업, 사채, 철학과 인연이 있음을 암시한다. 金水 조합이니 총명하며 창조능력을 발휘할 수 있다. 辛酉 전생의 기록을 亥水에 풀어내며 亥水와 午火가 암합으로 丁壬 합하여 전문직에 종사한다. 다만 丙火가 亥月에 태어나니 시공간이 적절하지 않아서 경쟁에서 밀리는 구조다.

57. 丙戌干支

寅午戌 삼합 火氣의 분산운동이 끝난 곳으로, 戌土에 화려했던 빛을 丁火 열로 저장하고 삼합과정에서 얻은 열매 辛金을 저장했다. 丙火는 쓰임을 잃은 시공간으로 주도권을 적절하게 행사하지 못하니 戌土 속 丁에게 자신의 역할을 대신해 줄 것을 부탁해야만 하며, 丁火는 戌亥로 새로운 윤회를 출발한다. 丙火가 戌土에서 빛을 잃으면 곤란해지는 것은 庚으로 빛이 없으니 더 이상 부피를 확장하지 못하고 쓰임을 상실한다. 간지로는 庚戌이니 丙戌, 戊戌과 더불어 화려했던 색계가 어둠속으로 잠기는 시공간이다. 따라서 세 개의 간지는 화려한 곳에서 살지 못하고 변방, 위성도시 등에서 살아가며 화려한 중심부와는 인연이 없다.

坤命　　　　陰/平 : 1970年 8月 2日 0時

時	日	月	年
戊	丙	甲	庚
子	戌	申	戌

68	58	48	38	28	18	8
丁	戊	己	庚	辛	壬	癸
丑	寅	卯	辰	巳	午	未

　교육계에서 근무하는 여명이다. 申月이니 丙火가 자신의 빛을 월지와 년주에 비추어야 시공간이 원하는 것을 맞출 수 있다. 운도 火運으로 흐르니 적절하게 자신의 에너지를 년과 월에 활용할 수 있으니 사회, 국가를 위해 자신의 능력을 봉사하는 교육, 공직에 어울린다. 丙火가 여름에 庚과 戊를 모두 보았으니 좋아하는 시공간과 조합을 이루어 가치 있는 삶을 살아간다.

乾命　　　　陰/平 : 1968年 6月 20日 20時

時	日	月	年
戊	丙	己	戊
戌	戌	未	申

78	68	58	48	38	28	18	8
丁	丙	乙	甲	癸	壬	辛	庚
卯	寅	丑	子	亥	戌	酉	申

　성격이 괴팍하고 한 곳에 빠지면 몇 년이고 꾸준히 밀고 나가지만 지속력이 약하여 직업을 자주 바꾼다. 상기 사주와 비교하면 이 사주는 水氣가 전혀 없기에 차분하지 못하고 즉흥적이다. 또 戌未 刑으로 월지 직업궁을 刑하니 가공이나 의료관련 직업을 갖지 못하면 직업이 불안정하다. 사주팔자에 많은 土를 가졌으니 쓰임을 얻으려면 木을 심어 기르거나 金 열매를 키워야 한다. 未月이니 木을 기를 수는 없고 金 열매를 키워 수확해야 하는데 년지에만 申이 있으니 조상의 음덕은 있으나 자신이 직접 활용하기는 쉽지 않다. 사주팔자에 많은 土가 있으니 丙火는 땅위에 빛을 비추어 자신의 역할을 찾고자 하지만 너무 많아 산만하기에 에너지를 한 곳에 집중하지 못하고 이곳저곳에 낭비만 할 뿐 적절한 쓰임이 없다.

坤命 　　　　　陰/平 : 1966年 1月 6日 18時

時	日	月	年
丁	丙	己	乙
酉	戌	丑	巳

63	53	43	33	23	13	3
丙	乙	甲	癸	壬	辛	庚
申	未	午	巳	辰	卯	寅

　　30대 중반 상황으로 전문대를 졸업했지만 직업을 구하지 못했다. 丑月에 丙火가 할 수 있는 일은 어두운 丑土의 땅에 빛을 비추는 것으로 적절하지 못한 시공간을 위해 자신을 희생하는 것과 같다. 천간에 丁火가 있으니 경쟁하는 삶을 살아야 하는데, 丑月에 巳酉丑 삼합을 이루어 丁火의 쓰임이 훨씬 더 좋으니 항상 경쟁에서 밀리는 형국이다. 또 巳酉丑 중간에 戌土가 끼어 丑戌 刑으로 三合 刑 하니 추구하는 삶의 방향이 단일하지 못하고 안정되지 못한다. 천간구조의 꼴은 丙, 己丑조합으로 장사, 사업을 원하는데 乙이 己土를 통제하니 벌리고 접고를 반복한다. 즉, 장사나 사업을 하려다가도 乙때문에 그 행위를 지속적으로 이어가지 못한다. 또, 丑戌로 이것저것 벌이려는 마음은 강하지만 실행에 옮기지 못한다.

乾命 　　　　　陰/平 : 1968年 11月 23日 18時

時	日	月	年
丁	丙	乙	戊
酉	戌	丑	申

68	58	48	38	28	18	8
壬	辛	庚	己	戊	丁	丙
申	未	午	巳	辰	卯	寅

　　30세 중반 상황으로 음료계통 대리점에서 근무한다. 상기 사주와 다른 점은 乙丑월이다. 乙이 丙火를 향하기에 직업이 좀 더 안정적이고, 년월에 戊乙 조합이니 공직구조다. 다만 이 구조의 문제도 丙火가 丑月의 시공간에서 丁酉에게 경쟁력을 상실하고 丑戌로 刑 하기에 가공, 의료계통 직업을 갖지 않으면 직업이 불안정하다. 운의 흐름까지 감안하여 살피면 丑土의 땅에서 나온 寅卯辰 木氣는 丑土와 戌土의 터전에서 성장을 원하는데 地支 전체에 모두 金氣만 가득하니 키

우려는 속성이 전혀 없어 원국과 대운의 방향이 서로 충돌한다. 삶의 방향이 단일하지 않으면 발전이 어렵다.

乾命				陰/平 : 1949年 9月 2日 20時						
時	日	月	年	65	55	45	35	25	15	5
戊	丙	甲	己	丁	戊	己	庚	辛	壬	癸
戌	戌	戌	丑	卯	辰	巳	午	未	申	酉

정치가로 1998년 戊寅년 시장에 출마하였으나 근소한 차이로 낙선하였고, 己卯년 같은 지역 보궐선거에 연합공천을 받고 나갔으나 낙선하였다. 이 사주는 戌월의 시공간이다. 丙火에게 未월은 열매가 드러나지 않아 기다려야 하고, 丑월은 열매가 없으니 멀리서 빛을 비출 뿐 쓰임이 적절하지 않다. 戌월은 열매를 품은 시공간이며 丙火가 열기를 공급하니 오라는 곳은 없어도 갈 곳이 많고 할 일이 많다. 나쁜 의미로는 능력에 비해 오지랖이 넓다는 뜻이다. 甲戌월주는 교육, 공직의 뜻이 강하며, 戌月이니 火氣가 필요하기에 운의 흐름도 좋지만 己巳운은 사주에서 時柱 戊戌에 이른 시기로 丙火를 戊土에 비추어 쓰임을 얻고자 하지만 戊戌 산 너머로 빛이 사라져 쓰임이 약하다. 또 己巳운은 년월에서 甲己 합하고 지지에서 丑戌 刑하는 合刑 구조로 천간과 지지의 뜻이 상이하기에 대부분 좋지 않은 물상으로 발현되며 추진하는 일에 좋은 결과를 얻기도 힘들다. 또 甲己 合으로 甲의 상승하는 기운을 己土가 밑으로 끌어내리니 하던 일의 중단을 암시한다.

乾命				陰/平 : 1967年 4月 14日 16時						
時	日	月	年	65	55	45	35	25	15	5
丙	丙	乙	丁	戊	己	庚	辛	壬	癸	甲
申	戌	巳	未	戌	亥	子	丑	寅	卯	辰

30대 초 상황으로 경제학과를 졸업하고 은행에서 근무하다 국제금융관련 컨설팅회사를 차렸지만 자리 잡지 못하고 외국에서 살고자 한

다. 이 구조는 丙火의 기세가 좋고 乙庚 合에 丙火가 그 열매를 키우고 巳戌申으로 金의 기운이 강하니 금융업에 어울린다. 문제는 연월일에 金氣가 천간에 드러나지 않았으니 丙火를 직접적으로 활용하지 못하기에 마음으로는 사업을 원하지만 실제로는 직장생활에 어울린다. 壬寅운은 壬의 해외물상에 영향을 받아 해외로 가기를 원한다. 時柱가 丙申으로 丙火가 원하는 申을 다른 丙火가 가지고 있으니 40세 이후에 동업으로 재물을 추구하거나 丙火를 활용하여 공간을 넓게 쓰기에 해외에서 활동할 가능성이 높다.

乾命　　　　　　陰/閏 : 1974年 4月 24日 5時

時	日	月	年
庚	丙	庚	甲
寅	戌	午	寅

87	77	67	57	47	37	27	17	7
己	戊	丁	丙	乙	甲	癸	壬	辛
卯	寅	丑	子	亥	戌	酉	申	未

33세 癸酉운 丙戌년 상황이다. 십여 년간 병든 모친을 간병하느라 취업도 못하고 여자는 물론 변변한 친구하나 없다. 癸未년 30세에 모친과 사별한 후 현실에 적응하지 못하고 있다. 오래전부터 불교에 관심이 많았고 스님 흉내를 내며 걷기도 하고 절하는 예배도 보았다. 이런 이유로 부친이 정신과 치료를 받게 하였고 이후에 종교에 귀의하고자 여러 절에 가보았지만 정신과 병력을 이유로 받아주지 않았다. 부친, 형제들과는 정 없이 지낸다.

　사주 구조에 水氣가 전혀 없을 때 운이 水氣로 흐르면 충돌만 일으켜 좋은 물상을 만들지 못한다. 특히 癸酉간지는 씨종자의 윤회문제를 가졌으니 종교, 명리, 정신이상, 사망, 출가, 지체장애 등의 물상을 보인다. 이 사주의 단점은 寅午戌 삼합으로 강한 火氣가 庚을 자극하면 뜨거워진 庚金은 년주에 있는 甲寅을 沖으로 생기를 傷하게하니 정신이나 뇌에 문제가 생길 수 있고, 그런 문제를 해결하고자 종교에 귀의하고 싶은 것이다. 또 년주 甲寅은 전생과 이승 사이에서 갈등하는 구조로 성정은 매우 순수하지만 현실에 잘 적응하지 못하는 단점이 있다.

乾命　　　　　陰/平 : 1955年 9月 17日 10時

時	日	月	年
癸	丙	丙	乙
巳	寅	戌	未

37	27	17	7
壬	癸	甲	乙
午	未	申	酉

　壬午운 戊寅년 44세에 화재로 소사하였다. 화재와 관련하여 주의 깊게 살필 것은 반드시 강한 火氣와 함께 약한 水氣가 배합되어 있다는 점이다. 만약 水氣가 전혀 없다면 소사의 문제가 발생하지 않으나 이 구조처럼 癸水가 약하게 있으면 화재를 촉발하는 촉매제 역할을 한다. 壬午운 寅午戌 삼합을 이룬 후 戌未 刑으로 촉발된 화재에 미약한 壬, 癸水는 불난 집에 휘발유를 뿌리는 것처럼 불길을 강하게 만든다. 또 다른 문제는 일지가 寅으로 생기를 상징하는데 일지에 이르는 나이에 강한 火氣에 의해 생기를 잃는다.

乾命　　　　　陰/平 : 1966年 4月 8日 18時

時	日	月	年
丁	丙	癸	丙
酉	戌	巳	午

63	53	43	33	23	13	3
庚	己	戊	丁	丙	乙	甲
子	亥	戌	酉	申	未	午

　30대 중반 상황으로 IP 사업을 한다. 이 사주도 癸水가 약하지만 월지 시공간이 戌月과는 전혀 다르다. 상기사주는 戌月로 열기를 품은 火爐를 가졌고, 이 사주는 꽃을 피우는 巳月이니 열기를 품은 것이 아니고 빛을 분산하기에 화재를 걱정할 필요가 없으며 癸巳로 매우 좋은 시공간을 얻었다. 사주팔자에 巳戌酉의 많은 金이 있고 운도 金으로 흘러 강한 火氣들은 적절한 쓰임을 얻고 적극적으로 에너지를 활용하여 재물을 얻을 수 있는 흐름이다.

乾命				陰/平 : 1952年 3月 16日 1時						
時	日	月	年	68	58	48	38	28	18	8
戊	丙	甲	壬	辛	庚	己	戊	丁	丙	乙
子	戌	辰	辰	亥	戌	酉	申	未	午	巳

40대 후반 상황으로 대기업 간부로 재직 중이며, IMF 때문에 승진이 되지 않아 고심하고 있다. 이 구조는 동일하게 丙戌일주지만 辰月의 시공간이니 열매가 나오기 전이다. 년월 조합이 壬甲으로 대부분 공부를 많이 하여 공직에 종사하는데 辰辰 복음에 火金으로 운이 흐르니 물질에 흥미가 많아 공직으로 가지 못하고 대기업 간부로 일한다. 壬水와 子水가 辰土의 땅에 水氣를 채우지만 戊申운에 申子辰 삼합을 하고 일지 戌土와 沖 하니 불안정하여 승진하지 못하고 사회활동에 장애가 따른다.

乾命				陰/平 : 1988年 12月 19日 1時							
時	日	月	年	83	73	63	53	43	33	23	13	3
戊	丙	乙	戊	甲	癸	壬	辛	庚	己	戊	丁	丙
子	戌	丑	辰	戌	酉	申	未	午	巳	辰	卯	寅

戊子년 서울대학교 법대에 진학하였다. 년월이 乙戊 조합이며 丑土의 癸水와 乙癸戊로 조합을 이루니 공직의 상이다. 또 丑戌, 丑辰의 감옥 물상은 검찰, 경찰계통에 어울린다. 천간의 꼴은 행정직에 어울리지만 刑破의 물상까지 감안하면 검찰에 어울린다.

▶ 丙火干支 조합

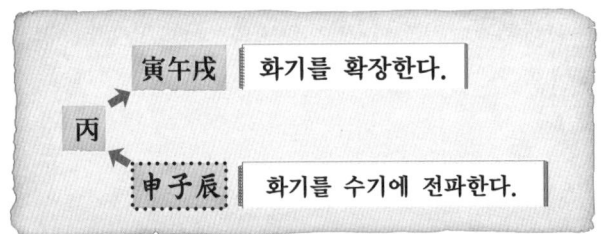

지금부터는 申子辰 三合과 짝을 이루는 干支들을 살펴보자. 申子辰 과 丙火는 조합이 어울리지 않는다. 丙火는 빛을 분사하는 시간을 상 징하는데 申子辰 삼합은 빛을 없애 어둠 속으로 들어가게 하는 흐름 이기 때문이다. 따라서 丙火 빛을 활용, 水氣에 빛을 전파하여 응축 의 기운을 해소하여 水氣에 숨겨진 것들을 밖으로 드리낼 수 있다. 다만, 丙火가 너무 무력하면 壬水에 의해 빛이 沒하여 삶에 문제가 생긴다.

58. 丙申干支

丙申간지는 여름이니 水氣의 속성이 미약하다. 다만 운에서 壬水가 올 경우는 申金 속에 있던 壬水가 천간에 드러나 丙火의 빛이 상하니 관재구설이나 인간의 배신에 주의해야 한다. 丙火는 申月에 열매를 딱딱하게 하기에 물질에 대한 욕망이 강하다. 주로 사업이나 장사에 흥미가 많고 열매를 보살피고자 넓은 공간을 이동한다. 열매가 상하 지 않도록 논과 밭을 돌아다니며 관리하는 것이다. 또 丙火는 열매를 완성하고자 열매의 표면을 태우니 생명을 가진 것들의 활동을 억제하 여 육체에 문제가 발생할 수 있다. 申月이니 乙庚 합하여 乙의 생기 를 제약하는 검찰, 조폭, 수술 물상이다. 예문을 살펴보자.

乾命			陰/平 : 1967年 12月 28日 10時					
時	日	月	年	67	57	47	37	27	17	7
癸 巳	丙 申	癸 丑	丁 未	丙 午	丁 未	戊 申	己 酉	庚 戌	辛 亥	壬 子

30대 초반 상황으로 7년 째 정보통신 회사에서 근무 중이다. 丙火 가 未申酉月이면 물질에 직접 빛을 가하지만 丑月이니 빛을 물질에 직접 방사하지 못하고 멀리서 비추는 시기이다. 丙庚(申)子(癸)로 金 들의 정보를 丑土에 저장하고 丙火로 밝혀 활용하는 정보통신 물상으 로 사용했다. 이렇게 丙火는 여름에는 열매를 수확하는 에너지로 활

용하지만 겨울에는 열매가 없으니 오로지 빛으로만 활용할 수 있다.

乾命　　　　　陰/平 : 1956年 7月 12日 8時

時	日	月	年
壬	丙	丙	丙
辰	辰	申	申

67	57	47	37	27	17	7
癸	壬	辛	庚	己	戊	丁
卯	寅	丑	子	亥	戌	酉

상공자원부 경리부서에서 일한다. 상기 사주와 차이점을 살펴보자. 이 구조는 丙申월이니 열매를 맺는 시기다. 따라서 물질과 직접적으로 인연을 맺는다. 다만 시주가 壬辰이며 운도 水氣로만 흐르니 직접 재물을 취하지는 못하고 丙火로 재물(申)을 水氣(춥고 배고픈 상황)에 있는 사람들(乙)에게 전달한다. 종합하면 丙火의 공직, 丙申의 물질, 水氣의 어두운 곳에 있는 乙의 어려운 상황을 빛으로 도와주는 직업을 가진 것이다.

坤命　　　　　陰/平 : 1976年 7月 17日 16:44

時	日	月	年
丙	丙	丙	丙
申	申	申	辰

62	52	42	32	22	12	2
己	庚	辛	壬	癸	甲	乙
丑	寅	卯	辰	巳	午	未

20대 중반 상황으로 유치원 교사다. 辰土 속의 乙을 丙申의 庚金과 乙庚 합하여 열매로 바꾸는 작업을 한다. 丙火의 공익활동을 교육으로 활용했는데 乙庚 합을 한의사, 의사, 은행, 대리점, 경영관련 직업으로도 활용할 수 있으며, 만약 남자였다면 동업으로 사업을 원하는 구조다.

乾命　　　　　陰/平 : 1970年 12月 14日 0時

時	日	月	年
戊	丙	己	庚
子	申	丑	戌

68	58	48	38	28	18	8
丙	乙	甲	癸	壬	辛	庚
申	未	午	巳	辰	卯	寅

30대 상황으로 증권회사를 다니다 외국계회사로 이직했다. 이 구

조는 己丑과 戊子를 사이에 두고 丙申이 있는데 金氣가 강하니 물질에 대한 욕망이 강하지만 丑月이니 빛을 멀리서 비출 뿐 스스로 물질을 득하기 어렵다. 다만 운이 巳午未로 흐르니 재물을 추구할 수 있다. 己丑의 시공간은 좁고 어두워 丙火의 쓰임이 만족스럽지 않다. 戊子의 戊土는 비록 子水의 공간에 좌했으나 빛을 드러낼 수 있으니 넓은 공간에서 활동하고자 외국계회사로 이직했다. 즉, 己丑의 증권 물상을 戊子의 외국계열 회사로 바꾼 것이다.

乾命				陰/平 : 1962年 3月 24日 2時						
時	日	月	年	63	53	43	33	23	13	3
己	丙	甲	壬	辛	庚	己	戊	丁	丙	乙
丑	申	辰	寅	亥	戌	酉	申	未	午	巳

삼십대 말 상황으로 무역업에 종사한다. 辰月의 시공간이기에 丙火의 활동이 훨씬 자유롭다. 丙火가 己丑시주와 조합을 이루면 강하게 사업을 추구한다. 이 구조는 辰申으로 장사, 사업을 추구하며, 辰중 乙木과 申中 庚金이 乙庚 합하고 丙火로 열매를 키우니 물질 욕망이 강하다. 辰月이니 壬水의 쓰임이 좋아 해외와 인연이 깊으니 무역업에 종사하며 해외에서 활동하기 좋은 구조다.

坤命				陰/平 : 1966年 3月 17日 3:50						
時	日	月	年	61	51	41	31	21	11	1
庚	丙	壬	丙	乙	丙	丁	戊	己	庚	辛
寅	申	辰	午	酉	戌	亥	子	丑	寅	卯

직장에 다니고 있지만 1998년 1월부터 집안에 안 좋은 일로 정신적, 경제적 고충이 심하다. 특히 시아버지의 행동과 이기심으로 불화가 끊이지 않아 이혼을 고려중이다.

두 가지 관점에서 구조를 살펴보면, 丙火를 많이 가져 남자처럼 공익의 삶을 살아야 하며, 두 번째로 壬辰월의 壬水는 15~30세 사이 丙火의 분산하는 기세를 방해한다. 어린 나이에 사회의 쓴 맛을 보는 시기로 고통을 통해 성숙해가는 과정을 겪어야만 한다. 반대로 시주가 壬辰이면 45세 이후에 丙火를 어둡게 하기에 종교, 철학과 인연이 많거나 삶에 굴곡이 생긴다. 己丑운은 丑辰 破와 午丑 조합으로 흉하며, 戊子운도 申子辰 삼합과 子午 충 하는바 역시 흉한 운이다. 이렇게 壬水가 너무 강하면 丙火가 추구하는 에너지를 적절하게 활용하지 못하기에 스트레스를 많이 받는다. 하기에서 丙火가 강한 壬水를 만났을 때의 상황을 살펴보자.

坤命

時	日	月	年
戊	丙	壬	壬
子	申	寅	辰

陰/平 : 1952年 1月 25日 1時

25	15	5
己	庚	辛
亥	子	丑

己亥대운 戊午년 27세에 살해당한 여인으로 사치스럽고 게을렀다. 기회주의자로 운에 따라 마음이 바뀌니 흉한 일을 당했다.

丙火가 寅月에 태어나니 빛을 적절하게 방사하지 못한다. 寅月은 땅속에서 뿌리내림을 위주로 하기 때문에 壬水가 필요하기 때문이다. 년월에 壬水가 丙火 빛의 작용력을 방해하니 활동이 둔하고 주체성이 없으며 申子辰 삼합의 어둠, 음습, 조폭, 방탕의 속성까지 가미되었다. 이런 상황에 처하면 丙火는 강한 자의 눈치를 살피는 기회주의자가 될 수밖에 없다. 壬水를 이길 방법이 없으니 壬水에 순응하며 수단방법을 가리지 않고 설득하여 내편으로 만들어야 하니 아부를 잘하는 성격이 된다. 生剋으로 살인상생 조합이다. 윗사람에게 아부 잘하고 아랫사람을 함부로 대하는 성정으로 직장생활에는 매우 적절하다.

殺印相生과 정반대 조합을 食神制殺이라 부르는데 壬水의 압박을 감당할 재주가 있으니 대범하게 壬水를 상대하므로 살인상생처럼 손을 비벼 아부할 필요가 없다. 다만 壬水가 언제 공격해 올지 몰라 항상 긴장 속에서 살기에 딱딱하고 긴장된 외형으로 강개의 성정이다. 아랫사람에게 잘하고 윗사람, 적군에게 대항하니 군대나 전쟁터에 어울린다.

이 구조의 문제는 시간에 있는 戊土가 食神制殺 용신이라 통변하지만, 申子辰과 壬壬으로 오로지 순종을 강요하는 상황에서 강한 자에게 아부하고 순응하는 자세를 보이면 되는데, 戊土가 있으니 살인상생과 식신제살 사이에서 줄타기를 한다. 순응과 반발 사이를 오가며 일관되지 않은 태도를 보이기에 기회주의자라 표현했다.

이길 수 없으면 순응하면 되는데 戊午년에 丙火는 순간적으로 자신이 강하다는 착각에 빠진다. 복종과 순종하는 태도가 갑자기 감당할 수 있다는 자신감에 에너지를 더욱 강하게 사용하다가 순간적으로 고갈된다. 달리 표현하면 戊土가 강한 壬水를 자극하면 壬水는 丙火의 빛을 빼앗아버린다. 이것이 살해당한 이유다. 유사한 유형의 사주를 살펴보자.

乾命　　　　陰/平 : 1965年 2月 28日 10時

時	日	月	年	88	78	68	58	48	38	28	18	8
丁	癸	己	乙	庚	辛	壬	癸	甲	乙	丙	丁	戊
巳	未	卯	巳	午	未	申	酉	戌	亥	子	丑	寅

년월 구조에 水氣가 메마르니 부모덕도 없고 공부도 못했다. 중학교를 중퇴한 후 16세부터 사회에 진출, 丙대운까지 돈을 벌다가 卯木의 활동이 제약되는 子대운에 신용불량자가 된 후 시골로 내려가 농사를 짓는다. 이 구조도 癸水가 수많은 적을 상대하기 어렵다. 따라서 순응해야 하는데 子대운이 오면 일간 癸水는 강해졌다는 착각에 빠지고 무리하게 에너지를 사용하여 일을 추진하다가 신용불량자가 된 것이다. 하기에 추가적으로 丙申일 壬辰시가 만나는 사주예문 몇 가지를 살펴보자.

坤命　　　　陰/平 : 1983年 3月 26日 8時

時	日	月	年	89	79	69	59	49	39	29	19	9
壬	丙	丁	癸	丙	乙	甲	癸	壬	辛	庚	己	戊
辰	申	巳	亥	寅	丑	子	亥	戌	酉	申	未	午

어릴 때 신이 들어와 무당이다. 癸亥와 丁巳는 물질이 없는 에너지의 충돌이다. 주로 느낌을 중시하는 예술성향이 강하고 이 사주처럼 무당이 될 수도 있다. 문제는 丙申과 壬辰으로 丙火가 壬水에 제압당해 빛을 방사하는 역할이 적절하지 않고 水火가 싸우니 정신에 이상이 생겼고 무당이 되었다.

坤命　　　　陰/平 : 1982年 4月 20日 8時

時	日	月	年	62	52	42	32	22	12	2
壬	丙	乙	壬	戊	己	庚	辛	壬	癸	甲
辰	申	巳	戌	戌	亥	子	丑	寅	卯	辰

戊子년에 남자가 생겨 열애중이다. 술집 접대부로 칵테일을 만든다. 申子辰 삼합에서 만난 남자는 조폭성향이 강하다. 申子辰은 어둠이요, 水氣의 흘러 다니는 속성이기 때문이다. 이 사주도 丙申과 壬辰 조합으로 남자에게 이용당하고 헤어짐이 많은 조합이다.

坤命　　　　陰/平 : 1952年 8月 29日 8時

時	日	月	年	82	72	62	52	42	32	22	12	2
壬	丙	庚	壬	辛	壬	癸	甲	乙	丙	丁	戊	己
辰	申	戌	辰	丑	寅	卯	辰	巳	午	未	申	酉

37세 戊辰년 남편이 교통사고로 사망했다. 보상금과 유산을 부동산에 투자하여 큰 부를 얻었다. 이 구조는 년월 조합이 좋지 않다. 庚이 火氣를 보지 못했고 壬辰이 庚戌과 沖하니 초년의 삶은 곤고하다. 丙火가 戌月의 시공간에 열을 가하니 庚戌의 틀에서 봉사하는 개념으로 은행에서 근무하였다.

庚戌과 辰辰으로 쟁투의 속성이 강한데 戊辰년 다시 쟁투의 기운이 강해졌다. 년간에 壬水가 있으니 첫 남편과 인연이 박한 구조이며, 戊辰년에 壬水가 상하니 남편이 사망했다. 동일하게 丙申과 壬辰 조합이지만 운에서 강한 火氣의 도움을 받으니 빛의 작용력을 적절하게 활용하여 큰 재물을 득한다. 甲辰운 辰土에 이르면 火爐에서 불똥이 튀니 조심할 운이다.

乾命				陰/平 : 1963年 1月 9日 8時					
時	日	月	年	61	51	41	31	21	11	1
壬	丙	癸	壬	庚	己	戊	丁	丙	乙	甲
辰	子	丑	寅	申	未	午	巳	辰	卯	寅

범죄를 저질러 癸亥년과 甲子년 감옥에 다녀왔다. 음습한 구조로 丙火의 밝음을 사용하지 못하고 어둠 속에서 빛을 잃었다. 寅丑과 癸丑 그리고 子辰의 음습함과 壬壬의 어둠을 丙火가 이겨내지 못하고 어둠속을 헤매는 팔자다. 丙火 빛을 잘 활용하면 어둠을 밝히니 검찰, 경찰에 어울리지만 이 사주처럼 빛이 어둠을 이기지 못하고 휘말리면 범죄자가 되는 것이다.

乾命				陰/平 : 1951年 5月 21日 4時					
時	日	月	年	66	56	46	36	26	16	6
庚	丙	甲	辛	丁	戊	己	庚	辛	壬	癸
寅	申	午	卯	亥	子	丑	寅	卯	辰	巳

辛甲午 조합은 水氣가 없을 때는 辛이 甲을 날카롭게 찔러 두통이 생기거나 심하면 정신이상이 오는 조합이며, 질병으로는 심장혈관에 문제가 생겨 심장스턴트 수술을 해야 하는 물상이다. 또 다른 문제는 午申寅 조합으로 午火가 申을 자극하고 寅을 공격하니 생기가 상하고 육체에 문제가 생긴다. 구제하는 방법은 의사, 한의사 직업을 갖거나 닭, 돼지, 소 등을 죽여서 요리하는 식당이나 이 사주처럼 종교, 철학에 집중하여 생기를 살리는 노력을 하는 것이다. 출가하여 스님이 되었다.

乾命　　　　陰/平 : 1955年 1月 12日 10時

時	日	月	年		61	51	41	31	21	11	1
癸	丙	丁	甲		甲	癸	壬	辛	庚	己	戊
巳	申	丑	午		申	未	午	巳	辰	卯	寅

대기업에서 근무하다 유리사업을 시작해 매출 400억 규모의 사업체를 운영한다. 壬午운 乙亥, 丙子년 경쟁업체가 화재로 생산능력을 상실하자 중국에서 물건을 수입하여 순익으로 40억 이상을 벌었다. 丁亥, 戊子년 국내업체로부터 반덤핑 제소를 당하고 戊子년 재판에 패소하여 가격경쟁력이 약화 되었다. 매출 규모는 줄지 않았으나 순익은 상당히 축소되었다.

이 구조에는 많은 명리 포인트가 숨어있다. 년과 월이 甲, 丁丑 조합으로 교육, 공직에 어울린다. 따라서 초년에 학업에 열중하는 구조이지만 丙申일과 癸巳시이니 물질에 대한 흥미 또한 지대하다. 따라서 중년에 이르면 교육, 공직물상에서 벗어나 사업, 장사 쪽으로 전환할 가능성이 높다. 丙火가 丑月이니 열매를 수확하는 시공간이 아니기에 젊어서는 대기업에서 근무하였다. 일주 丙申의 시기에 時支 巳火 그리고 대운의 午火가 열매를 키우는 욕망이 강해지면서 유리사업에 뛰어들었다.

이 구조는 년월 조합과 일시 조합이 극명하게 차이를 보인다. 년월은 어둠 속에 빛을 비추어 활용하지만, 일시는 빛을 직접 申에 방사하여 열매를 익히는데 활용하니 이것이 바로 사업물상이다. 또 월간이 丁火이니 丙, 丁火는 시공간의 변화에 따라 협력과 경쟁을 동시에 하는 대상이다. 丙火는 丁火가 약해지면 경쟁자를 이용할 수 있고 丁火가 강해지면 丙火가 가진 것을 빼앗긴다. 이렇게 길흉이 교차하지만 월간에 경쟁자가 있으니 자신보다 강한 경쟁자라는 뜻이고 또 자신보다 강한 자에게 도움을 받을 수도 있다. 사주팔자에서 용신이 무엇이라고 정하는 것은 무의미한 일이다. 시공간 변화에 따라 수시로 적군이 아군으로, 아군이 적군으로 바뀌기 때문이다.

丁丑월주 경쟁자가 壬午운을 만나면 丁壬 합으로 정관이니 좋은 것이 아니라 묶여 답답하며 丑午로 가스폭발의 물상이다. 참고로 가스폭발, 연탄가스, 가스통 배달 물상은 壬子와 丁丑, 午와 丁丑, 癸丑과 壬午조합 등으로 丑土에 응축된 냉기와 午火에 집약된 火氣가 만나 폭발한다. 경쟁자에게 문제가 생기는 壬午운 乙亥, 丙子년 어부지리로 큰돈을 벌었고 丁亥, 戊子년은 반대로 丙火가 시절을 잃어 송사에서 패소했다. 다만 癸巳시주를 지나는 시기에 운도 癸未로 흐르기 때문에 丁火 경쟁자를 이길 수 있으며 기본 체력이 강한 구조다.

乾命				陰/平 : 1949年 4月 9日 2時							
時	日	月	年	90	80	70	60	50	40	30	20	10
己	丙	戊	己	己	庚	辛	壬	癸	甲	乙	丙	丁
丑	申	辰	丑	未	申	酉	戌	亥	子	丑	寅	卯

1992년 壬申년 상황으로 건축업자이며 전과 4범 사기꾼이다. 3번 결혼하였으며 끝없이 색을 탐하고 염문을 뿌리고 다닌다. 甲子운 壬申년에 동업으로 토지를 매입하여 사업한다고 사기를 치다가 동업자의 고소로 감옥에 갔다. 이 구조는 申子辰 삼합의 뜻을 명확하게 설명해준다. 어두우며 음습하고 돈을 추구하며 사기치고 감옥에 가는 물상이다. 丙火는 빛을 비춰야할 땅이 많으니 돌아다니는데 辰申으로 지지에서 보이지 않게 乙庚 합하여 물질을 추구하는 욕망이 강하다. 丑辰 破로 음습한 성정이며 한탕을 노리다 모두 빼앗기고 감옥에 간다(三形論 참조). 이 구조도 丙火를 빛으로 활용하지 못하고 운에서 오는 壬水의 강한 어둠을 이기지 못해 사기꾼으로 살아간다.

坤命

陰/平 : 1988年 4月 26日 12時

時	日	月	年
甲	丙	戊	戊
午	申	午	辰

42	32	22	12	2
癸	甲	乙	丙	丁
丑	寅	卯	辰	巳

丙辰운 乙酉년 상황이다. 乙酉년 운영하는 가게에 불이나 모친이 소사하고 약 3달 뒤 모친의 죽음을 자책하던 부친도 자살했다. 자신은 8월경에 낙태 수술을 했다. 부모님의 죽음을 전혀 슬퍼하는 기색이 없고 동생, 조부모와 함께 산다.

이 구조는 丙辰운 乙酉년에 이르면 강한 火氣에 의해 날카로워진 일지 申金과 申辰, 辰辰酉로 합하는 과정에 乙 生氣가 심하게 상한다. 辰土는 비록 申子辰 水氣의 마감점이지만 卯辰월을 지나는 동안 땅 속의 水氣는 고갈되고 열기는 더욱 오르니 水氣가 거의 없다. 또 사주팔자에 火土가 매우 강하니 辰土의 땅은 더욱 마르고 그곳에 심어진 乙들은 말라간다. 이 상황에서 乙酉년이 오면 酉金이 辰酉 합하여 이미 말라가는 乙을 자른다. 乙은 인간의 생명, 활력과 같은데 칼에 잘려나가니 부모가 사망했다. 辰辰은 복음의 문제 외에도 生氣가 상하고 殺氣가 강한 조합이다. 이 구조도 강한 火氣에 매우 약한 辰土 속의 癸水가 촉매제 역할을 하니 모친이 소사했다. 이렇게 火氣가 강하고 水氣가 매우 약할 때 촉매작용으로 화재가 발생하기 쉽다.

乾命

陰/平 : 1935年 10月 21日 2時

時	日	月	年
己	丙	丁	乙
丑	申	亥	亥

73	63	53	43	33	23	13	3
己	庚	辛	壬	癸	甲	乙	丙
卯	辰	巳	午	未	申	酉	戌

부잣집에서 태어났지만 평생 농사를 지었으며 과수원과 미곡상으로 40대 중반에 50억대 재산을 모았다. 50대에 땅을 팔아 큰 저택을 지었는데 팔아버린 땅이 10배 이상 뛰어 큰 손해를 보았다. 62세 이후

자식들 빚보증으로 庚辰년을 기점으로 망해 버렸다. 이 사주도 丙申 일주의 시기에 대운 壬午를 만나 丁壬 합으로 경쟁자 丁火가 무력해지니 큰 재물을 모았다.

그러나 巳午未 火운이 지나고 庚辰운에 이르면 일지에 있는 자신의 재물 申이 천간에 庚으로 드러나 년의 乙과 乙庚 합으로 사라지니 망해버렸다. 丙火, 己丑 조합은 주로 사업, 장사를 암시하지만 己丑 자식 궁은 丙火의 빛을 어둡게 하고 자신이 가진 申 재산을 도둑처럼 丑土의 창고에 담으니 자식들 때문에 재산을 탕진했다. 이렇게 도둑, 강탈의 특징이 강한 丑土의 문제를 해결하기 위해서는 반드시 沖, 刑으로 丑土를 처리해주어야 음습한 속성을 바꿀 수 있다.

乾命				陰/平 : 1980年 10月 12日 20時						
時	日	月	年	66	56	46	36	26	16	6
戊	丙	丁	庚	甲	癸	壬	辛	庚	己	戊
戌	申	亥	申	午	巳	辰	卯	寅	丑	子

15년 전 부모의 이혼으로 부친과 함께 살며 부친이 해외로 나갔을 때 잠시 모친과 살았을 뿐 모친과는 연락을 안 한다. 모친은 아들 모르게 대학 등록금과 학비를 보내면서 아들을 돌보아 왔다. 대학을 중퇴하고 3개월 전부터 개띠여자친구와 동거 중인데 잠을 자던 중 심한 두통으로 병원에 입원했다. 다친 곳도 없는데 뇌출혈이 있으니 수술할지 지켜보는 중이다. 처음에는 혼수상태로 생명이 위독할 것 같았는데 정신이 조금씩 돌아오면서 말을 하며 자꾸 운다. 뇌수술로 아들이 잘못 될까 걱정에 어머니가 병원에 찾아왔다. 아들은 성격이 곧고 착하지만 어머니에 대한 생각이 좋지 않으니 아들에게 다가가기 힘들다.

壬午년 丁未월에 상담한 내용으로 癸未일에 발병하였다. 이 구조는 申亥申으로 亥水에 강한 金氣들이 풀어지니 亥水에서 자라야 하는 木의 기운이 응결되어 傷하고 있다. 己丑운은 丙火 빛이 어두워지면서 丑

土의 응결이 심해진다. 壬午년 丁未월 未土가 亥水의 흐름을 막으니 亥중 甲이 문제가 생기면서 순간적으로 丙, 丁火로 가는 혈류가 막힌다. 이런 구조는 대부분 기절, 심장마비, 뇌출혈의 물상이다. 비록 丑戌未 삼형이 일부 작용을 했으나 주된 요인은 아니다.

59. 丙子干支

丙火가 申子辰 삼합의 水氣가 가장 강한 공간에 있다. 丙火는 子水의 공간에서 함께하기 힘들다. 申子辰 어둠이 강한 공간에서 빛을 비춰 밝히고자 자신을 희생해야 하기 때문이다. 따라서 丙子일주는 부부가 동일한 공간에서 살기 어려워 별거나 주말부부, 해외에서 연락하며 사는 경우가 많다. 또 丙火가 子水 어둠을 밝히니 등대와 같아 종교, 명리, 철학과 인연이 많고 일지가 申子辰 삼합의 중심이니 배우자는 장사나 사업에 종사하지만 중년에 이르면 흐름이 막히고 경제적으로 힘들어진다. 예문을 살펴보자.

坤命

陰/平 : 1970年 9月 24日 4時

時	日	月	年	65	55	45	35	25	15	5
庚	丙	丙	庚	己	庚	辛	壬	癸	甲	乙
寅	子	戌	戌	卯	辰	巳	午	未	申	酉

택시운전을 하는 남편과 살며 고부갈등으로 이혼을 고려중이다. 전셋집이 경매로 넘어가 1998년 戊寅년에 돈도 받지 못하고 집을 비워야 했다. 남편은 같은 해 10월 야간운전 중 강도를 만나 심한 타박상을 입은 채 돌아왔고, 추석당일 새벽에는 도둑이 들어 돈을 훔쳐갔다. 남편은 음악에 재능이 있지만 택시운전을 하고 있다.

丙子일주로 남편이 일지 子水인데 癸未운 천간으로 노출되고 子未 조합을 이루니 유일한 水氣 子水가 상하기 쉽다. 또 日支는 내 몸의 內臟과 같아서 남몰래 안전하게 감추어둔 재물이나 가치 있는 것이다.

따라서 일지의 쓰임이나 역할이 좋은 구조인데 천간으로 노출되면 주로 흉한 일이 발생하며 특히 천간에서 다른 글자와 합할 경우에는 드러난 것의 분실, 소멸, 분리를 뜻한다. 따라서 戊寅년 子水에서 드러난 癸水 남편이 戊癸 합으로 남편이 사라지는 운이다. 이런 조합의 물상은 이혼, 사망, 별거, 외도, 분실, 손실이다. 이때 궁위를 살펴서 판단하는데 일지는 38~45세 사이임에도 이 사주는 아직 30세가 넘지 않았기에 흉한 정도가 약하다. 따라서 강도를 만나 몸이 상하고 크지 않은 재물을 날리고 도둑이 들어 분실한 정도로 끝났다. 만약 38~45세 사이였다면 더욱 심각한 문제를 야기했을 것이다. 고부 갈등으로 이혼을 고려하는 이유는 월지와 일지가 戊子인데 戊과 子사이에 戊(亥)子로 亥水가 끼어 쌍방 간의 공간이 넓기에 관계가 소원하거나 멀리 떨어져 살아야 함을 암시한다. 이런 구조는 서로 먼 곳에 떨어져 살면서 가끔 만나는 경우에는 오히려 고부간에 사이가 좋아진다.

坤命　　　　　陰/閏 : 1968年 7月 11日 10時

時	日	月	年	79	69	59	49	39	29	19	9
癸	丙	庚	戊	壬	癸	甲	乙	丙	丁	戊	己
巳	子	申	申	子	丑	寅	卯	辰	巳	午	未

컴퓨터 강사로 1997년 6월 결혼했으나 두 달 후 남편의 교통사고로 사별하였고 현재는 부모님과 함께 산다. 이 여명이 컴퓨터 강사를 하는 이유는 丙, 庚子 조합으로 庚申 컴퓨터가 丙火의 빛을 받아 내부에 저장하고 金의 정보를 水氣에 풀어 다른 곳으로 전파하기 때문이다. 丙火가 庚申월에 강한 빛을 필요로 하는데 일지가 좋은 역할을 하지 못한다. 丁巳운 丁丑년 子丑 합으로 교통사고가 발생했는데 申丑, 酉丑, 丑辰, 酉丑辰 등은 교통사고의 물상이다. 또 다른 문제는 子申申으로 쌍 복음 이니 결혼이 불미하고(궁위론 참조) 일지를 기준으로 시간에 癸水가 드러났고 두 개의 申에 壬水가 있으니 결혼불미는 정해진 구조다.

乾命　　　　　陰/平 : 1964年 12月 20日 12時

時	日	月	年
甲午	丙子	丁丑	甲辰

64	54	44	34	24	14	4
甲申	癸未	壬午	辛巳	庚辰	己卯	戊寅

　37세 당시 인터넷 게임장을 운영했다. 상기 사주와 비교해보자. 丙火가 丑月에 태어났기에 여름처럼 열매를 키우는 역할은 하지 못하고, 丙火가 丑土의 좁은 공간에서 丁火처럼 등촉으로 활용될 수밖에 없으니 丙火의 가치가 높지 않다. 또 丁丑과 丙子 조합은 丁火의 쓰임이 훨씬 강하기에 丙火를 넓게 활용하지 못하고, 子丑辰의 좁은 공간에서 어두운 기운에 휘말리게 된다. 이 구조도 丙火가 빛을 水氣에 전파하는 개념을 직업으로 사용하였기에 인터넷 게임장을 운영한다.

乾命　　　　　陰/平 : 1964年 11月 30日 1時

時	日	月	年
戊子	丙辰	丙子	甲辰

61	51	41	31	21	11	1
癸未	壬午	辛巳	庚辰	己卯	戊寅	丁丑

　37세 당시 대기업 엔지니어로 컴퓨터 정보통신이나 무역업으로 창업을 고려 중이다. 일본에서 5년간 초등학교를 다녔고 고등학교는 서울에서 대학은 인천에서 졸업했다. 유복하게 자랐으며 壬申년 결혼했다. 이 사주에서 보여주는 丙火와 子辰의 속성을 살펴보자. 子月의 시공간이니 丙火에게 공간의 쓰임이 적절하지 못해 그 공간을 벗어나려고 한다. 또 丙丙으로 공간이 두 개이니 넓게 쓰면서도 단일하지 못하고 공간에 변화가 생긴다. 子辰 조합은 申子辰 삼합의 특징이 강하며 유동, 흐름, 장사, 사업을 활용하기에 이곳저곳을 돌아다니며 살았고, 빛을 水氣에 풀어 전파하는 정보통신이나 무역을 원한다. 다만 팔자에 金의 속성이 없으니 정보통신의 물상으로 사용하기에는 부족하다. 직업물상도 사주팔자 구조대로 정해진다. 다만 庚辰운에 천

간에서 庚이 드러나고 丙丙이 활발하게 움직여 庚 열매의 부피를 확장하려는 욕망을 갖는다. 이런 이유로 창업을 고려한 것이다.

坤命　　　　　陰/平 : 1972年 3月 2日 8時

時	日	月	年	63	53	43	33	23	13	3
壬	丙	甲	壬	丁	戊	己	庚	辛	壬	癸
辰	子	辰	子	酉	戌	亥	子	丑	寅	卯

신문방송학 전공으로 1996년 대학을 졸업하였다. 성우로 방송계에 진출하는 것이 꿈이다. 이 사주도 丙火의 빛을 申子辰 水氣에 풀어 전파하는 전파, 방송, 통신의 직업물상이다. 상기 사주들을 통해 살펴보았던 컴퓨터 강사, 정보통신, 방송, 인터넷게임장 등의 물상은 전혀 다른 직업으로 보여도 주로 丙庚子 조합이거나 丙, 申子辰 조합으로 구성되어 있음을 알 수 있다.

乾命　　　　　陰/平 : 1972年 7月 4日 0時

時	日	月	年	69	59	49	39	29	19	9
戊	丙	戊	壬	乙	甲	癸	壬	辛	庚	己
子	子	申	子	卯	寅	丑	子	亥	戌	酉

1998년 戊寅년 8월 주식투자로 재산을 모두 날리고 전세를 살던 집도 경매로 넘어가 전세금도 받지 못했다. 은행 경비원과 시비가 붙어 즉심 재판도 받았다.

이 구조의 문제점은 丙火가 申月이니 열매를 익혀야 하는 시기로 물질에 대한 욕망이 강하지만 壬子와 申子子로 水氣가 강하니 申金은 많은 물에 풀어져 과일이 썩는 것처럼 상해버린다. 운도 金水로 흐르니 金을 水에 풀어 부풀리려는 욕망이 강하다. 이런 구조적 문제로 사고방식에 문제가 있으며, 한탕으로 큰돈을 벌려는 욕망이 강하여 한순간 망하기 쉽다. 庚戌운은 丙火가 천간에 드러난 열매 庚을 익혀 수확하려는 의지가 강해진다. 丁丑년에 丙丁庚 조합으로 경쟁자 丁火가 끼어들면서 도박, 투기, 한탕의 욕망이 더욱 강해진다. 申월의 열매는 丑土에 들어가고 子丑으로 丑土 창고가 닫히면 申金 열매는 상할 수밖에 없기에 투자한 돈을 모두 날렸고 그 결과는 戊寅년 8월에 드러났다.

坤命 　　　　陰/平 : 1966年 7月 30日 4時

時	日	月	年	72	62	52	42	32	22	12	2
庚	丙	丁	丙	己	庚	辛	壬	癸	甲	乙	丙
寅	子	酉	午	丑	寅	卯	辰	巳	午	未	申

딸이 태어난 후 바람난 남편과 이혼하고 호프집, 식당 등에서 일하다가 丁亥년 辛亥월 딸을 데리고 재혼하였다. 재혼 후 남편과 횟집을 운영하지만 경제적으로 어렵다. 이 구조는 결혼불미는 피하기 힘들다. 많은 丙丁丙午가 일지 子水 하나를 경쟁적으로 탐한다. 子水 남편 입장에서는 많은 火氣와 인연이 생기니 외도하기 쉽다. 癸巳운 일지 子水가 천간에 癸水로 드러나고 戊寅년에 戊癸 합으로 사라지기에 전 남편은 다른 여자에게 가버렸다.

이 구조의 가장 큰 문제는 년과 월에 丙午, 丁酉로 강한 火氣에 의해 酉金이 殺氣만 강하기에 30세 전의 삶은 육친, 경제 모두 풀리지 않는다. 이 문제를 해결할 수 있는 것은 유일하게 일지 남편자리에 있는 子水로 38~45세 사이다. 또 다른 문제는 일간도 丙火이니 火氣가 너무 강하기에 子水가 증발되기 쉬우며, 丙丁丙이 시간에 있는 庚을 경쟁적으로 탐하니 돈이 모이지 않는다.

乾命 　　　　陰/平 : 1968年 2月 9日 6時

時	日	月	年	70	60	50	40	30	20	10
辛	丙	乙	戊	壬	辛	庚	己	戊	丁	丙
卯	子	卯	申	戌	酉	申	未	午	巳	辰

중국인으로 부부가 젊은 나이에 불법으로 차를 밀수하여 큰돈을 벌었다. 정부기관으로 부터 논밭을 사들여 투자한 후 다시 대형 건설사

에 팔아 큰돈을 챙겼지만 이 문제로 법에 걸려 감옥에 두 번 갔으며 壬辰년에는 홍콩으로 피신하였다. 이 구조는 년월이 戊乙 조합으로 공직, 교육, 국가와 인연이 많다. 다만 년월에 水氣가 전혀 없고 卯木의 활동이 卯申 합으로 묶였으니 공부와는 인연이 없다. 팔자에 정해진 구조대로 乙戊 국가와 卯申(乙庚合)으로 비밀스럽게 공공기관과 결탁하여 땅을 국가로부터 불법매입하고 되팔아 큰 이익을 얻었다. 일시가 丙辛 합과 子卯 刑 구조이니 사고방식과 행위가 바르지 않다. 이런 문제로 子水의 비밀스런 행위가 天干에 壬癸로 드러날 때 감옥에 갔다. 壬辰년에도 일지 子水가 壬水로 드러나니 법적 문제를 피하고자 홍콩으로 도망간 것이다. 癸巳년에도 법적인 문제가 발생할 수밖에 없다.

坤命　　　　陰/平 : 1983年 3月 6日 14時

時	日	月	年	76	66	56	46	36	26	16	6
乙	丙	丙	癸	甲	癸	壬	辛	庚	己	戊	丁
未	子	辰	亥	子	亥	戌	酉	申	未	午	巳

　　2015년 乙未년 12월 상황이다. 무역관련 선박회사에서 근무하다가 2011년 결혼하며 직장을 그만두었지만 남편의 박봉으로 다시 직장을 구하고 있다. 작은 동네에서 생활하니 답답하여 이사를 고려중이다. 이 사주를 통해 공간의 문제를 살펴보자. 丙火는 넓은 공간을 원한다. 또 子辰으로 흐름을 원하니 무역관련 선박회사에 근무하였다. 다만 丙火가 원하는 金이 원국에 없으니 열매를 수확하지 못한다. 己未운 戊土의 넓은 공간이 己土의 좁은 공간으로 바뀐다. 이런 상황에 이르면 丙火는 쓰임에 문제가 생기며 활동이 둔해지고 꽉 막힌 듯 답답함을 느낀다. 이런 문제로 그 공간을 벗어나려는 시도를 하는 것이다. 다른 표현으로 丙火의 時間이 적절하지 못한 空間에서 쓰임을 잃은 것이다. 이렇게 天干과 地支는 時空間 부호로 고유한 時空間의 의미를 가지고 있다. 편관, 식신, 상관과 같은 십신의 명칭에 익숙해지면 시공간 부호가 제공하는 의미를 간과할 수밖에 없고 생과 극으로만 사주를 살

피는 습관에 젖는다. 丙火는 공간을 넓게 활용하고 丁火는 좁게 활용한다는 극히 기본적인 의미에 충실해서 구조를 파악해야 한다.

乾命　　　　陰/平 : 1960年 1月 22日 16時

時	日	月	年	85	75	65	55	45	35	25	15	5
丙	丙	戊	庚	丁	丙	乙	甲	癸	壬	辛	庚	己
申	子	寅	子	亥	戌	酉	申	未	午	巳	辰	卯

　외할머니와 생활하며 부모의 사랑을 받지 못했다. 庚辰운 학업에 전념하여 戊午년 전문대에 입학, 졸업 후 교사로 발령받았다. 27세 丙寅년에 결혼한 후 삶에 변화가 생기기 시작했다. 부인은 4년제 대학을 졸업하였으며 능력 있고 현숙하다. 己巳년에 교육계 행정부로 직장을 옮기고, 35세 甲戌년에는 부부모두 정부기관에 발탁되었다. 壬午운 네 차례의 이동이 있었고, 46세 乙酉년 12월 승진했다. 부인도 壬午운 10년 동안 계속 승진하여 남편보다 지위가 높다.

　이 구조에서 살필 수 있는 몇 가지 사항을 살펴보자. 외할머니 밑에서 성장했는데 천간구조가 丙丙戊로 寅月에 丙火의 빛을 戊土에 비추어 庚 열매를 키우는 구조다. 시공간을 고려하면 寅月이니 庚은 성장할 수 없고 오히려 열매(庚)를 子水에 풀어 寅에 전달한다. 庚은 十神으로 편재라 부르며 큰 재물이라 이해하지만 이 구조는 오히려 재물이 박하다는 뜻으로 조상, 부모 대에 집안이 몰락하여 가난하다. 庚辰운의 庚은 편재로 큰 재물을 뜻하기에 공부는 하지 않고 물질에 뜻을 둔다고 통변하지만 이 사주는 힘든 상황에서도 학업에 전념했다. 편재의 뜻과는 정반대로 행동하고 있으니 십신의 뜻에 전혀 부합되지 않는다.

　시공간의 개념으로 살펴보자. 丙丙戊는 원래 구조에서는 庚子로 열매를 키울 수 없는 상황에서 庚辰운을 만나면 비록 庚午, 庚申처럼 튼실한 열매는 아니지만 미래를 기약할 가치가 있는 열매다. 따라서

丙火는 庚을 보면 자신의 역할에 충실할 수 있으니 삶의 목적이 분명해지고 가치가 높아진다. 어려운 상황에서도 돈을 벌지 않고 공부를 한 것은 팔자구조에 壬甲丙 조합으로 교육이 천직이기 때문이다. 만약 庚子년주가 아니고 庚寅, 庚申, 庚辰, 庚午, 庚戌 등 水氣가 없는 간지와 조합을 이루면 공부하지 못하는 구조이기에 庚辰운 사회에 진출해서 돈을 벌었을 것이다.

壬午운 십년동안 공직에서 발전했는데 그 이유를 이해하기 위해서 에너지의 접촉에 대해 살펴보자. 팔자 원국의 丙丙戊庚 조합은 丙丙이 寅月에 戊土 위에 미력한 빛을 비추지만 庚 열매를 키우지 못하니 쓰임이 없는 행위로 가치가 높지 않다. 壬午운을 만났을 때의 상황을 살펴보자. 丙火는 午月로 빛의 강도가 강해지고 庚金을 키우기 좋은 시공간이다. 이런 상황에서 壬水를 만나면 할 일이 없던 월간 戊土는 壬水와 접촉한다. 식신제살로 살피면 戊土가 壬水를 제거해버리는 것으로 판단하지만 戊土는 壬水와 접촉을 통하여 땅으로서의 쓰임을 얻게 됨은 물론 壬水와 인연이 생긴다. 이것이 쓰임이 없던 시간이 운의 변화로 쓰임이 있는 시간으로 바뀐 것이다.

네 차례 직장이동이 있었는데 그 이유를 살펴보자. 丙壬이 만나면 沖이라 부르며 속성이 정반대이기에 반드시 변화를 주어야 한다. 壬水는 申子辰 삼합으로 水氣를 만들고 丙火는 寅午戌 삼합으로 火氣를 만들어야 한다. 壬水는 丙火의 빛을 이용하여 水氣를 분산하는데, 의미를 확장하면 높은 지위에 있는 사람들이 丙火를 찾아와 도와 달라고 부탁한다. 하지만 丙火는 壬水의 요구를 들어주느라 빛의 강도를 유지하지 못하기에 피곤해진다. 다행히 壬午운이니 壬水가 강하지 않기에 丙火의 피곤함이 심하지 않다. 이런 조합을 편관이라 부르는데 그 물상은 직업변동, 수술, 스트레스, 관재구설, 부부이별, 외정 등의 물상이다. 이 구조는 壬水를 감당하는 것이 나쁘지 않으면서도 4번이나 자리를 옮기는 것은 그만큼 壬水의 통제가 힘들다는 것을 반증한다. 乙酉년 승진했는데 癸未운 乙酉년은 乙癸戊 조합이 이루어져 공직의 뜻이 확실하며, 년간 庚과 乙庚 합하여 丙火가 국가자리에서 열매의 부피를 확장하기에 승진했다. 壬午, 癸未운 년지와 일지 子水가 천간으로 드러났다. 월지는 寅月로 땅 속에서 뿌리내리는데 양쪽에서 子水로 水氣를 공급하기에 충분한 상황이다. 이때 水氣가 天干으로 드러나 氣化되면 子水는 가벼워지고 丙火 빛의 분산작용은 상대적으로 강해진다. 이런 이유로 水氣가 천간에 드러나 기화될 때 운이 좋아진 것이다.

60. 丙辰干支

申子辰 삼합의 흐름이 멈춘 곳으로 丙火의 상황이 애매해진다. 丙火 빛을 申子辰에 풀어 전파, 통신, 컴퓨터물상으로 사용하던 흐름이 멈추었으니 丙火는 辰土의 공간을 벗어나 새롭게 출발해야 한다. 이런 이유로 丙辰은 해외 물상이 강하다. 애매한 점은 丙火의 공직개념과 申子辰의 장사, 사업물상 사이에서 정체성의 혼란이 오면서 교육과 사업, 장사 사이에서 갈등한다. 또 辰土속에 숨겨진 정보를 밝히는 직업으로 쓰면 검찰, 경찰이나 정보통신의 기술, 연구계통에 종사한다.

乾命				陰/平 : 1966年 11月 12日 18時					
時	日	月	年	65	55	45	35	25	15	5
丁	丙	庚	丙	丁	丙	乙	甲	癸	壬	辛
酉	辰	子	午	未	午	巳	辰	卯	寅	丑

해양대학을 졸업하고 화물선을 운행하는 선장이다. 丁丑년 결혼하였다. 庚金이 子月의 시공간이기에 丙火의 도움으로 검경, 교육계와 어울린다. 하지만 丁丙丙으로 동일한 오행이 혼잡하니 육체를 사용, 庚 물질을 경쟁적으로 추구하며 日時의 辰酉 합으로 물질에 대한 욕망이 강하다. 년월 구조는 丙火가 庚子월이니 子辰 바다 위에 떠있는 庚 선박을 양쪽에서 丙丙으로 빛을 밝히는 모습이다. 庚 선박 입장에서 丙

丙은 무거운 짐과 같으니 화물선을 운행하며, 丙火의 빛을 비추는 터전 戊土가 없으니 정착하지 못하고 흘러 다닌다. 천간의 구조가 탁하니 丙庚子로 어둠을 밝히는 검찰, 경찰물상을 사용하지 못하고 바다의 어둠을 밝히는 직업으로 사용했다. 유사한 구조의 예를 살펴보자.

乾命　　　陰/平 : 1966年 11月 12日 1時

時	日	月	年
戊	丙	庚	丙
子	辰	子	午

65	55	45	35	25	15	5
丁	丙	乙	甲	癸	壬	辛
未	午	巳	辰	卯	寅	丑

　의대를 졸업하고 내과 의사를 하다가 甲辰운 壬午년 37세 사법고시에 합격, 변호사를 개업했다. 상기와 시주만 다른데 큰 차이를 보이는 이유를 살펴보자. 戊土는 터전으로 일정하고 안정적인 공간이며 丙火가 戊土에 빛을 비춘다. 고정된 터전에 정착하고 안정된 직업이 있다는 의미다. 丙庚子 조합에 戊土까지 가미되어 어둠을 밝히는 검찰, 법조계 물상인데 초년에는 어두운 인체의 뱃속을 빛으로 밝혀내는 내과 의사를 하다가 37세 늦은 나이에 내면에서 원했던 법조계로 전환했다. 이렇게 구조에 따라 한 사람은 바다에서 빛을 비추고, 한 사람은 인체의 뱃속을 비추다가 어둠 속에서 행하는 불법, 비리, 음흉한 행위를 비추는 직업을 택했다. 전혀 다른 직업으로 판단할 수 있으나 유사한 물상이다.

乾命　　　陰/平 : 1960年 5月 4日 1時

時	日	月	年
戊	丙	辛	庚
子	辰	巳	子

63	53	43	33	23	13	3
戊	丁	丙	乙	甲	癸	壬
子	亥	戌	酉	申	未	午

　대학에서 화학을 전공하고 삼성에 입사했다. 부인과 사별 후 己卯년 1999년 재혼하였다. 이 사주는 巳火의 빛이 子辰 水氣와 섞이면서 熱로 바뀌고 辰土 물탱크에 水氣가 왕래하니 화학, 정수기, 정화조,

목욕탕과 같은 물상이다. 丙戌 조합에 巳月이니 화려한 시절에 태어나 밝은 삶을 살아간다. 다만 년과 월에서 재성이 庚辛으로 혼잡하고 甲申운 일지 궁이 申子辰 삼합으로 사라지니 부인과 사별했다.

乾命 　　　陰/平 : 1974年 2月 23日 6時

時	日	月	年
辛	丙	丁	甲
卯	辰	卯	寅

86	76	66	56	46	36	26	16	6
丙	乙	甲	癸	壬	辛	庚	己	戊
子	亥	戌	酉	申	未	午	巳	辰

丁亥년 상황으로 연대 경제학과를 졸업하고 행정고시에 합격하여 국회사무처에서 근무 중이다. 이 구조는 시간의 辛을 제외하고 木火의 기운이 강하기에 성장하려는 에너지가 강하다. 이렇게 성장하는 직업물상은 교육, 공직에 어울린다. 문제는 시간의 辛과 丙辛 합하였으니 合의 기운에서 벗어나지 못하기에 46세 이후 여자와 돈 문제로 갈등하는 구조다. 사주에 매우 약한 오행이 있을 경우 그것을 더욱 간절히 원하며 심하면 엄청난 색욕으로 드러난다.

坤命 　　　陰/平 : 1977年 9月 14日 20時

時	日	月	年
戊	丙	庚	丁
戌	辰	戌	巳

84	74	64	54	44	34	24	14	4
己	戊	丁	丙	乙	甲	癸	壬	辛
未	午	巳	辰	卯	寅	丑	子	亥

33세 상황으로 남편의 해외발령으로 외국에서 산다. 남편은 부유한 집안 출신이다. 이런 구조는 십신 生剋으로 식상이 강해서 남편복이 없다고 판단하기 쉽다. 시공간을 고려하면 전혀 그렇지 않다. 庚戌월이니 화로불은 뜨거워야 좋다. 丙火 일간이 월지에 불을 제공하고 년주에 丁巳를 얻으니 공직이나 군인 집안의 딸로 강한 화로를 일지 辰土 속의 약한 癸水로 沖하여 화로를 자극하면 더욱 강하게 열을 끌어올릴 수 있으니 남편의 쓰임이 좋은 사주다. 일주 丙辰을 해외물상으로 활용했다.

坤命			
時	日	月	年
丙	丙	丁	庚
申	辰	亥	子

陰/平 : 1960年 10月 6日 16時

96	86	76	66	56	46	36	26	16	6
丁	戊	己	庚	辛	壬	癸	甲	乙	丙
丑	寅	卯	辰	巳	午	未	申	酉	戌

남편은 검찰청 공무원으로 壬午년 즈음 별거하고 乙酉년 남편이 당뇨로 사망했다. 2년 정도 맥주카페 체인점을 운영했으며, 丙戌년 당시 무직으로 나이 많은 남자와 사귀는 중이다.

이 구조도 많은 내용을 알려준다. 丁亥와 丙辰은 丁火가 가졌던 남자를 일지에 있는 辰土에 담는다는 뜻이기에 결혼 전 유부남과 연애하거나 평생 유부남과 인연이 많다. 丙丙丁으로 색욕이 강하며, 겉은 밝고 속은 음습하니 겉으로는 명랑해도 우울증이 있으며 정상적인 결혼이 어렵다.

남편이 검찰청 공무원인 이유는 일지 辰土에 亥子와 申子辰 조폭, 도둑, 방랑자들을 천간의 丙丙丁으로 밝히고 辰土에 담기 때문이다. 다만 亥辰 조합은 검경, 감옥, 정수기, 화학, 수학, 통계 등의 물상으로 육체적으로는 水氣의 흐름이 탁해서 열이 오르는 고혈당, 당뇨의 질병을 의미한다. 辰土에서 열이 오르면서도 亥水의 응결작용 때문에 辰土 속 乙의 활동은 극도로 위축되고 乙酉년 辰酉 합으로 乙 생기가 잘리니 남편이 사망했다.

乾命			
時	日	月	年
甲	丙	戊	己
午	辰	辰	酉

陰/平 : 1969年 2月 25日 12時

82	72	62	52	42	32	22	12	2
己	庚	辛	壬	癸	甲	乙	丙	丁
未	申	酉	戌	亥	子	丑	寅	卯

일찍 부모를 여의고 친척집에서 성장했다. 독학으로 자격증을 취득해 전기설비 직종에서 일한다. 성실하지만 의사표현이 거칠고 자기주장이 강하며 사회성이 떨어지고 미혼이다. 년월 戊己과 월일의 辰辰

은 부모와 인연이 없다(宮位論 참조). 戊己辰辰 넓은 땅에 辰酉로 酉金 금속류를 辰土에 묻고 乙 전선으로 전기를 보내니 전기설비 직종에 종사한다. 辰酉는 生氣가 잘리는 조합이니 육친과 사별하기 쉽다. 이 구조에서 丙辰일주는 정보 통신관련 기술을 직업으로 활용했다.

坤命 　　　　　陰/平 : 1987年 6月 11日 14時

時	日	月	年
乙	丙	丙	丁
未	辰	午	卯

71	61	51	41	31	21	11	1
甲	癸	壬	辛	庚	己	戊	丁
寅	丑	子	亥	戌	酉	申	未

이른 나이에 결혼하여 만족스럽지 못한 결혼생활과 경제문제로 남편과 갈등이 많다. 이혼을 원하지만 자식과 경제문제로 이혼하지 못한다. 유부녀지만 미인으로 남자들의 관심이 끊이지 않는다. 교대에 진학했으나 졸업은 못했으며, 문학에도 재능이 있고 춤과 노래실력이 뛰어나다. 이 사주도 丙丙丁으로 육감적이며 卯午 破로 몸매가 아름답다. 木火가 강하니 교육과 인연이 있으며, 午火의 강한 육체로 춤과 노래, 운동에도 재능이 있다. 또 팔자에 많은 乙卯 木들은 사람들과 인연을 연결하는 에너지다. 이 사주의 문제는 많은 木火 에너지를 가졌기에 金 열매를 익혀야 하지만 사주팔자에 없으니 火氣의 쓰임이 없어 재물과 인연이 박할 수밖에 없고, 강한 에너지를 가졌으면서도 적절하게 사용하지 못하니 사회에서 두각을 나타내지 못하고 한량에 불과하며 가치 있는 삶을 살기 어렵다.

乾命 　　　　　陰/平 : 1967年 11月 17日 18時

時	日	月	年
丁	丙	壬	丁
酉	辰	子	未

83	73	63	53	43	33	23	13	3
癸	甲	乙	丙	丁	戊	己	庚	辛
卯	辰	巳	午	未	申	酉	戌	亥

丙戌년 상황으로 30대 중반 지구과학분야의 박사학위를 받았다. 연구소에서 잠시 근무했지만 프로젝트가 바뀌면서 실직 후 새로운 직

장을 얻지 못해 잡다한 직업을 전전하는 신세다. 현재 시민단체에서 활동 중이며 결혼에는 관심이 없고, 지방 중소기업의 단순 업무라도 찾아 일하고자 한다.

이 구조는 丙火가 壬子의 에너지로 학문의 길을 추구했고, 丁壬 합으로 전문지식의 물상이다. 문제는 壬子월을 만난 丙火는 쓰임이 약하고 丁未가 壬水와 합하기에 항상 경쟁에서 밀리는 상황이다. 戊申 운 일지를 포함하여 申子辰 삼합이 이루어지니 결혼한 사람은 이혼하고 미혼은 결혼하는 운이다. 문제는 丙辰과 丁酉가 辰酉 합하는데 그 위에 丁火가 있으니 경쟁자와 부인을 다투는 상이다. 이런 문제로 결혼에 관심이 없고 결혼해도 이혼하기 쉽다. 년과 월이 壬, 丁未 조합으로 지구의 핵심에너지와 같으니 지구과학분야 박사소지자다.

지금까지 丙申, 丙子, 丙辰간지 조합을 살펴보았다. 마지막으로 丙辛 합의 예문을 살펴보자. 丙辛 합에는 기본적으로 세 가지 뜻이 있다. 여름에는 丙火의 화려한 빛을 辛에 비추어 존재가치가 환하게 드러나고, 겨울에는 丙辛 합하여 내면의 정신세계에 깊이 빠져 종교, 명리, 철학과 인연이 깊다. 또 다른 의미는 다섯 개의 천간 합중에서 합의 거리가 가장 멀고 조합이 전혀 맞지 않아 합의 기운으로 우연히 만나지만 결과적으로 이별하거나 만나고 헤어짐을 반복하는 합이다. 辛金은 가을에 떨어진 열매요, 丙火는 태양계의 빛과 같고 酉時에 일락서산 하니 함께 할 수 없다. 이런 이유로 丙辛 합하면 합한 곳의 육친들과 인연이 박하다. 예로 년과 월에서 丙辛 합하면 부모와 인연이 박하다.

▸丙辛 合

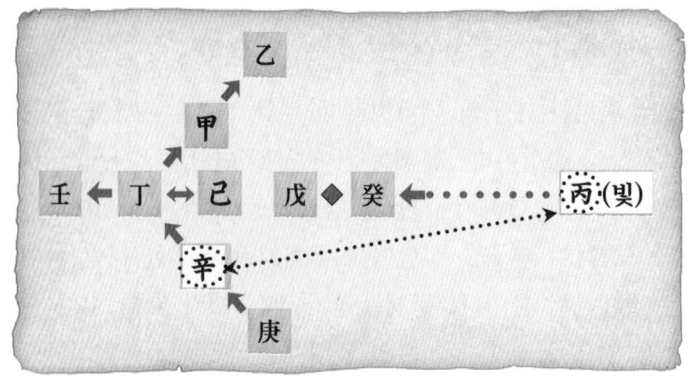

丙辛 合의 예문을 살펴보자.

1) 종교, 명리, 철학, 교육으로 사용하는 丙辛 合

坤命　　陰/平 : 1956年 12月 8日 4時

時	日	月	年
戊	庚	辛	丙
寅	辰	丑	申

81	71	61	51	41	31	21	11	1
壬	癸	甲	乙	丙	丁	戊	己	庚
辰	巳	午	未	申	酉	戌	亥	子

비구니 스님의 사주다. 년월에서 丙辛 합하고 丑月의 시공간이니 깊은 내면의 자아를 찾는 종교성향이 강하다. 운도 亥子로 흐르니 어둠 속에서 빛을 밝힌다. 丙辛 합으로 어려서부터 부모의 복덕을 받기 힘드니 종교의 길을 걷는다.

乾命　　陰/平 : 1926年 1月 27日 12時

時	日	月	年
庚	己	辛	丙
午	亥	卯	寅

88	78	68	58	48	38	28	18	8
庚	己	戊	丁	丙	乙	甲	癸	壬
子	亥	戌	酉	申	未	午	巳	辰

어려서 부모를 잃고 절에 맡겨진 사주다. 학문을 좋아하여 癸巳운 18세부터 실력을 인정받고 28세~37세에 최고의 운을 맞아 발전하였

으나 丙申운부터 쇠하여 丁酉운은 굉장히 어려운 시기를 지냈다. 년월에서 丙辛 合하니 종교, 철학의 특징을 드러낸다. 이렇게 년과 월에서 丙辛 합하면 대부분 부모와 인연이 박하며 30대 이전에는 매우 어려운 시절을 보내는 경향이 강하다.

乾命　　　　陰/平 : 1956年 12月 11日 20時

時	日	月	年
壬	癸	辛	丙
戌	未	丑	申

88	78	68	58	48	38	28	18	8
庚	己	戊	丁	丙	乙	甲	癸	壬
戌	酉	申	未	午	巳	辰	卯	寅

년월에서 丙辛 合하니 총명하여 깊은 학문이 가능한 구조다. 51세 丁亥年 당시 고등학교 교사로 재직중이였다. 지지에서 丑戌未 삼형이기에 호전적 성향으로 전교조 활동을 한다.

乾命　　　　陰/平 : 1966年 12月 16日 22時

時	日	月	年
丁	庚	辛	丙
亥	寅	丑	午

82	72	62	52	42	32	22	12	2
庚	己	戊	丁	丙	乙	甲	癸	壬
戌	酉	申	未	午	巳	辰	卯	寅

년월에서 丙辛 合하기에 종교, 명리, 철학, 학문과 인연이 많고 부모와 인연이 박하여 일찍부터 명리에 입문하여 명리상담을 업으로 하고 있다.

乾命　　　　陰/平 : 1946年 12月 20日 22時

時	日	月	年
丁	庚	辛	丙
亥	寅	丑	戌

38	28	18	8
乙	甲	癸	壬
巳	辰	卯	寅

상기 사주와 年支만 다르다. 년월에 丙辛 합하여 종교, 명리, 철학으로 방향을 결정하여 역술인으로 발전하다가 乙巳운 교통사고로 사망하였다.

坤命　　　　　陰/平 : 1976年 11月 20日 5時

時	日	月	年	81	71	61	51	41	31	21	11	1
庚	丙	辛	丙	壬	癸	甲	乙	丙	丁	戊	己	庚
寅	寅	丑	辰	辰	巳	午	未	申	酉	戌	亥	子

　30세 상황으로 임용고시에 합격하여 고등학교에서 수학을 가르친다. 부드럽지만 고집 있는 성격이다. 이 구조도 년과 월에서 丙辛 합하고 丑土의 시공간이니 학문과 인연이 깊다.

乾命　　　　　陰/平 : 1947年 1月 7日 12時

時	日	月	年	82	72	62	52	42	32	22	12	2
丙	丁	辛	丙	庚	己	戊	丁	丙	乙	甲	癸	壬
午	未	丑	戌	戌	酉	申	未	午	巳	辰	卯	寅

　2001년 辛巳년 상황으로 마산 MBC 사장이며 국회의원에 출마할 예정이다. 년월 丙辛 合으로 총명하며 학문과 명예로 사용하였다. 丁火일간이 丑月에 태어나고 기세가 단일하면서 시절을 잃은 수많은 丙火의 세력을 이끈다.

2) 화려한 재능, 연예계로 사용하는 丙辛 합

坤命

時	日	月	年
癸	辛	癸	丙
巳	酉	巳	寅

　년에 있는 丙火가 辛酉의 아름다움을 巳월에 밝게 드러내니 연예계 물상이다. 년에서 빛을 비추니 세계, 국가적으로 유명해진다. 辛酉는 水氣를 만나 木으로 윤회해야 하는데 시절을 잃은 巳월에 화려한 스포트라이트를 받으니 강한 火氣에 시달려 단명할 수 있다. 癸巳월의 화려한 영상을 사용하여 영화배우가 되었다. 마릴린 먼로 사주다.

坤命			
時	日	月	年
辛	丁	丙	己
亥	未	寅	未

陰/平 : 1979年 1月 13日 22時

88	78	68	58	48	38	28	18	8
乙	甲	癸	壬	辛	庚	己	戊	丁
亥	戌	酉	申	未	午	巳	辰	卯

월간과 시간에서 丙辛 합하는데 寅月이기에 辛을 화려하게 드러내는 것도 아니요, 丙火를 합하여 水氣로 깊은 내면을 성찰하는 것도 아닌 애매한 시공간의 합이다. 운이 木火 화려한 곳으로 흐른다. 영화배우 장쯔이 사주다.

乾命			
時	日	月	年
壬	辛	丙	壬
辰	卯	午	寅

陰/平 : 1962年 5月 21日 8時

85	75	65	55	45	35	25	15	5
乙	甲	癸	壬	辛	庚	己	戊	丁
卯	寅	丑	子	亥	戌	酉	申	未

丙火 화려함을 이용하여 辛의 존재가 드러나고 壬水의 독특한 창조 능력을 丙火 빛으로 분산한다. 홍콩배우 주성치 사주로 壬水의 창조 능력과 남들과는 다른 성향을 드러내는 상관의 특징을 잘 활용하여 독특한 영화를 기획하고 제작하여 명성을 얻는다.

坤命			
時	日	月	年
丙	乙	甲	辛
戌	未	午	丑

陰/平 : 1961年 5月 19日 20時

81	71	61	51	41	31	21	11	1
癸	壬	辛	庚	己	戊	丁	丙	乙
卯	寅	丑	子	亥	戌	酉	申	未

년과 시에서 丙辛 합하고 午月이다. 년과 시에서 丙辛 합하기에 합하는 시간과 공간이 굉장히 넓어 전 세계에 영향력을 끼쳤다. 丙火가 년의 辛丑 남자를 비추는데 어둠 속의 辛金이 丙火의 빛으로 세상에 알려진다. 다이애나 황태자비 사주로 시에 있는 개인적인 외모나 재주로 년에 있는 辛을 비추고 합하여 유명해졌다.

坤命   陰/平 : 1976年 3月 17日 18時

時	日	月	年	83	73	63	53	43	33	23	13	3
辛	戊	壬	丙	癸	甲	乙	丙	丁	戊	己	庚	辛
酉	戌	辰	辰	未	申	酉	戌	亥	子	丑	寅	卯

戊일간이 辛酉의 강한 끼와 재주만 있으면 남편과 자식을 극하는데 년에 있는 丙火 빛으로 끼를 환하게 드러낸다. 다만 丙辛 합이 辰月에 이루어지니 合水도, 合火도 아니며 재능, 끼를 상징하는 辛酉를 丙火로 널리 비춘다. 어려서 누드를 찍어 유명해진 영화배우 서기 사주다. 辛酉만 있는데 丙火가 없다면 흉한 에너지를 뜻하지만 丙火에 의해 환해지면 가치가 높아진다.

3) 시공간이 적절하지 않은 丙辛 합 구조

乾命   陰/閏 : 1941年 6月 29日 1時

時	日	月	年	64	54	44	34	24	14	4
戊	辛	丙	辛	己	庚	辛	壬	癸	甲	乙
子	丑	申	巳	丑	寅	卯	辰	巳	午	未

辛이 申月에 태어나 시공간이 적절하지 않다. 하지만 丙辛 합으로 水氣의 기운을 만들어 학문으로 쓸 경우에는 좋은 작용을 한다. 학업이 우수하여 장학금을 받으며 공부한 후 은행에 입사한 사주이다. 申月에 丙辛 합하기에 水氣를 만드는 기운은 약하지만 총명함을 학업에 사용하였다. 木氣는 없고 金氣가 매우 강하니 은행물상으로 활용했다.

乾命   陰/平 : 1966年 2月 18日 8時

時	日	月	年	89	79	69	59	49	39	29	19	9
甲	丁	辛	丙	庚	己	戊	丁	丙	乙	甲	癸	壬
辰	卯	卯	午	子	亥	戌	酉	申	未	午	巳	辰

丁火가 卯月에 水氣가 부족하지만 丙辛 합으로 총명하여 대학교수

다. 다만 월지의 시공간이 깊은 학문에는 이르지 못한다. 이렇게 水氣가 부족한 팔자에 丙辛 合으로 水氣를 만들어낼 수 있으면 총명하고 학문과 인연이 깊다. 또 丁일간이 甲을 가졌으니 학문으로 사회적 지위가 낮지 않다.

乾命				陰/平：1961年 9月 23日 8時							
時	日	月	年	88	78	68	58	48	38	28	18	8
丙	戊	戊	辛	己	庚	辛	壬	癸	甲	乙	丙	丁
辰	戌	戌	丑	丑	寅	卯	辰	巳	午	未	申	酉

2002년 壬午년 상황으로 터널을 뚫는 사업으로 천억 대의 토목공사를 한다. 이 구조는 연간의 辛을 丙火가 丙辛 合하여 水氣를 만들어내는 조합인데 戊月이요, 대운의 흐름이 巳午未로 흐르니 학문보다는 辛을 비추는 역할이다. 국가관련 토목공사를 한다.

乾命				陰/平：1966年 5月 18日 7時							
時	日	月	年	81	71	61	51	41	31	21	11	1
辛	丙	甲	丙	癸	壬	辛	庚	己	戊	丁	丙	乙
卯	寅	午	午	卯	寅	丑	子	亥	戌	酉	申	未

서울대학교 전자공학과를 졸업, 미국에서 석사와 박사를 취득한 후 귀국하여 LG에서 근무하다 대학교수로 임용되었다. 戊戌운 부동산으로 돈을 많이 벌었으며, 2003년 퇴직 후 재테크에 전념하였다. 이 사주에서 흥미로운 점은 원국에 水氣가 전혀 없으니 공부와 인연이 없다고 볼 것이나 서울대학교를 졸업하고 대학교수이니 학문에 깊은 인연이 있는 이유를 이해하기 어렵다. 년과 시에서 丙辛 合하여 총명하고, 戊戌운에 寅午戌 삼합으로 강력한 火氣를 戊土의 터전에 비추며, 시간의 辛이 빛을 조절하고 통제하니 재물도 모았다. 丙火의 강력한 빛을 통제하는 가장 좋은 수단은 丙辛 합과 丙, 己丑 조합이며 대부분 재물로 발전한다.

▶ 하늘에서 내리는 부자사주 구조(6) - 열매를 키우는 조합

열매를 키우는 과정은 사계의 변화과정을 상상하면 이해가 쉽다. 뿌리가 새싹으로 성장하고 꽃피고 열매 맺은 후 가을에 수확하는 과정과 동일하다. 특히 乙庚 합하는데 丙火가 있으면 庚金 열매의 부피를 확장하려는 욕망이 강하기에 재물을 늘리는데 강한 의욕을 갖는다. 열매를 키우는 조합은 다양한데 하기에서 예문을 통하여 의미를 살펴보자.

乾命　　　　　陰/平 : 1965年 8月 4日 4時

時	日	月	年	67	57	47	37	27	17	7
庚	丙	甲	乙	丁	戊	己	庚	辛	壬	癸
寅	辰	申	巳	丑	寅	卯	辰	巳	午	未

박사학위자로 대학교수이며 주식으로 재산이 수십억이다. 이 사주는 두 개의 상반된 속성을 가지고 있다. 박사학위를 받을 정도로 학력이 높고 대학교수면서 주식투자로 수십억을 벌었다. 학업과 재물은 정반대 속성이다. 癸水는 척력이요 영혼, 정신, 뇌를 의미하며, 丁火는 중력이요 물질, 육체, 심장과 같아서 이 두 에너지의 충으로(丁癸) 육체가 운용, 유지되는데 속성이 정반대이기에 한쪽이 강해지면 다른 한쪽은 약해질 수밖에 없다. 물론 두뇌가 총명하고 공부를 많이 하여 전공을 재물과 연결시킬 수는 있지만 이 사주처럼 대학교수이면서 주식투자로 수십억 재물을 모으는 것은 丁癸를 모두 사용하는 것과 같으며 이런 재능을 가진 사람은 극히 드물다.

이 사주가 재물에 흥미가 많은 이유는 첫째 년과 시에서 乙庚 합하고 일간 丙火로 그 열매를 키우려하기 때문이다. 열매를 키워가는 당사자는 일간이며 재물이 커가는 것을 즐긴다. 두 번째 巳火가 申 열매를 키우고 일지와 申辰으로 합한다. 또 월주가 甲申으로 수확의 계절이 분명하다. 따라서 물질에 지대한 관심을 가진 사람이 분명하다. 교육 물상은 년의 乙巳로 乙의 생기를 사방에 퍼트리는 에너지를 가

졌고 申辰의 水氣를 丙火로 전송, 전달하니 정보통신, 컴퓨터 통신, 반도체와 같은 물상이다. 또 申辰 반합으로 申子辰 삼합을 총명함으로 사용할 경우 교육에 가장 잘 어울린다. 여름에 申이 익어가는 과정에 火氣는 충분하기에 辰土에 있는 水氣를 끊임없이 갈구한다. 火氣가 강하면서도 끝없이 공부하는 이유는 부족한 에너지를 보충하기 위해서 열중하는 것이다. 이 사주는 열매를 키우고 수확하는 구조다.

乾命　　　陰/平 : 1962年 11月 22日 20時

時	日	月	年
丙	庚	壬	壬
戌	寅	子	寅

66	56	46	36	26	16	6
己	戊	丁	丙	乙	甲	癸
未	午	巳	辰	卯	寅	丑

　가난한 집안에서 태어나 초년에 목공기술로 월급생활을 하다가 기술도급업으로 바꾸어 30억 재산가다. 이 구조는 丙庚壬 조합이다. 이런 삼자간 조합을 이해하면 사주를 분석할 때 매우 유용하게 활용할 수 있다. 삼자간 조합은 나름의 특징을 가지며 여러 가지 정보를 제공해주기 때문이다. 丙火는 여름에 庚 열매를 익힌다. 따라서 월지의 시공간이 여름이면 열매를 익히기 좋은 시절을 만난 것이다. 그러나 이 사주는 壬子월이니 열매를 키울 수 없다. 이때는 오로지 丙庚으로 丙火의 명령에 따라 庚을 壬子에 풀어 子丑寅을 지나는 과정에 木으로 바꾼다. 따라서 전파의 속성까지 가미하면 丙庚壬 조합에서 나올 수 있는 물상은 검찰, 경찰, 교사, 전파통신, 성악가, 컴퓨터통신의 직업물상이다. 이렇게 근본 틀을 정한 후 전체 구조를 살펴보면 壬壬子, 寅寅으로 산만하여 교육, 공직으로 사용하기 어렵고 운도 초년에 甲寅, 乙卯로 壬水가 木을 향하기에 壬水를 사용하는 목공기술자가 되었다. 즉, 사용하는 에너지는 木이 아니라 壬水 기술이다. 이 구조에서 배울 점은 水木은 강하고 庚은 약하니 木氣를 수확하지 못하고 다듬는 직업을 택했다는 것이다. 水木火로 키워서 재물을 모았는데 키우는 것은 수확하는 것보다 시간이 오래 걸리니 큰 부자가 되기 어렵다.

乾命　　　　　陰/平：：1978年 1月 3日 4時

時	日	月	年
壬	壬	甲	戊
寅	寅	寅	午

78	68	58	48	38	28	18	8
壬	辛	庚	己	戊	丁	丙	乙
戌	酉	申	未	午	巳	辰	卯

　명문대 경제학과를 졸업, 대학시절부터 사업과 주식에 관심이 많았으며, 사업과 주식투자로 일찍부터 큰돈을 벌었고 큰 공장을 운영한다. 戊土가 년주에 있으니 고정된 터전, 영역이며 국가자리로 국가관련 제품을 생산하는 공장이다. 이 구조는 壬甲戊 조합이다. 壬水가 甲에게 뿌리내리도록 水氣를 공급하여 甲을 키운 후 戊에 아름드리나무의 위용을 드러내고 뽐낸다. 壬甲 조합은 단지 壬水의 총명함을 甲에게 전달하여 내부에 뿌리내릴 뿐이니 기획능력은 좋지만 능력을 밖으로 드러낼 방법이 없다. 만약 戊土가 있다면 壬水의 기획능력을 발현할 터전, 공간이 생긴다. 이렇게 戊土가 있으면 壬甲의 가치는 완전히 달라진다. 이런 조합들이 壬己乙, 壬己甲, 壬甲戊, 壬乙戊다. 이 조합들은 대부분 겨울에 木을 심어 기르기 때문에 교육, 공직에 어울린다. 다만 壬甲戊 조합은 戊土의 "영역을 결정하다"는 의미가 가미되어 물질에 강한 흥미를 느낀다. 이 구조는 甲寅을 戊土 위에 壬水로 키워서 재물을 모은다.

乾命　　　　　陰/平：1972年 7月 15日 8時

時	日	月	年
壬	丙	戊	壬
辰	戌	申	子

75	65	55	45	35	25	15	5
丙	乙	甲	癸	壬	辛	庚	己
辰	卯	寅	丑	子	亥	戌	酉

　가난한 집안출신으로 명문대를 졸업하고 금융계에서 근무하고 있다. 수면시간이 4시간으로 열심히 살며, 일반인의 수십 배를 능가하는 수입을 올리고 있다. 이 구조는 丙戊庚 조합으로 申月에 戊土 위에서 丙火 빛으로 申 열매를 키우는 조합이니 재물에 대한 흥미가 지대할 수밖에 없다. 지지에 申子辰 삼합을 총명함으로 사용하고, 丙戊

로 수많은 壬水를 막아야 하기에 항상 긴장하며 살아간다. 만약 申子辰 삼합과 壬水가 戊土로 막은 둑을 무너뜨리고 壬水에 의해 丙火 빛이 암흑 속으로 사라지면 삶 자체가 위험해진다. 丙火 빛이 사라진다는 뜻은 사망, 감옥, 부도와 같은 물상이다. 申子辰 삼합을 戊戌 土가 막고 있지만 53세 이후 辰土 시기에 이르러 戌土의 둑이 무너지면 흉하다. 이 구조는 丙火가 申 열매를 키워 재물을 모으는 조합이다.

乾命				陰/平 : 1938年 4月 26日 2時								
時	日	月	年	84	74	64	54	44	34	24	14	4
辛	丁	丁	戊	丙	乙	甲	癸	壬	辛	庚	己	戊
丑	巳	巳	寅	寅	丑	子	亥	戌	酉	申	未	午

78세 상황으로 재산이 갈수록 불어나 수백억 자산가다. 이 구조도 巳酉丑 삼합에 丁, 辛丑으로 재물이 모두 丑土에 모인다. 丁巳로 火氣가 강하니 金 열매를 수확할 수 있는 에너지가 강한데, 년지 寅이 열매의 근원지로 巳火에서 꽃피우고 辛 열매를 맺은 후 丑土에 저장한다. 또 50대 이후의 운이 亥子丑으로 辛을 水氣에 부풀려 재물을 모은다. 이 구조는 강한 火氣로 큰 열매를 수확한 후 水氣에 부풀리는 흐름이다.

坤命				陰/平 : 1960年 7月 24日 20時								
時	日	月	年	82	72	62	52	42	32	22	12	2
丙	乙	乙	庚	丙	丁	戊	己	庚	辛	壬	癸	甲
戌	巳	酉	子	子	丑	寅	卯	辰	巳	午	未	申

庚辰운 甲申년 45세 당시 미혼으로 유치원 운영으로 재산을 모았으며, 건설공무원을 돈과 미인계로 매수하여 정보를 빼내 부동산 투자로 30대 말에 3천억 재산을 모았다. 남자관계가 복잡했으며 권위지향적인 인물이다. 이 구조는 巳酉子로 흐름이 년을 향하니 국가나 국가정책과 관련되고 乙乙庚으로 물질욕망이 강하며 丙乙庚으로 열매

를 키우는 능력이 뛰어나다. 또 巳酉로 모든 구조가 물질만을 원하기에 이런 강한 욕망으로 큰 재물을 모을 수 있다. 乙乙庚은 庚 하나를 두고 乙乙 두 명이 합하니 첩이나 미인계의 물상이 분명하며, 乙乙丙으로 달변가이며 사람을 잘 끌어 모은다.

乾命				陰/平 : 1921年 10月 4日 10時							
時	日	月	年	78	68	58	48	38	28	18	8
辛	庚	戊	辛	庚	辛	壬	癸	甲	乙	丙	丁
巳	午	戌	酉	寅	卯	辰	巳	午	未	申	酉

신격호 회장사주다. 가난한 집안에서 태어나 대기업의 총수가 되었다. 이 구조는 戊戌의 땅에 많은 열매들이 진열된 모습이다. 丙戊庚 조합으로 열매를 키우고 戌土에 저장하는 구조이니 재물에 대한 욕망이 지대하다. 또 戌月의 화로에 강한 火氣들이 들어가 열기가 충분하며 약간의 水氣를 뿌리면 열기가 폭발적으로 증가하기에 癸巳, 壬辰운에 크게 발전한다. 또 다른 특징은 많은 火氣를 戌土에 담는 것으로 이 또한 재물 복이 두텁다. 이 구조는 火氣로 金 열매들을 키우는 조합이다.

乾命				陰/平 : 1886年 4月 12日 14時				
時	日	月	年	57	47	37	27	17	7
癸	乙	癸	丙	己	戊	丁	丙	乙	甲
未	亥	巳	戌	亥	戌	酉	申	未	午

부친이 집 한 채와 사업자금으로 상해의 미개발 지역 부동산에 투자하여 큰 재물을 모았고 그것을 물려받아 부동산 재벌이 되었다. 1930년 전후 잘못된 투자로 많은 재산을 날리고 일본으로 건너가 癸未년에 사망했다.

이 구조는 乙癸戊 조합이다. 卯辰巳월에 戊土위에서 癸水가 乙을 키워 巳火에 꽃피우고 巳중 戊土에 장식한다. 꽃을 피웠으면 열매를 맺고 키워야 하는데 운이 午未申酉戌로 흐른다. 癸水 부친은 乙을 통하여 巳火에 자신의 꿈을 이루기를 원한다. 丙申운에 丙火가 申 열매를 크게 키울 수 있다. 다만 일지에 이르면 亥水가 巳火 꽃을 심하게 상하게 한다. 巳月의 꽃은 水氣가 너무 강하면 상해버린다. 달리 표현하면 꽃은 시들고 어둠속으로 사라지는 것과 같다. 원국의 乙亥는 38~45세 사이로 丁酉운의 시기를 지날 때 파산한 이유다.

乾命 陰/平 : 1953年 4月 4日 6時

時	日	月	年	83	73	63	53	43	33	23	13	3
癸	丁	丁	癸	戊	己	庚	辛	壬	癸	甲	乙	丙
卯	卯	巳	巳	申	酉	戌	亥	子	丑	寅	卯	辰

부잣집 아들로 태어나 60대 초반 백억 정도의 자산을 보유하였다. 이 구조의 재물은 癸水가 卯木을 키우고 卯木이 巳火에서 꽃을 피우는 흐름으로 재산을 모은다. 다만 백억 정도의 자산에 머무는 이유는 卯木이 년과 월에서 꽃피기 때문이다. 만약 년과 월에 卯木이 있고 일과 시에 巳火가 있다면 모든 재물이 일지에 모이는 바 훨씬 더 큰 자산을 소유했을 것이다.

乾命 陰/平 : 1962年 11月 3日 20時

時	日	月	年	63	53	43	33	23	13	3
戊	辛	辛	壬	戊	丁	丙	乙	甲	癸	壬
戌	未	亥	寅	午	巳	辰	卯	寅	丑	子

해외기술을 끌어와 회사를 운영하는데 20억 정도의 재산가다. 이 구조는 辛壬 조합이니 총명하다. 辛亥로 辛을 亥水에 풀어 寅을 키운 후 未에 담아 戌未로 刑하여 가공한 후 辛으로 자르고 정리한다. 辛戌로 辛이 드러날 戊土 공간이 있으니 고정된 영역에서 사업한다. 키우고, 담고, 수확하고, 가공한 후 정리하는 일련의 과정을 거치기에 재물을 한순간에 모을 수 없다. 이런 시공간의 흐름은 재물의 크기를 결정하는 매우 중요한 요소다.

▶ 하늘에서 내리는 부자사주 구조(7) – 조상의 음덕으로 만든 재물

재물 복 중에서 자신의 노력도 있지만 조상이나 부모로부터 재물을 받아 재산을 모은 사람들도 많다. 이 또한 사주팔자에 정해진 특징으로 어떤 구조에서 조상과 부모의 음덕으로 재물을 모을 수 있는지 살펴보자.

乾命　　　　　陰/平 : 1940年 5月 23日 4時

時	日	月	年
壬	壬	壬	庚
寅	寅	午	辰

63	53	43	33	23	13	3
己	戊	丁	丙	乙	甲	癸
丑	子	亥	戌	酉	申	未

큰 부자들 사주 중 조상이나 부모로부터 재산을 받은 사람들은 십신으로 印星이 천간에 드러난 구조들이지만 인성이 있다고 무조건 받는 것은 아니다. 반드시 어떤 인자에 의해 인성이 일간을 향할 때에서야 비로소 조상의 재물을 받아낸다.

부잣집 외동아들로 태어나 명문대를 졸업하고 건설업에 종사하고 있다. 시내 중심에 수 만평 땅을 가졌고 사업체도 건실하다. 자식들도 출중하며 평생 어려움 없이 살았다. 午月의 시공간에 적절한 壬水가 있고 庚이 보좌한다. 이때 庚이 壬水를 향한다면 조상과 부모의 재물을 받아낸다. 庚이 壬水를 향하는 방법은 火氣가 庚을 자극하고 庚이 壬水를 향하는 丙庚壬 조합을 이룰 때다. 午月에 寅午戌 삼합이니 열매를 키우려는 의지가 분명하고, 또 壬寅은 기획능력이 대단히 뛰어나며 총명하고 午火로 실행한다. 이런 구조들은 겉으로는 차분해 보여도 두뇌가 총명하여 기획과 실행능력이 뛰어나다. 운의 흐름을 보면 丙戌, 丁亥로 흐를 때 庚을 자극하면 일간을 향하여 온다.

乾命　　　　　陰/平 : 1932年 10月 30日 4時

時	日	月	年
壬	壬	辛	壬
寅	辰	亥	申

73	63	53	43	33	23	13	3
己	戊	丁	丙	乙	甲	癸	壬
未	午	巳	辰	卯	寅	丑	子

이 사람은 수백억대 부자다. 이 구조는 년지 申이 亥水에 풀린 후 일지 辰土에 담긴다. 또 월간 辛이 亥水에 풀린 후 또 辰土에 담긴다. 년과 월의 씨종자들이 水氣에 부풀려진 후 일지 辰土에 담아 내가 취한다. 여기에 火氣가 가미되어 金들을 자극하면 더욱 빠르게 재산이 증식된다. 상기 사주와 이 사주의 또 다른 특징은 辰土가 세 개의 壬水를 담는 것이다.

乾命　　　　　陰/平 : 1958年 8月 20日 12時

時	日	月	年
丙	壬	辛	戊
午	子	酉	戌

62	52	42	32	22	12	2
戊	丁	丙	乙	甲	癸	壬
辰	卯	寅	丑	子	亥	戌

광고회사와 호텔운영으로 1,000억이 넘는 재산을 가졌다. 이 구조는 丁辛壬 조합의 변형이다. 丙午가 辛酉를 자극하고 辛酉는 일주 壬子를 향하여 달려든다. 이런 구조들은 재물이 엄청난 속도로 유입되는 특징을 갖는다. 재물의 근원지는 월주이니 사회궁을 통하여 벌어들이는 재물로 사업, 사회인맥, 부모의 유산 등을 통해서 벌어들이는 재물이다.

乾命　　　　　陰/平 : 1923年 8月 16日 12時

時	日	月	年
丙	壬	辛	癸
午	寅	酉	亥

85	75	65	55	45	35	25	15	5
壬	癸	甲	乙	丙	丁	戊	己	庚
子	丑	寅	卯	辰	巳	午	未	申

16세 이전에 부모를 모두 잃고 고학하였다. 戊午운부터 돈을 벌기 시작하여 1986년 당시 900억 정도의 재산을 모았다. 이 구조도 丁辛

壬 조합이다. 중력 작용과 부풀리는 작용이 동시에 이루어지는 구조로 월주 辛酉가 운에서 온 戊午, 丁巳, 丙의 火氣로 달구어지고 壬水에 풀린다. 辛酉, 壬寅, 丙午의 순차적 시간 흐름이 매우 좋고 丁辛壬의 폭발적으로 재물을 부풀리는 능력까지 있으니 엄청난 재물을 축적한 것이다. 비록 부모를 일찍 잃었지만 재물을 축적한 근본이유는 월주 辛酉이기 때문에 부모의 덕으로 모은 재물이다.

乾命　　　　　陰/平 : 1954年 9月 8日 1時

時	日	月	年	81	71	61	51	41	31	21	11	1
壬	癸	癸	甲	壬	辛	庚	己	戊	丁	丙	乙	甲
子	巳	酉	午	午	巳	辰	卯	寅	丑	子	亥	戌

56세 상황으로 화장품 대리점으로 성공한 사업가다. 명동에서 화장품 매장을 운영하여 큰돈을 벌어 명동에 빌딩 두개를 소유하고 있다. 이 구조도 午酉壬으로 丁辛壬 조합의 변형이다. 월지 酉金을 午, 巳火가 달구면 酉金은 수많은 水氣에 풀린다. 水氣가 많으니 동시다발적으로 재물을 만들어낸다. 즉, 하나의 직업으로 재물을 불리는 것이 아니라 다양한 사업으로 빠르게 재물을 축적하는 구조다. 단점은 시주가 壬子이니 壬子가 강해지는 시기에는 겁재 때문에 반드시 손재수가 발생한다.

乾命　　　　　陰/平 : 1951年 12月 11日 8時

時	日	月	年	81	71	61	51	41	31	21	11	1
甲	壬	辛	辛	壬	癸	甲	乙	丙	丁	戊	己	庚
辰	子	丑	卯	辰	巳	午	未	申	酉	戌	亥	子

방탕한 생활을 하다가 乙未운 천억의 유산을 받았다. 이 구조는 년월 辛이 일주 壬子를 향한다. 따라서 조상, 부모로부터 음덕을 받을 수 있음을 암시한다. 또 丑辰 조합에 천간에 辛으로 酉丑辰 조합이 이루어지니 재물 복이 크다. 丑辰 파 작용이 이루어지는 53세 이후에 辛辛 두 개가 丑土에 담기고 辰土를 향하여 오니 천억의 유산을 받은 것이다.

▶ 하늘에서 내리는 부자사주 구조 (8)
  – 바른 시공간 흐름은 큰 재물을 만든다.

　기존의 명리이론에는 시간 흐름이 돈이라는 개념은 없다. 하지만 많은 사주에서 시공간의 순차적 흐름으로 재물을 모으는 경우를 흔하게 볼 수 있다. 인간의 삶은 順行과 逆行으로 구분하여 살필 수 있는데 順行이란 시공간 변화과정이 자연처럼 순차적으로 이루어지는 것으로 삶에 기복이 없고 어려움을 겪지 않으며 순탄하게 발전한다. 逆行이란 시공간 흐름을 거스르고 순행과 역행이 섞여 순탄한 발전이 어려운 상황을 일컫는다. 따라서 삶이 순행하면 재물도 자연스럽게 모이는 법이다. 사주예문으로 살펴보자.

乾命　　　　　陰/平 : 1967年 7月 10日 6時

時	日	月	年	62	52	42	32	22	12	2
辛	辛	戊	丁	辛	壬	癸	甲	乙	丙	丁
卯	亥	申	未	丑	寅	卯	辰	巳	午	未

　수백억의 재산을 가졌다. 이 구조를 십신으로 卯木이 편재이니 재물이 수백억이라고 하기는 어렵다. 십신의 명칭으로는 극히 일부의 정보를 얻을 수 있을 뿐 편재는 큰 재물이라는 공식은 적절하지 않다. 편재는 일간의 터전, 양생의 근원지를 뜻할 뿐이다. 이 구조는 未申亥卯로 흐름이 매우 바르고 순행한다. 자세히 살펴보면 년주 丁未 속에 있는 乙을 戊申월의 申이 乙庚 합하여 수확하고 일간 辛으로 바뀐 후 辛이 다시 亥水에 풀어지고 시간 辛을 지나 卯로 새롭게 드러난다. 따라서 시간에 있는 辛의 시기를 제외하고 시간의 흐름에 막힘이 없다. 따라서 시간의 辛으로 흐름이 막히기 때문에 자식, 동업자, 보증문제 등에 주의해야한다. 이렇게 순행하는 흐름으로 수백억의 재물을 모을 수 있다. 유사한 구조를 살펴보자.

乾命　　　　　陰/平 : 1967年 8月 3日 20時

時	日	月	年
壬	癸	戊	丁
戌	酉	申	未

89	79	69	59	49	39	29	19	9
己	庚	辛	壬	癸	甲	乙	丙	丁
亥	子	丑	寅	卯	辰	巳	午	未

　대학을 졸업한 후 국영기업에서 일하다가 戊寅년에 퇴사하고 가정용 전기, 장식업, 에어컨 설치사업 등에 투자하여 巳운에 많은 돈을 벌었으며, 乙酉년에는 식당에 크게 투자하여 몇 십억을 벌었다. 위험한 투자를 좋아하고 도박을 즐기지만 계속 돈을 잃는다. 丁亥년 사업이 발전했으나 己丑년 건축자재 부문의 사업이 좋지 않았고 고소를 당해 파재하였다. 이 구조는 未申酉戌의 순행흐름이다. 따라서 삶의 흐름이 비교적 순탄함을 암시한다.

　세분하여 살피면 未중 乙과 申이 乙庚 합하여 乙巳운에 열매를 키운 후, 癸酉에서 수확하고 부풀려 壬戌에서 戊土에 저장한다. 문제는 壬癸丁 조합이니 경쟁적으로 재물을 탐하는 것으로 도박, 투기 물상이다. 또 酉金을 壬癸에 부풀리는 성향을 가졌기에 위험한 투자를 즐긴다. 시주가 壬戌이니 癸水의 쓰임을 잃고 壬水에게 빼앗기는 바 45세 이후에 어둠 속으로 들어가기 때문에 사업에 문제가 생길 것이다. 유사한 구조를 살펴보자.

乾命　　　　　陰/平 : 1963年 5月 29日 20時

時	日	月	年
壬	癸	己	癸
戌	亥	未	卯

83	73	63	53	43	33	23	13	3
庚	辛	壬	癸	甲	乙	丙	丁	戊
戌	亥	子	丑	寅	卯	辰	巳	午

　모 그룹 회장의 친동생으로 선박관련 업체를 맡아서 운영하다 丙申년 그룹차원에서 회사를 정리하는 과정에 퇴임했다. 이 구조도 癸亥와 壬戌 조합으로 46세 이후 어두운 밤길을 걷는 것과 같다. 비록 그룹 회장의 동생이니 회사를 운영했지만 戌土의 시기에 이르니 운을

거스르지 못하고 회사가 정리되고 퇴직했다.

乾命　　　　　陰/閏 : 1963年 4月 20日 8時

時	日	月	年
庚	乙	戊	癸
辰	酉	午	卯

81	71	61	51	41	31	21	11	1
己	庚	辛	壬	癸	甲	乙	丙	丁
酉	戌	亥	子	丑	寅	卯	辰	巳

이 구조는 卯午酉辰으로 시공간 흐름이 바르다. 또 酉丑辰 조합 중에서 酉辰 두 글자가 일시에 있으며 午火가 酉金을 자극하고 辰土에 들어가 부풀려진다. 午月에 乙庚 합 열매를 키우고 시주에 열매가 열렸다. 부동산 부자로 재산이 약 천억 정도다. 여기에서 기억할 것은 편재 등 십신의 명칭은 무시하고 구조를 살펴야 한다. 즉, 사주구조가 재물을 만드는 것이지 십신이 만들어내는 것이 아니다.

乾命　　　　　陰/平 : 1968年 9月 18日 6時

時	日	月	年
癸	壬	癸	戊
卯	午	亥	申

70	60	50	40	30	20	10
庚	己	戊	丁	丙	乙	甲
午	巳	辰	卯	寅	丑	子

대학원을 졸업하고 금융과 부동산으로 수십억 재산가다. 이 구조는 申亥로 흐름이 바르지만 문제는 일시지에 이르면 午卯로 순행하지 못한다. 만약 申亥卯午로 순행했다면 훨씬 더 큰 재물을 모았을 것이다. 지지에 卯午申 조합을 이루니 기본적으로 재물 복이 있다. 다만 卯午申 조합에서 주의할 것은 수확을 하는지 육체가 상하는지 구조를 잘 살펴서 판단해야한다. 예를 들어보자.

乾命　　　　　陰/平 : 1999年 6月 29日 12時

時	日	月	年
庚	甲	壬	己
午	午	申	卯

11	1
庚	辛
午	未

庚午운 18세 丙申년 12월에 자살했다. 이 구조도 卯午申 조합이지만 午火가 申을 자극해 卯木 생기를 자르기 때문에 육체가 상한 것으로 수확개념으로 이해하는 것은 옳지 않다. 사주팔자 여덟 글자의 배합으로 인생을 살피는 것이기 때문에 글자의 미세한 배합 차이로 전혀 다른 인생을 만든다.

乾命　　　　　　陰/平 : 1974年 9月 18日 2時

時	日	月	年
己	丙	甲	甲
丑	午	戌	寅

82	72	62	52	42	32	22	12	2
癸	壬	辛	庚	己	戊	丁	丙	乙
未	午	巳	辰	卯	寅	丑	子	亥

중학교를 졸업한 후 일찍부터 사회에 나가 일을 시작하였고 庚辰년까지 가구를 판매하는 점원이었다. 2001년 辛巳년에 가구사업에 10억을 투자해 재물을 모아 100억대 재산가가 되었다. 丙火가 戌月을 만나 자신의 열기를 戌土에 희생하기에 30대까지는 남을 위해 희생하는 삶으로 효자다. 이 구조는 시공간 흐름이 순차적이지 않지만 丙午, 己丑 조합으로 사업을 통해 재물을 모았다. 丙午, 己丑이 조합을 이룰 경우 대부분 강한 추진력으로 사업하여 큰 재물을 모으는 특징을 보인다. 이렇게 하늘에서 내리는 부자사주들 구조를 8개로 나누어 살펴보았는데 그 외의 구조들은 다른 책에서 나누어 살펴보기로 하자.

제2장 태양계 너머 그 무엇

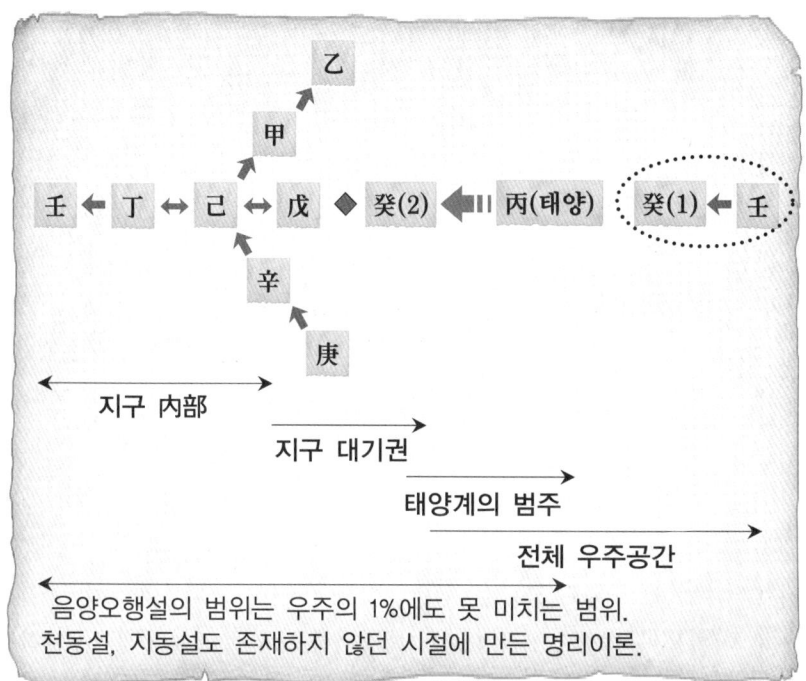

》時空圖의 構造《

지금까지 시공간부호 갑을병정과 시공간부호 60간지 上下를 통하여 우주빅뱅에서 태양계 그리고 지구의 생성과정을 살펴보았으며, 時空間의 변화에 따라 三合運動으로 변화하고 순환하는 물질계의 생장쇠멸 과정도 함께 살펴보았다. 지구 가장 내부에는 우주의 근원 壬水가 물질과 육체를 만드는 丁火와 짝을 이루고, 가장 밖의 경계에는 빛을 방사하는 태양이 있으며, 달의 반사작용으로 빛과 어둠을 통하여 생명을 유지해간다. 이 경계가 현존하는 명리학의 범주다. 태양과 달, 수금화목토성 5개 행성의 生剋 작용으로 우리의 삶과 죽음이 결정되며 길흉이 달라진다는 이론이다. 生剋의 관념은 폐단을 만들어냈다. 우리의 일상생활을 생각해보면 生이나 剋으로 이루어진 것은 극히 일부에 지나지 않는다. 偏官이 와서 매년, 매월, 매일 극한다고해서 바로 죽거나 다치거나 싸우는 일은 극히 드물다. 또 印星이 오니 계약한다거나 偏財가 오니 큰돈을 번다는 통변은 그만 둘 때가 되었다.

전 우주의 시공간에서 질량을 가진 물질은 모두 합하여 4%를 넘지 않으며 거의 대부분은 25%의 암흑물질과 70%의 암흑에너지로 이루어졌으며 어둠의 정체는 아직도 밝혀지지 않았다. 천동설과 지동설의 논쟁조차도 생소했던 시기에 만들어진 음양오행설을 근거로 한 명리의 범위 즉, 태양과 달, 그리고 오행성이 지구에 존재하는 생명체를 만들고 운명을 결정한다고 보기에는 너무도 초라한 태양계이며, 우주 변방의 항성과 행성들에 불과하다. 다행히 고대에 우주변방에서 벗어나 드넓은 우주 시공간을 관찰하고자 노력했던 선현들이 많았고, 그들의 노력으로 우리는 우주를 훨씬 더 넓고 깊게 이해할 수 있었다.

현대인들에게 인기 있는 점성술은 그 기원이 클라우디우스 프톨레마이오스에까지 올라간다. 그는 2세기에 알렉산드리아 대도서관에서 일하던 대학자였다. 난해한 점성술은 모두 그에게서 나왔다. 천문학자로서 프톨레마이오스가 이룩한 업적을 열거하면 다음과 같다. 별들에게 이름을 붙여줬고 그들의 밝기를 기록하여 목록을 만들었고 지구가 왜 구형인지 그럴듯한 이유를 제시했으며 일식이나 월식을 예측하는 공식을 확립했다. 그리고 그의 가장 중요한 업적은 아마도 행성들의 이상한 운동을 설명하기 위해 우주의 모형을 제시한 것이리라.

그는 행성 운동의 모형을 개발하여 하늘의 신호를 해독하고자 했다. 프톨레마이오스는 하늘을 연구하면서 일종의 희열을 느꼈음에 틀림없다. 그는 그것을 "나는 한갓 인간으로서 하루 살고 곧 죽을 목숨임을 잘 안다. 그러나 빽빽이 들어찬 저 무수한 별들의 둥근 궤도를 즐겁게 따라 가노라면 어느새 나의 두 발은 땅을 딛지 않게 된다."라는 기록으로 표현해 놓았다.

그 후 케플러의 생각으로 인류사에서 최초로 천체의 운동을 설명하는 데에서 신비주의가 배제되었다. 이제 지구는 코스모스의 중심에서 구석 변방으로 물러나야만 했다. 케플러가 스스로 지은 비문을 읽어보자. "어제는 하늘을 재더니 오늘 나는 어둠을 재고 있다. 나는 뜻을 하늘로 뻗쳤지만 육신은 땅에 남는구나."(「코스모스」 칼 세이건 118 ~119p)

고대의 케플러, 뉴턴과 아인슈타인을 거쳐 현대물리학에 이르기까지 위대한 철학자들 그리고 현대물리학은 태양계 밖에서 정체불명의 무언가가 그곳에 존재한다는 메시지를 끊임없이 보내고 있다. 어쩌면 우리의 운명을 결정짓는 무언가가 있을지도 모른다. 陰陽五行의 生剋論은 전 우주공간의 1%도 되지 않는 태양계의 구조에 근거하고 있으니 과연 1%에 우리의 운명을 맡겨야 하는 것인가?

하기에서는 선현들의 주장과 현대물리학의 메시지를 살펴보고 사주팔자에 응용하는 방법도 함께 살펴보자.

			戊	壬 ⇨	癸(1)
			癸(2)	丁	

상기 十宮圖는 138억 년 전, 빅뱅에서 시작하여 현대에 이르는 진화과정을 설명한 것이다. 빅뱅을 우주 시공간의 시작으로, 척력에너지 癸水를 시간으로 정의하면 모든 것이 명료해 보인다. 癸水는 척력, 암흑에너지, 우주상수, 빅뱅에서 시작된 시간이라 정의할 수 있다. 그러나 물리학에서도 아직 풀지 못한 숙제를 상상으로 단정 지을 수 없으니 선각자들의 깨우침과 현대 물리학에서 주장하는 암흑에너지의 실체를 살펴봄으로써 癸水의 정체를 좀 더 자세하게 들여다보기로 하자.

이 章은 시공간부호 시리즈의 얼개와 같고 책을 쓰게 된 이유이기도 하다. 명리에서 癸水의 쓰임이 왜 그렇게 중요한지 반문할지 모르지만 접신, 빙의, 정신이상, 우울증, 윤회 등 우리의 삶에서 매우 독특하고 중요한 역할을 하는 癸水를 바르게 이해하는 것이 중요할 수밖에 없고, 명리범주를 음양오행을 벗어나 우주공간으로 확장할 수 있는 계기가 되기 때문이다. 데이비드 윌콕은 "소스필드"라는 책에서 이런 말을 했다.

"우주는 죽은 비활성물질로 이루어지기보다는 오히려 살아있고 의식을 가진 존재라는 생각이다. 이 초월적 지성이 공간, 시간, 에너지, 물질, 생명, 의식이라는 가닥들을 자신의 이미지대로 함께 엮어냈고, 우주의 광대함에도 불구하고 우리 모두는 이 장엄한 존재에 하나하나 연결되어 있으며 우리는 육체가 죽은 뒤에도 오래도록 살아갈 것이다."

또 마이클 뉴턴은 "영혼들의 여행"이라는 책에서

"인간은 죽음으로부터 다시 환생하기까지 열 개의 모든 단계들을 차례로 지나는데 죽음과 떠남, 영계로 가는 길, 귀향, 오리엔테이션, 배치, 새로운 인생의 선택, 새 몸의 선택, 준비와 출발, 새로운 탄생의 흐름을 보인다."고 주장한다.

또 이안 스티븐슨 박사는 40년이 넘도록 3000명 정도의 아이들로부터 환생의 증거를 모았고 기억, 유별난 성격, 재능과 다른 특징들이 다른 생애로 옮아가며, 얼굴의 생김새도 닮는다는 사실을 발견했다. 그 밖에도 전생의 삶이었다고 하는 생애에서 생긴 치명적인 부상은 흔히 새로운 몸에 모반으로 나타났다고 주장한다. 선각자들의 생각을 따라가 보자.

제1절 老子의 道德經

　노자가 쓴 도덕경은 道와 德, 無爲를 논한 책으로 도덕경의 여러 표현들을 종합해보면 우주의 생성과정, 입자와 파동으로 이루어진 근본원리 그리고 우주에 펼쳐져 보이지 않는 에너지 장(Field)을 설명하고 있음이 명백하다. 노자의 설명을 간단히 살펴보자.

4장 道沖 而用之或不盈, 淵兮 似萬物之宗

> 　도란 끊임없이 움직이며 그 쓰임은 끝이 없으며 깊고 깊어서 만물의 근원과 같다.
>
> 　도는 인간이 느끼기에 無나 空의 세계로 텅 빈 것처럼 보이지만 끊임없이 움직이면서 에너지변화를 통하여 만물에 영향을 미치며 그 쓰임은 끝이 없다. 여기에서 중요한 점은 노자는 無나 空이 아니라 沖이라는 단어를 사용하였는데 대부분은 "비어 있음"으로 번역한다. 노자의 의도와는 다른 해석이라 본다. 텅 빈 공간에 존재하는 에너지들이 수시로 움직이며(沖) 변화하기에 삼라만상은 생명력을 가진 실체임을 강조한다. 즉, 절대로 無나 空의 세계가 아님을 강조하고자 沖이라 표현한 것이다.

14장 混而爲一, 繩繩兮不可名, 複歸於無物. 迎之不見其首, 隨之不見其後˚ 能知古始, 是謂道紀˚

> 　노자는 14장에서 토션 필드, 입자와 파동으로 이루어져 끝도 시작도 없이 회오리치는 양자물리학의 세계, 우주의 윤회과정을 설명한다. 해석해보면 "섞여 하나로 이루어진 그 무엇, 이어져 끊임없이 이름을 정할 수는 없지만 돌고 돌아 無

(無物)로 돌아간다. 시작도 끝도 확인할 길 없으며 만약 그 시작점을 알 수만 있다면 그것을 道紀라 부를 수 있다."
　섞여 하나인 에너지는 이어져 끊어지지 않으며 物形을 내놓고 거두기를 반복한다. 이것이 바로 无狀之狀, 形狀이 없는 形狀이며 无物之象이다. 우주는 시작도 끝도 없이 무한 반복, 순환하기에 존재를 확정할 수도 없고 無에서 有를 창조하여 色界를 만들어내는 형상 없는 에너지요, 有에서 無로, 無에서 有로 끊임없이 변화한다. 따라서 시작점을 모르기에 그 정체 또한 알 수가 없다.

25장 有物混成, 先天地生

　어떠한 물건이 있는데 뒤엉켜 이루어진 것으로 하늘을 열고 땅이 존재하였으니 그 물건은 천지를 만들어낸 조물주와 같다. 노자는 有物混成으로 우주에너지를 설명한다. 그 에너지는 결코 양음으로 명확하게 구별되는 것이 아니라 입자도 파동도 가능한 원자의 세계처럼 뒤엉켜 수시로 동하는 에너지로 우주를 창조했다고 주장한다.

大曰逝 逝曰遠 遠曰反

　크기에 미치지 않는 곳이 없고 서로 잇닿아 있으며 순환을 반복한다. 우주 전역에 영향력을 미치지 않은 곳이 없고 시공간이 아무리 넓어도 서로 이어져 끊어지지 않는 하나의 시공간일 뿐이며 끝도 시작도 없이 순환을 반복한다.

37장 道常無爲而無不爲

　도란 언제나 무위의 경계이면서도 이루지 못함이 없다. 도란 空이나 無처럼 보이지도 않으며 쓰임이 없는 듯해도 실제는 우주의 모든 변화를 이끌어내는 에너지와 같다고 설명한다.

40장 反者, 道之動. 弱者, 道之用

　도가 동하는 이치는 反復함이요 도의 작용은 부드러움으로 이루어진다. 노자는 끊임없이 순환을 반복하는 것이 道의 원리라 주장한다. 앞과 뒤, 시작과 끝을 알지 못하고 생장쇠멸을 반복하면서도 영원을 상징하는 원의 형태를 끊임없이 순환하기를 반복한다. 우주의 1년은 40조년 정도라는 현대 물리학자의 주장도 있다. 40조년의 기간 중에서 우리는 현재 138억년을 지나는 중이다.

　또 道의 작용력은 부드러움을 통해 이루어짐을 강조한다. 질량을 가져 무거운 것은(물질) 道의 작용력이 아니며, 부드럽고 가벼운 것이며 수시로 동하는 그 무엇으로 우주가 이루어졌다는 것이다. 마치 수소와 헬륨으로 이루어진 우주 시공간을 설명하는 듯하다. 따라서 氣, 時間, 암흑에너지와 같은 것으로 無와 無 사이에 끼어들 수 있으며 모든 사물에 氣를 불어 넣어 생기를 주기도 빼앗기도 한다.

天下萬物生於有, 有生於無.

　천하 만물은 有에서 생겨나고 有는 無에서 생겨난다. 즉, 우주의 본질은 보이지 않는 氣의 세계에서 출발하여 물질이 생겨나고 사라지기를 반복한다. 이런 변화는 시공간으로 이루어진다.

42장 沖氣以爲和

　沖氣를 통하여 和한다. 노자의 주장은 텅 빈 우주 공간에서 수시로 동하는 에너지로 우주, 자연의 조화가 이루어지고 있음을 설명했다. 여기에도 沖을 비어 있음으로 해석하는 것은 노자의 생각에 미치지 못한다. 텅 빈 공간에서 끊임없이 움직이는 에너지의 파동을 느껴야한다.

43장 無有入無間, 吾是以知無爲之有益. 無爲之益, 天下希及之.

無가 無의 사이에 끼어드니, 나는 無爲의 유익함을 안다. 무위의 유익함은 세상에서 참으로 찾기 어려운 것이다. 노자는 空이나 無의 세계로 인식되는 우주 공간이 절대로 텅 빈 것이 아니라 無와 無 사이에 수시로 동하는 에너지장이 펼쳐 있으며 그 에너지 장을 통하여 우주 공간이 존재함을 설명한 것이 분명하다.

정리하면 노자는 지구를 훌쩍 벗어나 우주의 창조시점은 물론, 근본 운행원리를 갈파하였다. 빅뱅이전, 빅뱅 이후, 우주의 순환, 양자물리학의 회오리 장, 암흑에너지와 같은 물리 현상을 그 시대의 글로 표현한 것이며, 실체도 없는 그 무엇이 삼라만상의 주인이며 생명체에 호의를 가진 존재라 주장한다.

제2절 칼 세이건 – 코스모스

칼 세이건의 저서 코스모스에서 발췌한 내용이다.

해와 달과 별의 위치와 그들의 움직임을 정확하게 알수록 사냥을 언제 나가야 하는지, 씨앗은 어느 날쯤 뿌리고 익은 곡식은 언제쯤 거둬야 할지, 그리고 부족 구성원은 언제 모두 불러 모아야 할지를 더 정확하게 예측할 수 있었다. 측정의 정확도가 향상됨에 따라 기록을 보존하는 일이 점점 중요시되었다. 그러므로 천문학은 관측과 수확과 문자의 발달에 크게 이바지 했다.

시간이 흐르면서 이상한 사상이 사람들의 생각을 지배하기 시작했다. 지금껏 대체적으로 경험법칙에 의존하던 과학의 영역을 신비주의와 미신이 치고 들어온 것이다. 해와 별은 계절, 식량, 기후를 다스리고 달은 바다의 조수간만과 여러 동물의 생활주기 그리고 인간의 월경 주기를 다스린다고 생각했다. 자손의 번성에 목말라하던 종에게는 월경의 주기성이 아주 중요한 관심사였을 것이다(「코스모스」 칼 세이건 111p).

하늘에 해, 달, 별 말고 또 다른 종류의 천체가 있는데 사람들은 이것들을 떠돌아다니는 별이라는 뜻에서 통틀어 행성이라 불렀다. 행성은 떠돌이 삶을 영위하던 유목민들에게는 특별한 정감과 친근감으로 다가갔을 것이다. 우리 조상들이 행성이라고 알고 있었던 것은 모두 일곱 개였지만 해와 달을 제외하면 다섯이 남는다.

행성들은 우리에게 멀리 있는 별들이 이루는 고정된 별자리를 배경으로 움직이는 것처럼 보인다. 여러 달에 걸쳐 행성의 겉보기 운동을 관찰해 보면 이 별자리에 들어 있던 행성이 저 별자리로 이동하고 가끔은 느릿느릿 공중제비를 넘기도 한다.

사람들은 이러한 하늘의 여러 천체들이 모두 인간의 삶에 심오한 영향을 끼치는 것으로 여겼다. 해와 달은 물론, 별 또한 계절의 오고 감을 알려주지 않는가? 그렇다면 행성들도 우리의 삶에 영향을 미치는 것은 당연한 일이 아니겠는가? 점성술은 이렇게 시작되었다(칼 세이건 「코스모스」 112p).

점성술에 따르면 사람의 운명은 그가 태어날 때 어느 행성이 어느 별자리에 들어 있었는가에 따라 결정된다고 한다. 수천 년 전부터 행성의 움직임이 국왕과 왕조와 제국의 운명을 결정짓는다는 생각이 자리 잡기 시작했다. 점성술사는 행성의 운동을 연구한다. 예를 들면 지난번에 금성이 염소자리에 들었을 때 무슨 일이 발생했는지 보고 기억해둔다. 그것을 근거로 이번에도 비슷한 사건이 일어나지 않겠는가를 점치는 것이다.

시간이 지남에 따라 점성술사는 국가의 통제를 받게 되었다. 정식 점성술사가 아닌 사람이 함부로 하늘의 뜻을 읽는 일은 중죄로 다스리는 나라가 많아졌다. 왜냐하면 현 체제를 전복시키려면 국왕의 몰락을 예언하기만 하면 됐기 때문이다.

중국에서는 황실 점성술사가 틀린 예언을 한 죄로 사형을 당하는 일이 종종 있었다. 실제 사건과 딱 맞아 떨어지도록 사건이 벌어진 뒤에 아예 기록을 뜯어 고친 경우도 있었다. 그리하여 점성술은 관찰과 수확, 철저한 기록과 엉성한 생각 그리고 살아남기 위한 거짓말이 묘하게 뒤섞이는 가운데 발달했다. 이런 개인 점성 사상이 이집트의 알렉산드리아에서 싹트기 시작하여 약 2천 년 전에 그리스와 로마 문화권으로 퍼져 나갔다(「코스모스」 칼 세이건 113p).

상기 내용은 특별한 것이 없어 보이지만 한 가지 중요한 판단을 요구한다.

"사람의 운명은 그가 태어날 때 어느 행성이 어느 별자리에 들어 있었는가에 따라 결정 된다"

이 의미는 태어날 때 별자리와 행성이 어느 위치에 있느냐로 운명이 결정된다는 의미가 아니다. 조금 생각해보면 별과 행성은 에너지 장을 가진 존재가 아니기에 인간의 삶을 지배할 수 없다. 아인슈타인이 시공간이 비틀릴 수 있다고 주장한 것처럼 질량을 가진 공간에 시간이 지나갈 때면 공간의 굴곡을 따라 에너지의 흐름이 변화한다. 즉, 별에서 쏟아지는 에너지 파장 때문이 아니기에 상기의 설명은 하기처럼 표현되어야 한다고 보인다.

　"사람의 운명은 그가 태어날 때 어느 행성이 어느 별자리에 들어 있고, 그 시공간에서 방사되는 에너지 장에 의해서 결정된다." 별자리와 행성의 위치가 중요한 것이 아니라 그 위치 때문에 비틀어진 장(field)의 영향으로 운명이 결정된다. 시공간의 비틀림을 명리에 응용하는 방법은 별도로 살펴보기로 하자.

제3절 달마

유명한 선사 달마는 이런 말을 남겼다.

지혜로운 사람은 자신에게 맡기지 않고 "사물에 맡기기 때문에" 취함과 버림도 없으며 거스름과 순응함도 없다. 어리석은 사람은 사물에 맡기지 않고 "자신에게 맡기기 때문에" 취함과 버림이 있으며 거스름과 순응함이 있다. 만약 마음을 활짝 열고 사물에 맡겨 최후로 천하를 얻을 수 있다면(우주의 기운에 순응할 수 있다면) 이것이 바로 사물에 맡겨 시간을 따르는 것이다. 사물에 맡겨 시간에 따르는 것이 順行이요, 저항하여 사물을 변화시키는 것은 難行이다. 사물이 오면 그에 맡겨 거스르지 말며, 떠나가면 떠나가는 대로 쫓지 말며, 무엇을 말하였든 지나간 것은 후회하지 말며, 아직 오지 않은 것은 염려하지 말라.

무슨 의미인가? "자신에게 맡기기 때문에"라는 뜻은 우주에서 방사하는 기운에 순응하지 않고 그것을 극복하려는 노력을 할수록 거미줄에 걸려 발버둥치는 파리처럼 기운을 필요이상으로 사용하게 된다. 만약 기운에 순응하여 시공간을 타고 흐를 수만 있다면 정해진 운명에서 벗어날 수 있음을 암시한다. 정해진 시간표대로 살아가는 인간의 삶에 변화를 줄 수도 있다. 39세에 돈이 부족하여 힘든 경제상황을 겪어야 하는 시간표를 받고 태어났다면 무리하게 물질의 탐욕을 버리고 동요 없이 생활하는 것이 순행이다. 만약 무리하게 능력 밖으로 재물을 탐하여 사기, 도둑질 혹은 무리한 행위로 무리하게 에너지를 사용하는 것은 難行이다. 이 무리함은 반드시 대가를 지불해야 한다. 브라이언 그린이 쓴 우주의 구조에 이런 내용이 있다.

"중력에 저항하지 않는 한 물체는 중력을 느끼지 않는다. 중력에 완전히 몸을 내맡기면(자유낙하하면) 중력을 느낄 수 없다. 몸의 체중을 느끼려면 어떻게든 추락하는 것을 방지해야 하고 이는 곧 중력에 저항한다는 것을 의미한다."(「우주의 구조」 브라이언 그린 120p)

달마의 주장처럼 내가 받는 에너지의 흐름에 반응하지 않는다면 삶의 고통은 줄어들 수 있음을 암시한다.

17세기의 신학 및 철학자이자 뉴턴의 훌륭한 조언자였던 헨리 모어는 "만일 공간이 텅 비어 있다면 그것은 존재하지 않는 것과 마찬가지다. 그러나 아무런 물체도 없이 텅 빈 공간이라 해도 거기에는 영혼이 존재한다."고 주장했다. 따라서 모어의 영혼개념을 "암흑에너지"로 바꾸면 그 의미는 완전히 동일해 보인다.

뉴턴은 모어의 주장을 일부 수용하여 공간은 눈에 보이는 물질과, 영적인 물질도 함께 포함하고 있다는 생각을 갖게 되었으나 "영적인 물질은 물체의 운동을 전혀 방해하지 않는다."는 가정을 추가하였다. (「우주의 구조」 브라이언 그린 63p)

뉴턴의 주장은 氣 혹은 field의 쓰임에 대해 인정하지 않고 있다. 노자의 주장과 정반대다. 노자는 에너지가 물질을 지배 한다고 주장했는데 뉴턴은 비록 텅 빈 공간에 영적인 물질이 있으나 질량을 가진 물체에 영향력을 행사하지 못한다고 본 것이다. 위대한 과학자의 아쉬운 논리가 아닌가싶다.

우주는 빅뱅의 유적이라 할 수 있는 힉스 장으로 가득 차 있고 당신의 몸을 비롯한 모든 만물을 이루는 입자들의 특성도 이로부터 결정되었다(「우주의 구조」 브라이언 그린 362p).

여러 물리학자들의 의견에 따르면 암흑물질은 전 공간에 두루 퍼져 있으면서 지금도 매순간마다 우리의 몸을 관통하고 있다. 따라서 암흑물질은 거의 흔적을 남기지 않고 일상적인 물체를 투과할 수 있는 성분으로 이루어져 있을 것이다. 공기가 소리를 매개하는 것처럼 빛을 매개한다는 에테르와는 달리 힉스 장은 빛의 속도를 변화시키지 않기 때문에 빛과 아무런 관계도 없다고 보는 것이 정설이다(브라이언 그린 「우주의 구조」 377p).

초신성 연구팀은 우주의 팽창속도가 70억 년 전부터 점차 빨라지고 있음을 발견하였다. 그러므로 지금은 끌어당기는 중력보다 밀어내는 중력이 더 강한 상태이다. 그렇다면 이 척력의 원천은 무엇일까? 초신성 연구팀은 나머지 70%의 정체가 바로 우주상수에서 기인하는 암흑에너지의 양과 일치한다고 결론지었다(브라이언 그린 「우주의 구조」 417p).

현대에 와서는 텅 빈 공간에 양자장이라는 일종의 장이 존재하며 우주상수라 불리는 균일한 에너지로 가득 차 있다는 가능성이 제기되면서 과거의 에테르 이론과 비슷한 형태로 회귀하고 있다(브라이언 그린 「우주의 구조」 583p).

제4절 자발적 진화 – 브루스 립튼, 스티브 베어맨 공저

필독을 권하고 싶은 훌륭한 책이다. 이 책의 내용을 요약하였다.

대부분의 사람들이 믿고 있는 의학 모델에 의하면 인체는 유전자의 지배를 받는 생화학적 기계다. 반면에 인간의 마음은 하나의 모호한 부수현상, 곧 뇌의 기계적 작용으로부터 파생된 어떤 부수적 상태다. 이것은 육신이 실체이고 마음은 뇌의 상상의 산물일 뿐임을 주장하기 딱 좋은 표현법이다.

불 위를 가장 오래 걷는 최신의 기록은 23세의 캐나다인인 아만다 데니슨에 의해 2005년 6월 섭씨 870도 내지 980도로 측정된 벌건 석탄 위를 67미터나 걸었다. 30초의 시간 동안 맨발을 그대로 대고 있었다.

결과적으로 석탄에 화상을 입으리라고 예상하는 사람은 화상을 입고 그렇게 예상하지 않은 사람은 화상을 입지 않는다는 것을 증명했다. 즉, 불 위를 걷는 사람의 신념이 가장 중요한 결정요인이다. 불 위를 성공적으로 걸은 사람들은 관찰자가 현실을 창조한다는 양자물리학의 핵심원리를 몸소 체험한 것이다.

동일한 책에 나오는 양자물리학에 대한 내용이다.

물질이 빛처럼 행동하고 빛은 물질처럼 행동하는 양자물리학은 전자가 파동의 성질과 입자의 성질을 모두 가지고 있음을 보여주었다. 즉 전자는 물질적이며 동시에 비물질적인 것이다. 달리 말해서 우주가 오로지 물질로만 이루어져 있다는 뉴턴 우주관의 오랜 아성이 공든 환상이었음이 밝혀진 것이다.

반면에 모든 물질과 에너지의 본질과 작용을 설명하는 아인슈타인의 통합이론은 그 안의 모든 물리적 부분들과 에너지 장들이 서로 얽

혀서 상호의존하고 있는 쪼갤 수 없는 하나의 역동적 총체로서의 우주를 그려내고 있다(195p).

양자물리학은 결정론을 무력하게 만들었다. 결정론은 인간의 선택과 결정을 포함한 모든 사건들은 자연의 법칙을 충실히 따르는 특정한 인과적 반응의 연쇄선상에서 예측될 수 있다는 의미다. 결정론은 충분한 데이터만 있으면 미래를 예측할 수 있다고 주장했다. 하지만 독일의 물리학자이자 양자역학의 아버지 중 하나인 베르너 하이젠베르크는 원자궤도의 한 전자의 위치와 속도를 동시에 알아내는 것은 불가능하다는 사실을 발견했다(196p).

양자역학은 원자와 소립자 등으로 이루어진 물질우주가 사실은 에너지들이 모여서 형성하는 힘의 장이라는 우주의 보이지 않는 배경의 한 구성요소일 뿐이며 이 배경이야말로 물질우주를 지배하고 있음을 강조한다(197p).

아인슈타인이 특유의 단순명쾌한 표현으로 말했듯이 장은 입자를 지배하는 유일한 힘이다. 오직 장만이 유일한 현실이다. 보이지 않는 장이야말로 물질을 지배하는 진정한 힘인 것이다. 흥미롭게도 양자물리학자들이 정의하는바, 물질을 형성하는 보이지 않는 에너지 장은 형이상학을 설하는 이들이 "영-spirit"이라 부르는 보이지 않는 장과 동일한 속성을 지니고 있다.

예수와 아인슈타인의 가르침을 함께 생각해보면 "네 이웃을 내 몸처럼 사랑하라"는 예수의 가르침은 이웃이 곧 자신임을 이해할 수 있다. 상대성 이론이 시사해주는 근본 의미는 우리는 모두가 서로 연결되어 있다는 것이기 때문이다(198~199p).

빈 공간이 실제로 비어 있는 줄로 속지 말라. 눈에 보이지 않는 허공은 우리가 상상하는 것보다 훨씬 더 많은 에너지로 꽉 차 있다. 미국의 물리학자 리처드 파인만에 의하면 비어 있는 것처럼 보이는 사방 한자의 허공 속에는 지구상의 모든 바닷물을 증발시킬 수 있을 만큼의 에너지가 존재한다고 한다. 그러니 역설적이게도 아무것도 아닌 것이 그 어떤 것보다 더 막강한 것이다(204p).

The field의 저자인 저널리스트 린 멕타가트에 의하면 영점 장은 사물들 사이의 공간 속에 있는 미세한 진동의 대양, 순수한 잠재력과 무한가능성의 상태이다. 그는 "입자는 우리가 관찰이나 계측이라는 형태로 건드리기 전까지는 가능한 모든 상태로서 존재한다. 우리가 관찰하거나 계측하는 순간, 입자는 마침내 실제적인 무엇으로 응결한다." 달리 말하자면 현실은 존재요구에 따라 존재하는 것이다.

1990년에 듀크 대학교의 생물학자 프레데릭 니지호우트는 환경의 신호가 유전자의 작용을 지배한다고 주장했다. 달리 말하면 유전자의 활동과 세포형질의 발현이 궁극적으로 디엔에이라는 내부물질에 의해서가 아니라 외부영향력의 장으로부터 오는 정보에 의해 조절되는 이치를 설명한 것이다(248p).

양자물리학은 우주의 만물은 우리가 상상하기 힘든 방식으로 상호 연결되어 있음을 밝혀주고 있다. 물질과 시간처럼 우리가 구체적이고 실질적인 것이라고 여기는 것들도 사실은 우리의 지각을 통해 경험될 때만 현실인 것처럼 보이는 일련의 상관관계에 지나지 않는다(351p).

신학자 데이비드 레이 그리핀은 실제로 신의 영향력이 존재한다고 주장했다. 그런데 그것은 우리 각자의 가슴에서 나온다는 것이다. 사랑을 표현하고자 하는 각자의 자유의지를 통해 단순한 황금률의 실천을 통해 사랑에 찬 삶이 땅위에 현현하는 것이다(360p).

디바인 매트릭스를 쓴 저술가이자 강사인 그렉 브레이든은 양자물리학과 고대의 지혜를 연결시킬 방법을 찾아 티베트를 여행했다. 그는 한 절의 주지에게 이렇게 물었다. 우리를 타인과 세상과 우주로 연결시켜주고 있는 것은 무엇입니까? 우리의 몸 너머로 다니면서 우주를 하나로 묶어주는 그것은 무엇입니까? 스승은 간단히 대답했다. "자비"다. 자비는 인간의 경험일 뿐만 아니라 우주의 힘이기도 하다.

달리말해서 자비는 장이자 우리가 그 장에 담는 의도다. 불교의 관점에서 우리의 행위가 시간과 공간을 통해 반향된 것을 카르마라고 한다(362p).

150억 년 전에 일어났던 것으로 추정되는 빅뱅 이후로는 그 에너지장으로부터 물질이 응결되어 나와서 에너지장과 함께 엉켜서 존재해왔다. 양자역학의 원리는 물질을 지배하는 에너지장의 절대적 중요성을 역설한다. 즉, 우주의 본질은 장이 담고 있는 정보인 에너지 패턴에 의해 구조화된다. 우주론 자들은 물질이 나타나기 전의 우주는 장이라 불리는 보이지 않는 복합적인 배경 에너지로 이루어져 있었다는데 동의한다. 수십억 년이라는 세월에 걸쳐서 지구상의 물질은 보이지 않는 장의 정보 틀에 맞는 복잡한 물리적 형태로 조립되었다(373p).

생물학자 버나드 그래드는 심한 우울증 환자를 포함해서 정신병 환자들에게 물이 담긴 비커를 들고 있게 했다가 그 물에 씨앗을 담가 싹을 틔웠다. 정신병 환자들, 특히 우울증 환자가 들고 있었던 비커의 물은 식물의 성장을 확연히 억제시켰다(485p).

라스코우는 세포 배양접시를 들고 있는 동안에 몇 가지의 감정이 실린 의도를 실험해보았다. 그중에서 암세포의 성장을 39퍼센트까지 감소시키는 가장 강력한 효과를 나타낸 것은 이것이었다. "정상세포의 질서정연하고 조화로운 상태로 돌아가라" 라스코우가 그 의도에 심상까지 더하자 치유효과는 두 배로 늘어났다(488p).

그의 의도는 암세포를 파괴하려는 것이 아니라 그것이 우주의 창조물의 일부로서 존재하도록 허용하려는 것이었다. 그가 설명하기로 사랑이란 "분리가 없고 하나인 전체를 지향하는 힘이다. 사랑은 다양한 형태를 취할 수 있지만 그 핵심적인 본질은 연결성이다."(488p)

질병과 같은 꺼림칙한 상황을 겪게 될 때 우리의 첫 번째 충동은 그것을 떼버리려는 것이다. 우리는 질병을 우리가 공동 창조한 것으로 보지 않고 외부로부터 우리를 공격해오는 침입자로 간주하는 경향이 있다. 그러나 그 상태가 발생한 데에는 바로 자기 자신이 기여하고 있음을 진정으로 인정하고 나면 비로소 우리는 자신의 운명을 스스로 이끌어가는 책임성 있는 참여자가 된다(489p).

라스코우는 이렇게 말한다. "미립자로 이루어진 물질을 파동의 형태로, 파동 형태를 다시 물질 형태로 바꾸어놓는 것은 관찰자의 의도다" 사랑은 서로 공명하는 에너지가 만들어내는 우주의 결 무늬다. 사랑은 우주의 화음이다(491p).

제5절 우주 전역에 펼쳐진 에너지

　상기에서 여러 각도에서 살펴 본 내용을 정리하면 사주명리에서 활용하는 음양과 오행에 국한된 범위는 우주 1%에도 못 미치는 매우 미미한 범위로 지동설조차 모르던 시절에 만들어진 것이다.

　현대에 이르러 수많은 다른 갈래의 학문에서는 태양계 저 너머에 인간의 인지능력으로는 이해하지 못하는 무언가가 전 우주에 펼쳐 있으며 매순간 우리의 몸을 관통하고 있다고 주장한다. 종합하여 살펴보면 우주 전역에 펼쳐진 에너지를 암흑에너지 혹은 에너지장이라 부르는 것이 적절해 보인다. 또 이 에너지는 우리의 모든 삶을 조절하고 통제한다. 우리의 정신을 만들고 육체를 만들어 정신과 육체를 모두 통제하고 조정하는 그 무엇! 한시도 벗어날 방법이 없는 그 무엇의 통제 속에서 살아가고 있음이 분명하다.

　Walter scott은 "hermetica" 라는 책에서 이런 말을 했다.

　우주는 영원히 움직이면서 회전한다. 이 움직임은 시작도 없었고 끝도 없을 것이며 우주의 부분 부분들에서 차례로 홀연히 나타나고 사라진다. 시간의 변화무쌍한 흐름을 따라 움직임은 전에 사라졌던 바로 그 부분에서 거듭거듭 새롭게 나타난다. 그것이 순환하는 움직임의 본질이다. 원의 모든 점들은 함께 연결되어 있으므로 이 움직임이 어디서 시작되는지 찾을 길이 없다. 움직이는 선에 있는 모든 점들은 영원히 앞으로 나아가고 서로를 뒤따르기 때문이다. 시간은 이런 식으로 회전한다(Walter scott "hermetica" 355p 헤르메스 문서들).

　예를 들어보자.

　서울에 유명한 모 명리술사는 삶을 감명함에 믿을 수 없을 정도로 높은 적중률을 자랑하여 사람들을 흥분하게 만들고 매일 감명을 받고

자 손님들로 가득 찼다. 그는 마치 그들의 삶을 살고 있는 듯 과거, 현재는 물론 미래까지 정확하게 예언하니 사람들은 그를 神이라 불렀다. 이 상황에서 그 술사를 통해 밝혀지는 인간의 모든 삶을 통제하는 자는 과연 누구인가? 술사는 아무리 높은 적중률을 보인다 해도 단지 우리의 뇌를 통제하는 자의 의지를 읽어주는 술사에 불과하다. 뤽 베송 감독의 영화 "루씨" 마지막 부분에 나오는 그 말 "I am everywhere"처럼 우리는 그 존재를 알지 못하면서도 통제를 받으며 살아간다.

그 존재는 서로 다른 표현들이기에 다르다고 간주하지만 실상은 동일한 것을 지칭하고 있다. 여러 명칭들은 시간, 시공간, 입자와 파동, 암흑에너지, 우주상수, 장(field), 소스필드, 토션 필드, 神, 道, 영혼, 조물주 등이다. 빅뱅을 통하여 보이지 않는 에너지를 만들어낸 요인은 시간이다. 따라서 時間은 암흑에너지, 神, 道라 해도 이상할 것이 없다. 결과적으로 우리를 지배하는 것은 시공간이며, 그 명칭은 수많은 표현들로 불려진다.

甲乙丙丁으로 표현하면 癸水요, 癸水에 있는 극히 일부 에너지인 丁火의 중력 작용으로 육체와 물질을 만들었으니 癸水는 우리의 주인과 같은 에너지다. 다만 十宮圖에서 癸(1)과 癸(2)는 다르다. 癸(2)는 지구 중력장에 갇히고 육체에 들어와 물질계를 경험하고 죽어서 윤회하는 鬼神의 장이라면, 癸(1)은 우주 전역에 펼쳐진 근본 에너지로 순수한 에너지다.

이것은 쉽게 구별이 가능한데 모든 종교의 황금률은 "남을 괴롭히지 말고 나와 동일한 것으로 간주하라."는 한마디로 정리할 수 있다. 하지만 인간의 역사에서 증명하는 것은 언제나 전쟁, 살인, 강간, 도둑 등 남을 괴롭히는 일들로 그것들이 변함없이 발생하는 이유는 물질의 영혼은 발전을 거듭할 수 있지만 정신의 영혼은 발전할 수 없기 때문이다. 그렇게 중력에너지에 갇혀 윤회하는 것은 癸(2)다. 즉, 허공에 존재하는 영혼은 우리육체 속에 스며들어 물질계의 삶을 경험하고 사망하고 새롭게 육체를 얻어 태어날 때는 전생의 물질계의 경험을 바탕으로 진화하니 물질계의 영혼은 발전할 수 있다. 그러나 정신계의 영혼은 발전하지 못하니 오늘도 여전히 전쟁과 살인, 강간, 도둑질이 만연하는 세상을 살아가는 것이다.

미국인 원주민 할아버지가 손자에게 들려줬다는 이야기가 있다. 할아버지는 이렇게 말했다.

"내 마음속엔 두 마리의 늑대가 산단다. 한 마리는 사랑과 평화를 좋아하는 늑대고 다른 늑대는 화를 잘 내고 잘 싸우지. 그러자 손자가 물었다."그럼 어느 쪽이 이길까요? 할아버지가 대답했다. "내가 밥을 주는 쪽이 이긴단다."(자발적 진화 494p)

丁癸(육체와 영혼) 沖으로 살아가는 인간의 사고방식, 행동방식은 물질과 영혼 중에서 어느 것을 택하느냐에 따라 달라진다. 유사한 표현이 있다.

"입자는 우리가 관찰이나 계측이라는 형태로 건드리기 전까지는 가능한 모든 상태로서 존재한다. 우리가 관찰하거나 계측하는 순간, 입자는 마침내 실제적인 무엇으로 응결한다."

丁 - 壬 - 癸의 중력과 척력은 회오리 장을 만들어 냈으니 회오리 속에는 척력과 중력이 공존한다. 즉, 입자와 파동은 따로 존재하는 것이 아니라 동시에 존재한다. 壬水의 근원에너지를 얻는 과정에 반드시 丁火 중력이 丁壬 합으로 사라져 壬水에 갇혔고 폭발로 癸水 척력이 우주 공간에 펼쳐졌지만 중력이 척력으로 바뀐 것일 뿐, 회오리 내부에는 중력과 척력이 공존하기에 입자이기도 하고 파동이기도 하다는 것은 인간이 만들어낸 구별일 뿐이다. 즉, 우주의 근원에너지는 중력과 척력이 공존하는 세계요, 밀고 당기는 작용력으로 진공이 만들어지는데, 중력이 강하면 물질이요 척력이 강하면 에너지라는 차이만 있을 뿐이다.

지금부터는 우주에 넓게 펴져 우리의 삶을 지배하는 에너지 장을 사주명리에서 어떻게 응용하는지 살펴보자. 물질, 육체, 경제부분을 통제하는 것이 아니라 영혼, 정신을 지배하는 것으로 묘한 에너지를 발산하여 다양한 물형을 만들어낸다. 이것을 이해하면 무속인, 퇴마사들이나 알 수 있다고 생각하는 영의 세계를 이해한다. 또 내가 태어날 때 받은 사주팔자를 통하여 전생의 업보를 살피고 문제점을 적절하게 해결할 수도 있을 것이다.

지금까지 경험을 통하여 깨달은 "영혼이 탁한 鬼神"들이 좋아하는 행위들을 정리하면 대부분 세속적인 것들로 술주정, 담배, 결혼 못하고 죽은 客死鬼, 靑春鬼의 섹스탐닉, 물질 탐욕, 정신적으로 통제 불가능한 도박과 투기, 단명 하는 부모형제 등이다.

癸水는 척력에너지로 우리의 영혼을 통제하는데 만약 癸水에 문제가 생기면 뇌에 문제가 생기며 접신, 우울증, 빙의, 정신병, 귀신을 느끼거나 보는 것 등의 물상으로 드러난다. 癸水의 특징을 가진 공간은 子丑辰이다.

이 세 글자에는 전생의 업보가 숨어있으며 刑沖破害로 상하면 정신, 육체에 문제가 발생한다. 그 중 가장 큰 문제는 丑土와 辰土다. 申酉戌月을 지나면서 얻은 씨종자는 子水에서 윤회를 시작하기에 전생의 업보를 품었는데 土가 없으니 丑土, 辰土처럼 탁하지 않다. 壬子간지는 癸丑과는 다르다. 壬子는 陽이요, 壬子가 質로 변하면 癸丑이니 壬子, 癸丑은 한 쌍의 간지 조합이지만 양과 음, 기와 질, 파동과 입자처럼 그 차이는 엄청나다. 壬子는 순수한 정신을 추구할 수 있지만 癸丑은 丑土 때문에 육체를 얻어 전생의 업보가 들어온다. 그 외에도 정신과 육체를 통제하는 방법들은 추후 "윤회론"에서 살펴보기로 하고 간단히 윤회의 구간을 살펴보도록 하자. 윤회는 반드시 辰戌丑未와 연결되어 4개의 윤회과정을 거친다.

제1 윤회기 : 戌亥

天門이라 부르는 곳으로 戌土 속의 辛 육체가 사망하여 亥水에 전생의 업보를 풀어내는 곳으로 종교, 명리, 철학과 인연이 깊다. 윤회하는 방법은 戌중 丁火와 亥중 壬水가 丁壬 합으로 짝을 이루기에 丁火가 상징하는 육체와 물질을 만들어내는 에너지를 빼앗기고 죽은 육체와 정신인 辛을 水氣에 풀어 윤회한다.

제2 윤회기 : 丑寅

명리에는 명칭이 없지만 戌亥의 윤회를 통해 육체 寅을 얻은 곳이다. 丑土는 엄마의 뱃속에서 자라는 아이와 같고 寅은 뱃속을 벗어나 생명체로 드러났다. 따라서 寅에는 전생의 업보인 丑중 辛이 반드시 전달된다. 丑寅 암합을 통해 이루어지는데 丙辛, 甲己, 戊癸 합 세 가지로 합이 이루어져 전생과 이생을 이어주기에 寅은 丑에 묶여 벗어나기 힘들다. 이 조합도 종교, 명리, 철학, 천도제를 통하여 전생의 업보를 풀어주거나 공간을 바꿔 癸水의 작용력에서 벗어나야 한다. 해외로 가는 물상이다.

제3 윤회기 : 辰巳

지망이라 부르는 곳으로 철저하게 물질의 세상으로 나가는 곳이다. 辰중 癸水가 巳중 丙火로 바뀌어 영혼의 세계를 벗어나 화려한 물질계로 출발한다. 지망은 전생과 이생이 철저하게 분리되면서 사망할 수도 있다. 辰巳에서 戊癸 합으로 癸水가 증발되는 것이 가장 큰 요인이요, 乙庚 합으로 꽃으로 몸을 바꾸기 때문이다.

제4 윤회기 : 未申

　이 조합도 명리에 명칭이 없다. 하지만 생명이 죽음으로 윤회하는 첫 관문이다. 卯月에 싹으로 태어나 巳月에 꽃이 되어 午月에 열매를 맺고 未月에 성장 완료하여 申月에 딱딱해져 열매를 만들고 육체를 완성하며 酉月에 죽음에 이른다. 따라서 未申은 활력을 잃어가는 첫 단계다. 지장간을 보면 丁火의 수렴에너지로 乙의 활동을 극도로 위축시킨 다음 乙庚 합하여 활동을 더욱 제약하기에 생명에 위협이 따르며, 丁壬 합으로 수렴에너지를 응축에너지로 바꾸는 첫 단계다. 이렇게 4단계에 걸쳐 반복하면서 중력에너지에 갇혀 탁해진 癸水는 "카르마"라 부르는 업보를 기억하면서 윤회한다.
　그렇다면 업보를 벗어나는 방법은 무엇일까? 진실하게 神을 찾는 행위, 불교의 자비, 참선 등 매우 다양한 방법으로 이 업보의 장에서 벗어나고자 노력하며 천도제, 방생, 굿과 같은 행위를 통하여 영혼을 위로 한다. 공간을 바꾸어 타향이나 해외로 가는 것도 癸水의 장을 벗어나는 한 방법이다. 또 다른 방법으로는 "부모를 팔아준다"는 것으로 태어났을 때 업보가 강하면 팔자의 에너지 장에서 벗어나기 위한 방편으로 절에 가서 양부모를 모시는 것이다. 가장 아름다운 방법은 모든 종교의 황금률에서 알려주듯 남이 싫어하는 일을 하지 않는 자비심을 갖는 것이라 믿는다. 이 바른 정신은 자신의 자식에게 전달되고 또 세세손손 윤회하기 때문이다.
　子丑辰과 연결되어 정신적으로 이상 현상을 드러내는 예문들을 통해 우리의 정신은 보이지 않는 에너지에 의해 통제받고 양자물리학의 주장처럼 우리가 어떤 생각을 하느냐(파동)에 따라서 어떤 삶을 살게 될지(입자) 결정되는 것임을 알게 된다. 또 이 모든 현상은 업보에 의해 정해진 것임을 인정하고 자비로운 삶을 살도록 노력해야 한다. 몇 개의 사주예문을 살펴보자.

乾命 | 陰/閏 : 1960年 6月 2日 18時

時	日	月	年
癸	甲	癸	庚
酉	寅	未	子

84	74	64	54	44	34	24	14	4
壬	辛	庚	己	戊	丁	丙	乙	甲
辰	卯	寅	丑	子	亥	戌	酉	申

시주가 癸酉로 윤회 과정에 종자가 상할 수 있다. 아들이 친구들과 어울리지 못하고 팔과 다리에 약간의 문제가 있지만 총명하다. 아들과 부인을 캐나다로 이민 보낸 후 몇 개월이 지나자 놀랍게도 아들의 팔다리가 펴지고 키가 10센티 이상 컸으며 운동을 시작했고 럭비 팀 주장을 맡아 활발하게 생활한다.

우리를 지배하는 癸水의 각도를 틀어서 원래의 육체와 정신에 미치는 에너지를 바꿔주니 삶이 달라졌다. 이와 유사한 행위로 성장하는 아이들이 공부를 하지 않거나 따돌림 당하거나 갑자기 나쁜 친구들과 어울릴 때는 학교를 바꿔주거나 다른 도시로 이사 가거나 해외로 유학을 보내거나 공부하는 책상을 정반대로 바꿔주는 것도 하나의 방책이다.

乾命 | 陰/平 : 1934年 8月 3日 2時

時	日	月	年
丁	乙	癸	甲
丑	酉	酉	戌

89	79	69	59	49	39	29	19	9
壬	辛	庚	己	戊	丁	丙	乙	甲
午	巳	辰	卯	寅	丑	子	亥	戌

59세 壬申년 술을 많이 마시고 넘어져 병원 신세를 졌다. 술에 빠져 항상 취해 살면서 가족들을 못살게 괴롭힌다. 이 사주도 월주가 癸酉로 강한 金들이 癸水에 풀어져 정신에 문제가 있고, 酉月의 시공간이니 癸水가 乙을 키우고자 해도 키울 수 없으니 방황한다. 생기를 키워야할 癸水가 숙살하는 시공간에서 殺氣를 가져 저런 행위를 하는 것이다.

乾命

時	日	月	年
己	己	己	己
巳	未	巳	亥

陰/平 : 1959年 5月 1日 10時

90	80	70	60	50	40	30	20	10
庚	辛	壬	癸	甲	乙	丙	丁	戊
申	酉	戌	亥	子	丑	寅	卯	辰

　2002년 壬午년부터 말수가 급격히 줄고 상사가 항상 귀에다 대고 지시를 한다고 주장한다. 5~6년 정도를 주말부부로 지내면서 지방에서 생활 하다가 乙丑운 甲申년 자동차회사 영업직을 그만두었다. 퇴직 후 정신이상 증세가 점점 심해졌다. 이 구조는 기본적으로 크게 문제가 없어 보인다. 하지만 乙丑운 辛巳년 巳火에 의해 날카로워진 辛이 乙 신경을 건든다. 辛이 마른 상태로 乙을 상하니 정신에 이상이 온 것이다. 이렇게 육체에 이상이 없어도 보이지 않는 에너지가 동하여 뇌신경을 통제한다.

坤命

時	日	月	年
庚	丙	甲	丙
寅	辰	午	午

陰/平 : 1966年 5月 8日 4時

86	76	66	56	46	36	26	16	6
乙	丙	丁	戊	己	庚	辛	壬	癸
酉	戌	亥	子	丑	寅	卯	辰	巳

　1994년 29세 甲戌년 정신병에 걸렸다. 甲이 水氣가 없어 마르니 정신 이상증세를 보인다. 궁위로 월간이니 머리를 상징하며 辛卯운에 辛이 卯木을 찍어 신경을 건든다. 辛이 많은 火氣에 의해 날카로워지고 甲戌년 甲을 찌르면 뇌를 침으로 찌르는 것과 같아 정신병에 걸렸다. 辛乙, 辛甲 조합은 水氣가 마르면 정신병에 걸리기 쉽다.

坤命

時	日	月	年
癸	癸	庚	辛
亥	酉	寅	酉

陰/平 : 1981年 1月 20日 22時

83	73	63	53	43	33	23	13	3
己	戊	丁	丙	乙	甲	癸	壬	辛
亥	戌	酉	申	未	午	巳	辰	卯

외가 증조할머니가 들락날락 하신지 오래되었고, 조상영가가 빙의된 줄 모르고 살았다. 2년 전부터 계속 몸을 치지만 아파도 참고 살고 있으며 무녀가 되기 싫다는 여명이다. 이 구조는 월지 寅이 연월일의 수많은 金에 포위되어 상한다. 寅이 살길은 癸水를 찾는 것인데 많은 金이 癸水를 찾아오니 전생의 영혼들이 水氣에 풀리는 과정에 조상영가에 빙의되었다. 이 구조도 癸酉와 辛酉로 윤회의 기운이 매우 강하다.

坤命				陰/平 : 1973年 10月 3日 6時						
時	日	月	年	63	53	43	33	23	13	3
癸	丁	壬	癸	己	戊	丁	丙	乙	甲	癸
卯	酉	戌	丑	巳	辰	卯	寅	丑	子	亥

법 관련 업무를 오랫동안 해왔다는 여명으로 마음속 존재에 대한 궁금증을 가지고 살아왔다. 이 여명은 왜 자신의 존재가치가 궁금할까? 酉金 전생의 기운을 癸水로 풀어내려는 속성이 강하기 때문이다. 酉金은 壬, 癸水를 보면 그곳을 향하는 마음이 강해지고, 자신도 모르는 전생의 존재를 확인하고픈 호기심이 생긴다. 이런 이유로 종교, 철학, 명리, 무속과 인연이 깊다.

坤命				陰/平 : 1962年 2月 16日 2時							
時	日	月	年	84	74	64	54	44	34	24	14	4
癸	戊	癸	壬	甲	乙	丙	丁	戊	己	庚	辛	壬
丑	午	卯	寅	午	未	申	酉	戌	亥	子	丑	寅

44세 乙酉년 자궁암에 걸렸다. 卯丑 조합이니 丑土에 의해 卯木이 응결되는 구조다. 己亥운 亥卯로 기운이 더욱 냉해지니 卯木의 활동이 답답해진다. 乙酉년 卯酉 沖, 酉丑 조합으로 음습한 丑土의 기운 때문에 암에 걸린 것이다. 암은 딱딱해지는 것으로 辰戌丑未에서 발현된다. 生氣가 土와 연결되어 상한 것으로 子丑卯辰은 생식기의 문제다.

乾命　　　　　陰/平 : 1948年 12月 17日 16時

時	日	月	年	86	76	66	56	46	36	26	16	6
甲	乙	乙	戊	甲	癸	壬	辛	庚	己	戊	丁	丙
申	巳	丑	子	戌	酉	申	未	午	巳	辰	卯	寅

　庚午운 辛巳년 53세에 위암말기 판정을 받았다. 월주가 乙丑이며 子丑 합으로 乙의 생기가 습한 곳에 있으며, 巳丑으로 巳중 丙火가 빛을 잃으니 문제다. 庚午운 辛巳년 날카로운 庚辛이 乙을 상하게 하니 생기가 상하고 丑土와 연결되니 암에 걸렸으며, 원국에서 甲乙乙이 戊土(위장)를 뚫으니 위암 말기 판정을 받았다.

乾命　　　　　陰/平 : 1961年 8月 5日 8時

時	日	月	年	82	72	62	52	42	32	22	12	2
庚	庚	丁	辛	戊	己	庚	辛	壬	癸	甲	乙	丙
辰	戌	酉	丑	子	丑	寅	卯	辰	巳	午	未	申

　32세 癸운 壬申년 아들이 고층아파트에서 추락사했다. 왜 아들이 추락사 했는지 살펴보자. 일지 戌土는 생기가 사라진 곳이니 자식을 얻기가 쉽지 않다. 또 時支가 辰土로 일지와 辰戌 沖 하는 구조를 보통 "자궁 편위"라 하는데 임신이 어려운 불임구조로 수정관이나 입양을 통해 자식을 얻는다. 만약 얻기 어려운 자식을 얻으면 자식에게 문제가 생길 가능성이 크다. 육체결함이나 장애인이 아니면 단명할 수도 있다. 또 다른 문제는 辰土 속의 乙을 제외하고 전체구조가 날카로운 金氣 뿐이니 육친이 상하기 쉬우며, 천간에서 壬癸丁으로 조합을 이룰 경우 보통 교통사고 물상으로 몸이 상한다. 癸巳운 시지 辰土 속의 癸水가 동했으니 자식의 문제를 암시하며, 추락한 이유는 많은 金이 水氣를 보면 윤회하려는 기운에 휘둘려 총알처럼 튀어나간다. 申子辰의 子水는 물의 낙하와 같아서 추락을 의미한다. 물에 다이빙하는 이치를 생각하면 이해가 쉬울 것이다.

乾命

陰/平 : 1984年 8月 29日 6時

時	日	月	年
辛	辛	癸	甲
卯	酉	酉	子

84	74	64	54	44	34	24	14	4
壬	辛	庚	己	戊	丁	丙	乙	甲
午	巳	辰	卯	寅	丑	子	亥	戌

공황장애, 강박증, 불안증으로 고생하고 있다. 공황장애의 원인은 상기의 예문들을 통하여 쉽게 이해할 수 있다. 卯木은 생기요 辛酉는 살기다. 卯木은 살려는 욕망을 가졌는데 많은 金에 노출되니 불안하고 두려워 공황장애, 강박증, 불안증의 문제가 생겼다. 또 조상신들(辛酉)은 유일한 영혼 子水를 얻고자 한꺼번에 달려들어 아우성친다.

坤命

陰/平 : 1977年 3月 5日 2時

時	日	月	年
乙	己	甲	丁
丑	酉	辰	巳

84	74	64	54	44	34	24	14	4
癸	壬	辛	庚	己	戊	丁	丙	乙
丑	子	亥	戌	酉	申	未	午	巳

부귀한 가문 출신으로 미모를 겸비한 여성이다. 丁未운 남자만 사귀면 시름시름 앓다가 병원신세를 졌고 결혼 후 얼마 지나지 않아 이혼했다. 년과 월 구조가 水氣부족으로 마르니 水氣를 간절히 원하며, 월지 辰土와 시지 丑土에 水氣가 있다. 문제는 酉丑으로 癸水와 연결되고 酉辰으로 합하면 辰丑 土속의 탁한 조상신의 기운 癸水와 연결되는데 이런 행위를 하는 궁위는 일지 남편자리다. 따라서 남편이 그 궁위를 차지하면 문제가 생길 것임을 암시한다. 시주 乙丑도 생기가 활발하지 못하고 辰酉 합으로 辰중 乙 생기도 잘리니 결혼하거나 남자가 생기면 시름시름 앓는 것이고, 결혼해도 오래지 않아 이혼할 수밖에 없다.

乾命　　　陰/平 : 1978年 12月 23日 12時

時	日	月	年
戊	戊	乙	戊
午	子	丑	午

84	74	64	54	44	34	24	14	4
甲	癸	壬	辛	庚	己	戊	丁	丙
戌	酉	申	未	午	巳	辰	卯	寅

丙申년 10월 20일 상황이다. 巳월에 경찰을 사직하고 丁酉년에 다시 직업을 찾을 생각이다. 태어나면서부터 자신은 하느님이 선과 악을 가려 나쁜 자들을 잡아들이라고 보낸 사람이라는 생각에 사로잡혀 직장생활을 힘들게 했고, 丁酉년 2월 하느님이 내리신 명령을 수행할 일이 생길 것이기에 그동안은 정신병원에 들어가 쉬겠다는 남자다.

이 사주도 乙丑월주로 子丑 합으로 더욱 응결되니 乙의 활동과 신경에 문제가 생기고 그 영향으로 망상에 시달린다. 정신문제를 가졌음에도 년월이 乙戊 조합에 丑土 감옥을 상징하니 경찰로 재직했다. 일지 子水의 시기 38~45세에 이르면 乙은 子丑 합의 기운에 더욱 응결되면서 정신병 증세가 심해진다.

상기에서 여러 사주예문을 통하여 乙丑간지와 卯丑 조합에는 문제가 있음을 느꼈을 것이다. 乙丑과 卯丑은 윤회과정에 문제가 있는 조합으로 강한 조상의 업보를 가지고 태어난다. 그 이유를 구체적으로 살펴보자.

가을에 얻은 酉金 씨종자는 윤회의 대상이다. 酉金은 戌土 속으로 들어가 亥水에 윤회를 시작하여 子水에서 새로운 영혼을 얻고 丑土에 새로운 육체로 배양되어 寅에서 육체를 얻어 모체의 밖으로 나오며 卯에서 인간으로 세상에 드러난다.

이 과정에서 子丑寅은 땅속과 같아 인간의 인지능력으로는 존재하지 않는다고 간주하지만 겨울에 땅 속에서 뿌리내리는 과정이니 명백하게 윤회의 과정이며 이를 거치고 卯月에 水氣 즉, 전생의 기운의 도움을 받아 땅을 뚫고 오른다. 이 과정에 반드시 丑土에 숨은 전생의 기운 酉金과 癸水가 함께 타고 오르면서 卯에 전달된다.

그림에서 보듯 丑寅은 시공간의 흐름이 바르지만 丑卯는 바르지 못하다. 丑土는 습하고 냉한 공간이며, 卯木은 그런 공간을 지극히 기피하며 밝은 세상에서의 성장과 확장을 원한다. 卯木이 丑土를 만나면 응결되어 활동이 위축되고 어두워지면서 좋지 못한 물상을 만들어내는 이유다. 우울증, 정신병, 사업부도, 중풍, 뇌출혈, 복상사 등 구조에 따라 상이한 물상으로 드러난다.

더욱 중요한 문제는 丑土가 卯에게 전생의 좋지 못한 업보를 전달하는 것이다. 이런 이유로 卯丑 조합이나 乙丑간지를 만나면 전생의 흉한 작용을 이생에서 해결해야하는 숙제를 가진 것이다. 卯丑과 乙丑이 만날 때의 문제를 예를 들어 살펴보자.

乾命			
時	日	月	年
丙申	辛丑	壬午	乙巳

陰/平 : 1965年 5月 17日 16時

23	13	3
己卯	庚辰	辛巳

1993년 己卯운 29세 癸酉년 乙丑월에 복상사했다. 辛壬 조합은 제멋대로 하겠다는 방종의 상이며, 辛乙은 함부로 육체를 탐한다. 己卯운 일지와 卯丑 조합을 이루고 卯申으로 묶이니 乙의 신경이나 피의 흐름에 문제가 생긴다. 더 큰 문제는 卯丑 조합으로 丑土 전생의 한이 卯木으로 전달되는 과정에 문제가 발생하는데 전생에 결혼 못하고 죽은 한을 풀고자 섹스를 탐닉한다. 보통 靑春 客死鬼라 표현한다. 병리학으로 살피면 卯의 응결문제지만 윤회를 이해하면 좀 더 세부적으로 살필 수 있다. 이런 기운에 휘말려 자신도 모르게 끊임없이 섹스를 탐닉하는 것이다.

乾命				陰/平 : 1966年 2月 24日 12時			
時	日	月	年	37	27	17	7
戊	癸	辛	丙	乙	甲	癸	壬
午	酉	卯	午	未	午	巳	辰

부인과 함께 기술을 이용하여 경제활동을 하였는데 극성스러운 부인 때문에 항상 걱정 속에서 살았다. 결단력이 없고 흔들리며 매일 성욕에 사로 잡혀 여자 없이 못사는 사람이다. 乙未운 丁亥년에 복상사하였다. 이 구조는 상기와 조금 다르다. 이미 설명했던 강박증과 불안증을 보이는 조합과 유사하다. 이 남자는 왜 끊임없이 섹스를 탐하는가를 이해해야 한다. 하기 사주와 비교해보자.

乾命				陰/平 : 1984年 8月 29日 6時							
時	日	月	年	84	74	64	54	44	34	24	14	4
辛	辛	癸	甲	壬	辛	庚	己	戊	丁	丙	乙	甲
卯	酉	酉	子	午	巳	辰	卯	寅	丑	子	亥	戌

공황장애, 강박증, 불안증으로 고생하고 있다.

두 사주를 이해하려면 卯酉 沖의 뜻을 살펴야 한다. 卯木은 생명에 대한 욕망이고 酉金은 죽는 것이니 酉金에 의해 몸이 상한다. 이런 문제 때문에 살고자하는 걱정으로 공황장애, 강박증, 불안증으로 고생하는데 상기 사주는 火氣가 적절하니 단지 근심과 걱정이 많으며 신경이 예민한 정도의 증상을 보인다. 이렇게 卯酉 沖 때문에 내가 살아있음을 느끼고 불안감을 떨치고자 자꾸 옆에 여자를 두고 안정을 취하려한다. 또 하나의 문제는 辛卯, 癸酉 조합으로 丙午午가 辛酉金을 자극하면 辛酉는 癸水를 찾아 몸을 풀려는 욕망에 휘둘리며 강인한 색욕으로 발현된다. 乙未운 乙이 未土에 묶여 활동이 답답해지고, 丁亥년 亥卯로 응결되어 활동이 둔해졌다. 38~45세 일지 酉金의 시기에 이르러 卯 생기를 자르니 복상사한 것이다.

坤命			
時	日	月	年
甲	乙	辛	辛
申	巳	丑	酉

陰/平 : 1981年 12月 28日 16時

44	34	24	14	4
丙	乙	甲	癸	壬
午	巳	辰	卯	寅

　2004년 1월 상황으로 2000년 하반기부터 2001년 상반기까지 환청이 들리고 쉽게 놀라며 사람들이 자신을 비웃는다고 학교에 가지 못했다. 어려서부터 몸이 약하고 내성적이었다. 2001년 후반기부터 호전되었으나 아직 정신이 흐리며 행동이 느리다. 이 구조도 乙辛 沖과 乙, 辛丑으로 卯丑, 乙丑의 영향력에 휘둘린다. 乙의 뇌신경을 건드니 환청이 들리고 놀라며 정신에 이상이 온 것이다. 乙卯가 상하면 정신과 육체활동에 문제가 생긴다.

坤命			
時	日	月	年
乙	己	癸	己
亥	未	酉	丑

陰/平 : 1949年 8月 5日 22時

84	74	64	54	44	34	24	14	4
壬	辛	庚	己	戊	丁	丙	乙	甲
午	巳	辰	卯	寅	丑	子	亥	戌

　의부증에 시달리다 미쳐버린 여인이다. 초년에는 부모덕으로 잘 살다가 26세 甲寅년에 결혼했다. 남편은 공무원으로 남편이 늦게 들어오면 의심이 발동하여 아이를 업고 직장까지 찾아갔다. 화가 난 남편이 외박하면서 아내를 멀리하니 丑운부터 정신에 이상이 왔다. 월주 癸酉의 문제와 酉丑의 음습한 기운, 丑土의 집착과 乙亥로 乙이 응결되니 뇌의 움직임이 활발하지 못하다. 글자가 모두 내부를 상징하는 조합으로 밖으로 발산하지 못하고 안으로만 모이니 집착증이 있고 정신병에 걸렸다.

乾命　　陰/平 : 1973年 2月 3日 6:46

時	日	月	年
癸	壬	乙	癸
卯	寅	卯	丑

51	41	31	21	11	1
己	庚	辛	壬	癸	甲
酉	戌	亥	子	丑	寅

　1984년 12세 甲子년 5월 8일 형제와 뒷마당에서 놀다가 모친에게 어버이날을 망쳐서 미안하다고 말한 후 혼수상태에 빠졌다. 동맥의 이상비대로 18년 동안 코마상태로 의식이 없다.

　이 구조는 년과 월이 卯丑 조합이다. 卯木이 丑土에 상하기 쉬운데, 甲子년 子丑 合으로 냉해지면 卯木은 더욱 응결되어 상한다. 모친에게 "어머니날을 망쳐서 미안하다고 말하고"의 의미는 이 아이는 이미 전생의 기억을 가지고 있으며 자신이 그런 상태에 빠질 것임을 알고 있었다. 전생의 카르마를 이생에서 풀어야 할 수밖에 없음을 알고 있다는 것 외에는 설명할 방법이 없다.

坤命　　陰/平 : 1972年 8月 2日 2時

時	日	月	年
癸	癸	己	壬
丑	卯	酉	子

31	21	11	1
乙	丙	丁	戊
巳	午	未	申

　유부남과 결혼했으며, 乙巳운 35세 丙戌년에 무당이 된 후 백혈병으로 사망했다. 이 구조는 좀 더 흉한 구조다. 卯酉 충과 卯丑 조합이 함께 있다. 癸丑과 癸卯가 붙어서 연결되니 전생의 업보가 확실하다. 丙戌년 卯酉戌 조합으로 사망할 수밖에 없다. 卯丑으로 귀신의 장난에 놀아나니 문제를 해결하고자 무속인이 되었지만 구조가 흉하니 사망하였다. 甲申, 乙酉, 丙戌년을 지나는 동안 卯木은 이리 저리 치이니 온 몸이 성할 수 없다.

坤命				陰/平 : 1958年 12月 25日 18時								
時	日	月	年	89	79	69	59	49	39	29	19	9
乙	乙	乙	戊	丙	丁	戊	己	庚	辛	壬	癸	甲
酉	卯	丑	戌	辰	巳	午	未	申	酉	戌	亥	子

壬戌운 乙亥년 37세 고등학교 교사로 재직 중 원인모를 병에 걸렸다. 이 구조도 卯丑과 卯酉 충이 함께 있으니 일지의 시기에 이르면 흉할 수밖에 없다. 乙戊 조합으로 교사인데 卯丑에 걸려 神氣가 있다. 乙亥년 亥卯로 卯木이 더욱 음습해진다. 원인을 모르는 질병은 귀신의 기운에 휩싸인 것이며, 정신에 이상이 오니 이유를 모를 수밖에 없다. 이렇게 우리의 육체와 정신은 癸水의 영향력에서 벗어날 수 없고 자신이 태어날 때 받은 시공간 부호가 변화할 때마다 그 영향력에 휘둘리며 사는 것이다.

이런 이치를 미리 알고 있다면 천도제를 지내거나 조상에게 제사를 지내거나 상기에서 설명한 방법으로 전생의 업보를 달래주어 문제를 해결했을 것이다. 음양오행을 근간으로 하는 명리이론으로는 이런 현상을 이해할 수 없다. 조상신과 귀신을 논하는 것을 터부시 하는 것 자체가 모순이다. 명리 학은 우주는 물론 인간의 모든 것을 담은 시공간 부호이기 때문이다. 인간의 능력에 한계가 있으니 모든 것을 이해하기 힘들지만 귀신, 영혼, 객사, 천도제 등도 모두 명리 이론으로 설명이 가능하다. 아는 것이 문제가 아니고 모르는 것이 문제다. 무지로 딸의 고통을 해결해주지 못한 것이다. 이런 현상들을 구체적으로 설명하는 이유는 우주의 에너지를 벗어날 수 없는 인간이기에 시공간을 이해하고 좀 더 현명한 삶을 살 수 있을 것이라는 기대감 때문이다.

坤命　　　　　陰/平 : 1961年 2月 10日 22時

時	日	月	年
癸	戊	辛	辛
亥	午	卯	丑

63	53	43	33	23	13	3
戊	丁	丙	乙	甲	癸	壬
戌	酉	申	未	午	巳	辰

　丙子년 11월 당시 상황으로 집에서 운동을 하며 물구나무서던 중 목과 손발이 뒤틀리는 괴질이 발생하였다. 37세 丁丑년 癸卯월에 결혼하였으나 남편은 性무능력자이며 정이 없었다. 일 년도 못되어 별거한 후 딸을 키우며 독신으로 지낸다. 丁丑년 乙巳월 부친이 모친과의 불화로 음독자살하고 수년전에는 외할머니와 친할머니 모두 음독자살하였다. 辛未년 戊戌월에 남동생이 교통사고로 단명하였고 외삼촌, 이종사촌도 교통사고로 사망했다. 이 구조 역시 卯丑으로 전생의 업보 때문에 전생에 객사한 귀신들이 온 것이다. 월지가 卯丑 조합으로 모친의 형제들에게 그 영향이 미친다. 운이 甲午, 乙未로 흐르니 木 생기가 상해 주위의 수많은 육친들이 죽어나갔다.

乾命　　　　　陰/平 : 1968年 3月 3日 14時

時	日	月	年
癸	庚	乙	戊
未	子	卯	申

62	52	42	32	22	12	2
壬	辛	庚	己	戊	丁	丙
戌	酉	申	未	午	巳	辰

　乙丑년 고등학교 2학년 당시 친구들에게 몰매를 맞은 후 복수해야 한다는 말을 자주 했다. 고등학교는 졸업했으나 친구들에게 계속 따돌림을 당하니 친구를 기피하는 증세가 있다. 그 후 정신병 치료도 받고 현재는 정신병원에 입원중이다. 왜 저런 증상을 보이는지 이해가 쉬울 것이다. 卯申으로 乙의 활동이 답답하여 좋지 않은데 乙丑년이 오니 卯丑 조합으로 흉한 일을 당하면서 정신병에 걸린 것이다.

坤命　　　　陰/平 : 1975年 12月 25日 16時

時	日	月	年	83	73	63	53	43	33	23	13	3
丙	丙	己	乙	戊	丁	丙	乙	甲	癸	壬	辛	庚
申	子	丑	卯	戌	酉	申	未	午	巳	辰	卯	寅

　丙申년 10월 21일 상담한 여명이다. "집안에 청춘객사한 분이 계시다."하니 놀라며 외삼촌이 장가를 못가고 돌아가셨다고 한다. 자주 가위에 눌리고 집안 사정으로 18세부터 사회활동을 시작, 장례식장에서 오랫동안 일했다. 이혼했으며 재혼을 준비 중이다. 이 여명은 卯丑의 흉한 기운을 장례식장에서 일하면서 해결하였다. 장례식장에서 일하는 것 또한 전생의 업보를 달래주는 행위다.

坤命　　　　陰/平 : 1974년 1월 11日 時 모름

時	日	月	年	81	71	61	51	41	31	21	11	1
모	甲	乙	癸	甲	癸	壬	辛	庚	己	戊	丁	丙
름	戌	丑	丑	戌	酉	申	未	午	巳	辰	卯	寅

　피부 미용에 관심이 많고 인조인간이라 불릴 정도로 성형과 미용에 많은 돈을 투자한다. 부인의 외도를 알게 된 남편이 음주 후 의도적으로 상대남의 차와 사고를 내 다니던 대기업을 그만두고 어렵게 살아간다.

　이 여명은 癸丑과 乙丑이 년월에 있으니 전생의 업보가 두텁다. 丑土는 윤회하는 곳이니 전생의 업보를 벗어나려는 욕망 때문에 자신도 모르게 외모를 바꾸고자 노력한다. 辛亥, 癸丑, 壬申, 癸酉간지는 피부미용, 성형과 인연이 깊다.

乾命 　　　　　陰/平 : 1978年 12月 9日 18時

時	日	月	年
癸	甲	乙	戊
酉	戌	丑	午

89	79	69	59	49	39	29	19	9
甲	癸	壬	辛	庚	己	戊	丁	丙
戌	酉	申	未	午	巳	辰	卯	寅

　丙申년 10월 상황으로 동업으로 사업했지만 동업자에게 모두 빼앗기고 5년 전부터 일이 없다. 丙申년에는 건강도 좋지 않고 우울증과 국정원에서 자기를 잡으러 온다는 망상에 시달리며 자살하겠다고 한다. 이 구조도 乙丑과 癸酉 그리고 丑戌 형의 에너지에 휘말려 정신에 문제가 온 것이다.

坤命　　　　　陰/平 : 1970年 2月 3日 6時

時	日	月	年
丁	己	己	庚
卯	丑	卯	戌

81	71	61	51	41	31	21	11	1
庚	辛	壬	癸	甲	乙	丙	丁	戊
午	未	申	酉	戌	亥	子	丑	寅

　丙申년 11월 상담한 여명으로 卯丑 조합이 쌍으로 이루어져 있으며, 사주를 보러 가면 무당이 소금을 뿌린다고 한다. 귀신도 보이고 자살충동도 느끼며 외로움을 심하게 느낀다. 무당이었던 모친이 丙申년에 사망하였다. 창틀을 닦을 때 살랑거리는 바람의 기운이 너무 좋아 뛰어내리고 싶은 충동을 느낀다고 한다. 이렇게 卯丑 조합은 매우 특이한 현상을 보인다.

　상기와 같은 현상들은 陰陽五行의 생극 작용 범위를 벗어난 것이기에 명리 학의 범위를 벗어난 것이라 주장하는 것은 옳지 않다. 우주의 1%에도 미치지 못하는 태양계의 범주에 명리 학을 가두면 더 이상의 발전은 기대하기 어렵다. 우주에 존재하는 모든 현상은 시공간 부호인 甲乙丙丁으로 설명되어야 한다고 믿는다.

　상기에서 발생한 이치를 설명하는 나름의 논리는 하기와 같다. 우주는 비록 인간의 눈으로는 보이지 않지만 모종의 에너지가 온 우주에 펼쳐져 있으며, 그 기운이 미치지 않는 곳은 우주 어디에도 없다. 시간과 공간의 변화는 인간의 정신과 육체에 지대한 영향을 미치며, 인간은 그 에너지의 영향에 휘둘려 喜怒哀樂을 느끼며, 질병에 걸려 사망하고, 정신병에 걸리며, 귀신을 보며, 큰 재물을 모았다가 크게 파재하는 등 다양한 삶의 현상들로 반응한다.

즉, 인간의 정신과 육체를 지배하는 자는 우주 전역에 존재하지만 보이지 않는 에너지로, 인간은 자신의 의지와 뇌의 작용력을 통하여 생각하고 심장의 활력으로 행동한다고 믿지만, 사실 우주에 존재하는 에너지의 통제를 한순간도 벗어나지 못하는 時空間의 꼭두각시에 불과할지도 모른다. 인간의 의식작용은 인간의 의지로 움직이는 것이 아니며 내가 육체를 소유했다고 생각하기에 내가 판단하고 행동한다고 믿는지도 모른다. 상기에서 언급했던 달마대사의 주장을 다시 음미해보자.

지혜로운 사람은 자신에게 맡기지 않고 "사물에 맡기기 때문에" 취함과 버림도 없으며 거스름과 순응함도 없다. 어리석은 사람은 사물에 맡기지 않고 "자신에게 맡기기 때문에" 취함과 버림이 있으며 거스름과 순응함이 있다.

만약 마음을 활짝 열고 사물에 맡겨 최후로 천하를 얻을 수 있다면 (우주의 기운에 순응할 수 있다면) 이것이 바로 사물에 맡겨 시간을 따르는 것이다. 사물에 맡겨 시간에 따르는 것이 順行이요 저항하여 사물을 변화시키는 것은 難行이다.

사물이 오면 그에 맡겨 거스르지 말며 떠나가면 떠나가는 대로 쫓지 말며 무엇을 말하였든 지나간 것은 후회하지 말며 아직 오지 않은 것은 염려하지 말라.

음양오행의 범주를 벗어나지 못하고 八字術에 머물고 있는 명리학의 범위가 종교와 철학을 아우르는 학문으로 확장하는 그 날을 기대하면서 시공간부호 60간지(上), (下)를 마친다.

- 끝 -

時空間 부호 60간지 (下)

저자 ■ 자운
  http://cafe.daum.net/sajuforbetterlife
  http://blog.naver.com/fluorsparr
  Tel : 010 8234 7519, 070 4233 2131

펴낸이 ■ 자운
펴낸곳 ■ 시공명리학
표   지 ■ 시공학

초판 발행 ■ 2018. 4. 25.
  개정판 ■ 2022.03.19.

정 가 ■ 43,000원

잘못 만들어진 책은 구입하신 서점에서 교환해 드립니다.
저자의 동의하에 인지는 붙이지 않았습니다.

본서의 무단전제 또는 복제행위는 저작권법 제98조에 의거 민·형사상의 처벌을 받을 수 있습니다.